QUI A ÉCRIT

LES MANUSCRITS DE LA MER MORTE?

NORMAN GOLB

QUI A ÉCRIT
LES MANUSCRITS
DE LA MER MORTE ?

**Enquête sur les rouleaux du désert de Juda
et sur leur interprétation contemporaine**

Traduit de l'anglais (États-Unis)
par Sonia Kronlund et Lorraine Champromis

PLON

Titre original

Who Wrote the Dead Sea Scrolls?
The Search for the Secret of Qumran

Ouvrage publié sous la direction
d'Ivan Nabokov

ISBN Plon: 2-259-18388-3
ISBN édition originale: Scribner, New York, 0-02-544395-X

A la mémoire de

Ludwig Rosenberger

1904-1987

BIBLIOPHILE   ÉRUDIT   AMI FIDÈLE

Avant-Propos

❖

L'étude des manuscrits anciens n'est pas une discipline
populaire à l'université et, jusqu'à la découverte des rouleaux de la mer Morte, ce n'était pas un sujet auquel le public
s'intéressait de près. A partir de 1947, un changement significatif
eut lieu dans le climat culturel. Un vaste public, informé des découvertes réalisées dans le désert de Juda, à proximité du site ancien
nommé Khirbet Qumran, et amené plus tard à lire directement
certains des textes, commença à s'apercevoir que l'histoire de deux
grandes religions et celle de cette époque en général étaient particulièrement entourées de silence. En reconstituant des fragments
d'écrits perdus depuis longtemps, en agrandissant des morceaux de
mots et des lettres, et en élaborant lentement de nouveaux lexiques
des significations et des connotations, les chercheurs en langues
anciennes jetèrent les bases d'une meilleure compréhension du passé
et l'éclairèrent d'un jour nouveau. Une telle compréhension était le
fruit d'un processus dynamique, accompli grâce à la découverte et
l'étude approfondie des sources anciennes.

Sans les circonstances particulières qui firent que ces textes
étaient ce qu'ils étaient et furent trouvés à cet endroit précis, le public
n'aurait sans doute jamais pris conscience de la valeur des manuscrits anciens. Qu'on songe aux papyrus grecs d'Egypte découverts
en assez grand nombre au cours des deux derniers siècles, aux mille
cinq cents rouleaux grecs et latins récupérés sous la lave
d'Herculanum, aux remarquables manuscrits coptes gnostiques
retrouvés pratiquement en même temps que les premiers rouleaux de
Qumran, à la multitude de trésors hébraïques médiévaux extraits de
la gueniza du Caire, rien de cela n'a jamais suscité autant d'émotion
dans le monde occidental que les trésors issus des grottes proches de
la mer Morte. La sagesse des Grecs et des Romains, leurs trésors

littéraires, constituèrent un monument culturel qui façonna puissamment la conscience européenne ; et pourtant, à notre propre siècle, dominant au cœur de cette conscience, se trouvaient les valeurs formulées par les auteurs des anciens livres hébraïques formant la Bible des Juifs. Apparaissant en arrière-plan de la vigueur intellectuelle et sociale du peuple juif de l'Antiquité, ces livres et ces valeurs avaient agi comme une force magnétique sur le monde hellénistique lorsqu'il domina la Palestine, avant qu'il soit à son tour conquis par la foi de ses habitants, au moment où le premier judaïsme, puis un christianisme naissant laissaient leur marque indélébile sur l'empire romain. L'Occident ne se lassera pas de chercher à résoudre ce qui reste la profonde énigme de sa métamorphose en conscience juive et chrétienne, et aucune autre découverte des temps modernes ne peut être comparée à celle des rouleaux, à leur capacité à éclairer ce phénomène remarquable.

Mon intérêt pour ce thème et ceux qui lui sont associés remonte à plus de quarante ans et naquit lorsque je travaillais sur les rouleaux pendant mes études de doctorat. Dans mon cas, ces textes anciens, couvrant plusieurs siècles d'histoire juive, ne représentaient pas une fin en soi, mais une introduction à l'étude des manuscrits hébraïques écrits au cours d'une période bien plus longue. Je finis par conclure que l'on ne pouvait pas raisonnablement isoler l'étude des rouleaux, comme discipline, des recherches sur d'autres manuscrits hébraïques. C'est dans cet esprit que les rouleaux en vinrent à constituer l'un des domaines principaux de mes recherches et de mon enseignement à l'Université de Chicago, pendant trente-cinq ans. Je commençai à écrire ce livre en partant de mon expérience, dans le but de clarifier mes idées sur la question de l'origine et de la signification des rouleaux, toujours en relation avec des thèmes historiques plus larges.

Pour des raisons évoquées dans les premiers chapitres, à la fin des années 1960, mes illusions sur la croyance traditionnelle selon laquelle les rouleaux provenaient d'une petite secte juive d'extrémistes vivant dans le désert, à côté du lieu où ils furent trouvés, avaient disparu. Dans des études spécialisées et des articles plus généraux publiés par la suite, j'expliquai pourquoi les preuves recueillies, de plus en plus nombreuses et probantes, rendaient cette thèse indéfendable. Dans les années 1980 et au début des années 1990, je préconisai instamment la tenue de débats publics et ouverts sur cette question essentielle, et je fus ainsi confronté à la réalité de la recherche qumranienne telle qu'on en était venu à la pratiquer. Il m'apparut clairement que la recherche traditionnelle sur les rouleaux avait pris l'aspect d'une action hautement politisée visant à protéger coûte que coûte la vieille thèse de la prétendue secte de Qumran, plutôt que d'un travail collégial accueillant chaleureusement les idées nouvelles. En d'autres termes, ce qui se voulait, au départ, être une entreprise de recherche s'était transformé, malgré tous les appels en faveur d'une discussion ouverte, en un programme idéologique. Je me suis vu contraint d'aborder ce programme dans les pages qui suivent, espérant contribuer à une perception plus claire de ce qui est en jeu dans la controverse. Je formule ces critiques dans un esprit constructif et dans l'espoir qu'elles permettront d'élever la qualité des débats.

Conçu comme une analyse des rouleaux dans leur relation à l'histoire juive, ainsi qu'une chronique de la naissance et du déclin d'une remarquable idée de la recherche moderne, ce travail diffère grandement des études littéraires et linguistiques, ainsi que d'autres disciplines. Quoiqu'elle comprenne aussi un examen des textes et des sources, le premier défi que s'impose la recherche historique ne consiste pas simplement à déchiffrer, traduire et interpréter les documents pertinents, mais à aller au-delà, à reconstruire le récit qui se trouve derrière les mots des textes. Les mots ne représentent certes pas l'histoire elle-même, mais ils nous donnent les moyens de l'écrire. Pourtant, une fois ce travail accompli, un élément fondamental vient freiner le processus, notamment à mesure que l'on remonte les siècles et que l'on découvre l'aspect relativement clairsemé des témoignages historiques. Quels que soient les témoins historiques dont nous disposons pour ces périodes plus anciennes, ils demeurent des îlots dans une mer de silence. Comparés à ce que nous aurions pu savoir si les témoignages sur le passé de l'humanité n'avaient pas pour la plupart péri, les dix documents existants sur tel roi disparu, les cinquante sur tel autre, voire même le millier sur tel autre encore, nous apprennent en somme peu de choses. En effet, nous ne détenons pas du tout la totalité de l'histoire, mais seulement certaines de ses pages, et l'historien se trouve confronté aux défis que lui impose sa tâche lorsqu'il tente de comprendre les silences qui s'immiscent entre ces pages. Pour ce faire, la philologie et l'analyse des textes ne sont que des outils préliminaires qui participent à un autre processus. Il ne s'agit pas de rêver ou de fantasmer, ni d'avoir l'imagination du peintre ou du poète, mais de synthétiser de nouvelles idées sur l'inconnu historique, à partir de divers éléments vérifiés séparément ; c'est par cette méthode que nous tentons ici de reconstruire ce qui manque.

Tous les travaux historiques, à l'exception de ceux qui ne font qu'énumérer platement des faits connus, exigent cette synthèse mentale ; et rien n'est plus difficile pour l'historien que de maîtriser ou d'utiliser judicieusement cette méthode. Cela doit être d'autant plus pris en compte, lorsque, comme c'est le cas dans le présent ouvrage, l'historien en question s'apprête à publier le résultat de ses recherches devant un auditoire français, si féru de culture historique et, de plus, à soumettre à une critique attentive une doctrine scientifique largement créée et développée en France par plusieurs de ses éminents savants. Ce travail qui a été le mien ces dernières années n'a pas été entrepris à la légère et je n'ose espérer qu'une telle doctrine défendue avec tant de ferveur depuis un demi-siècle, et à laquelle je m'oppose dans les pages suivantes, disparaîtra ou cessera soudain d'être défendue par ses adeptes les plus dévoués. Cependant, nous attendons que des études supplémentaires soient effectuées sur ce sujet passionnant, et qu'elles soient basées sur les lois fondamentales de l'enquête logique et, avant tout, sur le principe de la liberté de la recherche scientifique. Alors que je ne peux pas partager, au vu de preuves manifestes, les opinions des collègues qui soutiennent la théorie qu'une secte religieuse particulière vécut à Khirbet Qumran et cacha les manuscrits de la mer Morte dans des grottes voisines, j'offre ma propre interprétation sur l'origine des manuscrits avec une profonde reconnaissance pour le travail réalisé par mes prédécesseurs, et avec l'espoir que les observations présentées ici leur seront utiles, ainsi qu'au grand public, pour parvenir, pas à pas, à élucider l'ensemble de ces précieux manuscrits.

Chicago, janvier 1998

CHAPITRE 1

Le plateau de Qumran

❖

E talé au pied d'un escarpement parsemé de grottes, Khirbet Qumran domine la rive nord-ouest de la mer Morte. Le site, dont on ne semble pas trouver de trace dans les textes anciens, avait déjà éveillé l'intérêt des explorateurs dès le XIXᵉ siècle et le début du XXᵉ. En 1914, Gustave Dalman, l'un des plus célèbres de ces premiers visiteurs, le décrivait très justement comme un lieu mystérieux, juché sur un promontoire, qui s'élance vers la mer et qui semble « exceptionnellement bien convenir à une forteresse ». En 1940, Michael Avi-Yonah, éminent historien et archéologue, pensa également que le site était une forteresse ; il le rangea parmi le nombre important des sites militaires du désert de Juda ayant servi, pendant la période biblique et intertestamentaire, à défendre Jérusalem des incursions venant de l'autre côté du Jourdain et de la mer Morte[1].

Plus tard, en 1947, quelques années seulement après la publication de la carte d'Avi-Yonah, des nomades bédouins firent la fameuse découverte des sept premiers manuscrits de la mer Morte, à l'intérieur d'une grotte située dans l'escarpement, à un peu plus de quatre kilomètres à pied au nord de Khirbet Qumran. L'annonce de leur découverte fut d'abord éclipsée par le déclenchement des hostilités entre les Juifs et les Arabes, à la suite de la partition de la Palestine mandataire. Elle atteignit ensuite la partie juive de Jérusalem et le monde extérieur, où elle suscita une vive agitation : les rouleaux, datant manifestement de l'Antiquité, avaient été dissimulés au moins deux mille ans auparavant et semblaient donc d'une grande valeur pour l'histoire du judaïsme et du début du christianisme. L'un des premiers textes découverts, appelé plus tard la *Règle de la communauté*, contenait la description d'une secte dont les croyances et les pratiques ressemblaient à celles de l'ancienne secte pacifique des Esséniens. Eliézer Sukenik, de l'Université Hébraïque, ne manqua pas de noter ce fait en 1948. Lorsque, en 1949, des archéologues de Jérusalem-Est réussirent à localiser puis à explorer la grotte, ils y trouvèrent des fragments de bien d'autres rouleaux hébraïques, notamment ce qui semblait être une annexe de la même œuvre apparemment essénienne.

A partir de là, il était parfaitement légitime que les chercheurs se soient souvenus qu'à la fin du Ier siècle après J.-C., Pline l'Ancien, dans son *Histoire naturelle*, avait bel et bien situé un groupe d'Esséniens sur la côte occidentale de la mer Morte, quelque part au-

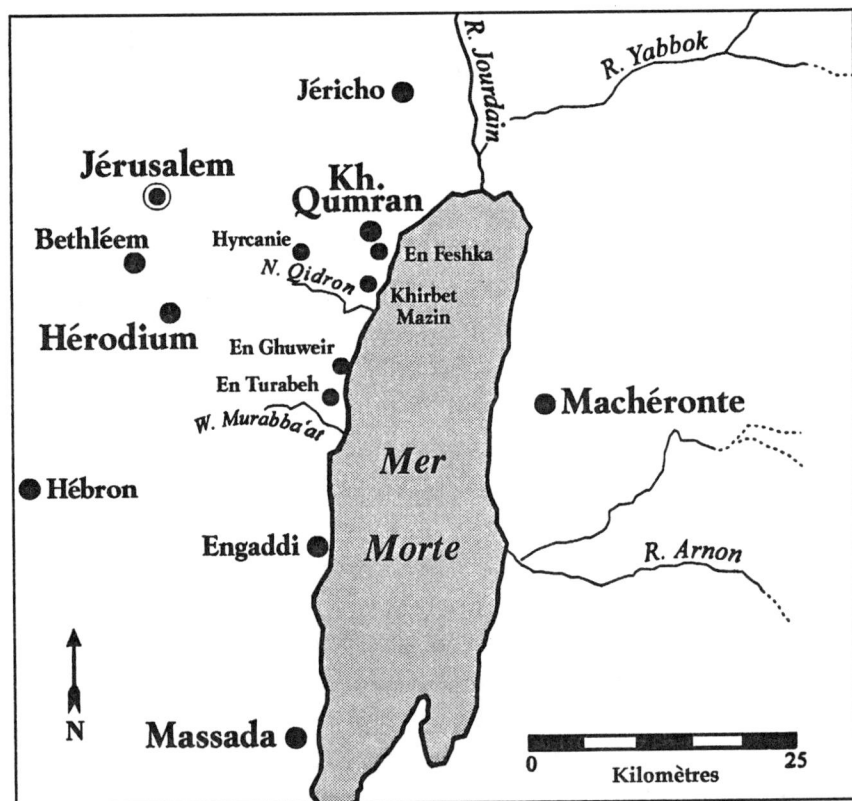

Carte 1

Les sites de découvertes dans le désert de Juda depuis 1947, avec les villes et forteresses voisines.

dessus de la ville d'Engaddi. La *Règle* et donc, apparemment, tous les rouleaux découverts avec elle, ne seraient-ils pas les écrits perdus de cette communauté, dissimulés à un moment de détresse ? Pline avait écrit que les Esséniens ne se mariaient pas et vivaient dans l'isolement, « n'ayant pour seule compagnie que des palmiers ». Le site isolé de Khirbet Qumran, proche du lieu où furent découverts les rouleaux ne serait-il pas la demeure, longtemps ignorée, où ce groupe avait vécu dans une ascèse complète ?

D'après Flavius Josèphe, les Esséniens étaient l'une des trois principales sectes (ou, comme il les appelle, « philosophies ») juives de la Palestine du Second Temple, les autres étant les Pharisiens et les Sadducéens. Ils étaient plus ascétiques et plus ésotériques que les Pharisiens ou les Sadducéens, et cela les rendait particulièrement intéressants pour l'ancien public hellénisé à qui s'adressaient Josèphe et Philon d'Alexandrie. Ainsi, même si cette communauté était plus réduite que les deux autres (selon ces deux auteurs elle comptait environ 4 000 membres)[2], ils la décrivent plus en détail.

L'une des caractéristiques frappantes de ce groupe était sa vie communautaire[3]. Même si Josèphe affirme qu'ils n'étaient pas regroupés dans un seul site, mais plutôt dispersés dans chaque ville des Juifs de Palestine, les Esséniens formaient, à l'intérieur des villes, des communautés soudées et fermées. Ceux qui aspiraient à faire partie de leur société devaient d'abord passer par une période probatoire. Après avoir fait leurs preuves pendant trois ans, ils étaient autorisés à devenir membres à part entière et prononçaient des vœux stricts de piété et de secret. Les membres mettaient en commun leur argent et leurs ressources et chacun recevait une indemnité provenant des fonds communautaires. Ils faisaient leurs dévotions et dînaient ensemble, et se soumettaient à l'autorité des responsables élus démocratiquement.

Les Esséniens avaient un mode de vie simple et rigoureux. D'après Josèphe et Philon, leur activité essentielle était l'agriculture[4]. Philon dit explicitement qu'ils évitaient toute forme de commerce, en particulier celui des armes[5]. En outre, tous deux s'accordent sur le fait que les Esséniens ne possédaient pas d'esclaves, considérant cette pratique comme une grande injustice[6].

Ils respectaient le sabbat, évitaient les blasphèmes et préservaient la pureté des rites avec plus de rigueur que les autres sectes.

Josèphe décrit leurs croyances religieuses dans ses *Antiquités*[7].

A la différence des Sadducéens qui croyaient en la liberté totale de l'homme, ou des Pharisiens qui pensaient que seules certaines choses étaient préétablies, les Esséniens croyaient que la volonté de Dieu présidait à toutes les affaires terrestres. Cependant, ils croyaient également que l'âme est immortelle et qu'ils seraient récompensés ou punis dans l'au-delà pour les actions accomplies dans ce monde. Ni Josèphe ni Philon ne parlent d'une croyance en la résurrection des morts dans de nouveaux corps. En fait, Josèphe affirme que les Esséniens considéraient le corps comme une prison où l'âme est temporairement enfermée jusqu'à la mort[8].

Les explications de Josèphe et celles de Philon divergent en plusieurs points sur certaines pratiques insolites du groupe. Si les deux auteurs affirment que les Esséniens ne se mariaient pas, Josèphe attribue leur célibat à leur aversion pour « le dévergondage des femmes, étant convaincus qu'aucune ne peut rester fidèle à un seul homme[9] » ; Philon, lui, écrit qu'ils considèrent le mariage incompatible avec leur vie communautaire, « les épouses étant, par nature, des créatures égoïstes[10] ». Toutefois Josèphe reconnaît qu'il existait un groupe d'Esséniens qui ne refusaient pas le mariage, mais ne s'unissaient que pour procréer[11]. Un autre point de désaccord entre ces deux auteurs concerne les rites sacrificiels. D'après Josèphe, les Esséniens pratiquaient une forme de purification rituelle différente, ils ne pouvaient donc pas accomplir leurs sacrifices avec les autres Juifs. C'est la raison pour laquelle ils avaient leurs propres cérémonies où leurs prêtres officiaient[12]. Par contre Philon affirme qu'ils n'accomplissaient absolument aucun sacrifice, mais manifestaient leur piété en sanctifiant leur esprit[13]. Enfin, Josèphe laisse entendre qu'ils pratiquaient une sorte d'adoration du soleil, un rite que Philon ignore[14]. Toutefois Philon et Josèphe s'accordent sur la plupart des points. En particulier, tous deux ont une fervente admiration pour cette communauté qu'ils tiennent pour le parangon de l'autodiscipline et de la charité.

Pline l'Ancien est le seul à affirmer qu'un groupe d'Esséniens vivait près de la mer Morte, mais, à mesure que les archéologues étudièrent le contenu des premières grottes de Qumran, et que les Bédouins amenèrent à Jérusalem d'autres manuscrits découverts au cours de leurs nombreuses expéditions dans le désert de Juda, la possibilité que ce groupe ait effectivement vécu à Khirbet Qumran et caché des manuscrits dans des grottes avoisinantes devint de plus en plus séduisante pour les archéologues. En décembre 1951, un groupe dirigé par le père Roland de Vaux, de la célèbre Ecole Biblique et Archéologique de Jérusalem-Est, fit enfin des sondages sur le site, et dégagea cinq salles à l'intérieur du plus grand des bâtiments qui allaient ensuite être découverts. Les chercheurs identifièrent un aqueduc et un système de bassins et de citernes. L'un d'eux décrivit qu'il y avait un « mur extérieur principal... fait de grosses pierres nues », affirmant que « la qualité du travail est extrêmement pauvre et ne ressemble nullement à celle d'un fort romain pour lequel nous l'avions d'abord pris [15] ». Bien entendu, cela contredisait la première impression des explorateurs qui crurent qu'il s'agissait d'une forteresse. Une autre déclaration, plus tard abandonnée, selon laquelle « les murs intérieurs, construits essentiellement avec des gravats et de la boue, sont également de fabrication sommaire », vint s'ajouter à la conviction grandissante que le site pouvait avoir été la demeure des Esséniens. La découverte d'une jarre, de quelques pots de cuisine et de lampes identiques à des objets découverts dans la première grotte, permit d'affirmer : « Il semblerait... que les gens qui vécurent à Khirbet Qumran aient déposé les rouleaux dans la grotte » et de constater que cette situation correspond bien « à la description des Esséniens par Pline l'Ancien [16] ».

Cette idée déclencha une vague d'enthousiasme parmi les chercheurs et les profanes, d'autant que de nouvelles grottes contenant des manuscrits furent découvertes près de Khirbet Qumran. En 1952 il y en avait cinq, dont la fameuse grotte 4 qui renfermait des milliers de fragments d'au moins 500 rouleaux différents, pour la plupart des écrits non bibliques, inconnus jusqu'alors. Très vite, les nouvelles découvertes furent interprétées dans le sens d'une hypo-

Planche 1
Vue aérienne de Khirbet Qumran après les fouilles (Y. Hirschfeld).

thèse, de plus en plus populaire, selon laquelle les Esséniens avaient, à Khirbet Qumran, une grande bibliothèque contenant de nombreuses œuvres qu'ils avaient écrites et copiées et qu'ils avaient cachées lorsqu'ils se sentirent en danger.

Ainsi apparut la nécessité d'explorer plus en détail le site ; c'est ce que fit l'équipe d'archéologues qui travailla dans le désert de Juda entre 1953 et 1956. Ce fut une époque de recherches bien plus intensives que lors des premiers sondages. Les résultats, décrits par le père de Vaux, responsable des recherches, sont saisissants.

Dans le compte rendu publié, il affirme : « Les bâtiments ont... été ruinés par une action militaire », dont témoignaient « l'effondrement des plafonds... des flèches en fer... [et] l'incendie des toitures [17] ». En s'appuyant sur les indications archéologiques de la bataille, il déclare qu'elle se caractérisait par « une destruction violente... La tour... chaussée de son talus de pierre, résista mieux... [18] » On a trouvé des preuves que les toits avaient été brûlés, que les plafonds et les superstructures s'étaient effondrés. La présence de flèches en fer, de type romain, indique qu'une troupe de soldats romains avait attaqué, puis pris la place. Pour des raisons que nous ignorons, de Vaux n'indique pas un point crucial, formulé plus tard par Frank M. Cross, qui participa aux fouilles et publia un livre sur le site et les manuscrits retrouvés dans les grottes, dans lequel il déclare : « Les murs furent sapés [et] les ruines des bâtiments... furent enfouies dans des couches de cendre provenant d'un grand incendie [19] ». Saper les murs en creusant des galeries souterraines était une technique classique des stratèges militaires romains pour assiéger les fortifications ennemies qui ne pouvaient pas être prises autrement. Ces galeries étaient soutenues par des poutres en bois qui étaient mises à feu quand les troupes avaient fini de creuser, afin de provoquer l'écroulement des murs qui protégeaient les assiégés.

L'équipe découvrit un système hydraulique extrêmement développé permettant d'acheminer et de stocker une importante réserve d'eau. Un aqueduc conduisait les eaux des pluies d'hiver de l'oued Qumran jusqu'au site, où elles alimentaient six grands réservoirs ainsi qu'une profonde citerne beaucoup plus ancienne. Dans la partie nord-ouest du site, il y avait une autre citerne carrée qui avait été utilisée pour se baigner ou stocker une plus grande quantité d'eau. Les chercheurs furent très impressionnés par cette installation hydraulique ; le père de Vaux souligne : « le nombre et l'importance des citernes » constituent le « trait le plus frappant[20] » du site.

Plus tard, les mesures de ces citernes révélèrent qu'elles pouvaient contenir jusqu'à 1 127 m^3 d'eau[21], suffisamment pour subvenir aux besoins de plus de 750 personnes pendant huit mois, c'est-à-dire pendant la saison sèche après les pluies d'hiver et de printemps, jusqu'à ce que les premières pluies de la saison suivante aient commencé à remplir les réservoirs*.

De Vaux lui-même ne tira aucune conclusion de cette découverte, cependant elle concordait avec les autres indices d'une bataille (qui, selon lui, se déroula sur le site en 68 après J.-C.). Les défenseurs du site, quels qu'ils fussent, auraient eu besoin de cette quantité d'eau, car Qumran était isolé de tout point d'eau. La source la plus proche se trouvait à quelques kilomètres au sud, dans un site au bord de la mer Morte nommé En Feshkha (« la source de Feshkha »), inaccessible aux habitants de Qumran au cours d'un siège.

Les chercheurs dégagèrent d'autres ruines, entre autres des vestiges de murailles extérieures et, plus particulièrement, des restes importants d'une tour solidement fortifiée qui avait jadis dominé le site. Les murs de cette « massive tour » (selon l'expression de De Vaux) avaient entre 1,2 et 1,5 m d'épaisseur ; à l'intérieur il y avait trois salles, sur deux niveaux réunis, à l'origine, par un escalier circulaire. Au deuxième étage, un portail ouvrait, à l'époque, sur une galerie exposée au sud-ouest, vers l'intérieur du site. L'extérieur de la tour formait l'enceinte nord-est de l'ensemble des bâtiments ; la porte principale se trouvait à ses pieds. Le père de Vaux affirme : « Le souci de défense était encore souligné par l'isolement de cette tour, qui était séparée du reste des bâtiments par deux espaces

---

*Ce calcul est fondé sur les besoins d'un homme ne consommant pas plus de six litres d'eau par jour, dans un climat désertique. 1 127 m^3 = 1 127 000 litres. Ce chiffre divisé par six (c'est-à-dire le nombre de litres par personne et par jour) = 187 666 litres. Divisé par 240 (c'est-à-dire 8 [mois] x 30 [jours]) = 784, le nombre de personnes qui pouvaient être approvisionnées par 1 127 m^3 d'eau pendant huit mois. (Je remercie le professeur Israel Eph'al de l'Université Hébraïque de Jérusalem, qui m'a fourni les éléments de base de ce calcul.)

ouverts. » Devant cette tour, venant du nord, passait une route qui suivait la plaine, le long de la mer Morte[22].

Selon de Vaux et ses collègues, le site de Qumran était, à l'origine, une forteresse israélite construite au VIIe ou VIIIe siècle avant J.-C. Apparemment, le site avait été abandonné jusque vers le début du IIe siècle avant J.-C., époque à laquelle les anciennes fondations furent utilisées pour construire un petit groupe de bâtiments. Cet ensemble fut rapidement remplacé par un complexe plus élaboré, construit vers le milieu du IIe siècle avant J.-C., période durant laquelle la tour fut construite. Deux des étages en pierre de la tour étaient encore intacts lors de son déblaiement en 1951 ; parmi les décombres on trouva des restes de briques d'un troisième étage[23]. De toute façon, le père de Vaux, comme Dalman et Avi-Yonah avant lui, perçut clairement la nature stratégique du site, sans même se référer à la tour. Plus tard il observa : « Du plateau de Qumran, la vue s'étend sur toute la rive occidentale depuis l'embouchure du Jourdain jusqu'au Râs Feshkha et sur toute la moitié septentrionale de la mer [Morte][24]. »

Au cours de leurs recherches, les archéologues découvrirent que les bâtiments de Qumran avaient été abîmés, peut-être par un tremblement de terre et un incendie. Les spécialistes n'ont jamais été d'accord sur la date précise de cet événement, mais de Vaux pourra avoir de bonnes raisons pour supposer qu'il eut lieu en 31 avant J.-C., date d'un tremblement de terre en Palestine décrit par Josèphe. Il est également possible qu'une partie ou la totalité des dégâts aient été causés par une attaque militaire non répertoriée, peut-être au cours de l'invasion parthe de la Palestine (en 40 avant J.-C.)[25].

Quelle que soit la date précise de ces événements, les preuves archéologiques décrites par de Vaux indiquent clairement que, après sa destruction, le site fut abandonné, puis finalement réparé et réoccupé. Les nouveaux occupants déblayèrent la plupart des salles, ajoutèrent des constructions secondaires et consolidèrent les bâtiments affaiblis par le tremblement de terre ou par une autre cause, en doublant l'épaisseur de certains murs et en renforçant les autres avec des contreforts[26]. Ils accordèrent un soin particulier à la tour, et prirent diverses mesures pour la protéger, notamment en construisant un solide talus en pierre brute, des quatre côtés de la tour, de la base jusqu'au deuxième étage de l'édifice, en formant un angle de quarante-cinq degrés (voir planche 2). Ce talus, remarque de Vaux, était plus haut sur les faces nord et est, c'est-à-dire les parties orientées vers l'extérieur qui constituaient les points de défense essentiels du site[27]. Du haut de la tour, on pouvait avoir une vue dégagée de la plaine au nord, au sud et jusqu'à la mer. La fortification de la tour indique l'importance qu'elle revêtait pour le groupe de Juifs qui reconstruisit le site et l'occupa jusqu'à la bataille qui eut lieu en 70 après J.-C. On n'a retrouvé aucune pièce de monnaie datant du règne d'Hérode le Grand (40-4 avant J.-C.) ; par conséquent il est possible que le site ait été entièrement abandonné au cours de cette période et qu'il n'ait été réparé ou réoccupé que beaucoup plus tard, peut-être pas avant les années 60 du Ier siècle, lors de la Première Révolte des Juifs palestiniens contre la domination romaine (66-73 après J.-C.).

En se basant sur les pièces de monnaies retrouvées dans les ruines et sur une affirmation de Josèphe, de Vaux déduisit que le siège romain et la prise du site avaient eu lieu pendant l'été 68, c'est-à-dire pendant la Première Révolte, environ vingt mois avant le siège de Jérusalem qui s'intensifia au début du printemps 70[28]. La datation précise de l'attaque est un point capital ; de Vaux ne l'a pas déterminée de manière satisfaisante. Les pièces de monnaie hébraïques les plus récentes trouvées sur le site datent, selon lui, de l'an III de la Révolte (printemps 68-printemps 69 après J.-C.). D'autre part, les pièces de monnaie romaines les plus anciennes furent battues à Césarée et dans les environs, en 67-68. Josèphe écrit que la Dixième Légion romaine prit Jéricho pendant l'été 68, puis que Vespasien ordonna que l'on jette dans la mer Morte quelques hommes aux poings liés, pour voir s'ils flotteraient[29]. De Vaux crut que les dernières monnaies juives avaient été battues dès le printemps 68 et que les premières monnaies romaines avaient pu l'être pratiquement en même temps ; par conséquent la meilleure période pour situer la prise de Khirbet Qumran était l'été 68, date à laquelle

Planche 2
La tour de Khirbet Qumran : (a) profil général après les fouilles ;
(b) le phallus de pierre.

les troupes de Vespasien avaient atteint un point assez proche, au nord du site[30].

Cependant, cette hypothèse est peu vraisemblable car, lors d'une révolte d'une telle envergure, des pièces de monnaie neuves n'auraient pas pu parvenir si rapidement dans un site du désert situé à une distance considérable des autres centres de révolte. Les monnaies romaines indiquent simplement que les légionnaires possédaient quelques pièces datant de 67-68 après J.-C. L'argument de De Vaux présuppose que les Romains et les Juifs possédaient des pièces fraîchement battues lorsqu'ils s'affrontèrent à Qumran. Il suffit d'examiner la date des pièces qui sont dans nos poches pour comprendre le problème posé par son hypothèse. Dans une autre partie de son ouvrage sur Khirbet Qumran, de Vaux lui-même insiste sur le fait que « les pièces d'argent restaient longtemps en circulation ; pour dater un niveau archéologique, elles ne peuvent servir que de vagues *terminus post quem*[31] ».

Les pièces indiquent seulement que l'attaque de Qumran ne peut pas avoir eu lieu *avant* 68 après J.-C. Nous n'avons aucune preuve que les légionnaires romains aient pénétré dans une partie quelconque du désert de Juda avant 70 après J.-C. ; par conséquent il est plus probable que l'attaque de Qumran eut lieu dans le cadre de l'offensive générale menée contre les Juifs de Judée, à la suite de la prise de Jérusalem, en l'an 70. Les Romains ne prirent plusieurs forteresses connues de la région (Hérodium, Machéronte et Massada) qu'après la chute de la capitale. S'ils avaient assailli le site de Qumran deux ans plus tôt, ils se seraient ensuite vraisemblablement dirigés sans tarder vers le sud-ouest et auraient pris la forteresse d'Hérodium rapidement, et non pas après la chute de Jérusalem. Cela leur aurait permis d'encercler Jérusalem complètement et pas seulement sur trois fronts, comme ils le firent[32]. Josèphe explique qu'au début du siège de la capitale, la Dixième Légion romaine arriva au mont des Oliviers « *en venant de Jéricho*, où un détachement de soldats était resté pour garder le passage dont Vespasien s'était emparé antérieurement[33] ». Ceci laisse supposer qu'il n'y avait pas de troupe romaine postée plus au sud. Il eût donc été préférable, pour des raisons historiques et numismatiques, de situer la prise de Qumran pendant la période qui suit la chute de Jérusalem, lorsque les troupes romaines, commandées par Lucilius Bassus, commencèrent à pénétrer dans le désert de Juda, dernier bastion de la résistance juive, vers Machéronte à l'est et Massada au sud *.

Au-delà du raisonnement erroné sur la date de l'attaque de Qumran, de Vaux et ses collègues montrèrent une certaine réticence à tirer des conclusions évidentes sur la nature de Khirbet Qumran : par exemple que Jérusalem et les événements qui s'y déroulèrent pouvaient avoir eu un lien avec le site. Comme le révèlent leurs commentaires sur d'autres découvertes faites au cours des fouilles, cette réticence eut un impact important sur la manière dont ils abordèrent la nature du site. De Vaux découvrit des preuves que le site ne fut pas simplement abandonné lorsque les troupes romaines triomphèrent des défenseurs. Au contraire, une nouvelle époque de son histoire commença, qu'il appelle l'époque III et qui dura au moins jusqu'en 73 après J.-C. Des soldats romains, probablement ceux qui avaient conquis Qumran, utilisèrent alors la tour et une partie des ruines à des fins militaires, car le site, fort bien situé, offrait un point de vue exceptionnel. De Vaux explique que les Romains durent contrôler la mer et les côtes adjacentes au moins jusqu'à la fin de la guerre contre Rome, en l'an 73 [34].

Ces preuves archéologiques font apparaître clairement que le site eut une fonction militaire pendant une période très étendue. Qumran avait été une forteresse à l'époque israélite, puis lorsqu'elle fut reconstruite, plusieurs siècles plus tard, elle conserva sa position géographique dominante et les nouveaux occupants développèrent ses fonctions militaires. Ensuite, vers 71-72 après J.-C., les

* Tout récemment le professeur Yaakov Meshorer, numismatiste au Musée d'Israël, est arrivé à une conclusion similaire en constatant que les dernières pièces juives trouvées à Khirbet Qumran ne datent pas de l'an III de la Révolte, comme l'a prétendu de Vaux, mais qu'elles furent frappées « à Ascalon en l'an 72-73 ». La configuration des preuves numismatiques de Qumran, en comparaison avec celle de Massada, encourage « l'impression que la lutte de Qumran et celle de Massada eurent lieu durant la même période ». (Extraits, avec la permission du professeur Meshorer, de sa conférence à l'occasion du cinquantième anniversaire de la découverte des manuscrits de la mer Morte, à Jérusalem, fin juillet 1997.)

soldats romains y livrèrent une bataille rangée contre une troupe armée qui, à l'évidence, habitait dans le site. Enfin, après avoir pris la place, les Romains l'utilisèrent comme fort militaire, mais avec un rôle moins important que par le passé.

Cependant les personnes qui participèrent aux fouilles de Khirbet Qumran dans les années 1950 se refusèrent à affirmer que le site avait été une forteresse pendant la période cruciale où la secte des Esséniens était censée y avoir habité, c'est-à-dire aux premiers siècles avant et après J.-C., jusqu'à sa prise par les Romains, vers l'an 70. Ce refus apparaît dans tous les écrits de De Vaux sur Khirbet Qumran ainsi que dans les ouvrages de ses collègues. Le constat le plus significatif est celui de F. M. Cross, lorsqu'il écrit qu'il est impossible de déterminer si « la totalité ou une partie des Esséniens fuirent leur habitat à l'approche des Romains ou s'ils furent encerclés dans Qumran et massacrés ». Le professeur Cross ajoute : « Il est probable que les Esséniens, en tout cas certains d'entre eux, aient résisté. Quelqu'un a sûrement résisté aux Romains en utilisant Qumran comme bastion[35]. »

Tout en reconnaissant que Qumran servit de bastion, Cross, comme de Vaux et les autres chercheurs qui souscrivirent rapidement à l'hypothèse essénienne, refuse d'affirmer clairement que le site était une forteresse au moment de l'attaque romaine. Cependant de Vaux l'admit presque en 1954. En affirmant : « le bâtiment a été attaqué par l'armée », il envisagea la possibilité remarquable que « toute la communauté soit partie [avant la bataille] et que d'autres groupes se soient retranchés à Khirbet Qumran : cette même année 68, les sicaires étaient actifs à Massada et à Engaddi[36] ». Lorsqu'il suggère que ces vaillants guerriers juifs, qui jouèrent un si grand rôle dans la révolte contre les Romains, avaient *pris la place* des Esséniens au moment de la bataille (une explication qui n'est confirmée par aucune preuve archéologique), de Vaux trahit l'inquiétude que lui posent ses conclusions : comment la secte essénienne a-t-elle pu occuper ce qui, d'après les preuves fournies par les fouilles, était un site militaire ? Les auteurs anciens qui parlent des Esséniens s'accordent pour dire qu'ils étaient les plus pacifiques des hommes, nullement portés à la guerre. Philon d'Alexandrie, un témoin contemporain qui est le plus ancien de ces auteurs (vers l'an 20), affirme : « On chercherait en vain chez eux quelque fabricant de flèches, de javelots, d'épées, de casques, de cuirasses, de boucliers, en un mot un armurier ou un constructeur de machines de guerre et autres instruments belliqueux ou même d'objets pacifiques pouvant être utilisés à mal [37]. » Flavius Josèphe, qui écrivit la *Guerre des Juifs* un demi-siècle plus tard, c'est-à-dire après la fin de la révolte et la défaite des Juifs, mentionne effectivement un certain Jean l'Essénien, sans aucun doute une exception, qui fut général de la troupe rebelle à Timna, à environ vingt kilomètres à l'ouest de Jérusalem, loin du désert de Juda. Il ne suggère nulle part que les véritables communautés esséniennes défendirent des places fortes ou se livrèrent à des batailles. Au contraire, il explique que lorsqu'ils voyageaient, les Esséniens n'emportaient que des armes défensives [38]. Les textes de Pline l'Ancien portant sur la même époque que ceux de Josèphe (la préface de son *Histoire naturelle* date de 74 après J.-C.) renforcent l'impression que les Esséniens vivant au-dessus d'Engaddi avaient des mœurs pacifiques :

A l'ouest, mais bien loin du rivage à exhalaisons pestilentielles, les Esséniens, miracle unique dans l'univers, vivent seuls, sans femmes, sans voluptés, sans argent, et n'ont de société que celle des palmiers. Sans cesse leur troupe augmente de recrues étrangères très nombreuses : agités par les flots de la fortune, et las enfin, mille affligés viennent à eux ; et ainsi (chose étonnante!) un peuple où personne ne naît subsiste pendant des milliers de siècles. Tant le dégoût de la vie est pour eux une source féconde de population [39] !

Rien dans la description de Pline ne porte à croire non plus qu'il y avait parmi les Esséniens des guerriers occupant une forteresse.

D'une manière ou d'une autre, l'équipe archéologique devait résoudre cette contradiction troublante ; c'est manifestement la raison pour laquelle de Vaux a d'abord suggéré qu'un autre groupe, peut-être des sicaires militants, s'était emparé du site avant le début de la bataille. La même contradiction conduisit Cross à suggérer que

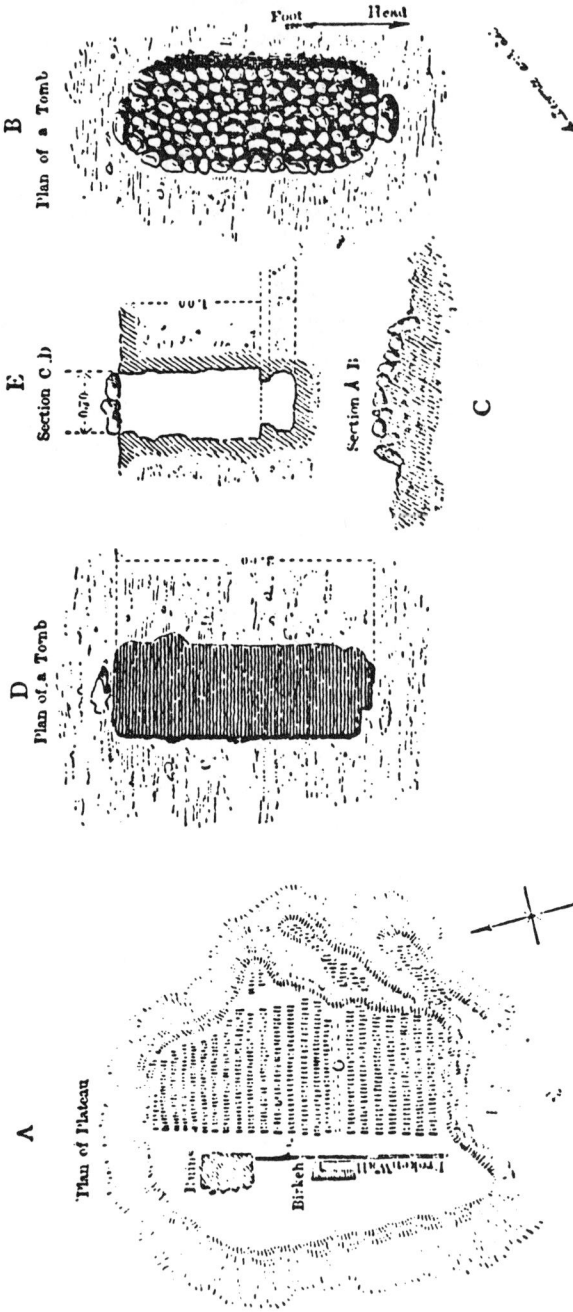

CEMETERY OF KUMRÂN.

Planche 3

Le cimetière de Khirbet Qumran, dessiné vers 1873 : (a) plan de l'ensemble des tombeaux ; (b) plan d'un tombeau ; (c) section verticale ; (d) tombeau typique couvert de pierres. Extraits du livre de Ch. S. Clermont-Ganneau, *Archeological Researches in Palestine during the Years 1873-1874*, Londres 1896.

certains Esséniens avaient défendu le site, tout en insinuant qu'un autre groupe avait pu livrer le combat. En 1958, d'autres chercheurs (voir plus loin, p. 146) émirent la possibilité qu'une autre ancienne communauté militante, les Zélotes dont parle Josèphe, ait occupé le site bien avant et jusqu'à la bataille, mais de Vaux écarta d'emblée cette interprétation, sans mentionner qu'il avait lui-même exprimé plus tôt l'idée d'une possible occupation par des sicaires extrémistes. Manifestement l'équipe archéologique accordait une grande importance à défendre la cohérence de la première identification, selon laquelle Khirbet Qumran avait été la demeure des Esséniens de la mer Morte cités par Pline.

De toute façon, les archéologues découvrirent d'autres preuves qui, à nouveau, remirent en question leurs idées sur le site de Qumran. Sur le plateau où se trouve Khirbet Qumran, à moins de cinquante mètres à l'est des bâtiments, il y a un grand cimetière dont la première exploration remonte aux années 1870 [40]. A l'époque, les chercheurs n'avaient ouvert que quelques-unes des mille deux cents tombes. De Vaux et ses collègues décidèrent d'en explorer d'autres. Ils ouvrirent quarante-trois tombes et trouvèrent les corps de trente hommes, sept femmes et quatre enfants*, soit une proportion d'environ une femme pour quatre hommes (deux des tombes n'avaient peut-être aucuns ossements ou seulement des restes non identifiables) [41]. Pourtant Pline affirme que les Esséniens de la rive de la mer Morte « n'avaient aucune femme, avaient renoncé à tout

* C'est le chiffre que donne de Vaux, mais il ne précise pas la manière dont les ossements ont été identifiés. Jusqu'à aujourd'hui, les anthropologues et autres spécialistes ne s'accordent pas sur la meilleure façon de parvenir à identifier le sexe des ossements anciens. Il manque évidemment une étude de tous les ossements des tombes de Qumran, menée dans des conditions scientifiques rigoureuses. En 1968, le Dr Nicu Haas, avec la collaboration d'autres chercheurs, effectua une étude anthropologique de onze ossements découverts au cimetière de Qumran par S. H. Steckoll. Les résultats firent apparaître qu'il s'agissait des restes de six hommes, quatre femmes et un enfant de deux ans, ce qui sembla confirmer les premières observations de De Vaux sur la proportion d'ossements d'hommes et de femmes. (De Vaux, quant à lui, n'indique pas qui a réalisé l'étude des ossements retrouvés par sa propre équipe.) Voir N. Haas et H. Nathan, *Revue de Qumran* 6 (1968), pp. 323–344.

désir sexuel » et que de leur « race », « nul n'est venu au monde ».

En déclarant que le cimetière était divisé en une section principale, avec des tombes orientées nord-sud, et d'autres sections (une extension de la section principale ainsi que deux parties « secondaires » où l'on découvrit les ossements des femmes et des enfants), de Vaux tenta de résoudre le mieux possible la contradiction délicate, en développant l'hypothèse des origines esséniennes qui, à l'époque, avait déjà beaucoup d'adeptes : le plan du cimetière pouvait « indiquer que les femmes ne faisaient pas partie de la communauté, ou n'en faisaient pas partie au même titre que les hommes enterrés dans le cimetière principal. Cela pouvait aussi signifier que la discipline de la communauté avait évolué : la règle du célibat s'étant relâchée, le mariage serait devenu licite. Cela expliquerait la raison pour laquelle il y avait des tombes féminines dans ce qui semble être des extensions du cimetière principal ».

Le caractère hypothétique de ce passage traduit, entre autre, une incertitude manifeste quant à la question de savoir si l'on peut légitimement appeler la partie du cimetière contenant les ossements féminins une « extension » du cimetière principal. En réalité, de Vaux éprouve des difficultés à expliquer comment la description faite par Pline du célibat des Esséniens, rédigée vers 75 de notre ère, peut correspondre aux conclusions archéologiques. Finalement, il se hasarde à suggérer que les ossements de femmes et d'enfants pourraient « signifier qu'il y avait différents groupes dans la communauté : le groupe principal rejetant le mariage... et un ou plusieurs groupes qui l'admettaient... Les tombes de femmes ne prouvent évidemment pas que la communauté était apparentée aux Esséniens, mais elles ne s'y opposent pas absolument[42] ».

Aujourd'hui, avec le bénéfice du recul historique, nous pouvons voir que cette affirmation est légèrement forcée, voire évasive. Certes, la découverte n'écarte pas totalement l'idée d'une communauté liée aux Esséniens, mais elle en réduit considérablement la possibilité dans la mesure où, à l'origine, cette notion reposait précisément sur la description faite par Pline d'une communauté de célibataires. Josèphe, qui écrivit à peu près à la même époque, affirme qu'il existait également un ordre essénien non célibataire, mais il ne dit pas où en Palestine[43]. Seul Pline localise des Esséniens dans une région précise de Judée, et c'est sur cette base que les archéologues ont fondé leur identification de Qumran à un site essénien. Mais Pline affirme que ces Esséniens sont célibataires.

Les preuves fournies par les tombes de femmes et par la bataille contre les Romains, ainsi que le caractère stratégique du site de Qumran auraient dû dissuader les archéologues de persévérer à soutenir la thèse d'une implantation essénienne à cet endroit. Mais ils s'étaient engagés à fond dans cette interprétation quasiment dès le début de leur recherche, et ils s'y accrochèrent avec ténacité.

En outre, lors des recherches, de Vaux ou l'un de ses associés ont bien dû se poser une autre question sur la description de Pline : la date de sa rédaction. Poursuivant son commentaire sur l'habitation des Esséniens sur les rives de la mer Morte, Pline remarque : « *Au-dessous des Esséniens était Engaddi, la première après Jérusalem pour la fertilité et ses bois de palmiers ; mais Engaddi, comme Jérusalem, n'est plus qu'un monceau de cendres.* On voit ensuite Massada sur un rocher, non loin du lac Asphaltite. Là finit la Judée[44]. »

Cette déclaration ne peut avoir été écrite qu'*après* la destruction de Jérusalem par les Romains, à la suite de sa prise pendant l'été de l'an 70. Par conséquent, il est impossible que les Esséniens qui habitaient au-dessus d'Engaddi aient été le groupe de Qumran qui, d'après les conclusions de l'équipe archéologique, était, en 70 après J.-C. et par la suite, un bataillon romain et non pas une secte juive. Les Esséniens de Pline devaient être un autre groupe qui habitait ailleurs, apparemment plus près d'Engaddi*. En outre, quelle pertinence l'affirmation de Pline pouvait-elle avoir pour identifier ceux qui occupaient Khirbet Qumran *avant* l'an 70, époque où la situation de la Judée était radicalement différente ? Les Esséniens qui vivaient au-dessus d'Engaddi lorsque Jérusalem fut détruite

---

*Tout récemment, des fouilles archéologiques dans les collines au-dessus d'Engaddi ont permis de révéler un site qui, selon le Dr. Yizhar Hirschfeld, pourrait être le lieu d'habitation des Esséniens décrits par Pline. Voir l'Épilogue, pp. 372-374.

étaient peut-être des réfugiés qui fuyaient la guerre contre Rome et venaient de n'importe quelle région de Palestine. Jérusalem elle-même était connue pour avoir eu une « porte des Esséniens »[45], ce qui laisse supposer qu'un nombre relativement important de membres de la secte était dans la ville avant la révolte. Il est possible que ce groupe se soit enfui, pendant le siège, pour se réfugier dans le lieu décrit par Pline, au-dessus d'Engaddi. Mais comment se fait-il que cette « foule de réfugiés » décrite par Pline se soit installée à *Qumran* si, comme l'ont prouvé les fouilles, les soldats romains occupaient le site vers 70 après J.-C. ?

La question n'a peut-être pas été formulée exactement ainsi, mais quelle qu'en soit la forme, elle a sûrement été posée et il fallait y répondre. De Vaux proposa donc que le texte de Pline n'était pas l'original, mais qu'il avait été *modifié*. Les trente-sept livres de l'*Histoire naturelle* de Pline furent écrits sur une longue période ; d'après de Vaux, Pline lui-même ne s'est peut-être jamais rendu à l'endroit où habitaient les Esséniens, mais en a peut-être simplement entendu parler par un témoin. Les termes qui renvoient à Engaddi, « comme [Jérusalem]... un monceau de cendres », ne seraient, toujours selon de Vaux, qu'une remarque insérée lorsque le texte fut recopié, vers 75 après J.-C. Par conséquent, à son avis, l'expression originale, plus tard reprise par Pline, a pu être écrite ou lui être rapportée *avant* que Khirbet Qumran ne soit pris par les Romains[46].

Tout cela est de la pure spéculation et nous rappelle la tendance qu'ont parfois les chercheurs à corriger des textes pour les rendre plus appropriés à leur interprétation. La probabilité que cette affirmation cruciale soit une simple annotation de scribe (ou du rédacteur ancien) est pratiquement réduite à néant puisque de nombreux passages de la description que fait Pline de la Palestine reflètent la situation après l'an 70. Par exemple il indique, seulement quelques paragraphes plus haut, que Machéronte, la grande forteresse des Juifs à l'est de la mer Morte, fut également prise par les Romains, et que Vespasien, qui fut empereur de 70 à 79, établit la colonie de Prima Flavia à Césarée[47]. Il est donc clair que Pline écrivit sa description d'après une perspective ultérieure à 70.

Les différentes hypothèses du père de Vaux (notamment que le texte de Pline avait été modifié, que les qumranites avaient « assoupli » leur règle de célibat, que des groupes célibataires et non célibataires avaient cohabité sur le site) furent adoptées avec enthousiasme par un grand nombre d'auteurs. En réalité, elles ne concordaient pas avec la description de Pline et ne pouvaient être harmonisées entre elles qu'en supposant que les rudiments de cette description avaient été rédigés de *nombreuses* années avant l'attaque du site. A cette époque lointaine, selon l'une des hypothèses de De Vaux, Khirbet Qumran était peut-être encore habité uniquement par des Esséniens célibataires. Mais ceci est on ne peut moins probable : aucune preuve archéologique n'indique que Khirbet Qumran fut occupé à un moment quelconque par les Esséniens de Pline, ou par une autre communauté de célibataires. De plus, aucun des rouleaux découverts dans les grottes proches du site ne fournit la moindre indication pouvant appuyer l'hypothèse du célibat.

Au fur et à mesure que les fouilles se poursuivirent, certains érudits commencèrent à douter de l'implacable équation qumrano-essénienne. Mais, tout en s'apercevant que, sans une exégèse retorse, la description de Pline ne pouvait pas désigner le site de Khirbet Qumran, de nombreux auteurs demeurèrent résolus dans leur conviction que le site avait été occupé par une *secte*. Leur raisonnement était que Qumran se situait près de certaines grottes où furent trouvés des manuscrits, et que beaucoup de ces textes contenaient des idées et des expressions qui, comparées à celles des textes les plus anciens du judaïsme intertestamentaire et rabbinique, semblaient évoquer une secte. Donc le concept d'une secte habitant à Qumran revêtait un semblant de plausibilité. Le pôle d'attraction restait la *Règle de la communauté* dont les colonnes révélaient un mode de pensée hétérodoxe similaire à l'essénisme décrit par Philon et Josèphe.

Cherchant d'autres preuves de la présence d'une secte, certains savants firent observer que les réservoirs à eau comportaient presque tous des marches, et ils se demandèrent si certains d'entre eux n'avaient pas été utilisés pour des bains rituels, et non comme simples réservoirs. Ils s'appuyaient sur les auteurs anciens qui

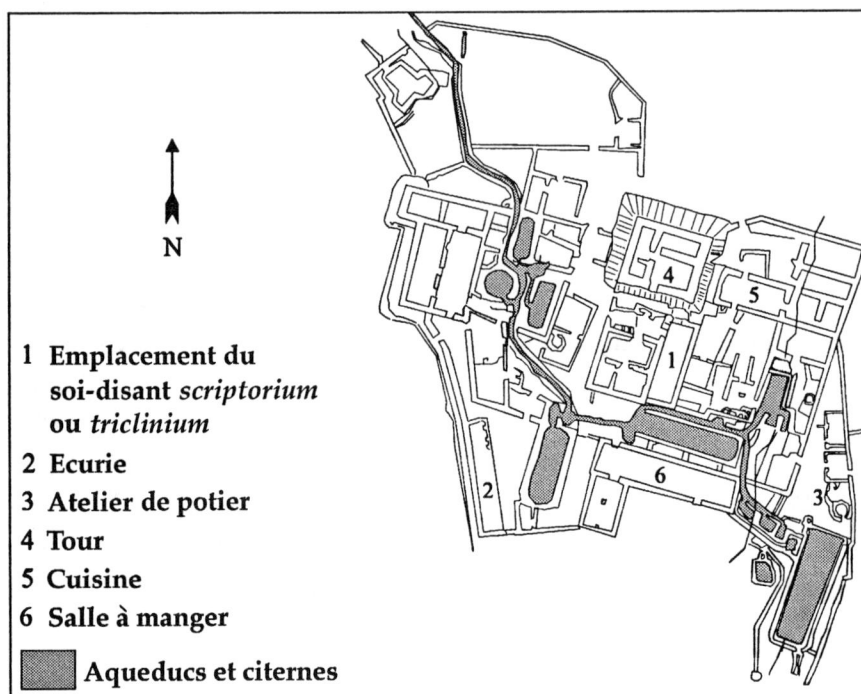

Carte 2

Plan du site de Khirbet Qumran, montrant certains des édifices principaux et le système de réservoirs.

furent frappés par les pratiques de bains rituels fréquentes chez les Esséniens ; mais ils omirent de remarquer que, d'après ce que l'on sait, *tous* les Juifs pratiquants de l'époque romaine prenaient des bains rituels, conformément aux lois bibliques. De toute façon, de Vaux et son équipe rejetèrent la possibilité que les réservoirs aient servi pour le bain, car les marches étaient un élément caractéristique des réservoirs de cette époque en Judée. Elles étaient simplement destinées à faciliter l'accès à l'eau lorsque le niveau diminuait pendant la saison sèche. On découvrit également sur le site deux bassins hydrauliques. De Vaux reconnut qu'ils avaient servi pour le bain, tout en expliquant que « l'archéologie est impuissante à dire si ces bains... avaient un caractère rituel »[48].

In the map legend:

1 Emplacement du soi-disant *scriptorium* ou *triclinium*
2 Ecurie
3 Atelier de potier
4 Tour
5 Cuisine
6 Salle à manger
   Aqueducs et citernes

Les réservoirs utilisés étaient couverts pendant la saison sèche, pour empêcher l'évaporation. Le chiffre d'environ sept cent cinquante hommes dont les besoins en eau pouvaient être satisfaits par le système de réservoirs de Qumran (voir plus haut, p. 8) évoquait le nombre de soldats (huit cents hommes) déployés par Hérode à Massada au cours de sa marche vers l'Arabie[49]. A Hérodium, un bastion encore plus imposant que Qumran, les deux plus grandes citernes, d'une capacité de 2 725 mètres cube, permettaient d'approvisionner une garnison d'environ mille huit cent hommes pendant huit mois de sécheresse[50]. Comme l'a fait remarquer Ehud Netzer, responsable des fouilles d'Hérodium, à la différence de celles de Qumran, ces grandes citernes étaient difficiles d'accès pour les défenseurs de ce site[51]. Cependant, il est peu probable que ces réserves d'eau aient pu subvenir aux besoins de beaucoup plus qu'un millier de soldats pendant un état de siège. Il semble que, pour défendre le désert de Juda, les rebelles de la Première Révolte aient pu compter environ neuf cents ou mille soldats dans chaque site, mais pas davantage. Les mille deux cents tombes de Qumran correspondent assez bien à ce chiffre. Lors du siège qui conduisit à la prise de Qumran par les Romains, les rebelles et leurs familles qui vivaient dans les murs étaient sans doute considérablement plus nombreux que ce que la capacité des citernes pouvait approvisionner pendant huit mois complets.

Comme nous l'avons indiqué plus haut, on a également retrouvé des poteries au cours des fouilles de Qumran, dont certaines dans un atelier de poterie. Le style des jarres correspond à celui des poteries découvertes dans la grotte 1 et dans d'autres grottes contenant des manuscrits (voir le chapitre 2), fournissant ce que l'on pensait être un lien physique et intrinsèque entre les grottes et le site[52]. Selon ce raisonnement, même si l'on ne parvenait pas à trouver, dans la *Règle* ni dans les autres rouleaux, des indications de célibat, et même s'il y avait d'autres différences entre les doctrines de la *Règle* et celles des Esséniens classiques, il existait un lien intrinsèque entre Khirbet Qumran et les manuscrits des grottes, car manifestement les auteurs des textes étaient les gens qui habitaient ce lieu ; on pouvait donc légitimement considérer que ces derniers formaient un ordre de

Planche 4
Deux des grands réservoirs de Khirbet Qumran.

type essénien ou, dans tous les cas, une secte. On croyait même que certaines preuves découvertes sur le site fourniraient un témoignage permettant d'étayer ce point de vue.

Depuis lors, ces preuves ont suscité de nombreux débats, mais elles restent la pierre angulaire de toutes les variantes de l'hypothèse qumrano-essénienne. Elles concernent la forme et l'aspect de certaines salles et de certaines constructions du site. En comptant les réservoirs, mais pas le cimetière, les archéologues ont recensé plus de cent quarante *loci* (chambres, vestibules, pièces, cours etc.) répartis sur une superficie d'environ 4 800 mètres carrés*. La fonction de nombreux locaux était mal définie ; parmi ceux que les archéologues prétendirent pouvoir identifier, il y en avait qu'ils décrivirent comme étant une étable, une cuisine, un moulin, un four, un atelier de poterie et une forge, ainsi que des réserves de nourriture. Manifestement, un groupe ou une communauté important vivait dans ce lieu au Ier siècle avant et au Ier siècle après J.-C. ; était-ce une secte d'Esséniens, une autre communauté juive, ou un bataillon militaire ? Dans un avant-poste du désert, des militaires auraient eu besoin de toutes les commodités suggérées par ce genre de salles, autant qu'une secte juive, quelle qu'elle soit.

Cependant, de Vaux et son équipe archéologique pensaient que d'autres vestiges apporteraient la preuve de l'utilisation du site par une secte. Aussi appela-t-il l'une des salles « réfectoire », un terme généralement réservé aux salles à manger des monastères ou des couvents, et une autre « salle du conseil », par allusion à la *Règle de la communauté* qui préconise la tenue de réunions régulières du « Conseil de l'Unité » (sorte de conseil d'administration de la secte décrite dans ce texte). Toutefois le caractère arbitraire de ces identifications apparaît clairement lorsqu'on examine attentivement ces deux salles. Il est possible que l'une d'elles ait servi aux repas, mais il se peut également que l'emplacement circulaire dallé, à son extrémité ouest, qui, selon de Vaux, « marque apparemment l'endroit où se tenait le président de l'assemblée »[53], ait été la salle où le comman-

---

*Voir le plan détaillé du site dans R. de Vaux, *L'Archéologie et les manuscrits de la mer Morte* (Londres, 1961), planche 39.

dant du camp militaire et ses officiers prenaient leurs repas. Si l'on s'en tient strictement aux données archéologiques, cette pièce doit être désignée par le terme « salle à manger », pas « réfectoire ».

L'autre espace, nommé « salle du conseil », a été désigné ainsi en raison d'un petit banc encastré qui longeait les murs de cette pièce relativement petite. De Vaux remarqua qu'il y avait, sur un mur, des renfoncements correspondant à des placards, tandis que dans un autre était creusée une vasque pouvant être alimentée de l'extérieur. Ces indices encouragèrent de Vaux à affirmer que cette pièce « paraît avoir été destinée à des réunions restreintes dont les membres ne voulaient pas être dérangés, [comme] une sorte de salle du conseil [54] ».

Toutefois, un observateur qui ne tiendrait pas à considérer Khirbet Qumran comme la demeure des Esséniens ou d'une autre secte ne pourrait décrire la fonction de cette pièce que comme étant celle d'un lieu de réunion. Cette salle aurait pu être destinée à la prière et à la récitation du Pentateuque, c'est-à-dire être une synagogue rudimentaire, semblable à la salle aux bancs encastrés de Massada, mais d'un style architectural plus sobre (voir planche 6). Aucune preuve archéologique n'indique que les occupants du site étaient autres que des Juifs craignant Dieu. De tels croyants, qu'ils aient ou non appartenu à une secte, auraient précisément eu besoin d'une salle commune de ce type [55].

Par conséquent, il est clair qu'aucune des deux salles n'offre de preuve irréfutable d'une utilisation sectaire. De Vaux suggéra qu'une salle adjacente considérablement plus grande, avec un imposant vestibule en travée, « a pu servir pour des assemblées plus importantes » [56]. Observons au passage que la travée dont parle de Vaux est l'un des nombreux éléments décoratifs de cet élégant style architectural hérodien que l'on retrouve dans plusieurs endroits à Khirbet Qumran. Cela réfute entièrement la première impression des archéologues selon laquelle le site était de construction sommaire. Khirbet Qumran fut conçu comme un site important. La salle en question peut avoir servi de lieu de réunion pour de grandes assemblées dont les participants peuvent aussi bien avoir été des soldats juifs que les membres d'une secte.

Les preuves les plus manifestes sur lesquelles s'appuyait de Vaux pour décrire les activités d'une secte à Qumran étaient les objets d'un certain intérêt que les chercheurs trouvèrent près de cette salle, au milieu d'un tas de débris. Ces débris résultaient de l'effondrement du deuxième étage du bâtiment, de son plancher et de tous les meubles, qui se produisit lorsque les Romains firent une percée dans les murs extérieurs et prirent le site. Il y avait des fragments de ce qui fut considéré comme trois tables en plâtre et deux encriers (on trouva un troisième encrier ailleurs à Qumran). De Vaux en déduisit qu'il y avait au deuxième étage une sorte de « *scriptorium* », un terme utilisé jusque-là pour les salles d'écriture des monastères médiévaux. Selon lui, les moines esséniens de Qumran se servaient sûrement de cette salle pour copier les ouvrages qu'ils composaient[57]. (Voir planche 7, p. 30.)

La nouvelle d'un *scriptorium* à Qumran fit une grande impression dans de nombreux pays[58] où des savants étaient passionnés par toutes ces découvertes. André Dupont-Sommer manifesta la reconnaissance la plus inconditionnelle lorsqu'il écrivit :

> On a retrouvé notamment les vestiges d'un *scriptorium* : des débris d'une table étroite, mais fort longue... ainsi que les morceaux d'une ou deux tables plus courtes ; sans aucun doute des tables à écrire, puisque, au même endroit, on a recueilli deux encriers... C'est donc, selon toute apparence, ici même que furent copiés les rouleaux qu'on a retrouvés dans les grottes. Les copistes qui se penchaient sur ces tables, qui plongeaient leur calame dans ces encriers, ce n'étaient pas... des scribes quelconques, des scribes profanes... Non, pour copier les livres esséniens, qui étaient des livres sacrés et secrets, il fallait des scribes recrutés parmi les membres de la secte[59].

Ce genre de conclusions, fondées sur la découverte de trois « tables » et de quelques encriers semble aujourd'hui d'une étonnante légèreté. Dès la fin des années 1950, les chercheurs s'étaient interrogés sur l'utilisation de pareilles tables pour copier des

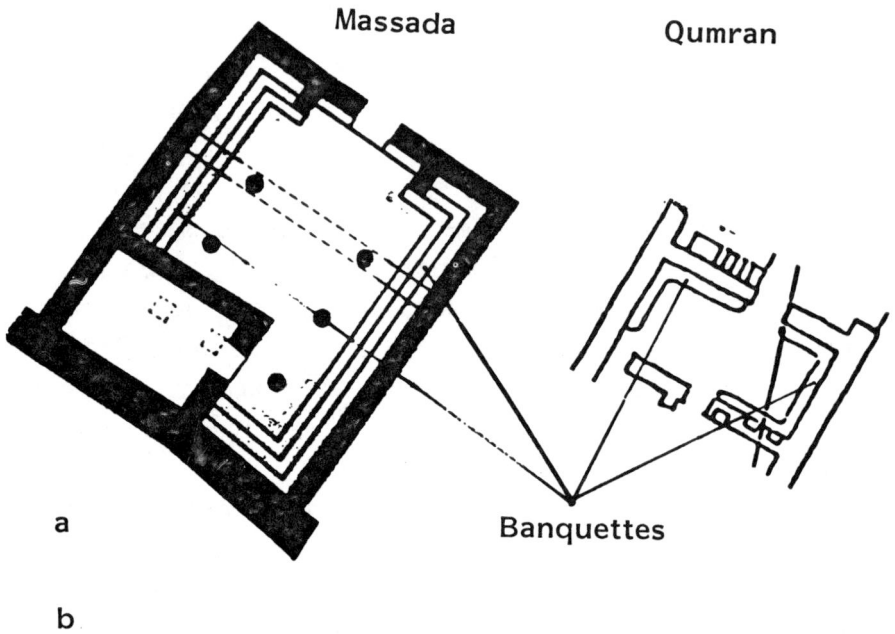

Planche 5

Des salles à Khirbet Qumran : (a) salle avec banquettes, en comparaison avec celle de Massada ; (b) salle à manger.

Planche 6
Aspects de l'architecture de Khirbet Qumran : (a) vestiges de
colonnes (flèche) ; (b) porte de la salle au sud de la tour.

manuscrits[60]. Les anciennes représentations de scribes ne montrent pas qu'ils copiaient assis à des tables. L'objection la plus évidente qui, malheureusement, ne fut soulevée que beaucoup plus tard (une fois retombé l'enthousiasme des premiers débats) est que les décombres de cette pièce ne contenaient pas le moindre objet couramment utilisé par les scribes pour leur travail, à savoir des parchemins et des outils pour les lisser, des aiguilles et du fil pour les relier, des règles permettant de tirer des traits pour écrire droit sur le parchemin, des crayons et des stylets.

Les preuves désignant cette salle comme un *scriptorium* étaient si ténues qu'un chercheur écrivit plus tard :

Les arguments s'opposant à l'idée d'une table à écrire furent habilement rassemblés par... Metzger et approuvés par de nombreuses personnes mieux qualifiées que moi pour en juger. L'examen de la prétendue table au Musée Archéologique

Planche 7
Les murs au-dessous de la salle disparue à l'étage, censée être un *scriptorium*.

Palestinien renforce encore cette impression négative. Pourtant de Vaux refusa de céder d'un pouce sur sa première thèse... La question du *scriptorium*, dans son ensemble, est loin d'être réglée... S'il n'y a pas de *scriptorium*, il n'y a pas de copie ou plutôt l'activité de copie à grande échelle évoquée par certains auteurs n'existe pas[61]...

L'idée d'un *scriptorium* à Qumran, basée sur des preuves tout à fait insuffisantes, ne répondait qu'au besoin éprouvé par les archéologues de trouver un lien entre les manuscrits retrouvés dans les grottes et le site de Khirbet Qumran. Sur la base de quelques dalles que l'on croyait être des tables, et de quelques encriers, on pouvait tout au plus déduire que cette pièce servit de bureau ou de quartier général. Et la preuve manifeste d'une activité militaire sur le site aurait dû suggérer que cette salle fut utilisée par les hommes chargés de diriger ce genre d'activité, quels qu'ils fussent.

Depuis, en vérité, il a été établi, avec les conséquences évidentes que cela implique pour l'identification de la salle, que les dalles ne provenaient pas de tables, mais de *bancs*, disposés le long des murs du prétendu *scriptorium*, comme dans un *triclinium* de style romain ou un parloir (en hébreu, *traqlin*)*. D'autre part, étant donné les éléments prouvant que Khirbet Qumran fut occupé par une troupe militaire, il est clair que les soldats qui pouvaient écrire, comme par exemple les militaires romains qui occupèrent Vindolanda en Grande-Bretagne[62] et des membres de l'armée de Bar Kokhba durant la Seconde Révolte en Palestine, auraient eu besoin d'un matériel d'écriture rudimentaire pour composer des lettres. Les trois encriers indiquent seulement que certains habitants du site écrivaient ; ils n'indiquent pas qu'un contingent de scribes pieux y demeurait.

Qui plus est, on n'a découvert aucun fragment de manuscrit sur parchemin ou papyrus à Khirbet Qumran, pas même dans le préten-

---

*Voir R. Donceel et P. Donceel-Voûte, « The Archaeology of Khirbet Qumran », dans M. Wise, N. Golb et autres, *Methods of Investigation of the Dead Sea Scrolls and the Khirbet Qumran Site* (New York, 1994), pp. 1–38 ; voir particulièrement les pages 27–31. Cf. plus loin l'Epilogue, p. 369.

du *scriptorium* : c'est une source d'embarras majeure pour ceux qui avaient avancé que les scribes y copiaient des manuscrits qu'ils cachèrent dans les grottes voisines. De Vaux, sensible à ce problème, l'écarta avec la solution suivante : « La conclusion qui s'impose est que ces manuscrits proviennent de la communauté installée dans la région de Qumran. Il est naturel que, dans les ruines de Khirbet Qumran exposées aux intempéries, des textes écrits sur peau et sur papyrus ne se soient pas conservés... »

De Vaux fit cette déclaration plusieurs années avant les résultats des fouilles de Massada, la grande forteresse à l'extrémité sud de la mer Morte où, au cours de l'expédition de 1963-1965, les archéologues trouvèrent des manuscrits dans des ruines similaires à celles de Qumran, où le climat est pratiquement le même. Cette découverte fit ressortir à quel point il était étrange qu'aucun parchemin ni outil d'écriture n'ait été retrouvé dans les décombres d'une pièce de Qumran où l'on affirmait que les rouleaux avaient été copiés. Cependant, et c'est tout aussi étrange, de Vaux, contrairement à bien d'autres, campa sur ses positions et ne modifia pas la version anglaise de son livre (1972) qui fut publiée bien après la large diffusion des comptes rendus sur les découvertes de Massada[63].

De Vaux proposa deux autres arguments en faveur d'un lien essentiel entre Khirbet Qumran et les grottes. Le premier était que « on a trouvé dans les ruines des inscriptions sur des *ostraca* et sur des pots » dont « l'écriture est la même que celle des manuscrits »[64]. Il s'agit sans doute de l'affirmation la plus énigmatique avancée par les qumranologues qui défendaient l'existence de ce lien. Ces *ostraca**** (tessons portant des textes écrits) présentent effectivement des termes en hébreu, mais on ne peut rien déduire de plus, si ce n'est que les écritures sont caractéristiques de la Judée entre le Ier siècle avant J.-C. et le Ier siècle après J.-C. En 1960, on connaissait de nombreuses écritures individuelles****** figurant sur les

---

* Pour ce terme technique et les autres, voir le Glossaire.

**Par le terme « écriture » ou « écriture individuelle », j'entends la façon dont chaque personne forme les consonnes et les voyelles des mots et des phrases qu'il écrit sur le parchemin ou papier. De même que, de nos jours, chaque individu a sa propre écriture, dans l'Antiquité chaque scribe avait la sienne.

rouleaux ; elles présentaient une grande variété de styles, mais aucune ne s'est avérée précisément comparable à celles des ostraca. Comme nous le verrons (au chapitre 5), les écritures des rouleaux de Qumran possèdent les mêmes caractéristiques de base que celles des fragments de rouleaux découverts dans les ruines de Massada, et une distinction fondamentale oppose toutes ces écritures à celles des ostraca de Qumran, ainsi qu'à celles des *ostraca* retrouvés à Massada. Les *ostraca* de Qumran et de Massada ont en commun des caractéristiques de type documentaire, par opposition aux caractéristiques non documentaires propres aux scribes, que possèdent les textes sur parchemin ou papyrus de ces deux sites[65]. Ceux de Qumran ne prouvent rien, si ce n'est qu'au moment où ils furent gravés, entre 50 avant et 70 de l'ère chrétienne, les habitants du site étaient des Juifs palestiniens et pas des Romains.

En même temps, dans un argument auquel se rallièrent presque tous les qumranologues, de Vaux fit remarquer qu'il y avait une affinité entre le type de poteries découvertes dans les grottes et celles retrouvées sur le site, ce qui prouvait l'existence de ce lien essentiel[66]. Au départ, de Vaux affirmait que les poteries des grottes étaient hellénistiques et, sur cette base, il situa l'époque où les manuscrits avaient été cachés dans les grottes vers la fin du second ou le début du Iᵉʳ siècle avant J.-C.[67]. Plus tard, il s'aperçut de son erreur et reconnut que les jarres n'étaient pas hellénistiques, mais romaines, et dataient de la deuxième moitié du Iᵉʳ siècle de notre ère. Entre-temps, il avait trouvé des jarres du même type au cours des fouilles de Khirbet Qumran, ainsi que deux salles que l'on pouvait raisonnablement identifier comme étant un atelier de potier et une remise à poteries[68]. Les habitants, expliquait-il, avaient placé leurs précieux manuscrits dans des jarres conçues à cet effet, puis les avaient cachées dans les grottes ; le fait que les manuscrits entreposés dans les jarres aient compris des textes sectaires montrait que Qumran était habité par une secte.

Cependant, en tirant de telles conclusions, de Vaux instaura une nouvelle manière d'aboutir à des déductions historiques à partir de poteries. Car, selon un axiome de la recherche archéologique, lorsque l'on trouve des jarres de styles identiques ou similaires dans des endroits différents, cela n'indique pas nécessairement qu'il existe un lien fondamental entre les deux lieux, mais simplement que ceux-ci furent habités au même moment, pendant la période à laquelle remontent les poteries. Avec un minimum d'imagination historique et un peu de bon sens, il eût été plus judicieux de déduire que ceux qui souhaitaient cacher les rouleaux dans les grottes avaient demandé aux habitants des sites avoisinants, notamment de Khirbet Qumran, de leur donner des jarres. Ceci est très différent de l'affirmation que les habitants de Qumran eux-mêmes cachèrent ou possédèrent des rouleaux littéraires. Le fait d'entreposer ailleurs des manuscrits dans des jarres n'était pas un phénomène propre à Qumran, mais une pratique courante au Proche-Orient dans l'Antiquité. (Jérémie parle de témoignages scellés et non scellés que le Seigneur lui commanda de déposer « dans un vase d'argile, afin qu'ils se conservent de longs jours » [Jr 33.14]. On a également découvert des manuscrits entreposés dans des jarres dans des sites archéologiques de l'Egypte pharaonique et romaine[69].)

L'imprudence de l'interprétation de De Vaux devint encore plus évidente avec la découverte, au cours d'autres fouilles, de poteries du même type que celles trouvées à Qumran, dans les grottes de l'oued Murabba'at et à En Ghuweir, deux sites situés à environ quinze kilomètres au sud de Khirbet Qumran (voir carte 1)[70]. Cette découverte força de Vaux à reconnaître que « les poteries de Qumran apparaissent à présent moins "autonomes" ou "originales" que je l'ai affirmé précédemment ». En effet, on a retrouvé des poteries du même type que les pièces cylindriques à larges cols de Qumran, supposées avoir contenu des rouleaux, au moins dans deux autres sites : à Quailba (l'ancienne Aliba, en haute Transjordanie) et à Jéricho[71].

Au début, de Vaux avait affirmé avec éloquence : « Il n'y a qu'un site qui corresponde à la description de Pline, c'est le plateau de Qumran... situé en retrait du rivage, à une altitude supérieure et qui est plus sain que le bord de la mer... De plus, entre Engaddi et la pointe septentrionale de la mer Morte, il n'y a qu'un groupe important de bâtiments contemporains de l'époque de Pline, ce sont les bâtiments de Khirbet Qumran et de Feshkha[72]. » Dans une remarque ajoutée dans l'édition anglaise de son ouvrage sur l'archéologie de Qumran, de Vaux nuança son propos en reconnaissant « la possibilité que les petits bâtiments de Khirbet Mazin et de 'Ain el-Ghuweir (En Ghuweir) aient appartenu à la même communauté que celle de Qumran. De toute façon, ils n'auraient été que des annexes de moindre importance[73]. » Ainsi, et malgré l'insistance de Pline sur la pauvreté et l'ascétisme des Esséniens, de Vaux avança l'existence d'un complexe de bâtiments esséniens importants, lui permettant ainsi d'identifier le site de Khirbet Qumran à celui de la description de Pline.

Ailleurs dans la version anglaise, de Vaux indique : « Nous devrions garder à l'esprit qu'au cours du deuxième âge de fer et de la période romaine, en particulier, la rive occidentale de la mer Morte avait une population plus dense que celle que nous avons coutume de nous imaginer[74]. » En effet, à la fin des années 1960, des explorations de la région située entre Khirbet Qumran et Engaddi, menées par l'archéologue Pesah Bar-Adon, dégagèrent de nombreux habitats datant du deuxième âge de fer et dont les populations vivaient de l'agriculture. Cela contredisait l'idée première de De Vaux selon laquelle seul le site de Khirbet Qumran pouvait être comparé à celui décrit par Pline. Les efforts mis en œuvre pour identifier ces sites soulignent à quel point le monde des scientifiques et des archéologues était séduit par l'hypothèse qumrano-essénienne. Lorsqu'il découvrit que l'un des sites, dans la localité d'En Ghuweir, contenait des tombes de forme, de style et d'orientation semblables à celles du cimetière de Qumran, Bar-Adon suggéra de bonne foi, dans plusieurs articles, que En Ghuweir était un *autre* habitat de ce qu'il appelait « la secte du désert de Juda »[75]. (Voir carte 1, p. 2.)

Bar-Adon fit cette proposition après avoir ouvert vingt des tombes d'En Ghuweir et découvert des ossements de sept femmes, d'un enfant (d'environ sept ans) et de douze hommes. Cela représentait une proportion d'ossements de femmes bien plus importante qu'à Qumran. En l'absence, là aussi, d'une preuve quelconque de célibat, au lieu de reconnaître que la description faite par Pline du célibat des Esséniens des rives de la mer Morte devait avoir des conséquences pour l'interprétation des découvertes, on la mit tacitement de côté en faveur d'une idée qui avait déjà été avancée à propos de Qumran.

Le développement de cette idée peut se résumer assez brièvement de la façon suivante. Pendant les années 1950 et au début des années 1960, un certain nombre de chercheurs, entrevoyant des contradictions entre les conclusions archéologiques et la thèse qumrano-essénienne, commencèrent à se préoccuper sérieusement des tombes découvertes à Khirbet Qumran. Même si, en principe, ils étaient fidèles à cette théorie, ils suggérèrent néanmoins de la modifier un peu et ne parlèrent plus des Esséniens mais, sans plus de précision, de la « secte de Qumran ». Cette idée, considérée comme un peu plus neutre que la première, fut exprimée après 1967 sur les panneaux érigés sur le site ainsi qu'au Sanctuaire du Livre, à Jérusalem, où l'on se réfère constamment à « la secte qui écrivit les rouleaux » et à sa « demeure » de Qumran. Ensuite (comme nous le verrons dans les chapitres suivants), cette idée se mêla à la confusion grandissante concernant les croyances et les pratiques des gens qui, selon les qumranologues, vivaient sur le site.

Puis, lorsque l'on découvrit à En Ghuweir des tombes similaires à celles de Khirbet Qumran, on se contenta d'appliquer la même logique. Bien que le père de Vaux ait insisté sur le fait que Qumran était le site exact décrit par Pline, aucun signe de célibat n'apparaissait à Qumran : on mit donc simplement de côté cet aspect de la description de Pline et on cessa de la considérer comme un critère décisif permettant d'identifier les habitants de Qumran. Et puisque les tombes d'En Ghuweir, comme celles de Qumran, contenaient des ossements de femmes, Bar-Adon prit la liberté de développer un peu plus la thèse. Les « Esséniens » célibataires de Pline n'étaient peut-être pas réellement Esséniens ; ils n'étaient peut-être pas réellement célibataires ; et ils ne vivaient pas dans un seul lieu, mais dans deux endroits distants de quinze kilomètres. Ce jugement marqua la première étape, dans le domaine archéologique, du développement de ce que l'on peut appeler le dogme pan-qumraniste.

De Vaux lui-même, tout en continuant à défendre avec vigueur la thèse essénienne, évoqua cette proposition de Bar-Adon en disant : « Il est peut-être... imprudent de désigner comme "Esséniens" les bâtiments situés près d'Ain el-Ghuweir ou le cimetière qui y était peut-être rattaché[76].» L'interprétation de Bar-Adon indique en effet jusqu'à quel degré de confusion la thèse qumrano-essénienne pouvait mener les archéologues dans la recherche de l'histoire perdue qu'ils croyaient mener. Pourtant, malgré les précautions prises par de Vaux, qui avait lui-même reconnu avoir manqué de prudence dans sa première utilisation de la preuve fournie par les poteries, les idées de Bar-Adon sur la corrélation des deux sites commencèrent à faire leur chemin. A la fin des années 1980, on cherchait encore à les confirmer : on fit alors des tests de radioactivité sur les poteries de Qumran et d'En Ghuweir, dirigés par le professeur Joseph Yellin, du service d'archéométrie de l'Université Hébraïque, et par Magen Broshi, conservateur du Sanctuaire du Livre à Jérusalem. Les résultats obtenus révélèrent, sans grande surprise, que les poteries des deux sites n'étaient pas de la même origine. Pourtant cette conclusion négative n'empêcha pas Broshi d'affirmer : « Ce test n'exclut pas la possibilité d'une proximité d'idées, voire d'organisation, entre les habitants des deux sites », puis d'ajouter paradoxalement : « S'il existe un lien entre eux, il faut le démontrer au moyen d'autres preuves[77].» Donc, malgré l'absence de toute preuve reposant sur les faits, on persista à accréditer des idées confuses sur ce point*.

---

* En 1933, H. Eshel et Z. Greenhut décrivirent vingt autres tombes appartenant à un troisième site, entre En Ghuweir et En Turabeh (voir carte 1), et en mentionnèrent cinquante-deux autres au nord et au sud de Khirbet Qumran. Les auteurs firent remarquer que « l'on avait trouvé des tombes du même type à Jéricho et dans le quartier est de Talpiyot, au sud de Jérusalem ». (Voir H. Eshel et Z. Greenhut, « Hiam el-sagha, a Cemetery of the Qumran Type, Judean Desert », *Revue biblique*, 100-2 [1993], pp. 252-259.) Les auteurs suggérèrent en conclusion que « la taille du cimetière de Qumran..., lorsqu'on la compare à la taille de cimetières similaires du désert de Juda, démontre l'importance de Qumran et renforce l'hypothèse qu'il s'agit du site auquel Pline et Dion Chrysostome pensaient en décrivant les Esséniens ». Etant donné ce que l'on sait aujourd'hui de Khirbet Qumran, la circularité naïve de l'argumentation des

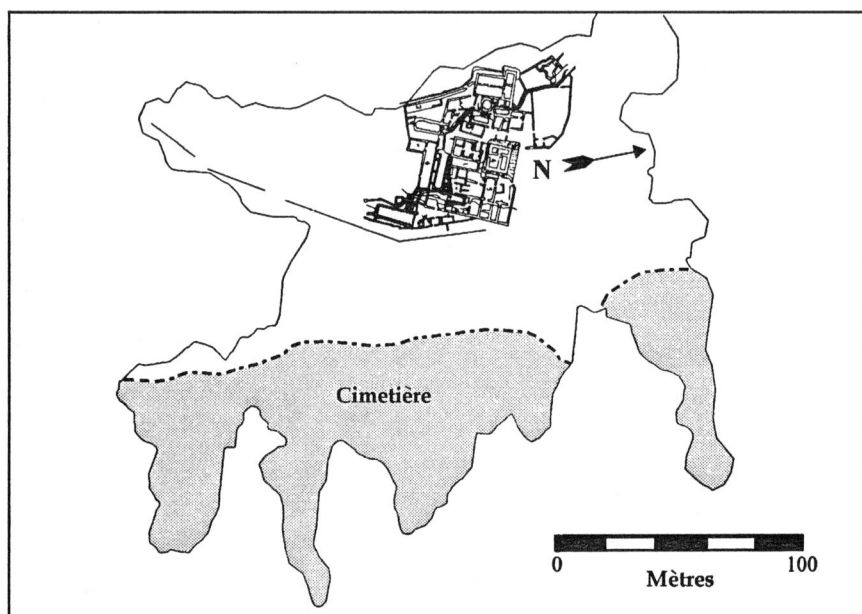

Carte 3
Khirbet Qumran et le cimetière voisin.

Aujourd'hui encore, certains chercheurs persistent à penser que les mille deux cents tombes situées sur le plateau qui jouxte le site appartiennent à plusieurs générations d'Esséniens ou de membres d'une secte apparentée. Pourtant, ces tombes ne présentent absolument aucune stratification ; elles sont toutes au même niveau horizontal, sont disposées en rangs réguliers et ont un style uniforme de revêtement de pierre : autant d'éléments tendant à indiquer qu'elles ont été creusées en même temps[78]. Il convient plutôt de les interpréter comme les tombes des guerriers qui combattirent à

---

auteurs ainsi que leurs efforts pour que les conclusions archéologiques se plient aux visées de l'ancienne théorie sont assez ahurissants.

Qumran. Les tombes du même type que l'on a retrouvées ailleurs dans le désert de Juda peuvent fort bien retracer la progression régulière de l'armée romaine vers Massada.

D'après une étude anthropologique des ossements provenant de certaines tombes, celles-ci contenaient des hommes qui avaient été massacrés. En effet, Z. J. Kapera a rapporté que H. Steckoll, qui a étudié les tombes de Qumran, avait mentionné dans une obscure publication italienne la présence d'os brûlés parmi les restes d'ossements[79]. En outre, environ dix pour cent des squelettes avaient des os brisés. C'étaient encore des indications d'un cimetière militaire construit près du site, après une bataille, afin d'enterrer rapidement les corps.

L'idée d'une origine sectaire se heurte contre un autre fait relatif au cimetière qui, à l'origine, avait été considéré comme ayant appartenu aux membres de la prétendue secte pendant plusieurs générations. Les tombes les plus proches du site ne se trouvaient qu'à trente-cinq mètres des murs. Pour des raisons de pureté rituelle, la loi rabbinique (c'est-à-dire celle du judaïsme normatif) prescrivit plus tard qu'il devait y avoir une distance d'au moins cinquante coudées (environ vingt-huit mètres) entre un site d'habitation et un cimetière juifs (*Mishnah*, Bab. Bathra 2.9)*. Les trente-cinq mètres de Qumran satisfaisaient cette exigence, cependant il est difficile de croire que, compte tenu de son obsession de pureté, la confrérie décrite dans la *Règle de la communauté*, dirigée par des prêtres, se soit permis de construire un cimetière communautaire aussi proche de son site d'habitation, particulièrement quand elle disposait d'un espace étendu. La législation du Pentateuque sur l'impureté des cadavres et la sensibilité des prêtres à son égard (voir, par exemple, le Lévitique, ch. 8-21) auraient conduit à une situation impossible à Qumran, si les instructions de la *Règle* y avaient été appliquées. Si le cimetière n'était pas postérieur à la conquête du site par les Romains, la proximité des tombes et du site aurait suffi à prouver que ni les gens qui écrivirent la *Règle de la communauté*, ni

---

* « Les cadavres, les tombes et les tanneries doivent être maintenus à une distance de plus de cinquante coudées de la ville. »

toute autre confrérie ayant une telle recherche de pureté, ne pouvaient raisonnablement être associés à Khirbet Qumran. (Voir carte 3, p. 38.)

D'un autre côté, tout cela ne fournit toujours pas de réponse sûre à la question de savoir qui étaient les Juifs en garnison à Khirbet Qumran au moment de la Première Révolte. Josèphe décrit la Guerre Juive comme une opération complexe impliquant la participation de nombreux groupes et factions parmi les Juifs, certains étant des « Zélotes », d'autres des « sicaires », d'autres des factions qui suivaient tel ou tel chef ; d'autres encore simplement des soldats combattant les Romains sur différents fronts et dirigés par tel ou tel commandant. En l'an 66, les sicaires prirent Massada à une garnison romaine, et Eléazar ben Jaïr gouverna la forteresse pendant environ sept ans, tout en effectuant des raids dans les environs. D'autres Juifs se rallièrent aux sicaires à Massada avant et pendant le siège. L'équipe, dirigée par Yigael Yadin, qui fit des fouilles à Massada entre 1963 et 1965, trouva des fragments de manuscrits provenant à l'évidence de rouleaux ayant appartenu aux habitants (voir le chapitre 5). Il était tentant de penser qu'il s'agissait de rouleaux exprimant les croyances des sicaires, mais ceci ne pouvait pas être confirmé par la plupart des idées contenues dans ces textes, telles que l'on en avait pris connaissance dans les années 1960.

Dès 1958, Cecil Roth avança l'idée que Khirbet Qumran avait été habité par des Zélotes, et que les rouleaux trouvés dans les grottes et à Massada leur appartenaient. Cette thèse fut développée plus tard par G. R. Driver[80]. Tout deux s'appuyèrent sur le fait que certains des rouleaux que l'on connaissait à ce moment-là exprimaient une vision apocalyptique particulièrement militante.

En raison de la grande variété des idées, souvent contradictoires, que l'on découvrait dans les différents rouleaux (que nous examinerons aux chapitres suivants) et en l'absence de preuves tangibles permettant d'établir un lien intrinsèque entre les manuscrits des grottes et le site de Khirbet Qumran, les arguments présentés par Roth et Driver ne pouvaient pas être considérés comme entièrement satisfaisants. Néanmoins, ils avaient le mérite d'essayer de mettre en relation le contenu des rouleaux avec les événements marquants de

Planche 8
Vue aérienne de la tour (au premier plan) de Khirbet Qumran
(Y. Hirschfeld).

l'histoire juive pendant la période de la Première Révolte. Aujourd'hui, quarante-cinq ans après les fouilles, il est urgent d'effectuer une nouvelle étude archéologique de Khirbet Qumran et du cimetière voisin afin de déterminer l'identité de ses défenseurs. De fait, après que l'équipe du père de Vaux eut fini son travail de dégrossissement, en 1956, peu de nouvelles recherches furent entreprises sur le terrain. En 1967, le Département des Antiquités d'Israël plaça sur le site des panneaux reflétant scrupuleusement les idées de De Vaux et de son équipe ; ils y sont toujours.

En 1969, lorsque j'étudiai Khirbet Qumran pour la première fois, le site me fit une impression extraordinaire. En examinant la tour, les salles, la finesse de l'architecture dont quelques traces étaient encore visibles, le point de vue stratégique sur la mer Morte, je constatai que ce site, dès qu'on le considérait indépendamment de la description des Esséniens par Pline l'Ancien, représentait la quintessence d'un ancien fort militaire qui, d'après les détails architecturaux, fut érigé à l'époque de la stabilisation de l'Etat asmonéen, vers 140-130 avant J.-C. Le Premier Livre des Maccabées (la plus importante histoire de cette dynastie) indique que Jonathan l'Asmonéen chargea ses hommes les plus fidèles de « construire des forteresses en Judée » (1 M 12.35 ; vers 144 avant J.-C.). Josèphe écrit que Simon Maccabée

> parcourut toute la Judée et la Palestine jusqu'à Ascalon, assurant la défense des forteresses qu'il renforça par des travaux et la présence de gardes... [Jonathan proposa ensuite au peuple] de fortifier les forteresses du pays et de les rendre beaucoup plus sûres encore qu'elles ne l'étaient. Le peuple approuva ces plans. Jonathan s'occupa lui-même de la construction de la ville et envoya Simon pour fortifier les forteresses[81].

Les cartes historiques actuelles d'Israël, établies d'après les instructions de plusieurs érudits, identifient à Khirbet Qumran la forteresse des Hassidim, mentionnée dans l'un des manuscrits de Bar Kokhba datant du IIe siècle après J.-C. Les Hassidim, ou « Piétistes », étaient précisément le groupe de « vaillants hommes d'Israël » (1 M 2.42) qui vint en aide aux Maccabées dans leur lutte contre les Syriens, et il se peut que le site ait pris leur nom au IIe siècle avant J.-C. Mais un bastion stratégique de ce type ne peut pas avoir été cédé à une secte pacifique telle que les Esséniens pendant la période hérodienne, et certainement pas pendant la Première Révolte de 66-73. Comme l'indiquent les données archéologiques accréditées par le père de Vaux lui-même, une troupe militaire puissante y était en garnison pendant la guerre contre Rome.

Par conséquent, Khirbet Qumran ne présentait aucun signe indiquant que ce fût un monastère, un lieu où vivaient des moines ou d'autres membres d'une secte éminente, ou n'importe quel autre type de centre consacré à l'étude spirituelle, avec une intense activité littéraire. Il était impensable d'identifier le site avec la demeure « parmi les palmiers » des Esséniens de Pline. On avait affaire à une erreur archéologique du même type que celle d'Heinrich

Schliemann qui, à l'origine, attribua les trésors qu'il avait découverts à Troie au célèbre roi Priam ; ou du crâne trouvé à Piltdown, dans le Sussex, et décrit à tort comme appartenant à une espèce humaine pré-néandertalienne ; ou de la thèse selon laquelle les briques gravées de signes alphabétiques découvertes dans le hameau de Glozel, dans l'Allier, remontent à l'époque néolithique. En écartant tout jugement *a priori* reposant sur les textes littéraires trouvés dans les grottes, ce qui ressortait clairement de l'examen du site était que Khirbet Qumran était un monument archéologique important datant de la Première Révolte et de la période qui lui a précédé, et témoignant de grands événements produits au cours de l'histoire du peuple juif pendant l'époque intertestamentaire.

La meilleure façon de déterminer l'importance spécifique du site était d'observer à la fois son emplacement et les caractéristiques de son architecture. Autour de Qumran, il y avait un mur de défense, celui que les Romains sapèrent pour prendre le site. Aujourd'hui, il n'en reste que quelques fragments, des « colmatages » faits de décombres, de pierres et de mortiers qui, dans l'Antiquité et au Moyen Age, servaient à renforcer et à stabiliser les murs des structures monumentales. Il n'y a plus que quelques fragments de cette pierre de taille qui formait les revêtements intérieurs et extérieurs des murs de Qumran : le meilleur exemple est adjacent à la tour. A l'origine, d'épaisses dalles de pierre calcaire comme celle-là devaient constituer le revêtement des murs extérieurs ; ces derniers, en effet, n'auraient pas pu résister sans ce renforcement. Toutefois, lorsque Qumran fut abandonné, les habitants de la région prirent certainement le solide revêtement de calcaire pour le réutiliser, comme cela arrive souvent avec les monuments anciens. De tels édifices, revêtus de belle pierre de taille, étaient caractéristiques de l'architecture monumentale de la période asmonéenne et hérodienne. Massada et Hérodium sont de ce type. Une autre forteresse du même style est Machéronte, située au sud-est de Qumran, à seulement environ vingt kilomètres de l'autre côté de la mer Morte. En effet, Khirbet Qumran se trouve presque à mi-chemin, à vol d'oiseau, entre Jérusalem et Machéronte. (Voir carte 1.)

Vers 90 avant J.-C., l'asmonéen* Alexandre Jannée avait assujetti les habitants de Moab, à l'est de la mer Morte, et édifié Machéronte comme rempart contre les attaques des Nabatéens de langue araméenne qui occupaient Petra et d'autres régions du sud[82]. Vers 60 avant J.-C., Machéronte fut détruite par Gabinius, gouverneur de Syrie, puis reconstruite par Hérode le Grand ; son fils, Antipas, y assassina Jean le Baptiste. Pendant la Première Révolte, ce fut l'une des deux principales forteresses (l'autre étant Massada) où se réfugièrent les sicaires, les Zélotes et d'autres Juifs qui fuyaient le siège romain et la prise de Jérusalem. Tout comme Massada, Machéronte fut assiégée par les Romains. Sa position stratégique et sa construction massive l'empêchèrent d'être prise d'assaut, mais les Romains construisirent un talus de siège, les réfugiés finirent par se rendre et une grande partie d'entre eux fut massacrée[83]. Le site, qui se trouve à présent en Jordanie, représente la limite de l'expansion de l'Etat juif sous les Asmonéens. Pendant et après l'époque de Jannée, des Juifs occupèrent les terres situées au nord de la forteresse, puis il semblerait que les Romains, après leur conquête de la Palestine sous Pompée (en 63 avant J.-C.), contrôlèrent, du moins en théorie, ce territoire étendu. Au sud de Machéronte s'étendent les régions nabatéennes, et la forteresse servait de rempart principal contre leurs éventuelles attaques terrestres dans la région juive à l'est du Jourdain et de la mer Morte. Pour sa part, Khirbet Qumran était non seulement un rempart contre les incursions par la mer des Nabatéens en Judée, mais encore le moyen de communication le plus direct entre Machéronte et la capitale.

Les deux forteresses, situées de chaque côté de la mer Morte, avec une vue directe de l'une à l'autre, pouvaient communiquer par des signaux de fumée ou des pigeons voyageurs[84] : ainsi, la liaison avec Jérusalem était aisément maintenue. En cas de besoin, on pouvait envoyer à Machéronte, de l'autre côté de la mer, des soldats qui partaient en bateau à Callirhoë depuis les embarcadères situés près de Khirbet Qumran. Ces bateaux étaient peut-être du type de ceux utilisés sur la mer Morte et qui sont représentés sur la carte de

* Voir le Glossaire, p. 411.

Madaba (au VIe siècle après J.-C.) : ils naviguaient à la voile et à la rame, et pouvaient atteindre une vitesse considérable sur ces eaux à forte densité de sel [85]. Khirbet Qumran appartenait donc au système de défense des fortifications circulaires destinées à préserver la capitale et le cœur de la Judée de toute offensive *. En temps de guerre comme de paix, Qumran servait également de forteresse pour protéger la route empruntée pour acheminer le sel, le baume, l'asphalte et le sucre entre les régions de la mer Morte et la capitale [86]. Comme l'a fait remarquer le géographe Menashe Harel :

> On construisit dans l'Antiquité deux bonnes routes qui partaient des rivages de la mer Morte pour mener aux collines d'Hébron et se prolonger jusqu'à Jérusalem... toutes deux gravissant les collines jusqu'à la ligne de partage des eaux, en différentes étapes. L'une partait de Nahal Zohar, à la pointe sud de la mer Morte... L'autre *passait au nord des ruines de Qumran*, par l'oued el Dabr dont la continuation s'appelle l'oued Mukallik (Nahal Og). Cette dernière route... partait de la rive de la mer Morte et passait par Tel el Muhalhal qui surplombe la mer à une altitude de 80 mètres. La route traversait ensuite Darb er Rajab et Nabi Musa et allait jusqu'à Ras el Mashad, 'Aqabat es Sukkar, Khirbet el Khan el Ahmar, Qasr el Khan et l'oued el Hod où elle rencontre une section de la route moderne qui va de Jéricho à Ma'ale Adummim, puis à 'Ein Hod, El 'Eizariya et jusqu'au sud du mont des Oliviers, avant d'atteindre Jérusalem[87].

Harel nous le montre de façon persuasive : les bateaux qui naviguaient sur la mer Morte, pareils aux vaisseaux dont les marins,

* Les forteresses des environs de Jérusalem étaient disposées en cercles concentriques et Khirbet Qumran était la fortification du cinquième cercle, le plus éloigné. Voir la carte désignant les diverses forteresses entourant la capitale dans *Biblical Archeologist* 44, n° 1 (hiver, 1981) et l'article qui l'accompagne de M. Harel, « Jerusalem and Judea : Roads and Fortifications », pp. 8-20. Quant à la mer Morte, sa longueur totale du nord au sud représente environ 75 kilomètres. Je remercie le Dr. Pierre Bikai, directeur de l'American Center for Oriental Research à Ammane, de l'aide précieuse qu'il m'a accordé pendant ma visite à Machéronte en septembre 1997.

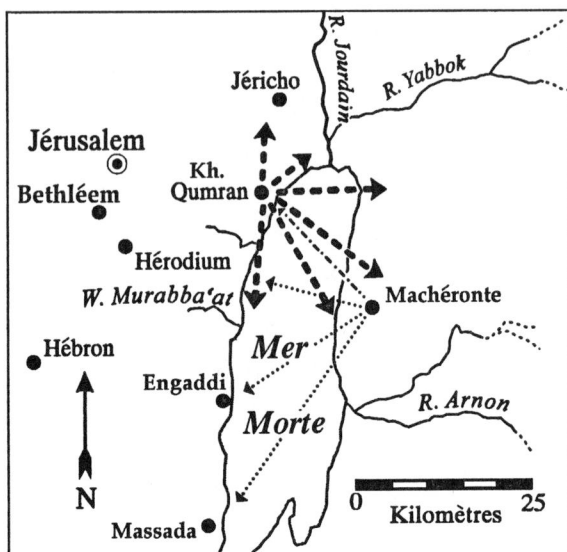

Carte 4
Lignes d'observation de la tour de Khirbet Qumran, et lignes
d'observation de Machéronte vers les forteresses du désert de Juda.

selon Josèphe, recueillaient à la surface de la mer « des masses
noires de bitume », pouvaient transporter des cargaisons d'asphalte,
de sel et d'autres produits depuis la pointe sud de la mer, vers le
nord, jusqu'à l'embouchure de l'Oued Mukallik, juste au nord de
Khirbet Qumran[88]. (Voir carte 5, p. 126.) De là, les cargaisons
pouvaient être acheminées à dos de chameau ou d'âne jusqu'à
Jérusalem. La voie maritime avait manifestement une grande importance commerciale, car il n'y avait aucune route terrestre le long de la
côte occidentale entre l'extrémité sud de la mer et le lieu d'amarrage
des bateaux, près de Qumran. Notre site occupait donc une position
stratégique pour la protection de cette voie.

Manifestement, le déclenchement de la Première Révolte, en 66,
modifia les fonctions de Khirbet Qumran et de Machéronte ; néan-

moins celles-ci restèrent essentiellement militaires : les villes servirent de point de ralliement aux soldats rebelles de la partie orientale de la Judée et empêchèrent une rapide pénétration des Romains au sud, vers Engaddi et Massada. Cette politique connut des succès momentanés, mais, en l'an 72, Qumran et Machéronte étaient toutes deux tombées, Hérodium avait également été prise, et les Romains étaient en bonne voie d'étouffer entièrement la révolte lorsqu'ils prirent Massada, dont les farouches résistants répondirent par un suicide collectif.

Etant donné la position stratégique de Khirbet Qumran, son imposante tour défensive, son système hydraulique hautement développé, les preuves manifestes de l'existence d'un siège et d'une bataille rangée entre les Romains et les Juifs aux environs de l'an 70, ainsi que les nombreux autres éléments découverts avant et pendant les années 1960, il m'apparut, à la fin de cette décennie, qu'il était impératif de revoir le problème des nombreux manuscrits trouvés dans les grottes à l'ouest du site. Sans une exégèse lourdement forcée, il était désormais impossible de croire qu'une collection de textes aussi importante ait pu, à l'époque où ils furent cachés dans les grottes, être aux mains des militaires vivant à Qumran *.

---

* En ce qui concerne les tentatives récentes de défendre la théorie qumrano-essénienne ainsi que l'opposition scientifique croissante contre cette théorie, voir plus loin, l'Epilogue.

CHAPITRE 2

Les manuscrits des Juifs

❖

M
on examen du site de Khirbet Qumran ne fit que confirmer ce que j'avais commencé à soupçonner plus tôt en étudiant les manuscrits trouvés dans les grottes au-dessus du site. Traquée dans un dédale de faits, au cours d'une décennie de recherches semées d'impasses, la théorie nouvelle que je proposai en 1980 finit, une dizaine d'années plus tard, par susciter un débat houleux.

Au départ, il convient de préciser que je n'ai commencé à comprendre le problème que posaient les rouleaux qu'après avoir étudié des manuscrits provenant d'époques et de lieux divers. C'est cette étude-là qui me fournit les outils nécessaires pour trouver une solution nouvelle au mystère de l'origine des rouleaux, une solution qui s'opposait entièrement à celle qu'André Dupont-Sommer, le père de Vaux et d'autres auteurs des années 1950 et 1960 avaient imposée au public.

Au début des années 1950, après la première étape de mes études universitaires, j'ai quitté l'atmosphère rassurante et confinée de l'Oriental Institute de l'Université de Chicago pour aller étudier sous la direction de W. F. Albright, à l'Université Johns Hopkins, le premier des rouleaux fraîchement découverts. Hébraïsant de renommée mondiale et spécialiste de la culture sémitique, Albright fut, en son temps, le doyen des archéologues qui travaillaient sur la période biblique. Il était également président des Ecoles Américaines de Recherches Orientales et était en contact direct avec l'équipe de chercheurs qui, depuis la découverte des sept premiers rouleaux en 1947, explorait le désert de Juda à la recherche de nouveaux manuscrits. Ainsi, notre groupe de Johns Hopkins fut parmi les premiers à être informé des dernières découvertes, aussitôt qu'elles survenaient. Albright faisait figure d'éminence grise et était profondément respecté par ses étudiants pour son immense savoir et son impartialité. Lorsque nous plongions ensemble dans l'étude des premières lignes de la *Règle de la communauté* et d'autres rouleaux qui venaient d'être trouvés, nous avions tous, je crois pouvoir le dire, le sentiment du développement de ce lien particulier d'amitié qui se noue lorsque, au cours de discussions acharnées, les découvertes font jaillir de nouvelles idées.

Albright incarnait la dignité du savoir. Lorsqu'il exprima son approbation de la théorie nouveau-née selon laquelle les rouleaux avaient été écrits par une secte d'Esséniens qui vivait près des grottes où on les avait trouvés, aucun d'entre nous n'eut l'idée de douter de sa position ni de la théorie. Dans nos thèses respectives, nous nous référions généralement aux auteurs des textes en parlant des membres de « l'alliance essénienne de Qumran ».

A cette époque, la guerre d'Indépendance d'Israël avait pris fin et Jérusalem était une ville divisée. L'équipe de chercheurs catholiques et protestants qui travaillait dans le désert de Juda et dans la partie arabe de Jérusalem-Est était en grande partie composée de prêtres et de leurs étudiants. Aucun chercheur israélien ne pouvait venir de l'autre côté de la barrière pour y participer. Au plus fort des hostilités, le professeur Eliezer Sukenik, éminent archéologue de l'Université Hébraïque, s'était arrangé pour voir la plupart, sinon la totalité, des sept textes récemment découverts et acheter trois d'entre eux. Plusieurs années plus tard, en 1954, les quatre autres furent acquis aux Etats-Unis pour le Musée d'Israël, qui abrite aujourd'hui les sept rouleaux originaux dans son Sanctuaire du Livre *.

A ce moment-là, les rouleaux comprenaient deux textes bibliques du Livre d'Isaïe ainsi que des œuvres alors totalement inconnues. L'une d'elles était une collection d'hymnes religieux, ou *Hodayot*, écrits dans un style semblable à celui des Psaumes de la Bible, dont 18 colonnes et divers fragments avaient été conservés. Il y avait en

---

* A l'origine, les rouleaux acquis par Sukenik furent les *Hymnes* (en hébreu, *Hodayot*), le *Rouleau de la guerre* et l'un de deux manuscrits du Livre d'Isaïe. Les quatre autres furent achetés au métropolite de l'Eglise syrienne de Jérusalem, Mar Athanasius Samuel, par le fils de Sukenik, Yigael Yadin, à New York.

outre un bref commentaire (*pesher*) du Livre d'Habaquq, appelé le *Pesher d'Habaquq* ou le *Commentaire d'Habaquq*, dans lequel le commentateur anonyme tente d'établir un rapport entre la parole du prophète, les événements de sa propre époque et l'avenir immédiat. Cet ensemble comprenait également une récapitulation araméenne embellie d'anciens récits de la Genèse qui fut appelée par la suite l'*Apocryphe de la Genèse*. Il y avait encore la description d'une guerre imaginaire de l'humanité opposant les forces du bien à celles du mal, censée avoir lieu aux temps de l'apocalypse, qu'on appela d'abord la « Guerre des Fils de la Lumière contre les Fils des Ténèbres », puis simplement le *Rouleau de la guerre*. Il contenait également un écrit dont subsistaient onze colonnes ; certains paragraphes décrivaient une gigantesque cérémonie d'initiation imposée aux individus investis du pouvoir de choisir et de mener une vie vertueuse.

Ce dernier texte (que nous examinerons de plus près au chapitre 3) devint rapidement connu sous le nom de *Règle de la communauté* car, après la description de la cérémonie d'initiation, il présente plusieurs colonnes d'instructions sur les procédures d'introduction au groupe ainsi qu'un mode de conduite et de discipline pour les membres initiés. Ces derniers doivent refuser la richesse personnelle et mener une vie communautaire d'une pureté spirituelle et physique absolue ; ils doivent prendre en commun les repas de cérémonie et participer à des cours destinés à expliquer les « secrets » du Pentateuque, ainsi qu'à des réunions de discussions sur les lois du groupe et la conduite de ses membres.

A l'époque, l'exploration du désert de Juda et la recherche de nouveaux manuscrits dans la région de Qumran étaient sous la juridiction du gouvernement de la Jordanie qui, au moment de la trêve de 1949, contrôlait cette partie de l'ancienne Palestine mandataire. Les autorités jordaniennes n'autorisaient ni les chercheurs ayant un passeport ou un visa israélien, ni, en fait, aucun Juif à traverser la frontière pour explorer la région au nord de la mer Morte.

A la fin de 1954, année où plusieurs collègues et moi-même obtînmes un doctorat à Johns Hopkins, le désert de Juda faisait l'objet d'une exploration intensive, tandis que les chercheurs de la Jérusalem juive étudiaient les sept rouleaux dorénavant en leur possession et qui avaient tous, à l'exception de l'*Apocryphe de la Genèse*, été publiés sommairement. Plus tard, au milieu des années 1950, alors que je vivais à Jérusalem pour faire des recherches postdoctorales, je pouvais, en me plaçant à certains endroits stratégiques, apercevoir Jérusalem-Est et la Vieille Ville, derrière les murs et les barricades. Mais je devais me contenter de spéculer sur les nouvelles découvertes auxquelles avaient abouti les recherches sur les milliers de fragments de manuscrits qui arrivaient encore dans des camions revenant du désert près de Qumran, et qui étaient déposés au Musée Rockefeller. L'annonce de ces découvertes ne nous parvenait que longtemps après, généralement par le biais de comptes rendus dans la *Revue biblique*, publiée par l'Ecole Biblique Dominicaine de Jérusalem-Est qui contrôlait les fouilles sous la direction charismatique du père de Vaux. Le père et son équipe furent rejoints par les membres de l'American School of Oriental Research en résidence à Jérusalem-Est, par G. Lankester Harding, du Département Jordanien des Antiquités, et par quelques chercheurs supplémentaires qui intégrèrent l'équipe internationale chargée d'explorer et de déchiffrer les textes. Ceux qui se trouvaient de l'autre côté des barricades restèrent entièrement en dehors des événements et certains d'entre eux comprirent vite qu'ils pourraient fort bien ne jamais participer directement à l'étude des manuscrits.

J'entrepris alors d'examiner d'autres manuscrits sous la direction de S. D. Goitein, l'un des chercheurs les plus remarquables de Jérusalem, spécialisé dans les recherches sur une immense collection de documents hébreux et judéo-arabes médiévaux qui, au cours de la deuxième moitié du XIXe siècle, avaient été trouvés dans l'entrepôt, ou *gueniza*, d'une ancienne synagogue du Vieux Caire et déposés dans des bibliothèques européennes par Salomon Schechter et d'autres voyageurs et savants. Au milieu des années 1950, Goitein avait déjà entamé un travail énorme sur ces textes aux multiples facettes. Sous son égide, je commençai à apprendre comment les exploiter pour effectuer des reconstitutions historiques. Petit à petit j'en vins à comprendre que, à la différence des rouleaux découverts dans les grottes de Qumran, les manuscrits trouvés dans le Vieux Caire comprenaient des centaines d'*autographes* * historiques authentiques. En un mot, c'étaient des documents *de première main* rédigés il y a fort longtemps par des gens de toutes conditions sociales, tandis que les rouleaux de la mer Morte étaient des copies de textes littéraires retranscrites par des scribes bien après leur rédaction.

Goitein était un homme patient et réservé. Pendant nos séances de travail, il me guidait mot par mot, caractère par caractère, à travers un grand nombre d'autographes : rapports d'audiences, lettres personnelles et commerciales, contrats de mariage et de divorce, actes de vente, listes de livres achetés et vendus, et pratiquement tous les autres types de documents en usage dans une société lettrée. Ce genre de témoignages directs manuscrits constitue la base authentique de toute recherche historique ; alors que les produits culturels tels que la littérature d'imagination (que ce soit la poésie ou la prose) n'offrent qu'une vision indirecte des forces dynamiques ou des événements qui façonnent les sociétés anciennes.

En 1957, il y eut de nouvelles découvertes remarquables de rouleaux et de fragments de rouleaux dans le désert de Juda, mais seule la petite équipe dirigée par le père de Vaux fut autorisée à les étudier et à les publier. En rentrant aux Etats-Unis, à la fin de l'année, je décidai de mettre de côté toute recherche sur les rouleaux, au moins jusqu'à ce que les nouvelles découvertes soient publiées. Je me concentrai plutôt sur les documents autographes de la *gueniza* du Caire. La bibliothèque de l'Université de Cambridge comme d'autres institutions universitaires offraient un accueil chaleureux aux spécialistes de ces manuscrits** ; lors des décennies qui suivirent, je passai beaucoup de temps à Cambridge à les recenser et à déchiffrer certains des textes les plus intéressants, en vue de leur

---

* Voir le Glossaire, p. 412.
** En dehors de la plus importante, à Cambridge, les principales collections de documents de la *gueniza* sont celles d'Oxford, du British Museum, de la Bibliothèque Nationale de Saint-Pétersbourg et du Jewish Theological Seminary of America à New York.

publication. Les deux principales questions que je me suis systématiquement posées au sujet de chaque feuillet étaient : (a) le feuillet
est-il *documentaire* ou *littéraire* ? et (b) s'agit-il d'un *autographe
original* ou de la *copie,* faite par un scribe, d'un document original ?
J'appliquais ainsi la méthode consacrée et fondamentale qui fut celle
des papyrologues chargés de publier les nombreux papyrus de
l'Egypte romaine et byzantine.

Les chercheurs habitués à l'étude des textes de la *gueniza*
arrivent à déterminer assez rapidement les caractéristiques marquantes des divers genres de documents. Par exemple, les autographes
purement documentaires sont écrits sur des feuilles de parchemin ou
de papier séparées, avec une écriture relativement épaisse, souvent
irrégulière ; ils contiennent des noms de personnes et de lieux, et
souvent des dates précises. En général, ils sont seulement écrits au
recto de la page, mais la correspondance personnelle et commerciale
déborde parfois au verso et dans les marges. Si le document est une
lettre, il y a souvent plusieurs plis indiquant l'endroit où elle a été
pliée avant d'être confiée à son messager. Les documents *juridiques*
originaux porteront les signatures des témoins et, à l'instar des
lettres, des dates précises et des indications sur le lieu où ils ont été
écrits. Beaucoup de documents autographes, tels que les listes de
livres, les inventaires et les actes d'achat et de vente, ne possèdent
pas toujours ces caractéristiques, mais en général les écritures
individuelles* irrégulières et les grands espaces entre les lignes des
feuilles séparées suffisent à indiquer leur nature autographe. Si un
texte particulier possède les caractéristiques requises, le chercheur
peut avancer avec un bon degré de confiance et évaluer la qualité et
la teneur historiques du document.

Les autographes de ce genre, qui possédaient le caractère solide
et immédiat des descriptions émanant de témoins directs, étaient fort
prisés par les historiens de la *gueniza* du Caire tels S. D. Goitein,
E. Ashtor et, avant eux, J. Mann qui fut le pionnier de la recherche
sur ces textes pendant les premières décennies qui suivirent leur
arrivée en Angleterre, dans les années 1890. Utilisant principalement

*Voir note en bas de la page 32.

les textes autographes sans recourir à des chroniques imprimées ni à des synthèses historiques modernes, Mann élabora un récit historique sur les Juifs de l'Egypte médiévale du Xe au XIIe siècles, qui combla un grand vide. Par la suite, d'autres chercheurs ayant des compétences philologiques et linguistiques plus amples reprirent son travail : par exemple, Ashtor établit une histoire de la communauté juive en Egypte au cours des deux siècles suivant la période explorée par Mann, et Goitein publia une étude en plusieurs volumes sur la société juive méditerranéenne au Moyen Age, à partir des milliers d'autographes de la *gueniza*[1]. (Il faut aussi mentionner les quelques centaines d'articles de Goitein sur des fragments isolés, ainsi que les nombreux articles importants de Mann, Ashtor, Baneth et autres et, de nos jours, les ouvrages historiques fructueux de M. Gil.) En poursuivant mon propre travail sur les autographes, je m'orientai dans une direction légèrement différente, car j'avais observé que, au-delà de l'intérêt qu'ils revêtaient en livrant une image des sociétés anciennes, certains textes de la *gueniza* pouvaient servir de repère pour évaluer et éventuellement modifier bon nombre des hypothèses admises depuis longtemps dans les livres d'histoire traditionnels.

Le premier manuscrit qui me suggéra cette possibilité était une lettre autographe sur parchemin, rédigée par des Juifs quelque part dans le sud de la France, il y a plus de neuf cents ans, et qui se trouvait dans la masse des manuscrits de la *gueniza* du Caire déposée à la bibliothèque de l'Université de Cambridge en 1896. Ecrite en gros caractères ronds d'une main semi-cursive et dans un bel hébreu idiomatique, le document contenait un certain nombre d'éléments intrigants, notamment quatre consonnes placées au-dessus d'un trou au centre de la page. En agrandissant les consonnes, un mot que l'on pouvait transcrire par « MNYW » apparaissait clairement ; d'après le contexte, ce mot identifiait le nom du lieu où la lettre fut rédigée. Celle-ci retraçait les difficultés d'une femme qui s'était convertie au judaïsme et qui avait fui, probablement du nord de la France, vers Narbonne où elle avait épousé le fils d'une importante famille juive. Puis elle s'était à nouveau enfuie vers le mystérieux MNYW lorsqu'elle apprit que des émissaires de ses parents, de nobles chrétiens, la cherchaient pour la ramener à la maison.

Quelque temps après l'installation du couple à MNYW, la communauté juive de ce lieu fut attaquée, l'époux de la prosélyte assassiné dans la synagogue et deux de leurs trois enfants enlevés par les agresseurs. Incapables de subvenir aux besoins de la veuve, les survivants juifs l'envoyèrent avec le fils qui lui restait vers d'autres contrées. Grâce à cette lettre, découverte dans la *gueniza*, qui décrit les souffrances de cette femme, nous savons qu'elle finit par arriver au Caire. Les diverses circonstances décrites dans la lettre sont caractéristiques des événements qui entourèrent la Première Croisade. Il s'agit là d'un document unique des Juifs de Monieux (anciennement *Moniou*), une ville de haute Provence datant de l'époque romaine, dont la tour, en partie détruite, domine la route la plus courte à travers les Alpes entre Avignon et le col du mont Genèvre. C'était le chemin emprunté, en 1096, par les croisés provençaux, la plus importante armée de croisade jamais réunie. Or, ce texte hébreu de Monieux est le seul à mentionner l'existence d'une étape sur cette route. C'est également le seul document émanant d'un témoin direct qui décrit une attaque contre les Juifs perpétrée par des croisés français et non allemands. Il est important de souligner que, après la Seconde Guerre mondiale, les historiens des Croisades, peut-être dans un effort inconscient de restaurer l'honneur français au lendemain du gouvernement de Vichy, ont commencé à n'attribuer ce genre d'offensives qu'aux croisés allemands. Les informations fournies par l'autographe de Monieux s'avérèrent donc précieuses, car elles permirent de corriger cette tendance fréquente qu'ont les ouvrages historiques à donner au passé un caractère contemporain.

Le but principal du travail que j'effectuai sur ce document, dans les années 1960, fut de montrer qu'il serait possible d'éclairer un aspect significatif de l'histoire médiévale en déchiffrant les quatre consonnes hébraïques constituant le toponyme essentiel d'un autographe de la *gueniza*[2]. J'avais déjà étudié de nombreux textes de ce genre. Mes principaux repères étaient ceux utilisés par tous les étudiants d'histoire qui travaillent sur des manuscrits anciens : les

indications portant sur la qualité d'autographe original et les autres
caractéristiques relatives au témoignage direct, les noms de personnes et de lieux, les dates et les signatures.

Tandis que cette recherche suivait son cours, l'étude des rouleaux de la mer Morte continuait à avancer. En 1955 l'équipe qui
travaillait sur les manuscrits avait publié son premier volume de
textes et, depuis le début des années 1960, je dirigeais à Chicago un
séminaire annuel sur tous les textes disponibles. Les fouilles du site
de Khirbet Qumran s'étaient achevées en 1956, et les « Conférences
Schweich » du père de Vaux sur ce sujet avaient été publiées en
1961.

Pendant cette période, la thèse formulée en premier lieu par
Eliézer Sukenik en 1948, selon laquelle les écrits trouvés dans la
grotte 1 appartenaient aux Esséniens et reflétaient leur pensée
spécifique, avait été approfondie par de Vaux et les membres de son
équipe, puis reprise par André Dupont-Sommer, membre de
l'Institut de France et exégète influent. En 1953, ce dernier avait déjà
publié deux livres et une douzaine d'articles soutenant la thèse. En
1959, il approfondit sa conception dans un ouvrage très érudit et
particulièrement éloquent dont la traduction anglaise, par Geza
Vermes, fut décisive pour rallier la grande majorité des chercheurs à
la théorie qumrano-essénienne[3]. Plusieurs années après sa parution,
je continuais à défendre vigoureusement son point de vue et
l'enseignais régulièrement à mes étudiants dans le cadre de notre
séminaire.

Dupont-Sommer soutenait, entre autres, que les chercheurs
avaient été incapables de retrouver l'influence du judaïsme dans
beaucoup d'idées du premier christianisme, car ils « connaissaient
surtout le judaïsme pharisien... ou rabbinique ; du judaïsme essénien, ils n'avaient nécessairement qu'une connaissance imparfaite et
le plus souvent indirecte ». Les « documents de Qumran, déclarait-
il, nous introduisent à partir de ce jour directement au sein de la secte
essénienne, lèvent le voile sur ses mystères, sur ses rites, sur ses
mœurs. Certes, ils ne représentent que des vestiges d'une immense
littérature qui, en grande partie, a sombré[4]... »

De cette façon, Dupont-Sommer préparait le terrain à l'idée que les descriptions classiques des Esséniens, faites par Philon, par Pline l'Ancien et par Josèphe, et recueillies au Ier siècle de l'ère chrétienne, n'étaient pas nécessairement justes, mais pouvaient être complétées et *corrigées* grâce aux textes découverts dans les grottes. Il pensait que les rouleaux représentaient les conceptions esséniennes vues de l'intérieur. Les membres de l'équipe du père de Vaux avaient déjà établi que des fragments de plus de six cents textes non bibliques avaient été préservés dans les grottes. Mais à mesure de leurs publications et de leurs évaluations partielles, il apparaissait de plus en plus clairement que leurs idées n'étaient pas toujours compatibles entre elles. Face à cette difficulté, Dupont-Sommer affirma que « ces documents n'[étaient] pas tous exactement de la même date et, de l'un à l'autre, pouvaient trahir une certaine évolution dans les institutions et dans les croyances. Un seul document peut même, d'un passage à un autre, porter trace d'une pareille évolution »[5].

Dans cette perspective, les contradictions internes des rouleaux reflétaient simplement des phases du développement de l'essénisme et toute contradiction apparente avec les idées esséniennes décrites au Ier siècle devait être interprétée comme la marque d'une connaissance insuffisante des auteurs anciens qui n'avaient pas été suffisamment initiés aux mystères de l'essénisme pour décrire ce mouvement de manière plus précise. Faisant un amalgame entre cette idée et le tableau que donnait le père de Vaux des habitants de Khirbet Qumran, Dupont-Sommer suggéra :

dans ce désert torride et sévère, dans ce solennel silence, on peut évoquer le peuple… qui menait là une vie si dure, si terriblement austère… Maintenant, il est temps pour nous de lire les livres dont ils nourrissaient leur esprit, les livres où sont consignées leurs croyances mystiques… Ces livres étaient secrets… [L]es voici en nos mains, tels qu'ils furent rédigés et copiés il y a environ deux mille ans, dans leur texte authentique[6]…

D'une certaine manière, les idées de Dupont-Sommer avaient déjà été exprimées par d'autres, mais jamais avec autant d'éloquence et de force de persuasion. Comme il avait un immense prestige dans le monde des spécialistes de la culture sémitique, tous les savants, à quelques exceptions près, furent convaincus de la véracité de sa description d'une secte qumrano-essénienne. Son élection, en 1968, à la charge de Secrétaire Perpétuel de l'Académie des Inscriptions et Belles Lettres de l'Institut allait conférer à cette hypothèse l'autorité suprême à mesure que les principaux universitaires d'Amérique, d'Europe et d'Israël lui accordèrent leur soutien.

En 1961, année de la publication des conférences de De Vaux et de la diffusion, presque simultanée, de la version anglaise du livre de Dupont-Sommer, parut, dans la série des publications de l'équipe de recherche, un deuxième volume de textes, brillamment déchiffrés par Joseph Milik. Ce chercheur polonais était le membre le plus actif de la première équipe de recherche[7]. Chose étonnante, il ne s'agissait ni de textes découverts dans les grottes de Qumran ni, pour la plupart, de textes de rouleaux, entiers ou fragmentaires, écrits sur du cuir. La plupart se présentaient sous forme de feuilles de papyrus séparées, griffonnées à la hâte, qui avaient été découvertes au début des années 1950 au cours de fouilles dans les grottes rocailleuses de l'oued Murabba'at, à environ vingt kilomètres au sud de Khirbet Qumran. Ces fragments de textes, dont un grand nombre étaient d'une écriture extrêmement cursive et difficile à lire, dataient de l'époque de la révolte de Bar Kokhba (132-135 après J.-C.) ; ils comprenaient des lettres adressées par le chef de la révolte, Simon bar Koziba (Bar Kokhba), à ses commandants, ainsi qu'un certain nombre de documents juridiques relatifs à la propriété foncière avant et pendant la révolte ; il y avait en tout plus d'une cinquantaine de documents avec des signatures de témoins et des dates ; le nom de plusieurs personnes figurait à la fois dans les lettres et dans les actes. Il y avait également des toponymes : des noms de lieux déjà connus (Massada, Engaddi, Hérodium), et de localités inconnues telles que Beth Mashko, 'Ir Nahash et Mesad Hasidin. La découverte, dans deux actes de vente, de plusieurs références à des propriétés foncières de Jérusalem appartenant à des Juifs confirma l'importance de ces documents. Ils établissaient qu'en l'an 134 (une date dont l'équivalent vernaculaire figure dans l'un des deux actes),

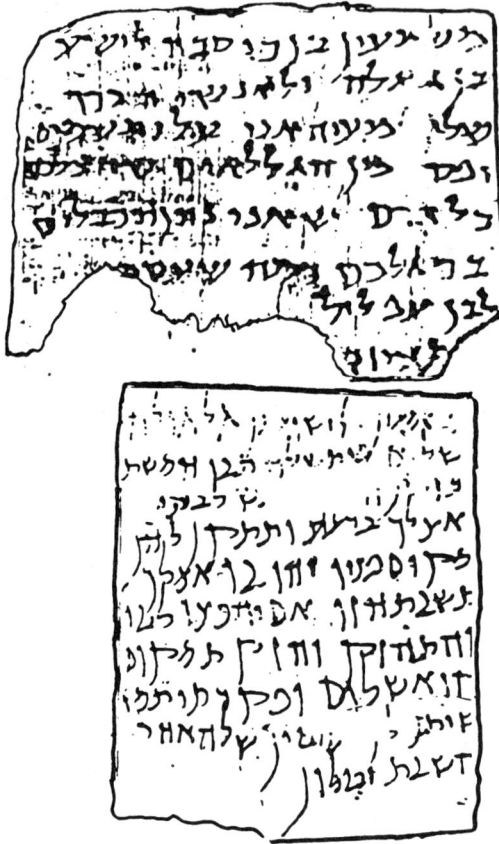

Planche 9
Deux exemples d'écriture documentaire dans les manuscrits du cercle
de Bar Kokhba, vers 134 après J.-C. (Originaux de l'AAI.)

contrairement à l'opinion qui prévalait chez les historiens, Jérusalem
était bien aux mains des insurgés juifs, sous l'égide de Bar Kokhba.

La publication de ces textes coïncida plus ou moins avec
l'annonce que deux expéditions dirigées par Yigael Yadin, en 1960
et 1961, dans des gorges à l'ouest d'Engaddi avaient permis de faire

de nouvelles découvertes de manuscrits associés à l'époque de Bar Kokhba. Ceux-ci n'allaient pas être publiés avant de nombreuses années (ils ne le sont d'ailleurs toujours pas entièrement), mais les spécialistes de l'histoire de cette époque avaient dorénavant la possibilité d'étudier les découvertes de Murabba'at en sachant qu'elles appartenaient à un ensemble plus vaste de documents volontairement dissimulés dans différents endroits par les protagonistes de la Seconde Révolte[8].

Je commençai à lire ces textes sérieusement au milieu des années 1960 et mon étonnement ne cessa de croître en constatant qu'il s'agissait de véritables autographes, émanant de témoins directs, d'une qualité historique similaire aux documents de la *gueniza* du Caire sur lesquels je travaillais. Peu après, mes étudiants examinèrent avec moi les textes de Bar Kokhba, ce qui me contraignit pour la première fois à comparer ces manuscrits aux rouleaux de Qumran qui nous étaient beaucoup plus familiers. Il me semblait essentiel d'étudier ces papyrus, car leur découverte n'avait pas été accueillie avec autant d'enthousiasme que les rouleaux de Qumran, écrits à peine un ou deux siècles plus tôt. Contrairement aux rouleaux plus anciens, et malgré leur valeur de documents originaux émanant de témoins directs, ils n'étaient étudiés pratiquement nulle part.

Il me fallut donc confronter certaines réalités touchant à la nature des textes de Qumran et à la façon dont on les étudiait couramment. L'enthousiasme universel pour les rouleaux de la mer Morte ne venait pas tant des nouvelles informations qu'ils pouvaient fournir sur une ancienne secte ou sur les Juifs de l'époque intertestamentaire, mais du nouvel éclairage qu'ils étaient en mesure d'apporter sur les origines du christianisme, un sujet qui suscitait un vif intérêt. En revanche, on estimait que les textes de Bar Kokhba, même s'ils pouvaient s'avérer particulièrement précieux pour comprendre la Deuxième Révolte et les us et coutumes des Juifs des trente premières années du IIe siècle, n'apporteraient probablement pas grand-chose à la connaissance du christianisme primitif : par conséquent la plupart des chercheurs n'accordèrent aucun caractère d'urgence à l'étude de ces textes, qu'il s'agisse ou non de documents autographes.

Cependant, l'enthousiasme suscité par les rouleaux de Qumran semblait fondé, du moins en partie, sur une conception fondamentalement erronée de leur nature, que l'on pouvait à présent corriger en les comparant aux textes de Bar Kokhba. Je fus forcé de dire à mes étudiants qu'en dépit de l'insistance de Dupont-Sommer à les appeler des « documents », les rouleaux de la mer Morte ne partageaient pas les *caractéristiques documentaires* des textes de Bar Kokhba. En réalité, ils ne présentaient aucune preuve permettant de les considérer comme des autographes historiques. Ils ne portaient aucune signature, aucune date, aucun colophon, ni aucune autre indication de leur caractère original. Ils ne comprenaient aucune lettre autographe personnelle ou officielle, aucune liste des membres de la secte, aucun compte rendu judiciaire. (Comme nous le verrons plus loin, depuis lors des clichés d'un petit nombre d'actes d'achat fragmentaires découverts dans les grottes ont été publiés, mais ces derniers ne contiennent aucune indication de leur provenance, un point crucial pour permettre d'établir un lien intrinsèque entre des textes cachés et le site où ils ont été découverts.)

Lorsque les rouleaux faisaient allusion à des personnages historiques, c'était seulement dans le cadre de commentaires bibliques ou d'autres écrits littéraires, généralement pour expliquer ce que les auteurs considéraient comme des significations cachées ou secrètes des textes spirituels qui leur étaient chers. Il était également significatif que, tandis que les rouleaux ne contenaient que des œuvres littéraires, aucun d'eux ne semblait présenter d'indices révélant qu'il s'agissait de pensées originales consignées par écrit par un auteur : aucun d'eux ne pouvait donc être considéré comme étant ce que l'on appelle un autographe *littéraire*. On ne pouvait pas non plus trouver de tels autographes, ou *holographes*, parmi les textes de Bar Kokhba, par contre on en avait découvert un nombre considérable dans la *gueniza* du Caire et ils se caractérisaient, comme on pouvait s'y attendre, par une écriture bâclée, cursive et irrégulière, de nombreuses ratures et des annotations dans la marge. Au contraire, les rouleaux étaient apparemment tous des copies de travaux littéraires faites par des scribes à l'écriture régulière et, à en juger par la nature des erreurs commises par ces derniers, parfois deux versions intermédiaires ou davantage les séparaient des textes originaux, maintenant disparus, dont ils étaient des copies. Je rappelai à mes étudiants la distinction capitale que font les paléographes entre les copies de scribes et les originaux d'auteurs, et, en corollaire, la nécessité de considérer un texte comme une copie si l'on ne peut pas démontrer avec suffisamment de certitude son statut d'autographe.

Je formulai ces observations avec réticence : les conséquences étaient importantes et je n'avais nullement envie de m'exiler de la communauté des défenseurs de l'hypothèse qumrano-essénienne. Pourtant, si l'on devait un jour arriver à comprendre clairement l'origine des rouleaux, il fallait présenter les faits tels qu'ils apparaissaient. Aucune lettre de témoin direct, ni document juridique, ni inscription n'attestait qu'une secte d'Esséniens, ou une autre communauté religieuse, vivait à Khirbet Qumran et, apparemment, aucun des rouleaux ne faisait référence à Qumran ni à d'autres endroits proches, tels qu'Engaddi ou Massada. En réalité, en l'absence de données historiques fiables, les spécialistes avaient traité ces écrits comme s'ils *étaient* des documents apportant un témoignage sur toute une période particulière de l'histoire.

Dès 1952, convaincus que les manuscrits découverts dans les grottes de Qumran avaient été totalement ou partiellement composés à Qumran, le père de Vaux et son équipe cherchèrent très naturellement à répondre à l'inévitable question : où les textes de ce site essénien ont-ils pu être produits ? Ils découvrirent leur « *scriptorium* » et on finit par installer sur le site une pancarte avec le mot *scriptorium*. Plus tard, en décrivant cette pièce et ce qu'il croyait être son usage, le père de Vaux affirma de manière significative : « On a certainement copié des manuscrits dans le *scriptorium* de Qumran et les mains des mêmes scribes sont discernables dans plusieurs manuscrits ; on peut supposer aussi, *avant même d'examiner leur contenu*, que certains ouvrages ont été composés à Qumran[9]... » Dupont-Sommer adopta et développa avec enthousiasme ce point de vue, qui fut ensuite repris par une foule de savants dans le monde entier. Qumran était considéré, d'après leurs propres termes, comme une « *laura* » ou une « maison mère » essénienne, où les membres de la secte composaient des écrits religieux et en faisaient des copies sous forme de rouleaux. Puisque les écritures représentées dans les rouleaux remontaient à des époques différentes, de 200 avant J.-C. jusqu'à la date tardive de 60 ou 65 de l'ère chrétienne, on pouvait en déduire que l'activité d'écriture et de copie s'était maintenue pendant peut-être deux cent cinquante ans ou davantage. Dans cette veine, James Muilenberg avança en 1954 : « Nous commençons à présent à avoir une impression générale sur l'activité des scribes de la communauté habitant à Khirbet Qumran... Les dimensions du *scriptorium*... suggèrent que la transcription d'écrits sacrés et autres ne constituait pas une moindre part de l'activité religieuse du groupe[10]. »

Dupont-Sommer et ses collègues utilisaient donc le terme de « document » pour indiquer que, en toute confiance, ils considéraient les rouleaux comme des témoignages primordiaux des croyances esséniennes. Pourtant les textes de Bar Kokhba révélaient que des autographes hébraïques originaux à caractère documentaire tels que des lettres administratives, des actes ou des contrats pouvaient fort bien avoir été préservés depuis l'Antiquité dans le désert de Juda. Dans le cas de Qumran, le point crucial était l'absence totale d'autographes documentaires susceptibles d'attester des activités des membres d'une secte essénienne. La *Règle de la communauté*, par exemple, stipule que le groupe décrit par le texte doit consigner par écrit le rang spirituel et la place de chacun de ses membres, mais aucune liste de ce type ne fut découverte parmi les rouleaux[11]. Si les manuscrits provenaient réellement de Qumran et avaient été rassemblés à la hâte dans les salles de Qumran et dans le *scriptorium* (qui, sans aucun doute, aurait été également le centre de production des lettres officielles et des autres documents de la secte) afin d'être dissimulés dans les grottes, comment de tels documents peuvent-ils avoir été exclus aussi systématiquement au moment où l'on avait caché les rouleaux, en apprenant que les troupes romaines approchaient ? Comment peut-on affirmer que les responsables d'une maison mère d'Esséniens aient pu laisser périr dans les ruines ses autographes et ses archives couvrant une période de cent à deux cents ans, tout en prenant soin de cacher des centaines de textes littéraires ?

Déjà à l'époque, cet argument constituait une grave atteinte à la thèse qumrano-essénienne. (La découverte ultérieure de fragments documentaires non littéraires, examinée aux pages 70–71, enterra définitivement l'explication des qumranologues qui évoquait le caractère « périssable » des autographes, mais elle n'atténua aucunement le problème de l'absence totale d'indications qui auraient été nécessaires pour révéler la présence d'une secte à Qumran.) Il est tout aussi remarquable que l'on n'ait trouvé dans les grottes aucun document de caractère *personnel*. Les Esséniens ne s'écrivaient-ils jamais de lettres et n'auraient-ils pas souhaité les conserver avec autant de soin que le firent, apparemment, les Juifs de l'époque de Bar Kokhba ? Il semblait curieux qu'aucun qumranologue n'ait souligné cette difficulté après la publication, en 1961, du volume contenant les textes de la période de Bar Kokhba.

L'absence d'autographes littéraires * posait un problème encore plus grave : l'inexistence absolue de preuve solide montrant que des auteurs travaillèrent activement à Khirbet Qumran ou dans la région voisine, c'est-à-dire la proposition que de Vaux et Dupont-Sommer avaient précisément soutenue avec tant d'ardeur. Même si les arguments par défaut ne sont jamais entièrement concluants, le bon sens révélait un contraste flagrant entre cette absence et l'idée selon laquelle une secte importante, ayant soi-disant vécu près du lieu où furent trouvés les textes, les rédigea dans un cadre monacal, avant de les transmettre à des scribes qui les copièrent dans un *scriptorium*. La question qui venait logiquement à l'esprit était : qu'est-il advenu des autographes originaux censés avoir été produits et utilisés à Khirbet Qumran ?

Cette question n'avait jamais été posée directement ni par le père de Vaux, ni par Dupont-Sommer, ni par la grande majorité des chercheurs qui suivaient leur interprétation des découvertes. Celui qui s'en approcha peut-être le plus fut Frank M. Cross, de Harvard,

---

* Autographe littéraire : œuvre littéraire écrite de la propre main de l'auteur original (voir le Glossaire).

qui avait passé un temps considérable à étudier la paléographie des textes de Qumran. Dans son premier ouvrage sur les rouleaux, il expliquait que quelques exemplaires de la *Règle de la communauté* dataient du premier quart du Ier siècle après J.-C., et l'un, sur papyrus, était encore plus ancien, mais qu'« il est improbable que même le plus ancien d'entre eux soit un autographe[12] ». Cross reconnaissait donc la nécessité de faire la distinction entre un autographe d'auteur et des copies de scribes. Yigael Yadin (le fils d'Eliezer Sukenik) qui participait activement aux recherches sur Qumran, reconnaissait également qu'il y avait une différence entre la date réelle de la rédaction originale des rouleaux et « la date des exemplaires que nous possédons actuellement[13] ». Toutefois, ni eux, ni personne d'autre n'avait envisagé les conséquences que l'absence criante de rouleaux autographes pouvait avoir sur la thèse (quel que soit son degré d'élaboration) d'un mouvement spirituellement et intellectuellement actif, regroupé dans un site du désert pendant plusieurs générations.

Plus je considérais ce silence de mort, plus il m'apparaissait que la question de l'origine des rouleaux posait à la recherche un problème non résolu. On avait formulé la thèse qumrano-essénienne dans les premières années après les découvertes des rouleaux de la grotte 1, mais les découvertes ultérieures de rouleaux ne la confirmaient pas ; au contraire, le caractère spécifique de ces manuscrits faisait ressortir les anomalies cachées de cette théorie. Bien qu'elle se présentât comme historique, en réalité, la thèse n'avait été développée ni par des spécialistes de l'étude de manuscrits, ni par des historiens, mais par des archéologues et des spécialistes des textes bibliques. Ces derniers avaient tout naturellement concentré l'essentiel de leur attention à l'archéologie de Khirbet Qumran et avaient associé ce site à l'utilisation des écrits religieux imaginaires trouvés dans les grottes pour construire leur vision d'une secte qumrano-essénienne créative et hautement spirituelle. Ni leur formation, ni leurs travaux de recherche ne les avaient préparés à se poser certaines questions qui doivent nécessairement présider à tout jugement historique sérieux.

Par conséquent, sous l'influence d'une vision méthodologiquement erronée, toute une génération d'érudits avait repris avec enthousiasme l'idée que pratiquement tous les manuscrits juifs palestiniens subsistant de l'époque intertestamentaire, ayant été retrouvés sous forme de fragments de plus de *huit cents rouleaux*, étaient le produit spirituel non pas de la grande communauté des Juifs palestiniens, mais d'une secte de radicaux qui, selon Philon et Josèphe, ne comptait au Ier siècle qu'environ quatre mille membres dispersés dans toute la Palestine[14]. Au début, cette thèse consistait simplement à dire que les sept rouleaux découverts en 1947 appartenaient aux membres de la secte qui, d'après Pline, vivait dans un site près de la mer Morte au-dessus d'Engaddi. Puis, à mesure que l'on découvrit de nouveaux rouleaux, au début des années 1950, les savants qui les étudiaient enrichirent la théorie : non seulement les sept premiers rouleaux avaient été écrits par les Esséniens, mais tous ceux (ou presque) qui avaient été découverts après 1947 appartenaient à la même secte. D'après les propres termes de Dupont-Sommer, la secte des Esséniens « représente incontestablement l'un des mouvements mystiques les plus élevés et les plus féconds du monde antique... l'un des plus beaux titres de gloire du judaïsme ancien... [dont les membres eurent] le privilège de préparer les voies, plus que tout autre mouvement dans le judaïsme, à l'institution chrétienne...[15] ». Et qui plus est, déclara-t-il, les rouleaux esséniens découverts n'étaient que « des vestiges d'une immense littérature qui, en grande partie, a sombré ». De la même façon, Frank Cross affirma que les Esséniens « s'avéraient les détenteurs et, non dans une moindre mesure, les instigateurs de la tradition apocalyptique du judaïsme[16] ».

Par le biais d'une grande quantité de spéculations érudites de ce genre, les Esséniens devinrent les héros de l'Antiquité hébraïque et furent portés aux nues, dans les années 1960, par des centaines d'articles et de livres louant leurs vertus exemplaires qui, disait-on, avaient directement influencé les premiers Chrétiens. Dans ce tableau, la majorité écrasante des Juifs palestiniens de l'époque intertestamentaire se trouva, en réalité, reléguée à une fonction en dehors du cadre du discours historique. La thèse qumrano-essénienne impliquait nécessairement que, alors que des centaines d'œuvres produites par la communauté essénienne, forte de quatre mille hommes, avaient échappé à la destruction, pratiquement pas la moindre parcelle de manuscrit provenant de l'ensemble de la population de Judée au Iᵉʳ siècle de l'ère chrétienne, comptant au moins deux millions d'individus au début de la Première Révolte, n'avait été épargnée.

Certes, il existe des exemples de collections particulières de manuscrits ayant survécu de manière fortuite. Mais la nature de ces exemples ainsi que les conclusions qu'en ont tiré les chercheurs ne font que mettre en évidence la situation embarrassante dans laquelle s'enfoncèrent les qumranologues en continuant à défendre l'idée d'un lien intrinsèque entre les rouleaux et Khirbet Qumran.

Par exemple, la collection privée de plus de mille huit cents œuvres littéraires épicuriennes grecques et latines appartenant à une riche famille d'Herculanum a survécu grâce à l'éruption du Vésuve en 79 de l'ère chrétienne ; on l'a retrouvée au XVIIIᵉ siècle sous les cendres volcaniques, dans la bibliothèque même où elle avait été rangée. Puisque cette collection se trouvait dans une pièce d'une villa privée, on en déduisait raisonnablement que les habitants de la villa en étaient les propriétaires. (On a hasardé la supposition que la villa appartenait à la famille de Lucius Calpernius Piso Caesonius, beau-père de Jules César, mais, dans la mesure où aucune inscription ni aucun document ne sont venus confirmer cette suggestion, cette théorie n'est que pure spéculation[17].) En 1945, on trouva dans une jarre, près de Nag Hammadi (Chenoboskion), en Haute Egypte, une collection manuscrite de treize livres gnostiques chrétiens coptes sous forme de codices, mais seule la découverte fortuite de certains fragments à caractère documentaire dans la reliure d'un manuscrit prouva que les textes appartenaient à un ou plusieurs habitants de Chenoboskion ou de la région voisine[18]. En 1906 apparurent dans l'île d'Eléphantine, également en Haute Egypte, des documents araméens de la colonie militaire judéenne qui était implantée dans cette région aux VIᵉ et Vᵉ siècles avant J.-C. Puisqu'il s'agissait essentiellement de textes autographes comprenant des lettres et des documents juridiques avec des informations géographiques précises, on put démontrer qu'ils avaient été écrits à Eléphantine et se permettre d'utiliser leur contenu comme base d'une reconstitution historique relativement fiable[19].

Cependant, en l'absence de circonstances particulières portant sur l'identification de la découverte, il n'est pas possible de tirer des conclusions aussi spécifiques. Les milliers de fragments de papyrus grecs découverts en Egypte n'ont pas pu être mis en relation certaine avec des lieux spécifiques du pays, à l'exception des textes documentaires contenant des toponymes. En ce qui concerne les papyrus littéraires, on a pu simplement affirmer qu'apparemment ils furent lus, à un moment donné, dans la région où on les avait trouvés, mais pas qu'ils furent nécessairement, voire très probablement, rédigés dans cette région. Les textes de la *gueniza* du Caire offraient encore un autre type d'histoire de manuscrits : des milliers de textes littéraires et documentaires venant de nombreuses régions furent entassés dans le grenier de la synagogue des Palestiniens de Foustat (Vieux Caire) en raison du fait qu'ils étaient abîmés, obsolètes ou inutiles *. On n'a pu affirmer avec un certain degré d'assurance que les manuscrits étaient originaires de Foustat que lorsque les textes présentaient des indications documentaires spécifiques ou quand l'écriture pouvait être attribuée à des habitants précis de la ville. Qu'ils aient été trouvés dans le grenier d'une synagogue de Foustat ne fournissait *a priori* aucune garantie de ce genre et, bien sûr (comme dans le cas de la lettre apportée par la femme prosélyte venant du sud de la France), on a pu déterminer, sur la base des preuves documentaires, que de nombreux textes venaient d'ailleurs.

Les chercheurs ayant participé à la formulation de l'hypothèse qumrano-essénienne optaient, quant à eux, pour un tout autre paradigme. Ils affirmaient, malgré l'absence totale de manuscrits documentaires ou autres dans les ruines de Khirbet Qumran, que ses habitants avaient écrit, copié et possédé des rouleaux et, en outre,

---

* De nombreux qumranologues, révélant leur manque malheureux de familiarité avec le sujet, considèrent à tort cette synagogue comme *karaïte*. Les juifs karaïtes et babyloniens avaient effectivement des synagogues dans la ville médiévale de Foustat, mais les manuscrits de la *gueniza* proviennent du grenier de la synagogue des Palestiniens.

qu'ils les avaient cachés, plus tard, dans un moment de danger. L'inanité de ce paradigme m'apparut assez douloureusement lorsque mes recherches sur les textes de la *gueniza* me permirent de mieux apprécier le rôle des manuscrits dans la reconstitution de l'histoire du judaïsme. La complexité et les vastes dimensions de cette histoire étaient préservées, en lambeaux, non pas dans les livres imprimés, mais à travers des sources rédigées à la main. Les livres d'histoire *publiés* ne se fondaient que sur une infime portion des textes devenus disponibles avec la découverte de la *gueniza* du Caire. Ces documents ouvraient de nouveaux horizons pour la recherche, tandis que les huit cents rouleaux fragmentaires de Qumran dont on connaissait l'existence au milieu des années 1960 avaient, en revanche, été tenus à l'écart des grands paramètres de l'histoire du judaïsme. Au contraire, on les interprétait de manière à ce qu'ils ne contribuent qu'à l'étroite construction d'un récit essénien.

N'ayant pas eu accès, à cette époque, aux clichés des rouleaux non publiés, mes premières estimations sur la configuration des manuscrits de Qumran reposaient nécessairement sur des descriptions faites par les membres de l'équipe officielle chargée de la publication. Cependant, en 1982, de minuscules fragments de ce qui semblait être quatre ou cinq textes documentaires provenant des grottes furent publiés. Ensuite, de courts extraits de quinze documents furent inclus parmi les photographies des textes inédits qui sortirent en 1991 (voir le chapitre 10). D'après ce que l'on pouvait comprendre en 1994, ces derniers textes semblaient inclure des comptabilités de ventes de céréales, des listes de témoins, des actes d'achat ; un document qui est peut-être une reconnaissance de dette remontant au règne d'Hérode (qui gouverna entre 37 et 4 avant J.-C.) et un acte de propriété datant du règne de César Tiberius (de 14 à 37 de l'ère chrétienne). Ils reflètent donc la propriété privée mobilière et immobilière, une situation fondamentalement incompatible avec les principes de la propriété communautaire exposés dans la *Règle de la communauté*. Par conséquent, jusqu'au moment de la rédaction du présent ouvrage, aucune preuve documentaire concernant une communauté essénienne, ni aucun type d'autographe littéraire susceptible d'étayer l'idée d'une activité d'écriture créative à

Khirbet Qumran n'a jamais été découvert*. Qui plus est, aucun terme géographique susceptible d'indiquer un lien entre les textes et les lieux d'habitation du désert de Juda n'a été trouvé dans aucun des manuscrits des grottes écrits sur parchemin ou papyrus.

Pourtant, dans les années 1960, en dépit des problèmes révélés par l'examen des manuscrits, il était encore possible de croire que l'ensemble des preuves réunies exigeait que l'on continue à soutenir l'hypothèse qumrano-essénienne. Les membres de l'équipe dirigée par de Vaux connaissaient le contenu d'un grand nombre de rouleaux pas encore publiés ; il était possible qu'ils y aient découvert la matière susceptible d'étayer significativement l'hypothèse qu'ils défendaient. Ils avaient souvent eu, comme d'autres, le privilège de visiter Khirbet Qumran et d'étudier de près les vestiges archéologiques et architecturaux qui avaient tant ému le père de Vaux. Peut-être avaient-ils trouvé des inscriptions ou des poteries fournissant des preuves décisives, confirmant d'une manière ou d'une autre qu'il y avait un lien intrinsèque entre le site et les grottes voisines. Il se pouvait que les Bédouins leur aient fourni d'autres éléments, inconnus aux gens de l'extérieur, qui avaient, par un biais quelconque, résolu les anomalies des manuscrits et prouvé l'exactitude de leur interprétation. Dans tous les cas, malgré l'enthousiasme et le consensus qui s'étaient développés en sa faveur, un examen minutieux des raisons pour lesquelles on acceptait cette hypothèse s'imposait, et il fallait le faire sans se fier aux conclusions que l'on avait tirées en se basant sur la théorie elle-même.

Je résolus d'agir de manière indépendante, sans l'appui d'une équipe ou d'un groupe. Au printemps 1968, ma première démarche fut de demander à Robert Adams, alors directeur de l'Oriental Institute, d'inviter le père de Vaux à faire une conférence sur les

---

* Pour les sources probables de ces fragments documentaires, voir plus loin, p. 176. Pour les minuscules fragments publiés qui sont peut-être documentaires, voir M. Baillet, *Qumran Grotte 4, III (4Q482-4Q520)*, Oxford, 1982, pp. 299-312. En ce qui concerne l'ostracon censé présenter le terme *yahad* (désignation du groupe religieux de la *Règle de la communauté*) voir l'Epilogue, pp. 385-387.

résultats de ses recherches. Ce dernier accepta l'invitation. Le jour de son arrivée, je me rendis à l'aéroport pour le rencontrer et le conduire à l'université. Grâce aux photographies de l'équipe de Jérusalem et à la description piquante qu'en avait fait Edmund Wilson, il me fut aisé de le reconnaître. Wilson avait décrit non seulement son physique étonnant*, mais encore des traits de sa personnalité et de son caractère. Il avait dépeint son « esprit, sa compétence, son courage, sa ténacité, une certaine audace et, chose qui semble si rare aujourd'hui en France, son efficacité[20] ». Wilson s'était entièrement rallié à son interprétation des origines de Qumran ; il écrivait avec une assurance implacable que le complexe de Khirbet Qumran était un « monastère » dont la salle que nous avons mentionnée était un *scriptorium*, et que les rouleaux étaient des documents esséniens qui y avaient été rédigés. La plupart des chercheurs partageaient alors la vision du père de Vaux, personnage brillant et fougueux, et semblaient pleinement convaincus de la vérité de ses arguments. En 1956, C. T. Fritsch, professeur au Séminaire Théologique de Princeton, avait écrit, en toute bonne foi :

> J'eus le privilège de visiter Qumran plusieurs fois pendant la période [des fouilles de 1953 et 1954] et d'être guidé par le père de Vaux lui-même. Sa description était si vivante que je pouvais presque voir les membres de la communauté manger ensemble dans le grand réfectoire, copier des manuscrits dans le scriptorium ou se hâter vers les grottes avec leur précieuse bibliothèque au moment où la dixième légion romaine descendait de Jéricho pour détruire la communauté[21].

---

* « Ses yeux marron, qui paraissent agrandis par des lunettes aux verres épais, ressemblent à de très puissants phares et ses longues dents blanches et régulières se découvrent toujours lorsqu'il parle. Son nez pointu a un caractère saillant et aquilin qui suggère fortement l'Ancien Testament, de même que sa grosse barbe brune hérissée. Avec sa soutane dominicaine en flanelle blanche dont la capuche retombe sur ses épaules et dont la ceinture laisse pendre des glands, il porte un béret, de grosses chaussures et ce qui ressemble à de solides chaussettes de golf bleues. Il raconte extrêmement bien les histoires, fume continûment et possède en somme un certain style, voire une certaine classe. » (E. Wilson, *The Dead Sea Scrolls* [*Les Rouleaux de la mer Morte*], pp. 46-47.)

Au moment de la visite de De Vaux à Chicago, la guerre de 1967 entre Israël et les pays arabes voisins avait cessé et les barrières entre les deux parties de Jérusalem étaient tombées. Dans les semaines qui suivirent, les Juifs déferlèrent en masse dans les rues du marché de la Vieille Ville et les Arabes de Jérusalem-Est eurent une vue directe sur les quartiers de l'ouest : c'était une période d'euphorie pour certains, mais une époque difficile pour les conservateurs du musée Rockefeller et pour d'autres. De Vaux, Pierre Benoît et d'autres Dominicains de l'Ecole Biblique devaient faire face à une réalité nouvelle : le musée et les trésors de rouleaux qu'il abritait étaient à présent aux mains du Département des Antiquités d'Israël et non plus administrés par les fonctionnaires arabes de Jérusalem avec qui ils entretenaient des relations étroites.

Juste avant ou au tout début des hostilités, les responsables avaient fait emballer les rouleaux dans des caisses pour les expédier à Amman, mais les combats avaient éclaté et les camions de transport envoyés n'avaient pas réussi à arriver à temps ; les troupes israéliennes avaient placé le musée sous leur garde. Cependant, les autorités israéliennes acceptèrent un *modus vivendi* : elles ne modifieraient ni l'autorité de De Vaux, ni le droit réservé à l'équipe originale de publier les rouleaux. Pourtant, de Vaux voyait avec amertume la réunification de la ville et l'obligation nouvelle de traiter avec la bureaucratie israélienne. Sur le chemin entre l'aéroport et l'Institut, il me fit part assez ouvertement de ses sentiments sur le sujet. Sa conférence à Breasted Hall rassembla une foule considérable. Il passa en revue les découvertes de Qumran en suivant les orientations présentées dans ses travaux publiés et il souligna également, dans un anglais toujours remarquablement raffiné, le vaste consensus qu'elles avaient suscité parmi les chercheurs. Pendant la discussion qui suivit, j'exprimai quelques réserves sur certains aspects de l'hypothèse dominante, en soulignant son manque de fondement documentaire ainsi que d'autres problèmes qui étaient apparus.

L'un d'eux était le fait qu'en 1968 les rouleaux déjà publiés comprenaient de nombreux écrits non esséniens et quelques-uns que l'on pouvait même qualifier d'anti-esséniens. Par exemple, l'un des chargés de publication décrivait un rouleau qui contenait des psaumes apocryphes et expliquait que celui qui l'avait rédigé « était un écrivain maîtrisant parfaitement l'hébreu classique. Mais, par ce moyen d'expression, il reflétait des idées hellénistiques... Nous avons manifestement affaire à un Juif hellénisé de la région de Palestine. *Il est hautement improbable, toutefois, que la communauté de Qumran, dans sa lutte contre l'hellénisme des prêtres de Jérusalem, ait sciemment permis que des idées clairement hellénistiques forment l'essence de sa théologie...*» La reconnaissance d'éléments hellénistiques dans ces textes était, bien entendu, en contradiction directe avec la thèse officielle sur les origines de Qumran, ce qui provoquait chez l'éditeur du texte des hésitations lorsqu'il tentait de résoudre le problème : « *Il ne faudrait surtout pas suggérer, en se reposant sur la prétendue imagerie...que l'auteur du poème ou son lecteur ait consciemment souscrit à un aspect quelconque de l'orphisme : les discussions sur le symbolisme de la vie et de la mort ne sont pas délibérées*[22]. » Par ce commentaire énigmatique, l'auteur admettait que ce rouleau contenait des idées qui n'étaient pas en harmonie avec l'essénisme.

Je mentionnai ce fait et quelques autres problèmes, et suggérai qu'il serait peut-être utile, au regard de ce qui semblait être des anomalies nouvelles, de réexaminer l'ensemble de la thèse en tenant compte du nombre croissant de textes et d'autres preuves récentes. Visiblement, mes remarques irritèrent le père de Vaux. Il dit quelques mots des problèmes que j'avais soulevés puis, se tournant vers le public, il déclara avec une profonde conviction : « Si vous vous rendez au bord de la mer Morte, et que vous contemplez le plateau, puis étudiez les fouilles point par point, vous *saurez* qu'il s'agit précisément du site des Esséniens décrit par Pline il y a dix-neuf cents ans. »

Ces propos relevaient davantage d'une profession de foi que d'une affirmation scientifique. C'est à ce moment-là que je résolus de faire une étude de Khirbet Qumran dès que possible. Comme nous l'avons vu, le site n'offrait rien qui puisse corroborer la thèse de De Vaux, mais plutôt de nombreux contre-arguments. A une époque, Khirbet Qumran avait arboré un groupe d'édifices très bien construits, contrairement à l'affirmation de De Vaux, Lankester Harding, Edmund Wilson et d'autres selon laquelle les bâtiments étaient de construction sommaire[23]. Le site, fermement implanté dans le désert et dominant la côte, était stratégiquement situé sur un promontoire dont la valeur militaire était évidente. Si l'on examinait les données archéologiques et topographiques sans essayer de les faire coïncider avec le contenu des manuscrits des grottes, on pouvait voir qu'elles contredisaient directement l'interprétation globale de De Vaux. Malgré le poids de l'autorité de Sukenik, du père de Vaux, de Dupont-Sommer, de Yadin et de leurs nombreux collègues, il n'y avait aucune preuve qu'il y ait eu un *scriptorium* à Khirbet Qumran, ni la moindre indication que des manuscrits littéraires y aient été rédigés, copiés ou conservés. La thèse de De Vaux semblait n'être rien de plus que le produit de son époque, durant laquelle la fièvre essénienne avait frappé les rangs des érudits.

CHAPITRE 3

1947 : Les premières découvertes

❖

E n 1970, je ne connaissais pratiquement aucun chercheur qui
avait le moindre doute sur l'existence d'une secte juive à
Khirbet Qumran dans l'Antiquité. Cette croyance était presque
universelle. Seuls quelques auteurs faisaient exception et affirmaient
que les rouleaux n'avaient pas été écrits à l'époque du gouvernement
asmonéen et de la domination romaine, mais au Moyen Age*, une
idée qui ne concordait pas avec les caractéristiques des rouleaux dont
les écritures individuelles ressemblaient souvent à celles des inscriptions juives palestiniennes de la période intertestamentaire. On avait
également trouvé dans les grottes des fragments bibliques en grec
ancien, ainsi qu'un certain nombre d'autres textes écrits dans la
vieille calligraphie que l'on appelle cananéenne ou paléo-hébraïque
(voir planche 10). De plus, les jarres retrouvées dans certaines
grottes au même niveau stratigraphique que les rouleaux remontaient
à l'époque de la domination romaine. Ces faits établissaient de
manière assez convaincante que les rouleaux étaient des textes
antiques et non pas médiévaux.

La nature littéraire des rouleaux joua également un rôle significatif pour démontrer ce point, car elle faisait apparaître de nombreuses
caractéristiques observées dans les apocryphes et les pseudépigraphes. Ces deux ensembles d'écrits proviennent d'auteurs juifs et

---

* Sur ce sujet voir, en particulier, les articles de Solomon Zeitlin, du Dro-
psie College, qui parurent dans le *Jewish Quarterly Review* dans les années
1950. Cette thèse fut notamment défendue par Sidney Hoenig, de Yeshiva
University, dans des articles publiés, et par Ellis Rivkin, du Hebrew Union
College (Cincinnati), dans les cours qu'il y donna. Sur les quelques auteurs qui
reconnaissaient l'antiquité des manuscrits, mais refusaient la thèse qumrano-
essénienne, voir plus loin, pp. 159-160, 188-199, 288-291.

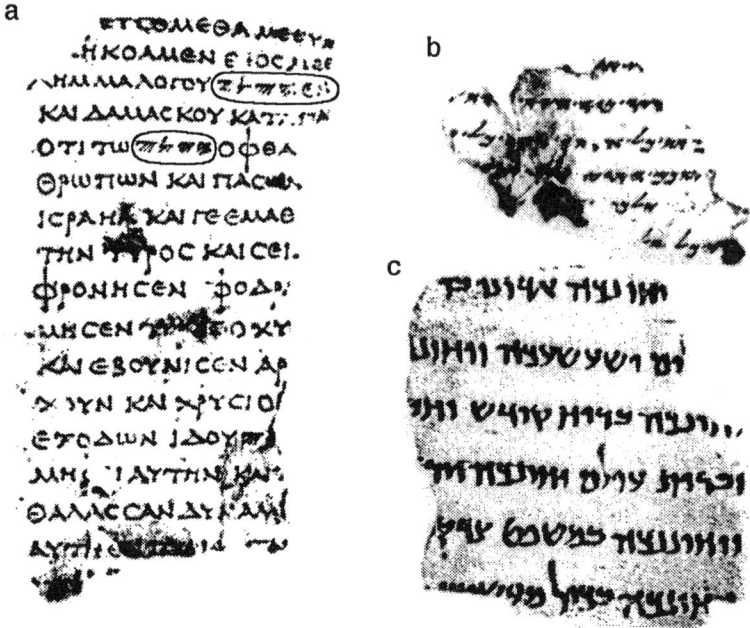

Planche 10

Exemples d'écritures scribales trouvées parmi les rouleaux des
grottes : (a) écriture grecque onciale avec des mots en paléo-
hébraïque (encerclés) ; (b) écriture paléo-hébraïque ;
(c) écriture hébraïque carrée. (Originaux de l'AAI.)

furent composés environ entre l'an 150 avant J.-C. et l'an 100 après
J.-C. ; ils font partie des manuscrits des Septante (c'est-à-dire la
traduction grecque de l'Ecriture sainte promulguée par les Juifs
d'Alexandrie), mais n'ont jamais été reconnus comme des textes
canoniques ou saints par le judaïsme rabbinique*. Les apocryphes
révèlent une fascination pour les spéculations et les mystères apoca-

---

* « Apocryphes » (du grec *apocryphos*, « caché ») est le terme général qui
désigne cet ensemble d'écrits, tandis que « pseudépigraphes » renvoie aux
ouvrages des apocryphes dont la caractéristique est d'avoir été écrits sous un faux
nom ou attribués à des personnalités bibliques. Les écrits apocalyptiques des
apocryphes sont essentiellement ceux qui spéculent sur la vie dans l'au-delà, ou
sur une réalité détachée des contingences de ce monde. Voir le Glossaire, p. 411.

lyptiques ainsi que pour la refonte imaginaire des récits bibliques, des traits qui caractérisent également les rouleaux de Qumran. Ces spécificités, qui s'appliquent si peu à la littérature juive médiévale, furent révélées pendant les années 1950 et 1960 et l'on finit par reconnaître que la thèse de l'origine médiévale était dépourvue de fondement.

Comme tous les documents d'époques très anciennes, les sept rouleaux découverts en 1947 posaient une foule de problèmes d'interprétation, auxquels s'ajoutait leur état de conservation, loin d'être parfait. Parmi eux[1], quasiment depuis le jour où elle fut examinée par Eliézer Sukenik, la *Règle de la communauté* occupait une place d'honneur. Avec ses descriptions d'un nombre considérable de pratiques et de doctrines généralement associées aux Esséniens, elle fut la source principale à l'origine de la thèse identifiant Khirbet Qumran comme la maison mère de la secte. La *Règle de la communauté*, semblait-il, confirmait que la description de Pline était authentique et prouvait qu'il l'avait composée en pensant à Khirbet Qumran.

Avant même le début de la guerre entre les Juifs et les Arabes, en 1948, Sukenik s'était débrouillé pour étudier quelques rouleaux parvenus jusqu'à Mar Athanasius Samuel, à Jérusalem, et pour en acheter trois autres qui se trouvaient entre les mains d'un antiquaire. Ces trois manuscrits (l'un des deux rouleaux d'Isaïe, l'*Hodayot* et le *Rouleau de la guerre*) ne contenaient pas d'indications précises sur leurs auteurs. Cependant, lorsque Sukenik examina l'un des quatre rouleaux du Metropolitan Museum, il eut le sentiment de découvrir précisément ce type d'informations. « J'ai trouvé dans l'un [des rouleaux], écrivait-il plus tard, une sorte de recueil de règles de conduite des membres d'une confrérie ou d'une secte… Je pencherais en faveur de l'hypothèse que cette cachette de manuscrits appartenait originellement à la secte des Esséniens car, comme différentes sources littéraires nous l'indiquent, le lieu où vivait cette secte se trouvait sur la rive occidentale de la mer Morte, à proximité d'Engaddi. » En parlant de « recueil de règles », Sukenik faisait clairement référence au texte que l'on appela plus tard la *Règle de la communauté* dont l'influence a, depuis lors, dominé tous les débats sur l'origine des rouleaux[2].

Si ce texte reçut un tel accueil au début, ce n'était pas sans raison : il était particulièrement inhabituel et, à une exception près, il était complètement différent de la littérature hébraïque intertestamentaire connue avant 1948. Ce n'est qu'en 1970, après avoir remis en question les preuves utilisées pour construire l'hypothèse qumrano-essénienne, que je commençai à m'apercevoir que la place centrale accordée à la *Règle* résultait d'un mélange de faits et de conjectures erronées ; une confusion due au fait que ce texte avait été découvert accidentellement bien plus tôt que la plupart des autres rouleaux.

En 1951, lorsque les onze colonnes de la *Règle* furent publiées, les lecteurs se trouvèrent plongés dans une ambiance étrange empreinte de rites initiatiques, de malédictions, de bénédictions et de réglementations. En analysant le texte, on pouvait en distinguer trois parties principales. Dans la première, ceux qui étaient initiés à la confrérie décrite, connue en hébreu sous le nom de *Serekh hayahad* (« l'Ordre de l'Unité »), devaient y entrer volontairement en offrant tout « leur savoir, leur force et leur richesse » à « l'Unité du Seigneur » et en consentant à ne s'écarter de l'observation d'aucune loi promulguée par Lui. Tous ceux qui devenaient membres de cette Unité devaient « comparaître devant Dieu » et s'engager à ne pas L'abandonner, même dans les circonstances les plus dures « pendant le règne de Belial » (c'est-à-dire la personnification satanique du mal). Les prêtres aaroniens qui se rassemblaient pour la cérémonie d'initiation devaient réciter les actes justes et miséricordieux du Seigneur, et les Lévites devaient rendre compte des péchés commis dans le passé par les Israélites ; après quoi, les initiés devaient confesser leurs propres péchés. Ensuite, les prêtres bénissaient tous ceux qui entraient dans le « lot » du Seigneur, les Lévites maudissaient ceux qui entraient dans le « lot » de Belial, puis les deux groupes se rejoignaient pour maudire les initiés qui n'étaient pas sincères, utilisant toujours des formules explicites indiquées dans le texte. Ce cérémonial avait lieu chaque année pendant le règne de Belial : les prêtres devaient « passer les premiers en ordre » (ou « dans l'Ordre »), selon leur excellence spirituelle, puis venaient les Lévites, et finalement « tout le peuple » par « milliers, centaines et dizaines ».

Cette dernière indication (colonne 2, lignes 21-22) révèle notamment la nature visionnaire de la première partie de la *Règle*. L'auteur avait à l'esprit un rituel d'initiation méthodique à une nouvelle sorte de société israélite, destinée à supplanter l'ancienne qui acceptait les privilèges royaux et la suprématie du culte sacrificiel des prêtres. Pas seulement certaines personnes, mais la nation toute entière et ses milliers de membres y participeraient avec les prêtres, et les Lévites (nouvellement réformés grâce à leur engagement solennel à accomplir la volonté du Seigneur) joueraient un rôle essentiel dans les cérémonies visant à sceller une nouvelle alliance basée sur des principes spirituels et moraux. Dans cette société utopique, chaque personne aurait un rang et « connaîtrait sa place » pour l'éternité ; tous vivraient dans « l'unité de la vérité et l'humilité du bien » avec une constante « prédilection pour la bonté pleine d'amour et la pensée de ce qui est juste ».

Dans une telle société, il n'y aurait aucune place pour quiconque refuserait de suivre les nouveaux principes de conduite morale et spirituelle. De tels réfractaires ne pourraient pas être rachetés par des actes d'expiation ou de purification baptismale purement extérieurs : seuls des actes intérieurs sincères, un esprit de « sainteté pour s'unir dans Sa vérité » et de « justice et d'humilité » vis-à-vis des lois du Seigneur pourraient les laver du péché et leur permettre « d'être reçus devant le Seigneur, grâce à un repentir au doux parfum », pour faire partie de l'éternelle « alliance de l'unité ».

L'auteur conclut ainsi sa vision d'une nouvelle société et l'on perçoit dans ses paroles une insatisfaction fondamentale et une certaine amertume vis-à-vis de l'ordre juif en vigueur. Ceux qui ont étudié le tableau que présente Josèphe des circonvolutions de l'Etat asmonéen, avec toutes ses factions, ses intrigues, ses meurtres, sa dégradation spirituelle et la corruption de ses prêtres (des maux qui restèrent inchangés pendant la période de la domination romaine, après la prise de Jérusalem par Pompée en 63 avant J.-C.) ne peuvent douter de la sincérité de l'auteur de ces lignes, quelle que soit son identité. Cet écrivain et ses successeurs concevaient là les grandes lignes de ce qu'ils espéraient être un nouveau type de société juive où la richesse serait partagée pour le bien de tous et où l'on appliquerait le sens moral et spirituel profond des anciennes lois du Pentateuque.

Mais le traité s'interrompt brusquement et vient ensuite une nouvelle partie caractérisée par un prédestinarisme éthique austère. On nous présente d'emblée (colonne 3, ligne 13) le personnage d'un « instructeur » (en hébreu, *maskil*) qui a pour tâche d'enseigner à tous « les fils de lumière » la véritable nature de l'homme. Le « Seigneur omniscient », apprenons-nous, est responsable de tout ce qui est et fut : Il a réglé d'avance la destinée de toutes les créatures vivantes ; leurs actions et leur sort ne peuvent être modifiés. Mais en créant le genre humain, Il le mit sous l'empire de deux esprits : l'un de vérité et l'autre de perversion. La vérité prend sa source dans un « séjour de lumière », tandis que la perversité vient « d'une source de ténèbres » ; le « Prince des lumières » commande à tous les fils de justice, tandis que « l'ange des ténèbres » gouverne les « fils de perversion », chaque groupe empruntant respectivement les sentiers de la lumière et des ténèbres.

Toute faute ou péché commis par les fils de justice, explique l'auteur, est imputable à l'ange des ténèbres, pour des raisons qui restent mystérieuses, sauf pour le Seigneur, jusqu'à l'avènement de Son règne parfait. Si, à l'époque de l'auteur, le juste souffre, c'est aussi à cause de l'influence de l'ange des ténèbres. Néanmoins, bien qu'Il ait créé Lui-même ces deux esprits angéliques opposés, « le Seigneur d'Israël et Son ange de vérité viennent en aide à tous les fils de lumière », car le Seigneur aime un esprit et hait l'autre. Ceux qui se comportent humblement, nous dit-on, possèdent toutes les vertus morales et spirituelles souhaitables : résistance à la colère, miséricorde, compassion, foi dans les actes du Seigneur et dans Sa bienveillance, zèle pour les lois justes, actes de bonté envers tous les « fils de vérité », et répulsion envers toute impureté rituelle. Ces justes auront pour récompense non pas des combats apocalyptiques, mais « la paix pendant toute la durée des jours et la fécondité de la progéniture [en hébreu, *zera'*, littéralement « semence »] ainsi que des bénédictions éternelles, une joie perpétuelle dans la vie éternelle et un diadème de gloire assorti à une [plénitude] de gloire dans la lumière sans fin ».

Les méchants ont bien sûr des penchants diamétralement opposés et, à la fin, ils subiront torture et damnation, tandis que le combat inlassable entre la vérité et la perversion continuera jusqu'à cette « dernière saison » où le Seigneur, par Ses voies impénétrables, mettra un terme à toute iniquité perverse. Alors, au moyen de « Sa vérité », Il purifiera les hommes de leur perversité, répandant en chacun un « esprit de sainteté » comme de l'eau aspergée sur les personnes qui sont impures, « afin que les justes puissent avoir la connaissance des régions élevées, et que ceux dont les voies sont parfaites apprennent la sagesse des fils du ciel ».

Par cette description, l'auteur tente manifestement d'expliquer l'existence du mal dans un monde censé être dominé par un Dieu bienveillant et juste, comme le décrivent le Pentateuque et les écrits prophétiques. Cet effort apparaît clairement dans le postulat de deux êtres angéliques créés par Dieu pour régir les bonnes et les mauvaises actions du genre humain ; sous leur empire inflexible, les individus ne sont pas en mesure de modifier leur conduite morale, pour le meilleur ou pour le pire, sauf si de telles modifications sont elles-mêmes préordonnées par les deux forces angéliques. En même temps, bien que la présence d'un ange des ténèbres incitant au mal reste un mystère ineffable des voies de Dieu, la domination exercée par les deux envoyés célestes ne durera que jusqu'à un âge ultime de félicité où le Seigneur montrera sa suprématie et bannira tout le mal. Lui seul connaît la raison de cet ordre des choses, et il est fécond pour l'homme de rechercher les raisons de son sort. De toutes façons, la condition humaine est provisoire et ceux qui sont protégés par l'ange de lumière finiront par obtenir la garantie d'une vie éternelle. Un écart spirituel profond sépare donc ces deux parties du texte, dont la première prône l'engagement volontaire d'Israël dans un nouvel ordre à venir et ne fait aucune référence à des anges de lumière ou des ténèbres gouvernant l'humanité.

La troisième partie de la *Règle* (commençant à la colonne 5, ligne 1) fait entrer en jeu un nouveau concept qui n'a aucun lien avec le précédent et seulement un rapport ténu avec la première partie.

L'auteur décrit à présent un « Ordre » auquel doivent se rallier « les hommes de l'unité qui sont volontaires pour s'écarter de tout mal et pour observer tout ce qu'Il a prescrit » : ils sont censés se séparer de la congrégation des hommes pervers pour entrer dans « une unité de la Torah et de la richesse », pour marcher humblement et « circoncire dans l'unité le prépuce du mauvais penchant et de l'acharnement au mal ».

Ceux qui pénètrent dans l'Ordre de l'Unité, apprend-on, doivent entrer dans l'alliance du Seigneur en présence de tous les volontaires et s'engager à retourner vers la Torah de Moïse de tout cœur. Cependant, ils ne doivent pas toucher « la pureté des hommes de sainteté » puisqu'ils « ne peuvent devenir purs que s'ils s'écartent d'abord de leur méchanceté ». Ces volontaires ne doivent avoir aucun contact avec les méchants : ils ne doivent pas discuter des questions de la Torah avec eux, ni manger ni boire quoi que ce soit qui leur appartienne, ni accepter de présents de leur part, mais uniquement obtenir leurs biens en les achetant. Après avoir été jugés pour leurs vertus morales et intellectuelles, les volontaires sont intégrés et placés selon leur degré d'excellence ; chacun d'eux est ensuite tenu d'obéir à ses supérieurs hiérarchiques ; « leur esprit et leurs actes » sont examinés chaque année, et leur rang est modifié en conséquence.

Les volontaires doivent manger et rendre grâce ensemble. Dans chaque endroit où se trouvent au moins dix membres de l'assemblée, « un homme qui expose la Torah jour et nuit » doit être constamment présent, ainsi qu'un prêtre devant qui les membres s'assoient, selon leur rang. C'est lui qui « le premier étendra la main pour être béni par le premier pain ou le vin nouveau ». Pendant un tiers des nuits de l'année, les « maîtres » (en hébreu *rabbim*) doivent diligemment et dans l'unité « lire dans le livre, interpréter des jugements et donner la bénédiction* » .

---

* Aujourd'hui encore, nous n'avons aucune certitude absolue sur le sens du terme *rabbim* que l'on pourrait également traduire par « (les) nombreux ». (La plupart des traducteurs de ce texte préfèrent cette version). De même, l'expression que j'ai traduite « pour être béni avec le premier pain ou le vin nouveau » est souvent rendue par « pour bénir le premier pain, etc. ». (Pourtant l'expression

L'auteur expose ensuite la cérémonie particulière qui se déroule au cours des réunions périodiques de ces *rabbim*. Les prêtres doivent s'asseoir en premier, ensuite les « anciens », puis tous les autres, à leur place désignée, afin de rechercher le jugement et les conseils. Nul ne peut parler en dehors de son tour, ni interrompre un confrère, ni dire quoi que ce soit que les maîtres ne souhaitent pas entendre. A leur tête se trouve un dignitaire (*paqid*) dont la tâche essentielle est d'examiner l'intelligence et les actes de « tout ceux issus d'Israël qui sont volontaires pour rejoindre le Conseil de l'Unité ». Le candidat est d'abord introduit dans l'alliance et instruit de toutes les lois de l'Unité. Après quoi, il est conduit pour se présenter devant les maîtres qui l'interrogent. Si l'on estime qu'il a réussi l'épreuve, il ne peut cependant pas avoir accès immédiatement à la « pureté » des maîtres ni à leurs biens, mais il est examiné pendant une année entière*. S'il est à nouveau jugé apte, il doit à présent remettre à l'inspecteur (*mebaqqer*) des *rabbim* ses richesses personnelles, mais il n'est toujours pas autorisé à se joindre à eux ni à partager leur boisson pendant un an encore. Enfin, lorsqu'il est entièrement accepté parmi ses frères du Conseil « pour [sa connaissance de] la Torah, [son] jugement et [sa] pureté », ses richesses personnelles sont intégrées à celles de la collectivité.

Ensuite, cette partie du texte aborde les sanctions infligées pour les infractions aux règles : des mesures telles qu'être tenu à l'écart de la « pureté » ou de la « boisson » des maîtres pendant un certain temps, se voir refuser les portions de pain allouées, ou être expulsé. Parmi la liste des actes mauvais, il y a le fait de mentir sur

---

hébraïque originale est clairement à la voix passive). Notons également que l'exigence de lire « dans l'unité » (*yahad*) peut renvoyer à l'idée de lire à l'unisson. Enfin, le sens de l'expression que j'ai traduite par les mots « interpréter des jugements » n'est pas entièrement clair ; ces termes peuvent également se traduire par « chercher le jugement profond ».

*Le terme hébreu qui est traduit par « pureté » est *tohorah* qui indique la pureté non seulement au sens abstrait, mais aussi au sens concret où la nourriture et la boisson possèdent la pureté *rituelle* requise pour être comestibles par ceux qui suivent à la lettre les lois des prêtres et des Lévites, telles qu'elles figurent dans le Pentateuque. Cela implique probablement aussi la pureté rituelle des vêtements (voir plus loin, p. 92).

ses richesses personnelles ou d'abuser de la communauté, de répondre de mauvaise grâce à des questions ou des requêtes, d'utiliser un langage grossier pendant l'étude ou la prière, d'agir avec fourberie, d'interrompre le discours d'un autre membre, de cracher ou de dormir pendant les assemblées des fidèles, de s'exposer en public, de rire bruyamment, de lever la main gauche en gesticulant et de faire des commérages. Même après dix ans, lisons-nous, les membres doivent répondre de leurs actes et peuvent être exclus.

Cette troisième partie de la *Règle*, avec ses codes détaillés, apparaît donc comme un véritable document de base qui règle la vie quotidienne d'une secte. En effet, le fait qu'à la suite d'une des infractions décrites, une peine de six mois soit stipulée avec la mention d'une *autre possibilité* de pénitence écrite au-dessus, semble appuyer cette thèse. Cependant, les règles sont suivies d'un passage conclusif (colonne 9, lignes 3-6) qui donne un différent éclairage aux intentions de l'auteur : « *Lorsque ces choses arriveront en Israël*, affirme-t-il, d'après toutes ces règles... *à ce moment-là*, les hommes de l'Unité réserveront à Aaron une maison de sainteté, unie [comme] un saint des saints, et une maison d'Unité pour [tous] les Israélites qui marchent dans la perfection. » Ces lignes, à l'instar du premier traité qui dépeint l'entrée en masse dans l'Unité, expriment une vision grandiose des jours à venir. Elles montrent que si, à l'époque de l'auteur, ce plan détaillé ne vise qu'un petit nombre d'hommes dotés d'une résistance spirituelle suffisante pour vivre dans la pureté et interpréter la Torah, il était, en réalité, destiné à proposer un paradigme de vertu pour la future société israélite dans sa totalité. Cette nouvelle société se composerait de deux groupes principaux : la maison d'Aaron, formant un « Saint des Saints » métaphorique (appelé ainsi d'après le nom du tabernacle secret dans le Temple) et la maison d'Israël, constituant la partie essentielle d'un œcuménisme moralement et religieusement parfait.

On est frappé, tout au long du premier et du troisième traité, par l'utilisation de métaphores spirituelles. L'auteur (colonne 2, lignes 2-4) est mal à l'aise avec le sens littéral de la fameuse Bénédiction Sacerdotale (Nombres 6.24-26), qui exprime l'espoir que le

Seigneur puisse « faire briller Son *visage* » sur ceux qui ont été bénis ; il transforme donc le passage anthropomorphique en « puisse-t-Il *illuminer votre cœur avec l'intelligence de la vie* ». Les mots qui suivent la bénédiction originale : « Puisse le Seigneur lever *son visage* vers vous » sont modifiés pour prendre un sens entièrement différent : « Puisse le Seigneur lever *le visage de sa bonté* vers vous.* » Le « visage » est à présent traité comme une métaphore définissant la parfaite bonté du Seigneur comme un aspect de Sa capacité d'Etre spirituel suprême.

De nettes stratégies métaphoriques sont particulièrement fréquentes dans les passages de la *Règle* qui mentionnent le sacrifice animal. Dans l'épilogue prophétique de la colonne 9, par exemple, le fait qu'Israël finisse par accepter la totalité des règles de l'ordre est décrit comme une « expiation pour la méchanceté et les méfaits... une [offrande] volontaire... meilleure que l'offrande de chair d'[animal] et la graisse des sacrifices, [comme] une offrande [*terumah*] des lèvres pour le jugement, comme l'encens parfumé de la vertu, [comme] la perfection du [droit] chemin semblable au sacrifice [animal] librement offert... » L'idée sous-jacente est que la description biblique du sacrifice animal signifie en réalité autre chose (à savoir des « offrandes » humaines qui consistent en actions spirituelles et morales positives) et ceci vise une pratique manifestement troublante pour de nombreux Juifs de l'époque intertestamentaire. Cette idée reflète à l'égard du sacrifice animal une réprobation grandissante qui remonte à Amos, Osée et Isaïe et que l'on retrouve assez largement répandue dans le monde hellénistique, à travers des personnages tels que Zoroastre, ainsi que les auteurs du Testament de Lévi et du *Poimandrès* gnostique.

La *Règle* est un texte d'une qualité hautement spirituelle. Elle met l'accent sur le sens profond de la Torah qu'il fallait trouver au cours de séances d'étude se tenant une nuit sur trois, tout au long de l'année ; pendant ces séances il fallait approfondir non pas la lettre, mais le sens spirituel des textes saints. L'auteur est convaincu que, comme ce fut jadis ordonné à Josué (1.8), les paroles de la Loi ne doivent jamais s'effacer de la bouche du véritable Israël, qui doit les méditer « jour et nuit ». A cette fin, la *Règle* stipule qu'un exégète des écrits saints doit accomplir sa tâche sans relâche, dès que dix membres de l'Unité se trouvent disponibles. Tous les lieux sont propices à l'accomplissement constant de cet acte spirituel d'étude de la Torah, à condition que dix hommes soient présents. Même les paroles d'Isaïe (40.3) « Une voix crie dans le désert : préparez la voie du Seigneur » prennent un sens particulier conforme à cette idée : « Lorsque tous formeront une Unité en Israël, ces règles les sépareront de la colonie des hommes de malice et ils iront "dans le désert" pour y préparer la voie du Seigneur, selon les paroles "Dans le désert préparez la voie (du Seigneur), faites droit dans le désert un sentier pour notre Dieu" : *ceci est l'explication de la Torah* que [le Seigneur], par l'intermédiaire de Moïse, a commandé de faire en suivant chaque chose révélée, saison après saison... »

De cette manière, l'auteur de la *Règle* suggère que le sens profond des paroles d'Isaïe n'a rien à voir avec une intrusion littérale dans les territoires du désert. Certains commentateurs charismatiques de la vérité prophétique ont certainement interprété à la lettre les paroles d'Isaïe, comme le fit Jean Baptiste quelques décennies plus tard. Ici, toutefois, elles sont traitées comme une allusion voilée à l'étude de la Torah : les paroles de l'Ecriture sainte apparaissent comme un désert d'idées et de commandements apparemment impénétrables que l'on doit libérer de leur signification extérieure et superficielle par une étude approfondie et intense afin que, quel que soit le lieu où vit un groupe de dix membres de l'Unité, la vraie voie du Seigneur puisse être découverte.

Quel genre de groupe formaient les frères de l'Unité décrits dans ces colonnes ? Il est clair qu'ils prenaient leurs repas ensemble et tenaient des réunions communes, participaient à l'explication de la Torah, respectaient un degré élevé de pureté rituelle, considéraient la richesse personnelle comme une souillure spirituelle et attendaient avec impatience le temps où un nombre bien plus important de leurs frères juifs adopterait leurs idées et leur conduite. Ils avaient également divers surveillants qui veillaient au respect des règles de bienséance, sanctionnaient les infractions et s'occupaient de la trésorerie collective, et leurs prêtres jouaient un rôle spécifique dans la structure de leur organisation. Lorsqu'ils se rassemblaient, ils s'asseyaient selon leur rang, les prêtres en premier, ensuite les « anciens » et enfin les membres ordinaires, selon le degré d'estime auquel chacun était parvenu.

Il s'agit là d'une description élémentaire des croyances exprimées principalement dans la troisième partie en prose du manuscrit. Ensuite il y a une quatrième partie poétique qui n'apporte aucun éclairage nouveau à ces croyances, ni à l'organisation du groupe de l'Unité. La première partie de la *Règle* fut probablement conçue, à l'origine, comme un complément de la troisième partie : elle décrit les rites élaborés de l'initiation qu'il faudrait suivre lorsque la confrérie de l'Unité aurait réalisé son espoir de devenir prédominante dans la société juive. La troisième partie ne fait aucune référence aux bénédictions des prêtres, aux malédictions des Lévites, ni aux milliers d'initiés, mais elle évoque les véritables modalités d'acceptation et d'initiation à l'Ordre, selon un processus bien plus simple.

Cette brève description n'est pas celle que j'aurais présentée dans les années qui suivirent les premières découvertes de rouleaux, alors que j'appuyais la thèse dominante de la « secte de Qumran » avancée par les premiers chercheurs. L'idée la plus répandue était que la *Règle de la communauté* décrivait les croyances et les pratiques d'une secte qui aurait vécu à Khirbet Qumran ; et ceci, à son tour, entraînait la conviction que tous les autres rouleaux découverts dans les grottes du désert de Juda avaient appartenu à la même secte. Les conclusions, voire même les recherches, archéologiques étaient alors orientées vers la défense de cette affirmation fondamentale. Néanmoins, l'absence de fondement de trois des arguments centraux relatifs à la nature de la *Règle* apparaissait clairement si l'on procédait à une analyse critique :

1. Il y avait, en premier lieu, l'idée que la *Règle* encourageait les membres potentiels et réels de l'Unité, ou *Yahad*, à se rendre dans le désert, une migration expliquant en effet que le groupe se soit trouvé sur le plateau de Khirbet Qumran : les habitants présumés avaient suivi à la lettre l'injonction implicite contenue dans les paroles d'Isaïe (40.3) à propos d'une voix criant dans le désert que l'on libère « le chemin du Seigneur ». « La retraite vers le désert est

sans aucun doute destinée à être prise ici dans son sens littéral, affirmait Dupont-Sommer, c'est la retraite des Esséniens vers Qumran.» Puis il concluait, conformément à cette exégèse, que « dans la quiétude solennelle du désert torride et nu, il est possible d'imaginer les gens... qui y menèrent une vie si dure et tellement austère, les hommes graves et mûrs décrits par Philon...» Pourtant, bien que les principaux qumranologues de l'époque de Dupont-Sommer fussent convaincus de la justesse de cet argument, aucune affirmation de la *Règle* ne vient l'étayer. L'auteur fait effectivement référence au verset d'Isaïe, cependant il s'empresse, comme nous l'avons indiqué plus haut, de l'expliquer comme une métaphore renvoyant à l'explication (*midrash*) de la Torah. Il n'est suggéré nulle part dans la *Règle*, ni dans les autres textes de Qumran, que les membres d'une secte particulière doivent quitter leur habitation pour partir dans le désert afin d'étudier ou pour un autre but.

2. En outre, les premiers savants qui se penchèrent sur les rouleaux suggérèrent, notamment au vu des nombreuses citernes et de l'isolement du site, que le plateau de Qumran était un lieu idéal pour mettre en pratique les rites spéciaux de pureté qui, comme l'indique la *Règle*, s'appliquaient à tous les prêtres et autres membres à part entière de l'Unité*. Et pourtant, comme nous l'avons vu (chapitre 1), cette notion relativement centrale perdit tout fondement lorsqu'on découvrit que le cimetière de Qumran, présenté comme ayant appartenu à cette même secte, n'était situé qu'à trente-cinq mètres du mur entourant le site.

3. L'affirmation la plus remarquable, évoquant la fameuse description de Pline, consistait à dire que la *Règle* prônait, directement ou implicitement, le célibat des membres du *Yahad*. Yigael Yadin, par exemple, suggéra cela en 1962. Il expliquait que « la secte ne s'oppose pas au mariage de ses membres » et ajoutait, sans s'appuyer sur aucune citation du texte, que la *Règle* « indique qu'à l'intérieur de la secte elle-même, il y avait des groupes de membres

*Le terme hébreu *yahad* veut dire « unité ». On le retrouvera souvent, ailleurs dans ce livre, pour désigner une confrérie de l'Unité (*Yahad*), en particulier celle qui figure dans la *Règle de la communauté*.

qui s'abstenaient du mariage ». Sur un mode similaire, Frank M. Cross avait auparavant avancé l'existence de données suggérant que la « communauté » de Qumran était « au moins en grande partie célibataire », la seule preuve citée étant le cimetière adjacent et son plus grand nombre d'ossements d'hommes que de femmes[3].

Pourtant, outre le fait que la « fécondité de la semence », et donc de la progéniture, est spécifiquement mentionnée dans la *Règle* comme une bénédiction pour les croyants vertueux (colonne 4, ligne 7), d'autres passages de l'œuvre renforcent l'impression que ceux qui adhéraient à ses règles n'étaient généralement pas célibataires. L'auteur attend avec impatience le temps où toute la société israélienne sera régie par les croyances et les pratiques de l'Unité (colonne 9) : un vœu presque suicidaire si le célibat est l'un de ses principes. De manière également significative, le texte ne dit pas que les membres de l'Unité partagent des dortoirs ou passent tout leur temps ensemble. Ils doivent s'unir pour étudier la Torah une nuit sur trois, toute l'année, dès qu'est réuni un groupe de dix membres, prendre leurs repas rituels en commun et assister ensemble à des séances de délibérations. Il va sans dire que de telles responsabilités auto-imposées n'exigent aucun exil vers le désert. Dans cette perspective, il est essentiel de noter que, si la confrérie de l'Unité de la *Règle* rappelle, par de nombreux aspects, les Esséniens décrits par Philon et Josèphe (en particulier ceux qui se mariaient), de nombreux traits communs aux deux groupes se retrouvent également chez les *Haburot* ou groupes « d'amitié » de la période du premier rabbinisme (c'est-à-dire la période tannaïte), décrits dans les textes du second siècle de notre ère.

Ces passages de la littérature rabbinique révèlent que des groupes prônant la pureté rituelle avaient continué à exister bien après la destruction du Second Temple*. A l'époque où la classe des lettrés accéda à une hégémonie juridique, vers la fin du Ier siècle de l'ère

---

*Voir *Mishnah*, Demai 2.2, et en particulier *Tosephta*, Demai 2.2-22. S. Lieberman fut le premier à attirer l'attention sur certaines des caractéristiques de la discipline de pureté de la *Haburah*, mais il n'en expliqua pas la plupart, ni ne révéla la signification qu'elles prenaient pour la question du prétendu célibat

chrétienne, ils n'avaient apparemment plus les mêmes grandes idées sociales qui caractérisaient les auteurs de la *Règle* ; en revanche, ils avaient conservé, sous une forme atténuée, les traits essentiels de l'ancienne mystique de la pureté. Les membres ne se donnaient plus le nom d'« hommes de l'Unité » mais celui d'« Amis », *haberim*, et le groupe auquel appartenaient les pratiquants, quel que soit le lieu où ils se trouvaient, ne s'appelait plus *Yahad*, ou « Unité », mais *Haburah*, ou groupe d'amis. Ils veillaient principalement à observer les rites de pureté, ainsi que les lois complexes qui régissaient la dîme, ce qui en soi révèle, à l'intérieur de l'Ordre, une influence sacerdotale plus ancienne. Les catégories de pureté auxquelles ils s'intéressaient étaient celles du pain, du vin et des vêtements. Pour assurer la « pureté » de ces éléments, il fallait certifier qu'ils étaient hors de contact avec toute chose impure ou source d'impureté telles qu'elles sont décrites dans le Pentateuque ; la pureté de la nourriture exigeait en outre qu'elle ne contienne aucun produit ne provenant pas de la dîme. L'admission des nouveaux membres avait lieu en présence de la *Haburah* entière, mais l'initié pouvait ensuite introduire personnellement ses enfants ou ses esclaves qui souhaitaient être introduit dans l'Ordre. Comme dans la *Règle*, il y avait des périodes de mise à l'épreuve avant l'admission : d'après les règles de l'école d'Hillel, il fallait attendre trente jours avant d'avoir droit à la « boisson » (c'est-à-dire le vin) et trente jours avant de recevoir les vêtements. Selon l'école de Shammai, c'était trente jours pour le vin et douze mois pour les vêtements. Les postulants devaient apprendre les règles de conduite appropriées, cependant les candidats reconnus pour leur « humble pratique » de la Loi étaient immédiatement acceptés.

D'après ces textes rabbiniques anciens, la période probatoire servait évidemment à permettre aux membres de la *Haburah* d'instruire les candidats et d'observer leur conduite ; l'essentiel étant de savoir s'ils étaient capables de préserver la pureté rituelle des éléments en question. Cette règle exigeait de grands efforts et

---

de la *Règle*. Voir S. Lieberman, « The Discipline in the So-Called Dead Sea Manual of Discipline », *Journal of Biblical Literature* 71 (1952), pp. 199-206.

une habileté particulière car, d'après les lois de la Torah, on devenait impur ne serait-ce qu'en touchant ce qui était rituellement impur (par exemple un corps mort, ou quelqu'un d'impur pour avoir touché un cadavre, ou par contact sexuel) ou si l'on était trouvé dans une demeure abritant un cadavre. Il y avait différentes catégories de membres dans l'Ordre de pureté de l'ancien rabbinisme : en premier venait la catégorie de l'Ami (*haber*) proprement dit, puis, en dessous, celle du *Ne'eman* ou Digne de confiance, pour qui la discipline n'était pas aussi sévère. Parmi les Amis il y avait aussi deux groupes, qui se formèrent probablement au cours d'un long processus de développement dont les origines sont perdues : celui dont les membres observaient à la lettre les lois de pureté et celui dont les membres observaient les rites de la mystérieuse catégorie de pureté appelée « Ailes », mais refusaient d'observer entièrement la catégorie des « Puretés » proprement dite (voir le Glossaire). La distinction progressive des diverses catégories répondait apparemment à la nature rigoureuse et complexe des lois de pureté bibliques, dont l'observation exigeait une maîtrise particulièrement difficile à atteindre. En effet, même les spécialistes de la Loi devaient franchir les étapes de mise à l'épreuve et d'admission : la seule exception fut celle d'un « sage qui présidait une maison d'étude (*yeshibah*) » : non seulement il n'eut pas à se soumettre à la cérémonie d'introduction, mais encore il put introduire d'autres membres, à titre privé. La description de ces confréries de pureté dans la *Mishnah* et dans le *Tosephta* explique certaines des règles de conduite encore en vigueur parmi les Amis, et mentionne non seulement leurs enfants, mais encore leur *mariage* qui pouvait être contracté soit avec des filles de familles ordinaires, non initiées aux subtilités des lois de pureté, soit avec les filles d'autres Amis. A cet égard, on peut noter que les pratiques strictes des Amis n'excluaient nullement le fait de vivre dans leur propre maison, de prendre des épouses et d'avoir des enfants.

Si nous revenons à présent au cas de la *Règle de la communauté* prérabbinique, nous apprécierons sans doute davantage les raisons pour lesquelles, en 1948 et pendant les années qui suivirent, les savants acceptèrent avec de plus en plus d'enthousiasme la proposition selon laquelle cet ouvrage fut écrit par des Esséniens célibataires vivant dans les environs de Qumran. Les opinions sur ce texte se formèrent et furent annoncées au public dans les premières années qui suivirent sa découverte. On n'avait pas encore fait l'analyse critique des affirmations de Pline sur les Esséniens, et la thèse selon laquelle la secte vivait à Khirbet Qumran ne fut avancée qu'après une brève période de fouilles, avant que les caractéristiques militaires du site n'apparaissent clairement et que l'on trouve des preuves qu'une garnison romaine l'avait occupé après l'an 70. La *Règle* elle-même, le plus remarquable des sept premiers rouleaux découverts, présentait des similitudes manifestes avec les pratiques et les doctrines des Esséniens décrites par les auteurs classiques. Les chercheurs qui, dans les années 1950, préparèrent la publication de la *Règle* sous les auspices des American Schools of Oriental Research n'étaient apparemment pas encore pleinement familiarisés avec les groupes de pureté décrits dans la littérature rabbinique ancienne. Ils se concentrèrent exclusivement sur les points communs entre la *Règle* et ce que l'on savait des Esséniens, en gardant constamment à l'esprit la description de Pline. Mais ils n'avaient pas encore une vision d'ensemble et, sans prêter attention à la phrase de l'auteur hébraïque ancien selon laquelle les initiés vertueux seraient récompensés par le bonheur de la fécondité, ils imaginèrent que la *Règle* avait été rédigée par une confrérie qui excluait les femmes, et que ce fait pouvait donc être compris comme étant conforme aux exigences décrites par Pline. Cependant, la *Règle* ne présentait aucune indication impliquant véritablement une situation de célibat de la part de la confrérie.

Rétrospectivement, on s'aperçoit que la première interprétation de la *Règle* constituait une erreur de jugement, avant même que la moindre réflexion critique sur le problème ait eu une chance de se former. Si, avec le bénéfice du recul, nous pouvons dire que le raisonnement des premiers chercheurs qui formulèrent l'hypothèse s'avère erroné, c'est non seulement parce qu'ils ont persisté dans leur curieuse interprétation de la *Règle*, mais encore et surtout en raison de ce qui s'est passé par la suite, au cours de leurs recherches.

Les Bédouins avaient rapporté six autres rouleaux de la première grotte de Qumran. Deux d'entre eux étaient les rouleaux du Livre d'Isaïe que j'ai mentionnés ; les quatre autres étaient des écrits encore inconnus, tout comme la *Règle*. L'un d'eux était une romance araméenne communément appelée l'*Apocryphe de la Genèse* qui comprenait des contes imaginaires inspirés de la vie d'anciens personnages de la Genèse (tels que Lamech, Noé et Abraham) et donnait des détails de leur vie dans des récits écrits à la première personne. Cette œuvre présentait des affinités manifestes avec certains éléments de deux célèbres textes intertestamentaires, les Jubilés et Hénoch, mais rien dans son contenu ne suggérait une relation quelconque avec la *Règle*.

Néanmoins, dans les trois autres textes non bibliques, les chercheurs crurent discerner, avec certaines variations, des liens directs ou indirects avec la *Règle*. Ces liens finirent par former la base d'un portrait de plus en plus imaginaire des « Esséniens de Qumran ». L'un de ces textes, le *Rouleau de la guerre*, dépeint une gigantesque bataille, située dans un âge à venir, dont le sens apocalyptique apparaît d'emblée. Ce rituel guerrier évoque :

> la lutte des fils de lumière contre le lot des fils des ténèbres, contre l'armée de Belial, la bande d'Edom, de Moab et des Ammonites, contre l'armée de Philistie, les troupes des Kittim d'Assur et leurs alliés qui commirent des vilenies contre l'alliance. Les fils de Lévi, Juda et Benjamin, la diaspora du désert, combattront contre eux, troupe par troupe, lorsque la diaspora des fils de lumière reviendra du désert des nations pour camper dans le désert de Jérusalem (col. 1, lignes 1-7).

Le texte décrit avec une variété de détails quasiment infinie les armes, les bannières et les vêtements des guerriers, les mots qui doivent figurer sur presque tout le dispositif de guerre ainsi que les formations de combat complexes composées de milliers de guerriers. Le but essentiel de l'ouvrage est de dépeindre le pouvoir tout-puissant du Seigneur qui octroie la victoire finale aux fils de lumière au cours de cérémonies et de présentations ostentatoires, tandis qu'à Jérusalem, les prêtres et les Lévites offrent des animaux en sacrifice.

Le *Rouleau de la guerre*, à l'instar de la *Règle*, présente des perspectives peu cohérentes : il semble comprendre deux ou trois parties différentes exprimant le point de vue de plusieurs auteurs sur les cérémonies qui accompagnent la bataille apocalyptique. Dans sa partie principale, le texte suggère que la guerre durera plus de quarante ans et entraînera des batailles avec la plupart des pays connus dans le monde. Pourtant les formations de combat semblent toujours sortir des portes de Jérusalem et y revenir après leurs raids. Le *Rouleau de la guerre* est l'un des textes apocalyptiques les plus étranges que l'on ait découvert. Il est à la fois remarquable par ses descriptions hautement imaginatives de la préparation, de la formation et des équipements de la bataille, mais aussi par sa religiosité superficielle, presque mécanique. Sur ces points élémentaires, son esprit est exactement à l'opposé de celui de la *Règle de la communauté*.

Pourtant, les chercheurs qui étudièrent ce texte dans les années 1950, n'hésitèrent pas à l'associer au groupe même dont les croyances et les pratiques étaient présentées dans la *Règle*. André Dupont-Sommer, entre autres, identifia rapidement les « fils de lumière » de ce texte comme « les Esséniens eux-mêmes » et décrivit l'ouvrage comme étant « essentiellement une collection de règlements militaires » auxquels ils auraient recours « à la fin des temps ». A l'instar de nombreux autres chercheurs, il se sentait en droit d'établir ce rapport, puisque la *Règle* comme le *Rouleau de la guerre* mentionnent les expressions « fils de lumière » et « fils des ténèbres », ainsi que d'autres termes tels que « Belial » et « les mystères du Seigneur » (une expression utilisée pour des événements où la toute-puissance divine semblait faire défaut). Il y avait pourtant les textes de Philon et Josèphe, qui décrivent les Esséniens comme une secte aux croyances et aux coutumes entièrement pacifiques ; il y avait le fait que le *Rouleau de la guerre* insistait sur l'application littérale des préceptes de sacrifice et, en cela, s'opposait radicalement à la *Règle* ; il y avait encore l'absence de toute mention dans le *Rouleau* des vertus de l'étude de la Torah. Mais rien de cela ne semble avoir fait réfléchir les chercheurs, alors que l'identification qumrano-essénienne de ce texte était devenue de plus en plus populaire.

Certes, il convient de mentionner quelques autres parallèles entre les mots et les expressions du *Rouleau de la guerre* et ceux d'autres textes trouvés dans les grottes. Le « Prince de la Congrégation entière », qui doit porter sur son bouclier son nom, celui des douze tribus et celui d'Aaron (*Rouleau de la guerre*, colonne 5, lignes 1-2), nous rappelle le « Prince de la Congrégation entière » cité dans un passage interpolé de l'*Alliance de Damas* (voir plus bas) comme celui qui « lorsqu'il paraîtra, détruira tous les fils de Seth » (folio 7, 21-22). Le « désert des nations » est également mentionné dans un fragment d'un *pesher*, ou commentaire, du livre d'Isaïe, juste à côté du « Prince de la Congrégation », ce qui est assez intéressant[4]. Cependant, ces quelques parallèles apportent-ils une réponse adéquate au problème des relations intrinsèques entre le *Rouleau de la guerre* et ces autres textes ? Nous ignorons dans quelle mesure l'expression « Prince de la Congrégation entière » était utilisée pour désigner un personnage héroïque, voire messianique, dans la réflexion juive sur l'apocalypse à l'époque intertestamentaire. Nous ne savons pas non plus jusqu'à quel point l'idée d'un futur « désert des nations » était courante. Et nous ne comprenons pas encore tout à fait les méthodes et les moyens par lesquels les auteurs de la Palestine intertestamentaire s'influençaient mutuellement ou se faisaient des emprunts.

Il est vrai que les chercheurs emploient souvent des parallèles littéraires pour mettre en valeur d'étroites affinités entre différents textes, mais finalement, dans la plupart des cas, ces affinités ne révèlent que des courants de pensée et des expressions fréquentes dans une culture particulière. La séduisante doctrine de Zoroastre, d'après laquelle la lumière représente le bien et les ténèbres le mal, avait apparemment atteint la Palestine avant la période des textes de Qumran, et il n'y a aucune raison de penser qu'elle y devint la propriété d'une seule secte, pas plus que des termes comme « Belial » et « les mystères du Seigneur » n'expriment nécessairement les idées d'une secte. En revanche, la grande différence d'orientation spirituelle entre la *Règle de la communauté* et le

Rouleau de la guerre constitue la pierre d'achoppement de la thèse selon laquelle leurs auteurs appartenaient exactement au même mouvement religieux.

Toutefois, les deux autres rouleaux originaux, les *Hodayot* (« Hymnes de Grâce ») et le *Pesher d'Habaquq* (« Exposé du Livre d'Habaquq »), contenaient des éléments qui, pour les érudits, rappelaient la *Règle de la communauté* de manière plus pressante et plus convaincante. Pour comprendre cela, nous devons rappeler que près de cinquante ans avant la découverte des rouleaux, Solomon Schechter avait trouvé dans la collection de la *gueniza* du Caire, à la bibliothèque de l'Université de Cambridge, un autre manuscrit provenant également d'une ancienne secte ou d'une communauté de Juifs palestiniens séparatistes : un manuscrit dans lequel on observa, après 1951, certaines affinités avec la *Règle*. Schechter l'appela d'abord *Fragments d'une œuvre Zodokite* ; à présent il est connu sous le nom de l'*Alliance de Damas*. Cette œuvre, dont on découvrit d'autres fragments, au début des années 1950, dans la grotte 4 de Qumran, contient des références à des événements autrement inconnus de l'histoire des Juifs de Palestine et, parmi les doctrines et les pratiques religieuses décrites, il y en a bon nombre que l'on ne retrouvait nulle part ailleurs dans d'autres écrits juifs, au moment où l'*Alliance* fut découverte.

Le fragment de Cambridge commence par exhorter le lecteur : « prête l'oreille... et considère attentivement les exploits du Seigneur » ; l'auteur décrit comment Dieu a « sauvé un vestige d'Israël » de la destruction et comment, trois cent quatre-vingt-dix ans après le début de la captivité de Babylone, Il a commencé à accorder Sa rédemption aux survivants. Ils vécurent sans chef pendant vingt ans, jusqu'à ce que le Seigneur leur envoie enfin un « Maître de Justice » pour « les conduire sur le chemin de Son cœur ». L'auteur interprète la référence prophétique à « l'Etoile de votre Seigneur » (Amos 5.26) comme signifiant « l'Interprète de la Loi qui vint à Damas », et cite la promesse faite dans la Torah qu'une « *étoile montera qui sortira de Jacob* » (Nombres 24.17). Cet « Interprète », certainement un personnage historique, est clairement le « Maître de Justice » lui-même, dont le nom réel n'est jamais mentionné dans le texte et dont le surnom vient d'un autre verset prophétique : « Il est temps de *chercher le Seigneur, jusqu'à ce qu'il vienne vous professer la justice* » (Osée 10.12)*.

D'autres passages du manuscrit indiquent clairement que le groupe séparatiste décrit a enduré de grandes souffrances de la part de ses adversaires et a fini par émigrer avec son chef de la Palestine vers « la terre de Damas », c'est-à-dire vers le nord. Ils y ont établi une « nouvelle alliance » et développé un code de lois appropriés au changement d'environnement et d'orientation de la secte. Le groupe n'autorisait aucune forme de polygamie, ni le mariage entre un oncle et sa nièce, ni le port d'ustensiles le jour du Sabbat, même dans sa propre maison : des pratiques que l'on retrouve dans l'ancienne loi rabbinique, où elles sont permises. Le groupe suivait des règles strictes, centrées sur la Torah, mais plusieurs de celles qui apparaissent dans la partie juridique du manuscrit (folio 9 et sq.) sont semblables à celles des Juifs rabbiniques, telles qu'elles sont décrites dans les anciennes sources tannaïtiques (c'est-à-dire le tout premier corpus de lois rabbiniques, au IIe siècle après J.-C.)[5].

Dans un cadre hiérarchique de prêtres, de juges et de dignitaires de la collectivité, les Alliés de Damas accordaient une place particulièrement élevée aux descendants du grand prêtre Zadok (X[e] [?] siècle avant J.-C.). Comme certains auteurs médiévaux avaient décrit une ancienne secte de « Zadokites » dont les croyances étaient parfois identiques à celles des Alliés, Schechter en déduisit que le texte de la *gueniza* était un ultime vestige ayant survécu des écrits de cette secte. En utilisant le terme « Zadokite », les auteurs médiévaux pensaient apparemment aux Sadducéens. Mais, étrangement, les doctrines « zadokites » qu'ils décrivent ne correspondent pas, pour la plupart, à celles des Sadducéens telles qu'elles apparaissent dans les

---

*Le terme hébreu traduit par « chercher » est *darash* qui signifie également « interpréter ». A l'évidence, l'auteur comprend les paroles d'Osée ainsi : « Il est temps de chercher le sens des messages du Seigneur à Ses prophètes jusqu'à ce que quelqu'un apparaisse qui puisse véritablement professer la justice en accord avec Ses voies. » Le véritable sujet de la phrase d'Osée que l'on a soulignée plus haut est inconnu, mais les anciens exégètes juifs et chrétiens l'interprètent comme étant le Messie.

sources hébraïques et grecques anciennes. C'est pourquoi Schechter ne se sentit pas en droit de considérer le texte qu'il venait de découvrir comme un vestige authentique de la littérature des Sadducéens. Il préféra penser qu'il pouvait s'agir d'une division à l'intérieur de la secte, probablement le schisme dosithéen que mentionnent divers auteurs anciens. On pouvait le classer comme une œuvre « zadokite » puisqu'il remontait à la période turbulente où naquirent à la fois le judaïsme rabbinique et le christianisme primitif. Parmi les informations intéressantes contenues dans le manuscrit, on trouve plusieurs références à des surveillants, ainsi qu'à un écrit du groupe appelé le « Livre de HGW » (prononcer *hagou* ou *hago* : *Alliance de Damas*, folios 8.2 ; 10.6) que les prêtres responsables de groupes de dix membres et les juges (qu'ils soient des prêtres, des Lévites ou des Israélites) devaient connaître, de même que les « Fondements de l'Alliance » (en hébreu, *berith*). La partie juridique de l'*Alliance de Damas* fait apparaître clairement que ses membres pouvaient posséder des biens privés et que deux modes de vie étaient autorisés : dans les villes et dans les « campements ».

Or, après la découverte et la publication de la *Règle*, les chercheurs crurent pouvoir établir certains rapprochements avec l'*Alliance de Damas*. Le personnage d'un surveillant apparaît dans les deux écrits et, en certains endroits, l'*Alliance* décrit des modes de conduite et des règles semblables à celles qui sont stipulées dans la *Règle*. L'analogie présumée entre le système de discipline de la *Règle* et le site isolé de Khirbet Qumran suffit à encourager de nombreux auteurs à considérer l'existence alternative des « campements » décrite dans l'*Alliance* comme une allusion directe à un site tel que Qumran. Le rôle des prêtres semblait également être analogue dans les deux textes.

Ensuite, lorsqu'on examina le *Pesher d'Habaquq* et l'*Hodayot* liturgique, on vit apparaître des parallèles entre ces textes et des termes ou des idées de l'*Alliance de Damas*. Ces analogies, une fois établies, eurent pour effet de renforcer les convictions des érudits que tous les manuscrits découverts étaient liés du point de vue de la doctrine.

Le *Pesher d'Habaquq* est plus étonnant et plus important historiquement que l'*Hodayot*. Il représente la tentative faite par un auteur
ancien d'associer les affirmations présentées dans cette œuvre
prophétique (l'une des plus courtes de la Bible) à divers événements, dont certains se produisirent à une époque contemporaine de
l'interprète, et d'autres auraient lieu prochainement ou dans un
avenir lointain. Les interprétations ne découlent pratiquement jamais
des paroles mêmes d'Habaquq. Au contraire, l'interprète force le
sens des phrases denses du texte biblique sous l'influence de ses
préoccupations dominantes. Dans certains commentaires, il fait des
allusions assez obscures à des événements et des personnalités
précis du passé : à ceux qui ont « trahi la nouvelle [alliance], qui ne
croyaient pas à l'alliance du Seigneur », qui « refusaient de croire
lorsqu'ils entendaient tout ce qui arriverait à la dernière génération,
de la bouche du prêtre [chargé] par le Seigneur d'expliquer toutes les
paroles de Ses serviteurs, les prophètes ». Pourtant, lorsqu'il
évoque de nombreux versets adjacents, le commentateur se tourne
vers l'avenir et affirme, notamment, que les paroles d'Habaquq au
sujet des « Chaldéens cruels et impétueux » (Ha 1. 6) ne sont
qu'une métaphore désignant les impitoyables *Kittim**. La manière
dont il utilise cette expression tout au long du commentaire nous fait
comprendre que l'allusion vise vraisemblablement les Romains. Ces
« Kittim » conquerront de nombreuses nations et y feront régner la
terreur.

A mesure que l'interprétation se développe, il apparaît clairement
que, tout en expliquant les écrits prophétiques, l'auteur exige que
l'on fasse des allers et retours dans le temps, car dans les passages
historiques qui suivent, il s'intéresse de plus en plus au « Maître de
Justice » qui, un jour, souffrit aux mains de l'ennemi et dont le
message comprenait, en partie du moins, l'interprétation d'Habaquq
précisément soutenue par l'auteur.

---

*Dans la Bible hébraïque, le terme *Kittim* fait référence à un peuple des
mers (cf. par exemple Jérémie 2. 10), mais leur identification historique précise
est controversée et reste inconnue.

Ainsi, expliquant les paroles du prophète : « Pourquoi regardez-vous, traîtres, et gardez-vous le silence quand un méchant homme dévore ceux qui sont plus justes que lui ? » (Ha 1.13), l'interprète indique :

Ceci concerne la Maison d'Absalom et les membres de leur groupe qui gardèrent le silence lors du châtiment du Maître de Justice, et n'aidèrent pas celui-ci contre l'Homme du Mensonge qui méprisait la Torah au milieu de toute leur congrégation.

Les événements et les personnages ne sont pas identifiables précisément, mais ils ont un lien évident avec l'époque de la mission du Maître. L'Homme du Mensonge est probablement le même que le Méchant Prêtre qui, d'après le *Pesher* (colonne 8.8 et sq.), s'est progressivement transformé de « chef » honnête, en « chef » corrompu des Juifs, qui s'est enrichi de manière illicite et s'est rebellé contre les ordonnances du Seigneur. Parce que ce prêtre s'était comporté méchamment envers « l'élu » du Seigneur, c'est-à-dire le Maître, il fut, à un moment donné, pris au piège et blessé par ses ennemis (*Pesher* 1.9). Une autre fois, le prêtre persécute le Maître « jusqu'au lieu de son exil » (11.4), le Jour des Expiations.

Dans la mesure où nous n'avons aujourd'hui aucune autre source nous permettant de connaître ou de comprendre les événements relatés, le commentaire, lorsqu'il tente d'expliquer des points obscurs, semble parfois les rendre encore plus obscurs. Il n'y a pourtant pas lieu de douter qu'à travers les allusions et les sous-entendus, les membres du cercle auquel s'adressait ce message comprenaient parfaitement le sens des paroles de l'auteur. A l'époque de l'interprète, le Méchant Prêtre était apparemment encore en vie ; en raison de sa perfidie, nous apprenons qu'il arrivera un jour où il sera englouti par la « coupe de la colère [du Seigneur] » (11.12 et sq.) et devra payer pour sa méchanceté envers les « Pauvres » (en hébreu, *ebyonim*). Le passage en partie intraduisible d'Habaquq 2.17 comprend des expression telles que « la violence du Liban », « le ravage des bêtes », « le sang des hommes » et « la violence du pays, de la cité, et de tous ceux qui y demeurent ». L'interprète explique que le mot « Liban » désigne le Conseil de l'Unité (une expression identique à celle utilisée plusieurs fois dans la *Règle*) et que les « bêtes » figurant dans le même verset d'Habaquq renvoient aux « simples de Juda qui pratiquent la Torah » (colonne 12, lignes 1 et sq.). « Le Seigneur », affirme l'interprète, « condamnera à l'extermination [ce Méchant Prêtre], de même que celui-ci a médité d'exterminer les Pauvres ». D'après l'interprète, « la cité » désigne Jérusalem, « où le Méchant Prêtre a accompli ses abominations, profanant le sanctuaire du Seigneur » et la phrase « la violence du pays » se réfère aux « cités de Juda [où] il a dérobé la richesse des Pauvres ». Les auteurs de la Torah, nous dit-on, seront finalement sauvés « grâce à leur peine et leur foi dans le Maître de Justice » (8.1). Alors que la dernière génération de prêtres de Jérusalem amassera les richesses « provenant du pillage des nations », à la « fin des temps, leurs richesses seront livrées aux *Kittim* » (9.4) et, « au jour du Jugement, le Seigneur détruira tous les adorateurs d'images et les méchants de la terre » (13.2). Le thème de la justice des pauvres et de la méchanceté de ceux qui amassent des richesses a, comme nous l'avons vu, certaines résonances dans la *Règle de la communauté*.

Les commentaires de l'auteur sont si insolites qu'il croit devoir les justifier en offrant une interprétation théologique surprenante des paroles d'Habaquq (2.1) : « Le Seigneur dit : Consigne par écrit [la] vision et explique-la entièrement sur les tablettes pour que le lecteur puisse la lire rapidement. » Il remarque en effet (en haut de la colonne 7) que le Seigneur commanda à Habaquq « de noter par écrit les événements qui arriveront à la dernière génération, mais ne l'informa pas de la date où prendra fin cette époque ». Il ajoute ensuite que les paroles « pour que le lecteur puisse la lire rapidement » font référence au « Maître de Justice *à qui le Seigneur a divulgué tous les mystères des paroles de Ses serviteurs, les prophètes* » ; de là viennent toutes les prévisions du commentaire sur l'avenir et la fin des temps, ainsi que les allusions prophétiques à des événements passés.

En donnant cette explication assez forcée des paroles d'Habaquq, le commentateur suggère évidemment qu'il était lui-même un disciple du Maître, le détenteur des écrits du Maître sur Habaquq, ou le Maître en personne. Il faut garder à l'esprit que de nombreux prophètes bibliques racontent leurs révélations à la troisième personne, comme Flavius Josèphe par exemple qui, plus tard, écrivit ainsi sur lui-même. Le mélange de deux catégories de témoignage spirituel, l'une évoquant le passé et l'autre l'avenir, dans le cadre d'une même interprétation, semble traduire l'expérience personnelle angoissée d'un chef charismatique, plutôt que l'œuvre d'un disciple, mais il reste impossible de déterminer définitivement qui a écrit ce commentaire.

Cependant, le *Pesher* évoque bien la carrière et les idées d'un personnage historique appelé le Maître de Justice. Et, puisqu'un tel Maître apparaît également dans l'*Alliance de Damas* comme un chef charismatique révéré dont le rôle, à en juger par divers principes énoncés dans ce texte, consistait aussi à combattre l'ordre établi et les milieux dirigeants apparemment corrompus de Jérusalem, on en tira naturellement la conclusion que les deux œuvres reflétaient des aspects du même mouvement religieux et se référaient à un fondateur et un chef identique.

En outre, le *Pesher* et l'*Alliance* contenaient plusieurs expressions et idées similaires à celles de la *Règle de la communauté,* et faisaient tous deux référence à un « Conseil de l'Unité ». Il était donc légitime d'en déduire que, par certains biais, ces trois textes étaient liés.

Toutefois, la description dans l'*Alliance* de l'émigration du Maître et de ses adeptes vers « la Terre de Damas » était troublante : elle s'opposait particulièrement à l'idée, devenue alors de plus en plus populaire, qu'un groupe unique était à l'origine de tous les écrits découverts dans les grottes et que ce groupe, placé sous l'autorité du Maître décrit dans le *Pesher d'Habaquq,* vivait à Khirbet Qumran. Selon cette interprétation, Qumran était la « demeure d'exil » du Maître, où il fut attaqué par le « Méchant Prêtre », comme le décrit la colonne 11 du *Pesher.* Bref, l'hypothèse qumrano-essénienne exerçait un tel pouvoir magnétique qu'il fallait à tout prix trouver une solution intégrant le récit de l'*Alliance* sur l'émigration du Maître à Damas. André Dupont-

Sommer avança alors la suggestion que, malgré le texte de l'*Alliance* qui affirmait l'inverse (7.18-19), le Maître avait été mis à mort *avant* l'émigration des Alliés vers Damas et que les Alliés étaient ensuite retournés en Judée « et notamment dans le désert de Juda, à Qumran, au lieu de son installation primitive* ».

La complexité de cette explication ainsi que l'absence de toute référence textuelle susceptible de l'étayer, encouragea les érudits à chercher d'autres explications. Le père de Vaux, toujours obsédé par la place centrale de Qumran, proposa la possibilité que « une partie seulement de la communauté » avait quitté la Judée pour Damas et que cette « scission se serait produite dès l'origine, avant même l'installation à Qumran » : une nouvelle thèse qui ne reposait sur aucune affirmation de l'*Alliance* ni des autres écrits. D'autres ont réfléchi à ce problème et, incapables de trouver une solution raisonnable basée sur les termes précis des manuscrits, suggérèrent que l'expression « Terre de Damas » de l'*Alliance* ne signifiait pas littéralement ce qu'elle disait. Il fallait plutôt interpréter cette phrase comme *une métaphore* pour Khirbet Qumran. Les Alliés avaient, en réalité, émigré à Khirbet Qumran et non pas à Damas. On eut le sentiment que cette explication laisserait intacte l'interprétation de Qumran comme maison mère de la « secte de Qumran ».

Convaincus que la secte et les rouleaux provenaient de Qumran, les chercheurs furent généralement soulagés par cette explication et l'acceptèrent avec reconnaissance, tout en apportant des réserves à leur assentiment. Lorsqu'il mentionnait ceux qui étaient à l'origine de cette thèse, de Vaux affirmait : « On est tenté d'approuver ces auteurs... » Millar Burrows expliqua qu'il était « séduit par l'idée selon laquelle la migration vers la terre de Damas signifiait le mouvement du groupe vers Qumran même ». La réaction de Frank Cross fut encore plus positive, pour des raisons évidentes : il penchait

---

* Voir A. Dupont-Sommer, *Les Ecrits esséniens découverts près de la mer Morte*, p. 135 ; ce point de vue n'est confirmé par aucun passage de l'*Alliance* et il est réfuté par l'auteur lui-même dans la traduction qu'il donne du passage concernant la migration du Maître à Damas (p. 134).

de plus en plus pour la thèse soutenant que la « terre de Damas » est le nom « révélé » de l'installation des Esséniens dans le désert... Les problèmes que soulève toute forme d'interprétation sont considérables, mais ils sont insurmontables, à mon sens, si l'on ne considère pas « Damas » comme la retraite du désert, dans la région de Qumran[6].

Pourtant, le fait que l'auteur des commentaires explicatifs de l'*Alliance* ne sous-entende nulle part que le terme « Damas » est à comprendre de manière métaphorique pose un obstacle sérieux à cette thèse. Au contraire, il utilise précisément ce terme dans les phrases qui servent à éclaircir des passages qui, d'après lui, exigent eux-mêmes des explications métaphoriques. Par exemple, l'*Alliance* présente le passage suivant (6.2-5) :

> Le Seigneur s'est souvenu de l'Alliance des anciens et fit naître d'Aaron des hommes d'intelligence, et d'Israël des hommes de sagesse. Il leur a fait connaître Sa loi et ils ont creusé le puits. « Le puits creusé par les princes, foré par les nobles du peuple avec un bâton » (Nombres 21.18). Le « puits », c'est la Torah, « ceux qui le creusèrent » sont les repentis d'Israël qui ont quitté la terre de Juda pour se réfugier dans la terre de Damas.

Tentant d'expliquer le sens métaphorique de l'expression biblique « le puits creusé par les princes », l'interprète qui ajoutait les commentaires explicatifs à l'*Alliance* développe ici l'idée que les « princes » désignaient les fervents adeptes du Maître de Justice qui l'accompagnèrent de la terre de Judée jusqu'à la terre de Damas, où ils poursuivirent, sous sa tutelle, leur interprétation fidèle de la Torah. Nulle part l'auteur n'indique que la « terre de Damas » est elle-même une métaphore, et le fait qu'il place côte à côte la « terre de Juda » et la « terre de Damas » pour désigner les deux lieux d'émigration écarte encore davantage cette possibilité.

La gratuité de certains propos de Cross finit par l'amener à préconiser l'abandon complet de toute circonspection dans le traitement du problème de Qumran. En 1971, il suggéra :

Le chercheur qui « agit avec prudence » pour identifier la
secte de Qumran avec les Esséniens se place dans une position
surprenante : il doit avancer sérieusement que deux groupes
importants formaient des communautés religieuses communa-
listes [*sic*] *dans la même région de la mer Morte* et vécurent
effectivement ensemble pendant deux siècles, épousant les
mêmes conceptions étranges et ayant des lustrations, des repas
rituels et des cérémonies similaires, voire identiques. Il doit
supposer qu'un peuple (les Esséniens), soigneusement décrit
par les auteurs classiques, disparut sans laisser de traces de
leurs constructions, ni même de tessons de poteries ; les autres
(les habitants de Qumran), systématiquement ignorés dans les
sources classiques, laissèrent des ruines considérables ainsi
qu'une grande bibliothèque. *Je préfère être imprudent* et
identifier carrément les hommes de Qumran avec leurs invités
permanents, les Esséniens[7].

L'erreur fondamentale de Cross était de tenir pour acquis qu'une
« communauté religieuse communaliste » vivait effectivement à
Khirbet Qumran et que les Esséniens de Pline résidaient dans cette
région exacte du désert de Juda. Comme nous l'avons vu, ces deux
suppositions ne reposent sur rien. Par conséquent, si nous ne les
acceptons pas et refusons donc d'interpréter Damas comme une
métaphore, si nous ne renonçons pas à la prudence et n'adoptons
pas ce que Cross lui-même qualifie de voie d'interprétation impru-
dente, nous sommes contraints de nous demander si le problème des
liens mutuels entre ces textes est aussi insurmontable qu'il le sou-
tient*.

---

* Notons que, des années plus tard, James VanderKam, un étudiant de Cross
qui enseigne à présent à l'Université Notre-Dame, reprit le flambeau de son
professeur et approuva la conclusion mentionnée ci-dessus, la citant comme une
manière de résoudre la question des occupants de Qumran dans l'Antiquité. Voir
son article « The People of the Dead Sea Scrolls : Essenes or Sadducees ? »
dans H. Shanks (éd.), *Understanding the Dead Sea Scrolls*, New York, 1992, pp.
50-62, cf. pp. 57-58. VanderKam commet la même erreur que Cross en postulant
de manière dogmatique qu'il y avait une secte à Qumran, puis en proposant un
choix quant à celle dont il pouvait s'agir, essénienne ou autre. L'ensemble des

Il faut répondre à cette question de manière assez ferme : la nature « insurmontable » de la difficulté provient uniquement de la croyance fondamentale des qumranologues dans la théorie d'une secte habitant à Qumran, et nullement d'affirmations présentées dans les textes eux-mêmes. Même dans les années 1960 ou plus tôt, en analysant les premiers textes découverts sans recourir à l'hypothèse de la secte de Qumran et sans chercher refuge dans des explications métaphoriques, les lecteurs auraient pu comprendre de manière tout à fait satisfaisante le déroulement élémentaire des événements décrits. Pour cela, l'essentiel consistait à s'ôter résolument de l'esprit toute idée préconçue concernant les origines des rouleaux et leurs relations mutuelles, et à privilégier l'analyse inductive de leur contenu.

Il n'était donc pas déplacé d'affirmer, en se basant sur les textes mêmes (et pas sur le fait qu'ils venaient de la même grotte ou de la même jarre), que le *Pesher d'Habaquq* et la *Règle de la communauté* étaient liés puisqu'ils mentionnaient tous deux un « Conseil de l'Unité » représentant une institution fondamentale. D'autre part, l'*Alliance de Damas* et le *Pesher* ont en commun un « Maître de Justice » adulé par les auteurs des deux textes et un « Homme du Mensonge » qu'ils haïssent. Ces deux textes ainsi que la *Règle* appartiennent à un mouvement d'opposition : le *Pesher* dit que les prêtres de Jérusalem sont souillés par la corruption et attirés par le lucre ; ce thème trouve un écho dans l'*Alliance* qui abhorre « le lucre d'iniquité, profané par le vœu, l'anathème et les richesses du sanctuaire [du Temple] » (6.15). Les deux textes évoquent les pauvres avec compassion : l'*Alliance* exige que ses disciples les protègent (6.20), tandis que le *Pesher* accuse le « Méchant Prêtre » de les exploiter et de voler leurs gains dans « les cités de Judée » (colonne 12). La *Règle* convertit ces vues passionnées en une

---

preuves réunies montre bien que le fait de présenter une telle alternative constitue en soi un manque de prudence. C'est ce qui se produit souvent dans l'apprentissage des sciences humaines et autres, lorsque nous croyons profondément que des signes constituent une preuve vraie et valide alors que finalement ils s'avèrent trompeurs.

abhorration générale de la richesse, conçue comme une profanation spirituelle.

Ces trois textes reflètent donc les étapes d'un mouvement de protestation important au sein du judaïsme intertestamentaire, qui se développa dans des circonstances historiques spécifiques encore obscures. Ce mouvement n'eut, dans tous les cas, aucun lien démontrable avec le site de Khirbet Qumran, ni avec aucun lieu ou théâtre particuliers d'opérations militaires. Il se peut que ses membres aient vécu partout en Palestine juive (comme le firent les Esséniens, d'après Josèphe) et, à un moment donné, certains d'entre eux, si ce n'est tous, émigrèrent à Damas sous l'égide de leur Maître vénéré.

Il semble que l'interprétation que donne le *Pesher* des prophéties d'Habaquq soit plus proche des idées du Maître, mais certains éléments de l'*Alliance* ont la même résonance : « Ecoutez, à présent, tous ceux (d'entre vous) qui connaissez la justice et comprenez les actes du Seigneur ». La « congrégation des traîtres... a fait du juste le méchant, et du méchant le juste ». « Le Seigneur qui aime la connaissance, la sagesse et la compréhension a placé à Sa disposition la prudence et la connaissance, elles Le servent bien ; la longanimité est Sienne, et la plénitude des pardons pour absoudre ceux qui se sont écartés de l'iniquité » (1.19 ; 2.3 et sq.). Ce sont là des paroles que l'on attendrait d'un Maître qui prêche la « justice » mais, si tant est qu'elles furent siennes, elles figurent à présent à l'intérieur d'une œuvre recouverte d'annotations et de commentaires explicatifs qui, souvent, ne rendent pas le texte parfaitement intelligible.

Dans l'*Alliance*, l'ensemble le plus clair et le plus démontrable de passages interprétatifs tente précisément d'expliquer comment certains versets bibliques présagèrent l'émigration vers Damas ; ils ne sont pas écrits par le Maître, mais par un ou plusieurs de ses disciples. A partir d'allusions et de suggestions pertinentes figurant à la fois dans le *Pesher* et dans l'*Alliance*, on comprend que le Maître a débuté sa carrière d'opposant en prêchant contre les pouvoirs établis de Jérusalem, qu'il accusait d'être trompeurs, corrompus, d'exploiter les pauvres et d'ignorer le sens véritable des écrits prophétiques. Comme l'indique le *Pesher*, il fut finalement banni de la capitale. Enfin, comme nous l'apprend l'*Alliance*, il se rendit dans la région de Damas en compagnie de certains ou de tous ses disciples. Ceux-ci, soit à Damas, soit à leur retour en Judée, rassemblèrent les vestiges des écrits littéraires du Maître et les augmentèrent de leurs exégèses. Ces disciples, et d'autres, transmirent les éléments essentiels de ses préceptes : abhorration de la corruption des prêtres, protection des pauvres et importance accordée à la recherche de la véritable signification de la Torah et des prophètes. Ces idées furent transformées en idéaux spirituels, dans le cadre du concept de pureté-sainteté. La nouvelle structure conceptuelle fut ensuite développée par un groupe de penseurs religieux relativement sophistiqués qui lui donnèrent une tournure littéraire et finirent par consigner leurs doctrines et leurs pratiques dans des œuvres telles que la *Règle de la communauté.*

A en juger par les quelques textes pertinents qui ont survécu, les disciples finirent par se diviser en plusieurs groupes. L'un des textes que nous n'avons pas encore examiné est celui que l'on appelle la *Règle messianique*, trouvé par les archéologues dans la grotte 1 avec de nombreux autres fragments d'œuvres hébraïques, moins de deux ans après la première découverte. Seules deux colonnes de cet écrit ont subsisté, mais elles suffisent à montrer la direction différente prise par l'un de ces groupes. L'écriture du scribe semble identique à celle du copiste* qui a transcrit le texte de la *Règle de la communauté* trouvé dans la grotte 1 ; certains auteurs ont donc supputé que ces deux colonnes supplémentaires constituaient l'ouverture, au sens matériel, de ce texte. Il commence par la déclaration : « Ceci est la règle pour toute la communauté d'Israël, à la fin des jours. » Ici, les initiés comprennent spécifiquement des femmes et des enfants. Dès son jeune âge, chaque « membre d'Israël » devra étudier le « Livre de DGW » (comme l'ordonne également l'*Alliance*)

---

*Dans le présent ouvrage, j'utilise les termes *scribe* et *copiste* de façon interchangeable. Cependant, le lecteur devrait garder présent à l'esprit que, dans la littérature technique, le terme *scribe* est parfois utilisé par référence à un processus d'implication intellectuelle dans le travail, par exemple au rajout de commentaires ou d'annotations en marge du texte.

et s'initier progressivement aux « ordonnances de l'alliance » à mesure qu'il grandit, pendant une période de dix ans (1.7-8). L'initié ne devra avoir aucune relation sexuelle, ni être impliqué dans des affaires juridiques avant l'âge de vingt ans. A vingt-cinq ans il pourra prendre place « parmi les fondements de la communauté de sainteté » et participer pleinement aux responsabilités du groupe. A trente ans il pourra devenir guerrier à part entière et figurer parmi ceux « qui se tiendront à la tête des milliers d'Israël, les chefs de centuries, de cinquantaines et de décuries, les juges et les intendants de leur tribu ».

Les simples d'esprit, les boiteux, les aveugles et ceux qui possèdent d'autres défauts physiques n'ont pas le droit de participer à la plupart de ces activités. L'auteur traite son sujet de manière tellement eschatologique qu'il décrit la naissance et la présence du « Messie d'Israël » au sein de la communauté envisagée : les cérémonies des repas devront en fait se dérouler en sa présence. Comme dans la *Règle de la communauté* et l'*Alliance*, les prêtres et les Lévites jouent un rôle important, mais on ne trouve aucune mention de pratiques liées à la pureté, de collectes de fonds communautaires, ni du caractère profanatoire des richesses, et le rôle de l'étude, qui avait une place si considérable dans la troisième partie de la *Règle de la communauté*, est réduit, dans la *Règle messianique*, à une période de dix ans relativement formelle.

L'œuvre représente en somme une autre branche ayant évolué à partir du même mouvement, une branche dont le chef a développé des principes et des idées qui diffèrent de ceux décrits dans les autres textes que nous avons étudiés. Comme nous l'avons vu plus haut dans ce chapitre, le *Rouleau de la guerre* est lié de manière encore plus fortuite aux principaux textes du *Yahad* que la *Règle Messianique*. Ensemble, ces écrits constituent des éléments significatifs de ce qui était manifestement une forme répandue de pensée religieuse et sociale à l'époque intertestamentaire. Pourtant, leur contenu réel ne justifie pas qu'on les relègue dans une localité quelconque de la Palestine juive de cette époque. Sans l'hypothèse de la secte, qui leur permettait d'échapper à toute analyse critique, et à moins de trouver des preuves internes satisfaisantes indiquant l'existence d'un rapport avec un lieu (c'est-à-dire des affirmations probantes présentées dans les textes mêmes), il était impossible de démontrer que ces rouleaux avaient un lien intrinsèque avec le site de Khirbet Qumran. Tout au plus encourageaient-ils les chercheurs à *supposer* l'existence d'un lien de ce genre, mais les découvertes ultérieures ainsi que les preuves archéologiques démontrèrent que cette supposition n'était pas fondée.

En dépit des problèmes d'interprétation latents, il se trouve que les sept rouleaux de la mer Morte découverts en 1947 formaient une unité compacte et maniable. Il y avait suffisamment d'affinités entre les textes pour que l'on puisse faire certaines généralisations à peu près raisonnables sur ce petit groupe de textes. Toutefois, le grand nombre de nouveaux manuscrits découverts durant les deux décennies suivantes allait fournir de bonnes raisons pour remettre en question le point de vue unitaire. Comme nous l'avons vu et le verrons plus loin, les qumranologues ne réussirent pas à surmonter avec cohérence le problème posé par ces nouvelles découvertes et négligèrent, au cours de leurs recherches, une explication de la signification historique des rouleaux qui, quoique fondamentalement différente, était bien plus solide. Dans les deux prochains chapitres, nous examinerons le contenu d'autres textes et la nature de leur interprétation traditionnelle, avant d'explorer les circonstances historiques spécifiques qui accompagnèrent la dissimulation des rouleaux dans les grottes du désert de Juda. C'est seulement à ce moment-là qu'apparaîtra toute l'importance de ces découvertes.

CHAPITRE 4

Jérusalem :
La thèse qumrano-essénienne reconsidérée

❖

L a *Règle messianique* fut retrouvée dans la grotte 1 qui renfermait, à elle seule, plus de soixante-dix manuscrits en fragments. Lors d'une expédition à la fin du mois de janvier 1949, cette grotte fut découverte seulement après quelques jours de recherches, dans l'escarpement situé juste à l'ouest de Khirbet Qumran, à environ quatre kilomètres au nord du site (cf. carte 5, p. 126, emplacement 1Q). Après l'avoir explorée et fouillée, on s'aperçut qu'elle contenait les vestiges d'une grande variété de textes littéraires hébraïques. Douze d'entre eux étaient des écrits bibliques, parmi lesquels des fragments d'un rouleau du Lévitique écrit en caractères paléo-hébraïques qui attestaient de leur grand âge (voir planche 10). Les autres textes comprenaient des fragments de commentaires sur les textes bibliques de Michée et de Sophonie et sur les Psaumes, en général semblables au *Pesher d'Habaquq* retrouvé plus tôt. On identifia des fragments des apocryphes dont deux concernaient le livre des Jubilés et un le Testament de Lévi, ainsi que des extraits d'écrits pseudépigraphes encore inconnus. Il y avait également, parmi les découvertes, de nouveaux fragments du *Rouleau de la guerre* et de la *Règle de la communauté*. Enfin, la grotte recelait une variété considérable de poèmes liturgiques ne présentant aucune preuve d'appartenance à une secte quelconque[1].

Les fragments de commentaires attirèrent particulièrement l'attention, car ils semblaient être issus du même mouvement que le *Pesher d'Habaquq*. Un *pesher* de Michée présentait des bribes de mots qui pouvaient signifier (dans un ordre décroissant de certitude) « Prêcheur du Mensonge », « Maître de Justice », et « Conseil de l'Unité » et, comme dans le *Pesher d'Habaquq*, on y lisait le Nom Divin YHWH (le Tétragramme) dans sa version paléo-hébraïque. Les quelques mots qui subsistaient d'un commentaire sur Sophonie comportaient également le Tétragramme dans sa forme archaïque, mais aucune de ces expressions clés. D'un *pesher* sur les Psaumes, il ne restait plus que quelques mots ne laissant rien deviner de sa provenance. D'autres textes prenaient une place énigmatique dans un ensemble que les éditeurs se permirent de décrire comme provenant de la « bibliothèque de la communauté essénienne »[2], par exemple le *Livre de Noé* ou *Dires de Moïse,* parmi les pseudépigraphes inconnus jusqu'alors, dont on ne retrouva que quelques petits fragments. Tous ces fragments avaient en commun des développements imaginaires sur des thèmes bibliques, similaires à ceux de l'*Apocryphe de la Genèse*, mais ils ne présentaient nul appel en faveur d'une confrérie de « l'Unité », nulle idée semblable à celles de la *Règle* ou de l'*Alliance de Damas*.

L'une des œuvres, que nous nous permettrons d'appeler « Méditation sur l'Injustice », utilisait toutefois une notion intéressante, que l'on retrouve dans certains autres textes de Qumran, exprimée par la formule : « le secret de ce qui sera ». Il s'agit là d'une expression qui convient fort bien à l'évocation de l'avenir inconnu du genre humain, sans présenter nécessairement de connotation sectaire. Les quelques colonnes partielles qui subsistaient de cette œuvre suffisaient à faire apparaître la diversité croissante des textes. Les lignes les plus marquantes indiquaient :

Quand seront enfermés les enfants de la perversité, quand le mal sera banni par la justice comme les ténèbres se retirent devant la lumière, et comme la fumée disparaît, alors le mal cessera à jamais et la justice se montrera comme le soleil qui maintient le monde à sa place. Alors, tous ceux qui croient aux mystères de...* n'existeront plus. La connaissance remplira la terre et la perversion cessera... Cette parole se réalisera d'ici peu, cette vision est véridique, et ainsi vous saurez qu'elle

*Le mot qui suit « les mystères de » est illisible.

est irrévocable. Toutes les nations ne haïssent-elles pas la perversité, quand pourtant elle se cache parmi elles ? Tous les
peuples ne louent-ils pas la vérité, pourtant y a-t-il un langage
ou une langue qui y soit attaché ? Quelle nation souhaite que
l'oppresse une autre plus forte qu'elle ? Qui désire qu'un
homme méchant lui vole son argent ? Pourtant, quelle est la
nation qui n'en a pas opprimé une autre et où est la personne
qui n'a pas volé les biens d'un autre ?

Ce passage remarquable réunit deux thèmes : la victoire finale
de la justice et de la connaissance (*de'ah*), et l'hypocrisie actuelle des
nations. L'auteur déclare que le mal sera un jour banni par la justice,
tout comme la lumière bannit l'obscurité, mais il semble tout ignorer
de la théologie de la lumière et des ténèbres présentée dans la *Règle*.
Après le triomphe de la justice, les devins ayant exprimé les voies
mystérieuses du Seigneur n'auront plus de cause à défendre. Même
si les nations feignent de proclamer qu'elles poursuivent la vérité et
la justice, cela n'est qu'un rempart cachant leur convoitise du gain :
aucune nation n'est réellement vertueuse. Dans la vision de l'auteur,
il n'y a aucun combat apocalyptique, et nul prophète charismatique
annonçant la vérité n'apparaît pour faire triompher la vertu. Il est fort
probable qu'en étalant ce train de pensée sobre et expressif, l'auteur
tâche d'exhorter les hommes à changer radicalement leur cœur, afin
d'instaurer l'âge de bonté attendu avec dévotion[3].

Le message du texte, exprimé en toute simplicité, est différent de
tous ceux des manuscrits de la grotte 1. Si on l'avait comparé aux
autres textes atypiques découverts à la même période, il aurait pu
attirer l'attention sur la diversité de leurs doctrines, ce qui aurait pu
être à la base d'une réévaluation de la question des origines des
rouleaux. Pourtant, lorsqu'un chercheur tenta d'associer cette œuvre
à l'époque de la dynastie asmonéenne et expliqua qu'il s'agissait
d'un sermon à son adresse, son interprétation fut sommairement
rejetée par l'éditeur officiel du texte, en raison du fait « qu'il ne
semble pas que les fondateurs de la dynastie asmonéenne aient laissé
des souvenirs très favorables auprès des Esséniens[4] ». Ce genre
d'arguments et d'autres du même goût montrent bien que, dans

l'esprit des éditeurs, l'hypothèse qumrano-essénienne était devenue un fait et faisait office de référence pour l'interprétation des manuscrits : un procédé allant à l'encontre des méthodes habituelles de recherche et du simple bon sens.

En outre, pratiquement chaque nouveau fragment extrait de la grotte 1 contenait des mots ou des lignes d'une écriture hébraïque différente, ce qui permit aux chercheurs de recenser un *nombre croissant de scribes* ayant copié les textes. A elle seule, la première grotte recelait des textes présentant plus de cinquante écritures individuelles différentes. Et pourtant, nous aurions dû, au contraire, conformément à la notion qu'une secte vivait à Qumran et que l'un des bâtiments était un *scriptorium*, nous attendre à trouver dans cette grotte plusieurs *groupes* de textes, copiés chacun par beaucoup moins de scribes et comportant une assez grande proportion de textes copiés par une seule main. C'est ce qui s'était passé dans l'île d'Eléphantine, en Haute Egypte où, comme nous l'avons indiqué, on avait découvert plusieurs années auparavant des manuscrits araméens du Vᵉ siècle avant J.-C. Le professeur Michael Wise, brillant interprète des textes de Qumran et de leur environnement culturel, a fait remarquer que, selon toute estimation, le nombre d'habitants d'Eléphantine représentait sans doute cinquante fois celui des « membres de la secte » censés avoir habité à Khirbet Qumran et que, néanmoins, les habitants d'Eléphantine « ne disposaient environ que d'une douzaine de scribes. Et c'est le nombre [de scribes] travaillant pendant une période couvrant trois ou quatre générations ». Comme le souligne Wise, trois ou quatre scribes, tout au plus, auraient pu exercer leur activité à Khirbet Qumran au cours d'une génération[5]. Ainsi, la grande diversité des écritures présentées dans les rouleaux de Qumran aurait dû, à elle seule, inciter les éditeurs à marquer une pause, au moins dans la publication, en 1955, de ces textes de la grotte 1, afin de reconsidérer l'adhésion générale à l'hypothèse dominante. Mais les chercheurs ne réagirent pas non plus à ces faits et l'on manqua encore une occasion de rompre l'emprise d'une idée de plus en plus tenace.

Après l'exploration de la première grotte de Qumran, les recherches scientifiques dans le désert de Juda cessèrent pour un temps.

Les Bédouins Ta'amireh continuèrent toutefois leurs fouilles clandestines et finirent par trouver, dans la gorge de l'oued Murabba'at, des fragments de manuscrits autographes de la période de Bar Kokhba. Comme nous l'avons indiqué, les conséquences de cette découverte sur la simple question des caractéristiques *physiques* des textes de Qumran ne furent jamais débattues publiquement et n'eurent apparemment aucun impact sur ceux qui recherchaient l'histoire perdue des Esséniens des rives de la mer Morte. La période d'activités archéologiques qui suivit fut marquée par d'étonnantes découvertes de nouveaux manuscrits dans des grottes proches de la grotte 1. En 1952, les Bédouins retournèrent dans la région de Qumran et, en février, ils trouvèrent d'autres fragments de manuscrits hébraïques dans une grotte (que l'on appela ensuite la grotte 2), située à moins de deux cents mètres au sud de la première. (Voir carte 4, site 2Q.) Cette deuxième grotte contenait quelque trente petits fragments : c'étaient, à proportion égale, des textes considérés à présent comme appartenant à la Bible hébraïque et des écrits non bibliques très fragmentaires. Parmi ces derniers, il y avait des fragments des Jubilés et de l'Ecclésiastique (Ben Sira)*, trois pseudépigraphes non identifiables, un fragment liturgique et un morceau présentant une description araméenne d'une Jérusalem future.

Ce dernier fragment inaugura ce qui allait devenir un nouveau genre de manuscrits trouvés à Qumran : des compositions imaginaires qui décrivaient en détail divers bâtiments conçus pour faire partie du complexe du Temple, avec leurs dimensions, le tout devant se trouver dans une capitale religieuse de l'avenir. Mais les éditeurs des rouleaux, toujours fidèles à leur foi dans une secte essénienne uniforme vivant à Qumran, affirmèrent simplement que « la présence d'un tel document à Qumran confirme les attaches sacerdotales de la secte et son intérêt pour le culte [sacrificiel][6] ».

Toujours est-il qu'avec ces découvertes en mains, les chercheurs de Jérusalem-Est commencèrent à entrevoir la possibilité de trouver, dans la région de Qumran, beaucoup d'autres grottes remplies de

---

*Ce sont des écrits apocryphes. Voir le Glossaire.

manuscrits. En mars 1952, ils organisèrent une expédition de plusieurs équipes. Ce mois-là, ils explorèrent plus de deux cents grottes dans les environs de Qumran et découvrirent des poteries dans une vingtaine d'entre elles. Le 14 mars, ils pénétrèrent dans la grotte appelée maintenant 3Q, et y trouvèrent quinze morceaux de parchemin comprenant des fragments bibliques, quelques bribes qui, d'après les éditeurs, appartenaient à un commentaire d'Isaïe, un hymne de louanges, des descriptions angéliques, un texte prophétique apocryphe, un « écrit de la secte »[7] ainsi que plusieurs fragments non identifiables. Parmi les six ou sept mots lisibles du prétendu « écrit de la secte », pas un seul n'indiquait que ce fragment provenait d'une secte quelconque. On trouvait par exemple les termes hébraïques correspondant à « vous avez péché », « dans un esprit de... » et « faire reculer la perversité », autant d'expressions bibliques qu'aurait pu utiliser tout auteur juif de l'époque intertestamentaire préoccupé par le thème du péché. Encore une fois, chacun de ces petits fragments de rouleaux était écrit de la main d'un scribe différent.

Une découverte bien plus intrigante fut celle de deux parties d'un rouleau en *cuivre* trouvées plus loin dans la même grotte. Le déchiffrage partiel du rouleau révéla des descriptions d'objets et de trésors cachés ainsi que des indications géographiques portant sur les sites où ces objets furent ensevelis. Il allait par la suite devenir évident que les trésors décrits comprenaient également des manuscrits. Ce document est sans aucun doute la découverte la plus importante faite dans les grottes de Qumran. Nous l'examinerons attentivement au chapitre 5, et nous verrons quel traitement il reçut de la part des éditeurs officiels des rouleaux.

Les équipes archéologiques ne trouvèrent pas d'autres grottes contenant des manuscrits dans la région qu'ils exploraient et l'expédition prit fin au printemps 1952, ce qui laissa aux habiles Bédouins Ta'amireh la possibilité de retourner dans le secteur de Qumran et d'explorer les grottes marneuses au sud du site. Pendant l'été, ils pénétrèrent dans ce que l'on appela par la suite la grotte 4 de Qumran (4Q), où ils firent une découverte sensationnelle : à environ un mètre sous terre, ils trouvèrent une immense quantité de fragments de ce qui avait été plusieurs centaines de manuscrits. Lorsque cette nouvelle parvint aux chercheurs de Jérusalem-Est, ils montèrent une autre expédition, en septembre 1952. Les archéologues trouvèrent dans la grotte 4 des fragments d'au moins une centaine de nouveaux manuscrits.

Les découvertes de la grotte 4 restent le point culminant des recherches de manuscrits dans le désert de Juda. A Jérusalem, Josef Milik et quelques autres spécialistes commencèrent par trier et classer les milliers de fragments ; puis, en 1954, ceux-ci furent confiés à une plus grande équipe de chercheurs chargée de les éditer. Dès le milieu des années 1950, la *Revue biblique* et le *Biblical Archaeologist* publièrent des descriptions et des extraits partiels de certains textes. Les comptes rendus fournis par des membres de l'équipe permirent de se faire une idée de la diversité des textes issus de cette grotte : il y avait des commentaires et des paraphrases de nombreux livres de la Bible, des visions apocalyptiques, des œuvres liturgiques et des psaumes, des écrits apocryphes connus et inconnus, des textes de « sagesse » dans le style du Livre des Proverbes, des interprétations de lois du Pentateuque, des spéculations messianiques, voire des horoscopes et des énigmes. La grotte 4 contenait tout cela et bien plus encore[8].

Qui étaient les auteurs et les lecteurs de cette étourdissante diversité de genres littéraires ? Tous ces textes avaient-ils été écrits et lus uniquement par les membres d'une petite secte vivant sur un plateau du désert ? Le phénomène entier était-il en réalité beaucoup plus vaste et reflétait-il divers éléments de la société juive de l'époque intertestamentaire ? La réponse était et demeure cruciale, car notre compréhension de la vie et de la pensée juives, dans leur dernière manifestation pré-rabbinique et au temps du christianisme primitif, en dépend. Aujourd'hui, c'est l'enjeu essentiel du débat sur Qumran, dans lequel pratiquement chaque personne qui travaille sur les rouleaux a un intérêt à défendre.

L es archéologues qui fouillaient la grotte 4Q en septembre 1952 découvrirent rapidement, à proximité, deux autres grottes contenant des manuscrits : la 5Q et la 6Q. Cette dernière avait été explorée quelque temps auparavant par les Bédouins qui l'avaient vidée de ses manuscrits. Les textes retrouvés dans ces grottes comprenaient un ensemble de quinze fragments bibliques, divers fragments apocryphes et apocalyptiques nouveaux, ainsi que quelques écrits à caractère sectaire, notamment des fragments de l'*Alliance de Damas*. Trois ans plus tard, au printemps 1955, des archéologues découvrirent dans la région de Qumran quatre autres grottes (de 7Q à 10Q) ne contenant qu'un petit nombre de fragments minuscules. Dans la grotte 7, il y avait des fragments de textes sur papyrus écrits *uniquement en grec*. La plupart d'entre eux n'étaient pas identifiables, mais l'un d'eux s'avéra être un fragment de l'Exode et un autre était probablement la *Lettre apocryphe de Jérémie*.

Puis, en février 1956, les infatigables Bédouins Ta'amireh localisèrent une autre grotte contenant des manuscrits, près de la grotte 3 au nord de Khirbet Qumran (11Q). Les fouilles dans cette nouvelle grotte mirent au jour certains des plus importants trésors découverts à Qumran, notamment quelques rouleaux quasiment intacts, comme on en avait trouvé dans la grotte 1. Il y avait entre autres une traduction araméenne ancienne d'une partie importante du Livre de Job, un rouleau contenant des extraits du Livre des Psaumes et d'autres textes pieux de sources connues et inconnues, un exemplaire du Livre du Lévitique en caractères paléo-hébraïques, ainsi que d'autres écrits inédits.

L'une des découvertes les plus remarquables faites lors de ces explorations fut celle des phylactères (en hébreu, *tefillin*) trouvés dans plusieurs grottes. Aujourd'hui encore, les Juifs qui observent strictement la loi attachent des languettes de cuir sur de petites capsules renfermant les textes de l'Exode 13.1-16, et du Deutéronome 6.4-9 et 11.13-21, et les fixent sur leur front et leurs bras quotidiennement (sauf le jour du sabbat et les autres jours de fête). Ils observent ainsi littéralement l'injonction du Deutéronome qui recommande de « lier [ces commandements que je t'impose aujourd'hui], comme symbole sur ton bras et tu les porteras au front entre tes yeux » (Dt 6.8). Ils appliquent aussi à la lettre les paroles suivantes : « Tu les inscriras sur les piliers de ta maison et sur tes portes » (6.9), et mettent sur leur porte d'entrée des capsules (ou *mezuzot*) contenant les passages du Deutéronome 6.4-9 et 11.13-21[9].

Josèphe et l'auteur de la Lettre d'Aristée mentionnent tous deux la coutume juive du port des phylactères. Ce que nous ignorons, c'est si tous les anciens ordres et/ou sectes juifs appliquaient littéralement et uniformément cette injonction. L'auteur de la Lettre d'Aristée affirme que le Seigneur « a placé les oracles [divins] sur nos grilles et nos portes... et sur nos mains aussi, il ordonne expressément que le symbole soit attaché... », mais il ne dit rien des phylactères fixés sur le front[10]. Dans sa propre évocation des lois de Moïse, Josèphe décrit aussi cette dernière pratique, sans préciser quels versets figuraient dans les boîtes[11]. Les Samaritains, quant à eux, n'avaient pas pour coutume de porter des phylactères. Le Nouveau Testament mentionne une fois le port de phylactères par les Juifs, sans indiquer s'ils les portaient sur le bras, la main, ou les deux (Mt 23.5).

Or on trouva un grand nombre de phylactères dans les grotte 1, 4, 8 et peut-être ailleurs : environ trente en tout[12]. Il est peu probable que les auteurs de la *Règle de la communauté*, qui manifestent la tendance opposée en interprétant les injonctions littérales du Pentateuque comme des métaphores, aient été susceptibles d'appliquer un tel commandement à la lettre. Nous ignorons si les membres du groupe de l'Unité, ou *Yahad*, dont nous avons parlé au chapitre 3, portaient ou non des phylactères ; cependant, avant la fin des années 1960, il était évident que ceux qui furent découverts dans les grottes ne pouvaient pas avoir appartenu aux membres d'une seule secte juive, à Qumran ou ailleurs, car les textes de la plupart des phylactères trouvés dans les grottes (et publiés par plusieurs chercheurs dans les années 1950, 1960 et 1970) *n'étaient pas compatibles les uns avec les autres.*

Josef Milik allait décrire assez justement cette caractéristique étonnante des phylactères de Qumran lorsqu'il en publia plusieurs issus de la grotte 4[13]. Certains textes sont beaucoup plus longs que d'autres et comprennent des passages relativement importants du Pentateuque, notamment des citations de l'Exode 12.43-13.16 et du

Deutéronome 5.1-6.9 et 10.12-11.21 ; dans un cas le Cantique de Moïse (Dt 23) est ajouté à ces longues sections. Quatre autres textes, bien plus courts, correspondent à peu près aux passages que les Juifs rabbiniques finirent par utiliser[14]. Dans plusieurs cas on ne trouve même pas l'admonestation qui figure au sixième chapitre du Deutéronome et qui commence par les paroles bien connues : « Ecoute O Israël, le Seigneur est notre Dieu », universellement considérées comme étant au cœur même du contenu des phylactères. La répartition des divers passages est, selon l'expression de Milik, « des plus capricieuses[15] ».

Milik tenta de préserver l'intégrité de l'hypothèse qumrano-essénienne en affirmant que ces grandes variations indiquaient uniquement que cette pratique restait bien « si l'on peut dire, privée et semi-sacrée[16] ». Cependant comment croire, sans défier toutes les lois de la logique, qu'une petite secte de radicaux (esséniens ou autres) qui avait, d'après la thèse admise, une législation et des pratiques religieuses particulièrement restrictives et formelles, ait autorisé ses membres à appliquer avec tant de diversité une loi religieuse qui, depuis plus de deux millénaires, est considérée comme sacro-sainte par les Juifs pratiquants ? Le problème serait d'autant plus grave si, comme le prétend l'ancienne thèse, cette secte était effectivement implantée, en tant qu'« Unité » ou *Yahad*, dans le site de Khirbet Qumran et ses environs. En revanche, on aurait pu raisonnablement expliquer les variations importantes des contenus des phylactères en les associant à l'abondante diversité de rouleaux, tendant à prouver qu'ils provenaient de différents courants du judaïsme ancien et non d'un seul mouvement*.

* Dès 1992, David Rothstein, de l'Université de Californie à Los Angeles, affirma : « Il semble probable que [les groupes responsables de ces phylactères]... constituaient un large éventail des Juifs de Palestine (et de la diaspora). » Voir le texte de cette thèse de doctorat soutenue à UCLA., *From Bible to Murabba'at : Studies in Literary, Textual and Scribal Features of Phylacteries and Mezuzot in Ancient Israel and Early Judaism* (Microfilms de l'Université, 1993), p. 181. L'auteur reconnaissait également que « les rouleaux attestent de nombreuses méthodes de correction des scribes » (*ibid.*, p. 336) et « exhibent un ensemble impressionnant de pratiques reflétant le statut particulier accordé au Tétragramme » (*ibid.*, p. 343). De nombreuses caractéristiques des phylactères

Pourtant, cette nouvelle preuve décisive fournie par les contenus très variés des grottes n'ébranla nullement la foi des érudits dans la thèse des origines esséniennes. Leurs premières conclusions ne reposaient que sur sept textes. A présent, il existait des fragments d'environ huit cents rouleaux et l'on en concluait que l'essénisme avait été un mouvement bien plus large qu'on ne l'avait supposé avant et après la découverte de la première grotte. Cette approche était sans doute légitime, dans la mesure où elle était théoriquement possible, mais, étant donné la grande variété des idées et des idéologies figurant dans les fragments, elle menaçait également d'élargir le sens de « l'essénisme » jusqu'à ce que la définition de ce groupe ne corresponde plus à rien. Aucun chercheur de l'époque ne se soucia de proposer une explication convaincante à l'importante diversité des phylactères retrouvés dans les grottes.

On s'aperçoit donc qu'à mesure que de nouvelles grottes étaient découvertes, la thèse qumrano-essénienne était développée. Partis de l'hypothèse que les Esséniens avaient produit les sept textes originaux trouvés dans la grotte 1, les chercheurs affirmaient à présent énergiquement que cette secte avait produit des centaines de textes littéraires portant sur une diversité croissante de sujets, et ce bien que Josèphe et Philon aient tous deux estimé que les Esséniens ne comptaient que quatre mille âmes dans toute la Palestine du Ier siècle. Comme nous l'avons vu plus haut, cette idée supposait implicitement que toute la littérature des Juifs de Palestine du Ier siècle, *autres* que les Esséniens, avait purement et simplement disparu, et que seule cette petite secte avait, comme par miracle, réussi à empêcher la destruction d'un grand nombre de ses trésors littéraires.

En réalité, la grande diversité des textes découverts mettait clairement en cause cette hypothèse, tout en soulevant une autre question : d'autres Juifs de Palestine, ayant facilement accès à de

---

étaient « parfaitement compatibles avec les pratiques prévalant à l'époque du premier rabbinisme » et « le fait, fréquemment observé, de qualifier ces exemplaires comme étant "Esséniens" ou "sectaires" doit être remis en cause » (*ibid.*, p. 427). Les remarques de l'auteur reposaient sur une étude minutieuse des textes individuels qu'il comparait ensuite à des citations pertinentes issues de sources liées au premier rabbinisme.

nombreuses grottes, n'auraient-ils pas agi de la même façon pendant la guerre contre Rome, à un moment où leur vie, leur culture et leur religion n'étaient pas moins menacées que celles des Esséniens ? En effet, pouvait-on avoir la moindre certitude, étant donné l'ensemble des faits connus, déjà en 1955, que les Esséniens aient été les seuls à avoir dissimulé tous ces manuscrits ?

Qui plus est, alors que les chercheurs se trouvaient en face de ruines évocatrices d'un site militaire et évitaient d'expliquer les variétés croissantes de textes manuscrits et d'écritures individuelles, ils commençaient également à rencontrer des témoignages historiques qui auraient dû, à eux seuls, les forcer à réétudier bien plus soigneusement les propositions officielles qu'ils défendaient. Un an seulement après les premières découvertes, Eliézer Sukenik avait fait remarquer que, vers le milieu du IIIe siècle après J.-C., Origène, un père de l'Eglise lettré et auteur prolifique, avait utilisé une traduction grecque de la Bible qui, d'après lui, avait été retrouvée « avec d'autres livres hébraïques et grecs, dans une jarre près de Jéricho[17] ». Origène écrivit que cette découverte avait eu lieu pendant le règne d'Antoninus Severus (Caracalla) qui gouverna de l'an 211 à l'an 217 après J.-C.

Parmi ses nombreuses activités littéraires au service du christianisme, Origène avait consacré plus de vingt ans de sa vie à étudier les versions grecques de la Bible hébraïque et leurs relations avec le texte original. Pendant cette période, il apprit l'hébreu et passa plusieurs années en Palestine, dont certains séjours en l'an 216 et 230 et de 231 à 233, pendant lesquels il fonda une école chrétienne à Césarée. Durant ces séjours, ainsi qu'au cours d'autres périodes d'étude et de voyage, il écrivit son célèbre *Hexapla* dans lequel il disposait côte à côte des colonnes contenant différentes versions du texte biblique*. Origène accomplit sa tâche méticuleusement et releva, entre autres, tous les passages des Septante qui n'étaient pas dans l'original hébreu et tous ceux de la version en hébreu qui ne

---

* La première colonne était le texte original en hébreu, le seconde la transcription de l'hébreu en grec et dans quatre autres colonnes figuraient les versions grecques d'Aquila, de Symmachus, des Septante et de Théodotion. (Le texte des Psaumes comportait apparemment trois autres colonnes.)

figuraient pas dans les Septante. Il affirme avoir lui-même trouvé le texte qu'il utilisa pour la « cinquième édition » (nous ignorons de quelle version il s'agit) « à Nicopolis, près d'Actium », au nord-ouest de la Grèce, et il indique en même temps que la « sixième édition » fut trouvée, avec d'autres écrits, dans la jarre près de Jéricho.

Nous ignorons si Origène découvrit lui-même ces écrits et quel texte précis de l'*Hexapla* se trouvait dans la jarre, mais il affirme que cette découverte se situe sous le règne de Caracalla, c'est-à-dire entre 211 et 217, donc il n'est pas improbable qu'elle eut lieu pendant le premier séjour d'Origène en Palestine, en l'an 216, ou peu de temps auparavant. A cette époque, il était déjà un ecclésiastique célèbre et, lors de cette visite, il donna à Jérusalem et à Césarée des conférences organisées par les évêques palestiniens. Il acquit ainsi une renommée considérable, tout en restant profondément absorbé par ses recherches ; il aurait donc sûrement profité rapidement des découvertes faites dans cette région où il déployait tout son zèle, et la fiabilité historique de son témoignage ne pose aucun doute. Environ soixante-dix ans après la mort d'Origène, en 254 après J.-C., Eusèbe, son biographe, paraphrasa légèrement son explication en disant que « dans l'*Hexapla* des Psaumes, après les quatre éditions connues, il [Origène] ajouta non seulement une cinquième mais une sixième et une septième traduction, et il indiqua que l'une d'elles avait été trouvée à Jéricho, à l'époque d'Antoine[18]... »

Que la découverte ait eu lieu « près de » ou « à » Jéricho, et quelle que soit l'identification précise de la traduction en question, il est clair qu'Origène et son biographe l'associaient tous deux aux environs de Jéricho et non à la région du désert de Juda bordant la mer Morte où se trouvent les grottes de Qumran. Le père de Vaux n'en suggéra pas moins, dès 1949, qu'Origène n'avait visité que la grotte où l'on retrouva les premiers manuscrits de Qumran[19]. Cette suggestion fut par la suite reprise par de nombreux auteurs[20], cependant elle ne réapparut pas dans les livres de De Vaux sur l'archéologie de Qumran publiés en 1961 et 1972. Quoi qu'il en soit, quasiment au moment même où l'idée fut mise en avant, elle fut partiellement éclipsée par le fait, relevé par Otto Eissfeldt, en Alle

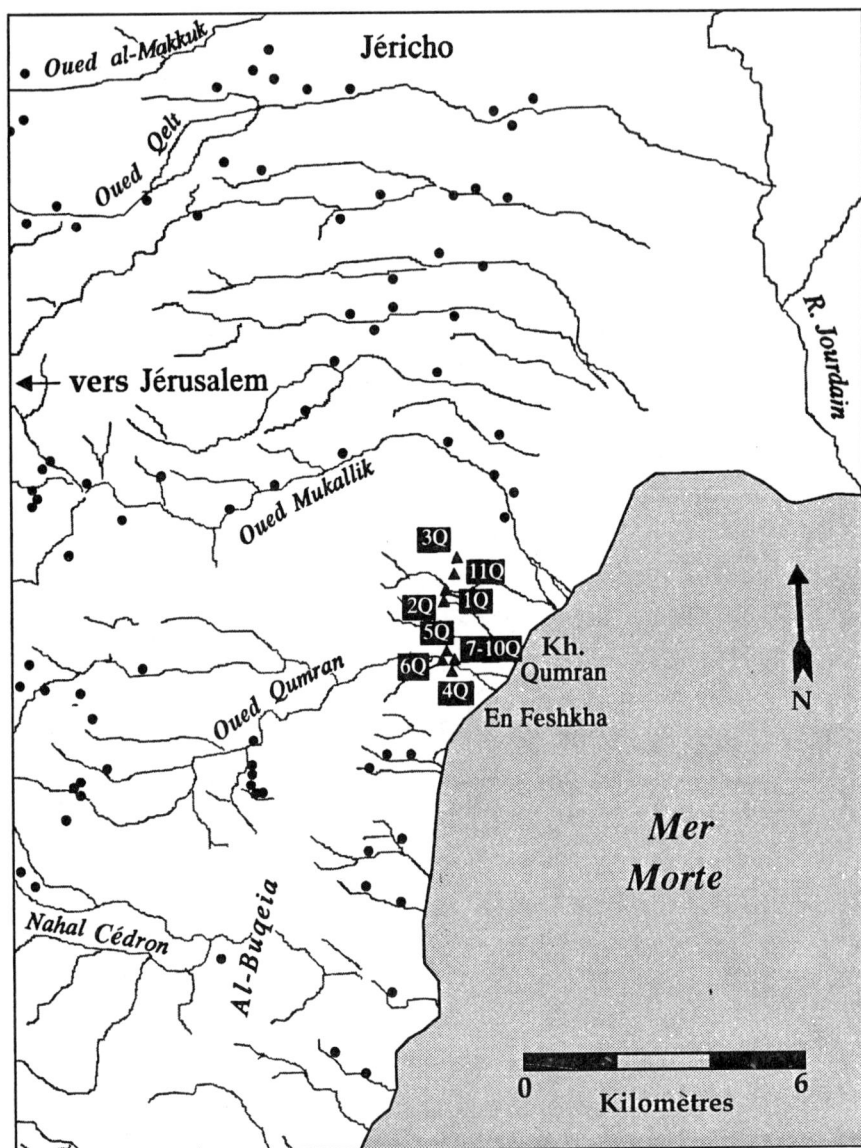

Carte 5

Oueds et grottes du désert de Juda, avec les grottes où des rouleaux
furent découverts au XXe siècle.

magne, qu'une découverte encore plus importante de manuscrits hébraïques avait eu lieu près de Jéricho, plusieurs siècles après celle de la jarre pleine de manuscrits de l'époque d'Origène.

Eissfeldt remarqua que Timothée Ier de Séleucie, le patriarche nestorien officiant à Bagdad, mentionnait, dans une lettre écrite vers l'an 800 après J.-C. et publiée au début de notre siècle, la découverte de manuscrits hébraïques, dix ans auparavant, dans une grotte « près de Jéricho[21] ». Timothée écrivit à Sergius, le métropolite d'Elam, qu'il tenait ce fait de « Juifs dignes de confiance » qui s'étaient convertis et lui avaient dit :

> [Le] chien d'un chasseur arabe... entra dans une grotte et n'en ressortit pas. Son maître le suivit et découvrit, dans les rochers, un abri contenant de nombreux livres. Le chasseur se rendit à Jérusalem et en informa les Juifs. Ils vinrent en foule et trouvèrent des livres de l'Ancien Testament et d'autres ouvrages en hébreu...

La suite de la lettre de Timothée ne laisse aucun doute sur la valeur historique de l'information. Il écrit que le groupe de convertis comprenait un savant lettré qu'il interrogea sur divers passages cités dans le Nouveau Testament comme étant issus de la Bible hébraïque, mais que l'on n'y avait jamais retrouvés. Le converti répondit qu'il existait en effet de tels passages dans les livres découverts et ajouta : « Nous avons trouvé plus de deux cents psaumes de David parmi nos livres. » Timothée chercha à obtenir des informations supplémentaires : il écrivit à deux autres membres de l'Eglise dont au moins un vivait à Damas, pour leur demander d'étudier les écrits découverts, afin de déterminer s'ils contenaient des passages particuliers appartenant au genre qui l'intéressait. (Il va sans dire que pareille curiosité est tout à fait compréhensible de la part d'un pieux personnage de l'Eglise.) Dans sa lettre à Sergius, le patriarche ajoutait qu'il n'avait reçu aucune réponse à sa demande et qu'il ne connaissait « aucune personne capable » de se renseigner pour son compte. « Ceci est un feu dans mon cœur », poursuivait-il, « qui me brûle et m'embrase les os[22]. »

Non seulement les circonstances dans lesquelles Timothée écrivit sa lettre à Sergius ne laissaient planer aucun doute sur l'authenticité des faits qu'il présentait, mais la description de cette ancienne découverte avait des points communs frappants avec les révélations du XXe siècle sur les grottes de Qumran. Dans les deux cas on a découvert, dans des grottes, non pas quelques textes, mais un grand nombre de livres en caractères hébreux comprenant des écrits bibliques et extra-bibliques, et même des psaumes non canoniques. Rien, en vérité, ne permet d'indiquer que les écrits plus anciens dont parle Origène furent retrouvés dans une grotte, mais les manuscrits étaient dans une jarre et, comme ceux découverts au XXe siècle dans plusieurs grottes de Qumran, ils comprenaient des textes en hébreu et en grec.

Ainsi deux sources anciennes, l'une du IIIe siècle et l'autre de la fin du VIIIe, signalaient la découverte de cachettes de manuscrits hébraïques près de Jéricho. Les plus importants furent retrouvés dans une grotte, ce qui soulevait la possibilité qu'il y ait eu, dans la Judée de l'époque intertestamentaire, un phénomène de dissimulation de manuscrits plus vaste que ne l'avaient prévu les premiers adeptes de l'hypothèse qumrano-essénienne.

Lorsque les qumranologues prirent connaissance de la lettre de Timothée, plusieurs d'entre eux, cherchant manifestement à protéger la thèse originale, suggérèrent que ce document se référait uniquement aux découvertes des grottes de Qumran : comme Origène, Timothée avait simplement dit *de manière imprécise* que les textes furent découverts « près de Jéricho ». Dès 1950, le père de Vaux fut le chef de file de cette proposition, et par la suite d'autres chercheurs s'y rallièrent[23]. Bien que les derniers écrits du père de Vaux n'étudient ni l'affirmation de Timothée ni celle d'Origène, aujourd'hui encore, certains érudits continuent à défendre cette idée. D'après cette explication, si l'on a trouvé, au XXe siècle, des centaines de rouleaux manifestement *dans la même région* que des découvertes similaires faites il y a plus d'un millénaire, c'était simplement parce que ces Juifs convertis de Jérusalem qui se rendirent sur le site des grottes au temps de Timothée n'avaient pas découvert tous les manuscrits dissimulés dans les différentes grottes des environs. Grâce à ce principe implicite, la découverte des manuscrits près de Khirbet Qumran au XXe siècle servit à montrer que les auteurs anciens faisaient allusion exactement au même lieu, même s'ils indiquaient que les deux anciennes découvertes eurent lieu dans la région de Jéricho.

Par conséquent, nous remarquons l'effort continu des qumranologues pour assimiler des preuves discordantes à la structure du paradigme qu'ils défendaient.

A la suite de mes visites de 1969 et 1970 à Khirbet Qumran et ses environs, je commençai à entrevoir le caractère sérieusement tendancieux de cette forme de raisonnement. D'après les informateurs de Timothée, l'annonce des découvertes avait attiré sur le site une « foule » de Juifs convertis qui chérissaient l'Ecriture sainte, et non des Bédouins. L'idée qu'ils auraient négligé la possibilité de trouver d'autres rouleaux hébraïques anciens et peut-être sacrés dans les grottes des alentours s'avérait difficile à croire. En outre, ni Origène, ni Timothée n'affirment que ces découvertes eurent lieu sur la côte de la mer Morte, bien plus proche de Qumran que ne l'est Jéricho. S'ils avaient pensé au plateau de Qumran, les auteurs anciens auraient vraisemblablement dit qu'il se trouvait « près de la mer Morte » et pas « près de Jéricho » (voir carte 1). Origène surtout, qui vécut quelques années en Palestine et connaissait intimement sa géographie, ne se serait jamais exprimé de manière aussi vague. Par ailleurs, il y a de nombreuses grottes bien plus proches de Jéricho que celles situées près de Khirbet Qumran.

En soumettant les textes d'Origène et de Timothée à une exégèse spéciale, les qumranologues omirent de saisir les implications plus probables : au cours des dix-sept siècles passés, on avait découvert des manuscrits non seulement dans la région de Qumran, mais encore dans deux cachettes *au moins*, aux alentours de Jéricho. Bien entendu, ce constat allait à l'encontre de l'idée d'un lien intrinsèque et unique entre l'implantation de Qumran et les manuscrits des grottes voisines. Il indiquait au contraire une autre cause pour laquelle des manuscrits avaient été dissimulés dans le désert de Juda pendant l'Antiquité. Reste la question de savoir si, en insistant autant sur l'idée que toutes les découvertes, anciennes et nouvelles, eurent lieu dans les grottes à proximité de Qumran et pas ailleurs, les qumranologues professionnels de l'époque reconnaissaient implicitement ce qu'ils évitaient de dire.

Vers la fin des années 1950, l'enthousiasme suscité par cette interprétation forcée commença à retomber légèrement ; cependant, dans ses livres sur l'archéologie de Qumran, le père de Vaux ne manifesta aucune intention d'affronter la signification de la configuration géographique des découvertes de manuscrits. En 1962, Yigael Yadin écrivait : « La lettre de Timothée... montre que, même à la fin du VIIIe siècle, de nombreux manuscrits du type de ceux trouvés en 1947 et plus tard furent découverts près de la mer Morte, peut-être dans les mêmes grottes... »[24], alors que Timothée avait parlé de Jéricho et pas de la mer Morte.

A insi, que ce soit par mutisme délibéré, par erreur ou par désintérêt, les chercheurs qui travaillaient sur les rouleaux de Qumran continuèrent à négliger les témoignages historiques puissants qui apparaissaient constamment. La découverte des rouleaux et d'autres manuscrits dans le désert de Juda entraîna la mise en œuvre d'une méthode de recherche et une série de suppositions qui conduisirent rapidement au développement de l'hypothèse de la secte de Qumran. Après quoi, les artisans de cette hypothèse suivirent le mode classique de construction et de défense des théories décrit par Thomas Kuhn et d'autres auteurs[25] : ils négligèrent certaines anomalies naissantes et tentèrent d'en éliminer d'autres en procédant à une exégèse innovante avec des accusations de falsification textuelle, le traitement de caractérisations arbitraires comme des faits, et l'utilisation de théories sous-jacentes non démontrées comme les principes d'arguments paraissant auréolés du sceau de l'autorité. A première vue, cette manière de procéder semblait raisonnable, cependant son succès était dû en grande partie à l'engouement collectif suscité par les découvertes archéologiques. Peu de gens imaginaient que les archéologues pouvaient se tromper lorsqu'ils expliquaient la signification d'objets et d'édifices de la Terre sainte dégagés à la sueur de leur front et révélés au monde après deux mille ans grâce à leur concours personnel. La puissante rhétorique de

Dupont-Sommer et d'Edmund Wilson ainsi que les présentations attrayantes de la théorie dans les publications de vulgarisation archéologique ne firent qu'encourager les sentiments bienveillants des lecteurs. Qui peut résister à l'impact exercé par l'image de savants dévoués, dont certains d'une grande piété, penchés laborieusement sur de précieux fragments de manuscrits découverts par hasard dans des grottes du désert, pour chercher à expliquer leur signification énigmatique ?

Pourtant, vers la fin des années 1960, il me semblait clair que l'hypothèse qumrano-essénienne constituait une pieuse croyance fondée sur une mauvaise utilisation des découvertes archéologiques. En outre, une comparaison avec l'approche scientifique adoptée, pendant les mêmes années, pour d'autres manuscrits et découvertes archéologiques, aurait permis de comprendre à quel point les qumranologues, pendant qu'ils élaboraient leur théorie, s'étaient écartés des principes d'investigation normalement suivis dans les disciplines concernées. C'est ce que l'on observe aisément quand on se reporte au cas des treize écrits gnostiques de Nag Hammadi qui présentent des similitudes révélatrices avec les découvertes de Qumran et illustrent la façon dont on peut utiliser des textes documentaires à la fois pour formuler et pour évaluer des hypothèses.

Après la découverte et l'examen de ces manuscrits gnostiques chrétiens, on suggéra que les livres avaient été placés à l'intérieur d'une jarre et enterrés dans un cimetière païen à la suite de la promulgation de l'édit décrété par saint Athanase pour supprimer les écrits hérétiques. Le moine Théodore avait traduit ce décret en copte et l'avait fait circuler dans les divers monastères de cénobites (c'est-à-dire des moines vivant en communauté et non dans la solitude), fondés par l'Egyptien saint Pacôme au IVe siècle. Deux de ces monastères avaient existé tout près des découvertes, l'un à Pabau (à 9 km) et l'autre à Chenoboskion (à 5,5 km)[26]. Ensuite, on s'aperçut que les reliures de plus de huit codices étaient composées de morceaux de lettres, de comptes et autres manuscrits documentaires mis au rebut*, et dont certains indiquaient une date précise (par exemple

---

* *Codex, codices* : voir le Glossaire. Jusqu'au Moyen Age et même plus

l'an 345 et l'an 348 après J.-C.). J. B. Barns, le chercheur qui avait fait l'étude préliminaire de ce « cartonnage », affirma que les manuscrits venaient de l'un des deux monastères et avaient été cachés juste après le décret ou « à une date plus tardive, lorsque les hérésies à l'origine de ces livres n'étaient plus un sujet de controverses et que leur étude n'était plus nécessaire[27] ». Bien que les fragments documentaires ne semblaient contenir aucune trace d'idées hétérodoxes ou hérétiques, Barns, en indiquant que l'on avait trouvé ces volumes près de Chenoboskion, estima que « puisqu'il est difficilement concevable que plus d'une organisation monastique orthodoxe ait officié simultanément au même endroit, *nous sommes en droit de conclure, même sans avoir d'autres preuves*, que les documents de Nag Hammadi provenaient d'un monastère pacômien[28] ». Remarquablement, cette affirmation n'apparut que quelques années après la publication de la version anglaise de l'étude du père de Vaux sur le site de Khirbet Qumran, déclarant : « Certes, on copiait les manuscrits dans le scriptorium... on peut supposer aussi, *avant même d'examiner leur contenu*, que certains ouvrages ont été composés à Qumran[29]. »

Pourtant, lorsqu'on étudia plus à fond les papyrus à caractère documentaire extraits des couvertures des manuscrits et qu'on les publia enfin en 1981, J. C. Shelton, l'éditeur qui écrivit l'introduction, ne pouvait plus accepter l'hypothèse sur les origines des textes que Barns avait proposée dans son compte rendu préliminaire de 1975. Shelton indiqua que les preuves relatives à l'origine monastique des textes documentaires se limitaient uniquement à une partie de la correspondance recueillie dans un seul codex, tandis que « un contexte spécifiquement pacômien n'était manifeste pour aucun document ». Alors que Barns avait supposé que les manuscrits étaient d'origine monastique et avait affirmé que leur reliure devait avoir été l'œuvre de l'établissement qui les avait produits (et que les papyrus au rebut utilisés dans les reliures avaient forcément un lien intrinsèque avec les relieurs), Shelton nota qu'il n'y avait « à

tard, il était courant de « recycler » des bouts de papyrus ou de parchemin usés (par exemple de vieilles lettres) pour renforcer les reliures en cuir des livres.

première vue, aucun lien entre les scribes et les relieurs, ni entre les deux derniers et les propriétaires des manuscrits ». Etant donné la grande quantité de sujets évoqués dans les documents, il conclut qu'il était « difficile d'envisager une source unique qui soit satisfaisante pour une telle diversité de documents, si ce n'est le tas d'ordures d'une ville qui pourrait fort bien avoir été la source directe de tous les papyrus utilisés par les relieurs ». Il fit également remarquer que « les quelques textes [documentaires] qui donnent des indications sur le mode de vie des personnes concernées sont difficiles, voire impossibles à concilier avec le pacômianisme[30] ». Les documents autographes découverts dans les reliures de ces textes pouvaient donc servir de pierre angulaire inestimable pour déterminer la force d'une hypothèse reposant, au départ, sur des textes littéraires. En fait, une analyse minutieuse des autographes mise en relation avec certaines affirmations révélatrices des textes littéraires tendit à réfuter l'hypothèse, alors dominante, selon laquelle les manuscrits provenaient d'un site religieux spécifique.

Dans les années qui suivirent immédiatement la découverte des papyrus de Nag Hammadi, le chercheur le plus actif sur ce sujet était Jean Doresse, un égyptologue français spécialiste des textes coptes. Il fut le premier à reconnaître la nature générale des découvertes et fit partie du tout petit nombre de ceux qui purent accéder directement aux textes pendant cette période. Bien que la découverte ait eu lieu dès 1945, elle ne fut pas annoncée avant 1948 (d'abord uniquement en Egypte) puis, avec plus de détails, en 1949, par Doresse lui-même. Mais les premières découvertes des rouleaux de la mer Morte avaient déjà été diffusées dans le monde entier. Pendant longtemps, les fouilles du désert de Juda éclipsèrent presque entièrement celles de la Haute-Egypte. Doresse fut à la fois contrarié et fasciné par ce revers de fortune inattendu. « Serais-je légèrement enclin à sous-estimer l'intérêt des manuscrits tant admirés découverts près de la mer Morte ? », s'interrogea-t-il. Quelque temps après, comme s'il subissait inconsciemment l'influence de l'approche suivie pour les rouleaux de la mer Morte, il en vint à se demander ; « A quelle secte appartenaient ces manuscrits [gnostiques coptes] ? »

Doresse posa cette question après avoir reconnu lui-même l'apparente diversité de doctrines dans les textes de Nag Hammadi. Bien qu'il eût commencé par dire que « l'intérêt de ces nouveaux manuscrits est rehaussé par l'homogénéité des écrits qu'ils contiennent, leur indubitable unité », il perçut toutefois, à un stade relativement précoce de sa recherche sur les manuscrits, que cet intérêt était « encore renforcé par leur diversité » car ils décrivaient « le même mythe gnostique dans ses formes les plus variées ». Comme il le disait, les écrits étaient « même accompagnés de certaines œuvres issues de communautés étrangères, valentiniennes ou hermétiques, qui intéressaient notre secte ». La secte gnostique choisie par Doresse comme étant la plus vraisemblablement responsable de ces écrits fut un groupe mentionné par Epiphanius et d'autres hérésiographes (auteurs d'anciennes chroniques sur les hérétiques chrétiens) sous le nom des Séthiens. Doresse souligna des traits, relevés dans certains des textes, qui lui rappelaient cette secte. Toutefois, en insistant sur cette identification, il en suggéra d'autres : « Il est sans doute possible de penser également aux Ophites ou aux Naasséniens... On pourrait aussi se demander si l'on n'a pas affaire aux Archontices ou aux Barbélognostiques... Mais il serait inutile d'essayer d'être plus précis ; les hérésiologues nous ont appris que ces sectes se faisaient des emprunts mutuels sans le moindre scrupule. » Bref, même si Doresse savait que la littérature de Nag Hammadi était complexe et souvent contradictoire, il persista à essayer de la rattacher à une secte unique et, lorsqu'il exprima son point de vue, en 1958, certains le suivirent dans cette voie[31].

Cependant, à mesure que l'on approfondissait le contenu des textes, on finit par percer le mystère « séthien ». En 1966, lors d'un colloque sur les origines du gnosticisme, T. Säve-Söderberg se demanda si « un seul système dogmatique pouvait expliquer tous les différents textes » ou si « une seule et unique congrégation de croyants gnostiques aurait pu ne serait-ce qu'accepter » tous ces textes[32]. Säve-Söderberg montra que, d'après le contenu des textes, la réponse à ces deux questions était nécessairement négative. Comme il l'expliqua : « Même une analyse superficielle des dogmes évoqués dans les différents textes révèle qu'il est impossible de les ramener à un dénominateur commun. Et si, par exemple, on étudie en détail la manière dont les textes, dans certaines idées et notions essentielles, abordent l'Ancien Testament, on en conclura nécessairement que cette collection ne peut pas refléter les idées et les dogmes d'une seule secte, quels que soient son ouverture d'esprit et son syncrétisme. Il est difficile de croire qu'une seule et unique congrégation ou un seul croyant gnostique eussent pu ne serait-ce qu'approuver l'ensemble de ces textes dans tous ses détails.» Säve-Söderberg suggéra en revanche que la collection avait peut-être été réunie par un ou plusieurs hérésiographes résolus à lutter contre les idées des gnostiques, plutôt que par les gnostiques eux-mêmes. Il fit remarquer que dans un manuscrit (le n° VI), le scribe avait affirmé dans un mémorandum adressé à son client : « C'est le premier discours que j'ai copié pour vous. Mais j'en ai beaucoup d'autres entre les mains : je ne les ai pas transcrits, pensant qu'ils vous étaient déjà parvenus. J'hésite à les copier pour vous, car si vous les avez déjà, ils vous ennuieront. En fait, j'ai entre les mains de très nombreux discours d'Hermès[33]. »

Ainsi, non seulement la diversité d'idées contradictoires allait à l'encontre de l'idée que les écrits émanaient d'une seule secte gnostique, mais ce petit mot documentaire, conservé par hasard dans l'un des textes, indiquait une autre direction. En soulignant que l'on ne pourrait porter un jugement définitif que lorsque l'ensemble de la collection serait publiée, Säve-Söderberg avertit que jusque là « chaque texte devrait être jugé et analysé plus ou moins comme un phénomène isolé, et non comme appartenant à une unité, ce que ne représente nullement la bibliothèque de Chenoboskion ». Son point de vue fut ensuite repris par d'autres chercheurs, et la publication de la totalité des textes de Nag Hammadi mit finalement un terme à la controverse[34].

On comprend aisément pour quelles raisons l'histoire de l'interprétation de ces deux découvertes prit des voies si différentes. Jean Doresse, pionnier des études de Nag Hammadi, était relativement jeune et n'avait, lorsqu'il commença à travailler sur ces textes, ni prestige, ni influence. Il n'avait pas l'aura, ni l'autorité de savants comme Eliézer Sukenik, le père de Vaux, André Dupont-Sommer et d'autres érudits qui développèrent la thèse de la secte de Qumran ou lui accordèrent un puissant soutien au début des découvertes. Pour reprendre une expression très répandue dans le jargon des érudits modernes, ils « acceptèrent » la théorie, et cet acte fut décisif pour que le monde du savoir se range en sa faveur. Par contre, le point de vue de Doresse sur les origines des écrits de Nag Hammadi n'était pas lié au pouvoir du charisme intellectuel et reçut tout simplement le traitement normal que l'on accorde à la plupart des premières hypothèses ; après avoir été soumis à un examen critique lors de débats et d'enquêtes, il fut jugé insuffisant*. Dans toutes les publications des textes de Nag Hammadi on chercherait en vain la moindre approbation d'une quelconque théorie sur les origines de ces manuscrits gnostiques ou le moindre commentaire tendant à orienter le lecteur dans un sens particulier. Ils ont été présentés de manière très sobre, avec leur traduction en anglais. Cette approche de la découverte était diamétralement opposée à celle des éditeurs des rouleaux de Qumran qui, lors de la publication des éditions d'Oxford, introduisirent systématiquement de nombreux commentaires destinés à appuyer un mythe des origines de la prétendue secte de Qumran, de le protéger et, malgré le nombre croissant de contradictions qui continuaient à le mettre en péril, de donner au lecteur l'impression que ce mythe était véridique et irréfutable. De cette façon il devenait de plus en plus possible d'influencer l'interprétation des textes par les futurs chercheurs**. Pendant ce

---

*Ajoutons que cet affaire, qui est parfaitement normale dans le domaine de la recherche, avec ses hauts et ses bas, n'a nullement empêché le Dr Doresse de poursuivre, pendant les années suivantes, une carrière distinguée au Centre National de la Recherche Scientifique.

**Lors de la lutte pour l'accès aux rouleaux (voir le chapitre 10), le professeur A. Caquot, professeur au Collège de France et membre de l'Institut de France, eut le mérite de se prononcer contre la méthode de publication pratiquée systématiquement par l'équipe officielle des éditeurs. Il posa la question en ces termes, rapportés par Gilbert Charles dans l'*Express*, 25 novembre 1991, p. 100 : « ...Les éditeurs cherchent simplement à publier leurs manuscrits accompagnés de commentaires définitifs. Ils veulent absolument avoir le dernier mot, alors qu'on sait très bien que celui qui traduit ce genre de document pour la première fois n'a jamais le dernier mot ». Ceci dit, il est regrettable de constater

temps, de nombreuses requêtes de chercheurs qui tentaient d'obtenir des reproductions des textes inédits, pour les étudier, étaient tranquillement ignorées, tandis que beaucoup de chercheurs devenaient âgés et même disparaissaient. Il est dommage de constater que par cette façon de procéder l'équipe des éditeurs se soit transformée en un organe de pouvoir intellectuel dont les pratiques, comme nous le verrons plus loin (au chapitre 10), allaient finir par poser un problème moral embarrassant pour de nombreux membres de la communauté scientifique.

---

que M. Caquot n'a jamais traité de façon adéquate le problème fondamental de la diversité doctrinale des rouleaux, aussi bien que d'autres problèmes inhérents à la théorie essénienne.

CHAPITRE 5

Le Rouleau de cuivre, les manuscrits de Massada et le siège de Jérusalem

❖

En mars 1955, la découverte du *Rouleau de cuivre* dans la grotte 3 constitua un développement majeur dans les recherches sur les manuscrits découverts à Qumran, même si initialement on ne présenta pas les faits de cette manière. Les résultats de son déroulement et de son déchiffrage finirent par démontrer l'importance que revêtaient les affirmations d'Origène et de Timothée pour résoudre l'énigme des rouleaux. Le contenu de ce texte, qui fut trouvé dans un renfoncement, derrière d'autres manuscrits, fournit des éléments décisifs permettant d'avoir un regard nouveau sur l'origine des rouleaux. En outre, l'histoire de la révélation progressive de son contenu et, en particulier, des tentatives ultérieures entreprises pour jeter un doute sur son authenticité, allaient finir par servir de leçon sur la politique suivie dans les études qumraniennes. Cette découverte mit une marque indélébile sur tous les débats ultérieurs concernant les rouleaux et le site de Khirbet Qumran.

Le rouleau, constitué de deux parties, ne put être immédiatement déroulé car la corrosion l'avait rendu fragile et peu flexible. Cependant, comme le texte était gravé au stylet dans le cuivre, on pouvait lire quelques mots à l'envers, en relief, au verso de la couche extérieure. En automne 1953, au cours d'un séjour à Jérusalem, K. G. Kuhn, professeur à Heidelberg, déchiffra un bon nombre de mots, et l'année suivante il publia un article suggérant que le rouleau contenait des descriptions de trésors esséniens cachés [1].

Son point de vue reçut le soutien d'un certain nombre de chercheurs, mais fut accueilli avec scepticisme par l'équipe de Jérusalem. En 1955, le Dr John Allegro, de l'Université de Manchester, devenu membre du groupe chargé de la publication des manuscrits, fit appel au Manchester Institute of Technology pour ouvrir les deux parties du rouleau, dont l'une avait été apportée de Jérusalem à l'institut par G. Lankester Harding. Le 30 septembre, le professeur H. Wright-Baker commença à découper le rouleau en fines bandes verticales concaves, en utilisant une machine à scier de son invention. (Les parties ne pouvaient pas être aplaties car cela aurait risqué de les briser.) On ôta progressivement la poussière accumulée sur les lignes du texte, puis on photographia, inventoria et disposa les bandes côte à côte, dans le bon ordre, pour obtenir un texte suivi.

Allegro écrivit plus tard qu'il participa au nettoyage, déchiffra la première colonne « et une ou deux autres », puis « s'empressa d'adresser par avion des lettres à Harding pour lui annoncer la nouvelle ». En novembre, Allegro lui envoya « [la] transcription complète de la première partie, ainsi qu'une traduction et des notes provisoires ». La deuxième partie du rouleau arriva à Manchester début janvier 1956 et fut découpée de la même façon que la première, entre le 11 et le 16 du même mois. Par la suite, Allegro décrivit le déroulement des opérations en indiquant : « Mes lectures suivaient par avion », et il ajouta que le rouleau complet fut renvoyé aux conservateurs en avril[2].

Par ces efforts, qui présentaient tous les traits caractéristiques d'un érudit dévoué et coopératif, Allegro déclencha malgré lui une série d'événements qui allaient s'achever de manière totalement imprévisible : il fut sévèrement critiqué par ses collègues de Jérusalem, sa carrière universitaire s'effondra, il s'exila dans l'île de Man, attaqua les Juifs, le judaïsme et le christianisme dans ses écrits et mourut prématurément, tout seul, en 1988[3].

Dans son livre sur les rouleaux paru en 1956, Allegro ne consacre que quelques pages au *Rouleau de cuivre* : il décrit rapidement les premiers événements et finit par dire que l'hypothèse de Kuhn sur un inventaire de trésors cachés « s'est avérée merveilleusement juste. Il s'agit réellement d'un inventaire des biens les plus précieux de la secte, enfouis en divers endroits ». Puis il insiste sur le fait que, pour avoir des informations supplémentaires, il faudra attendre

« la publication de l'ensemble du texte, une tâche confiée... au père Josef Milik, de l'Ecole Française de Jérusalem[4] ». A cette époque, il semblait donc parfaitement disposé à attendre la publication de Milik.

Comme l'avait supposé Kuhn, le texte qu'Allegro transcrivit et traduisit s'avéra bien contenir des inventaires de trésors cachés. D'après les termes explicites du rouleau, ces trésors furent placés dans différentes cachettes, la plupart dans le désert de Juda. Le texte, écrit dans un idiome hébreu non littéraire datant du Ier siècle de l'ère chrétienne, contient un total de douze colonnes, avec environ cinq inventaires par colonne. Le fait qu'il soit écrit sur du cuivre, un métal coûteux, suggère que ses auteurs lui accordaient de l'importance. Il porte toutes les marques d'un autographe documentaire authentique : l'écriture ne présente ni l'élégance ni l'uniformité de celle des scribes professionnels, et les inventaires sont consignés sans fioritures. Comme les textes de Bar Kokhba, le *Rouleau de cuivre* présente de véritables toponymes du désert de Juda. On y trouve des noms de lieux familiers tels que Jéricho, la vallée d'Achor et l'oued Cédron, ainsi que des localités pour la plupart non identifiables comme Sekhakha, Harobah, Duq, Kohlat, Milham et Beth Hakerem*. Les cachettes de trésors comprennent aussi des grottes, des tombes et des aqueducs. Il y a un très grand nombre de trésors, de tailles et de natures très différentes. L'authenticité du *Rouleau de cuivre* apparaissait si clairement que Dupont-Sommer, le principal défenseur non anglophone de l'hypothèse qumrano-essénienne, le décrivit comme « un document rédigé avec toute la sécheresse d'une pièce de comptabilité » et suggéra que « s'il est gravé sur une matière résistante et conservé en deux exemplaires, c'est qu'il s'agit d'archives importantes, de richesses bien réelles et non pas de fictions[5] ».

* En Palestine, comme dans d'autres parties du monde, il y a de nombreux toponymes anciens, notamment un grand nombre de ceux qui figurent dans la Bible hébraïque, que l'on ne peut plus identifier. Beaucoup de localités ont été détruites ou ont disparu pour d'autres raisons, et certaines ont subi des changements de nom qui rendent leur identification originale difficile, voire impossible.

A Jérusalem, les collègues d'Allegro avaient certainement étudié avec grand intérêt les essais de transcription et de traduction des deux parties du texte qu'il leur avait fait parvenir, mais, en fin de compte, ils ne semblèrent pas satisfaits des résultats obtenus après l'ouverture du rouleau. Leur déception n'apparut pas immédiatement : au début, ils réagirent positivement aux transcriptions des différentes colonnes qu'ils avaient reçu d'Allegro et, sans hésitation apparente, ils lui avaient expédié à Manchester l'autre section du rouleau pour qu'il l'ouvre.

Nous pouvons donc raisonnablement en déduire que de Vaux, Milik et d'autres chercheurs de Jérusalem mirent un certain temps à entrevoir que le contenu textuel du *Rouleau de cuivre* représentaient un danger pour l'hypothèse qumrano-essénienne. Les quatre mille Esséniens de la Palestine du Ier siècle étaient censés fuir les richesses et ne pouvaient donc pas posséder les sommes d'argent et les quantités de métaux précieux décrites dans le texte. Aucune autre petite secte non plus, quelle qu'elle soit. Si le texte était bien un autographe authentique, les trésors ne pouvaient provenir que du Temple dont les gardiens, à l'époque intertestamentaire, amassèrent d'immenses richesses issues des donations et des redevances fournies par une vaste population juive disséminée en Palestine et ailleurs. En outre, puisqu'on avait trouvé ce rouleau dans une grotte qui renfermait aussi des manuscrits littéraires sur parchemin, la possibilité que l'ensemble des rouleaux ne provienne pas de Qumran, mais de Jérusalem même, a dû surgir à un moment donné. Toutefois, les principaux membres de l'équipe de recherche, convaincus que les Esséniens avaient bel et bien écrit les rouleaux et que cela s'était passé à Qumran, décidèrent de déclarer que le texte qu'ils avaient sous les yeux était une œuvre *fictive*.

Après cette décision collective, apparemment prise un certain jour de mai 1956, Lankester Harding écrivit à Allegro et à Wright-Baker pour leur suggérer cette explication. Ensuite, le père de Vaux et Lankester Harding firent une déclaration officielle qui fut envoyée de Jérusalem à la British Academy de Londres, à l'Académie des Inscriptions et Belles Lettres à Paris, et ailleurs. Elle fut lue à l'Académie le 1ᵉʳ juin. Dupont-Sommer qui assista à l'événement écrivit :

> Quelques exemples semblent bien donner l'impression qu'on est en présence de dépôts réels, soigneusement décrits et très minutieusement repérés. Cependant, le communiqué du 1ᵉʳ juin écarte expressément cette façon de voir : l'inscription ne serait autre chose qu'un recueil de traditions sur les endroits où d'anciens trésors étaient supposés cachés. [Le communiqué] continue ainsi : « On comprend difficilement pourquoi les Esséniens de Qumran se préoccupaient tellement de ces histoires de trésors cachés et spécialement pourquoi ils les jugeaient dignes d'être gravées sur du cuivre, qui était alors un métal coûteux... En tout cas ce guide de trésors cachés est le plus ancien document de ce genre qui ait été trouvé, et il est intéressant pour l'histoire du folklore ».

Dupont-Sommer cite également la remarque de De Vaux selon laquelle le *Rouleau de cuivre* était le « produit fantaisiste d'un esprit dérangé[6] ». Ce communiqué fut diffusé dans la presse du monde entier[7].

Les actes et les déclarations ci-dessus révèlent un effort concerté, avant même la publication du *Rouleau de cuivre*, pour convaincre le public que son existence ne mettait nullement en cause les origines sectaires des textes et la singularité des découvertes des grottes de Qumran. Il s'agit de la première tentative connue visant à consolider l'hypothèse courante en donnant à un rouleau une interprétation particulièrement douteuse, bien avant sa publication intégrale. (Nous examinerons dans les chapitres suivants d'autres tentatives de ce genre.)

Comme le révèle sa correspondance de l'époque[8], Allegro fut d'abord entièrement dérouté par ces procédés, puis il finit par en saisir la véritable nature. Il avait lui-même commencé par croire que les trésors étaient esséniens, ensuite, devant la réaction de ses collègues de Jérusalem, il approfondit la question et finit par conclure que les trésors n'étaient pas liés à Qumran, mais à la trésorerie du Temple, et que le *Rouleau de cuivre* était l'œuvre des Zélotes, et non pas des Esséniens. Quelques semaines seulement après le communiqué de De Vaux, Chaim Rabin, qui travaillait alors à Oxford, publia un article suggérant également que le rouleau décrivait les trésors du Temple et n'avait rien à voir avec les Esséniens. Cette idée fut exprimée à peu près au même moment par K. G. Kuhn, qui renonçait ainsi à sa première explication selon laquelle le texte évoquait des trésors esséniens[9]. Une climat de tension extrême se développa alors entre l'équipe chargée de la publication (qui soutenait entièrement de Vaux et son idée que les trésors étaient un produit de l'imagination) et Allegro qui, dès le départ, avait à juste titre trouvé leurs interprétations ridicules[10]. Une remarque ultérieure de Frank Cross résumait le point de vue de cette équipe en affirmant : « Je préfère suggérer, non sans hésitation bien sûr, que nous avons affaire à des trésors traditionnels, c'est-à-dire légendaires, venant peut-être du Temple de Salomon... il suffit d'imaginer qu'un ermite religieux de Qumran ait pris ces traditions folkloriques suffisamment au sérieux pour les conserver sur du cuivre[11]. »

Le climat de tension préoccupait manifestement Dupont-Sommer, puisqu'il se crut obligé d'affirmer, à la fin des années 1950 :

> Il se peut que J. Allegro, en approfondissant les problèmes que pose l'inscription encore énigmatique, ait été amené à modifier plus ou moins son opinion première [que le rouleau décrit des trésors esséniens]. En attendant la publication de son livre, il a bien voulu nous faire savoir qu'il maintenait résolument, contre Milik, la thèse d'un inventaire réel et aussi que l'interprétation particulière qu'il propose concernant les rouleaux de cuivre *ne s'opposait nullement à la thèse générale de l'origine essénienne des écrits de Qumran*[12].

Bien qu'Allegro ait fini par considérer que le *Rouleau de cuivre* était d'une certaine façon lié aux trésors du Temple, ces propos révèlent qu'au départ il n'avait pas entièrement conscience du danger que représentait son point de vue pour la thèse officielle. Ils indiquent aussi que Dupont-Sommer, lui, entrevoyait cette menace.

Avant même l'ouverture du rouleau, Dupont-Sommer exprima sa conviction que le texte énumérait des trésors esséniens[13]. Il réaffirma son point de vue après la parution de la traduction provisoire du texte par Milik[14]. Toutefois, lorsque, en 1960, Allegro publia sa propre transcription complète sous forme de dessins au trait, Dupont-Sommer affirma qu'elle révélait « la complexité et la difficulté des multiples problèmes que pose l'étude » de ce manuscrit, et indiqua qu'il attendait la publication par Milik de l'œuvre complète avant « de tenter [lui-même] une étude globale de ce document toujours hautement énigmatique[15] ».

En fin de compte, il ne put que répéter sa thèse selon laquelle les trésors avaient appartenu aux Esséniens. Il expliqua son refus d'associer le *Rouleau de cuivre* au Temple en citant Josèphe qui affirmait que les Romains trouvèrent des trésors dans l'enceinte du Temple, après la prise de Jérusalem[16]. Cependant, Josèphe n'était pas à Jérusalem au moment du siège et sa description ne prétend pas être un témoignage direct de tous les événements qui se produisirent à l'intérieur des murs de la capitale avant et pendant le siège. Comme le note Dupont-Sommer lui-même, Josèphe explique aussi que les Romains trouvèrent « de nombreux objets précieux » dans les tranchées souterraines de la ville ; mais Josèphe ne décrit pas les actions des habitants qui cachèrent ces objets[17]. Le *Rouleau de cuivre* complète donc simplement son explication en laissant entendre qu'au-delà des trésors laissés dans le Temple et cachés dans les souterrains de la ville, il y en avait d'autres, enfouis dans des cachettes principalement situées dans le désert de Juda.

Le problème était épineux pour les qumranologues, et certains développèrent une nouvelle idée selon laquelle le rouleau pouvait effectivement être authentique, auquel cas le fait qu'il ait été caché n'avait rien à voir avec la dissimulation des autres rouleaux dans les grottes, mais était plutôt dû à l'intrusion dans la grotte 3 de personnes qui n'étaient pas esséniennes et qui y avaient pénétré à la même époque ou plus tard. Par la suite, le père de Vaux tenta d'isoler doublement le *Rouleau de cuivre* en niant son authenticité, tout en suggérant, de surcroît, qu'il fallait le distinguer des autres textes, de par son aspect matériel et du point de vue chronologique :

Seulement cette exception, si elle se vérifiait, confirmerait la règle : le caractère unique de ce document, si étranger aux habitudes et aux préoccupations de la communauté, s'expliquerait aisément s'il n'émanait pas d'elle et avait été déposé plus tard. La conclusion en serait fortifiée : aucun des manuscrits de la communauté n'est plus récent que la ruine de Khirbet Qumran en 68[18]...

Ainsi, les propres paroles du père de Vaux montraient-elles que ce manuscrit était pour lui une contrariété évidente.

Les traductions provisoires de Milik avaient paru en 1959, sous forme d'articles. Allegro s'aperçut alors que l'équipe de Jérusalem était résolue à imposer la description du texte comme une fiction, et il publia sa transcription et sa traduction personnelles, établissant l'authenticité complète du rouleau. Par la suite, il dirigea une expédition archéologique qui chercha en vain les trésors en question. Il va sans dire que l'équipe de Jérusalem protesta à hauts cris. Après quoi, en 1962, Milik publia son édition élaborée du texte dans la série des publications d'Oxford, où il reprenait la thèse alors « officielle » que le rouleau était une création imaginaire ou une falsification[19].

Cependant, entre-temps, la connaissance accrue du contenu du texte avait affecté l'acceptation quasi universelle de l'hypothèse qumrano-essénienne. Dès 1958, Cecil Roth, l'historien d'Oxford, s'étant familiarisé avec les débats antérieurs concernant le *Rouleau de cuivre*, avança l'idée que les rouleaux de Qumran n'avaient pas appartenu aux Esséniens, mais aux Zélotes qui auraient caché leurs trésors dans le désert de Juda (voir plus loin, p 160). Allegro appuya cette idée avant de publier le rouleau, en 1960. Le groupe chargé de la publication et ses partisans reçurent cette interprétation avec dérision, puis gardèrent le silence, tout en continuant à alimenter leur propre vision avec toutes les preuves qu'ils pouvaient invoquer pour la rendre plausible et authentique. Pourtant, longtemps après la publication par Milik du *Rouleau de cuivre*, tous les efforts visant à présenter le rouleau comme une œuvre fictive allaient échouer[20]. (Voir plus loin, l'Epilogue.)

Parmi les tentatives entreprises par l'équipe officielle pour mettre en question les affirmations d'Allegro sur l'authenticité du document, l'un des épisodes les plus révélateurs fut la publication par le père de Vaux d'un compte rendu du livre d'Allegro paru en 1961. Il indiquait que ce « livre s'ouvre sur l'histoire de la découverte [du *Rouleau de cuivre*] qui est présentée avec une imprécision regrettable ». Cette « imprécision » provenait en réalité du fait qu'Allegro avait omis de citer le nom des trois institutions ayant participé à la recherche dans les grottes en 1952. (En effet, l'ouvrage d'Allegro ne faisait qu'une mention rapide de l'une des « équipes de fouilles », composée des « archéologues » qui avaient découvert le *Rouleau de cuivre*, sans citer leurs noms.) Réprouvant Allegro parce qu'il avait affirmé que trois directeurs du Service Jordanien des Antiquités l'avaient successivement invité à publier le rouleau, de Vaux déclara que si ces derniers avaient fait cela, c'était sans mandat, puisque les droits d'édition « appartenaient à ceux qui l'avaient découvert ». Cette déclaration, particulièrement étonnante, laissait entendre que les archéologues qui découvrent des textes écrits ont des droits prioritaires de publication, même si les paléographes et les chercheurs spécialisés dans l'étude de manuscrits sont généralement mieux qualifiés pour les déchiffrer et les interpréter.

Dans cette même veine, le compte rendu de De Vaux affirmait que l'on avait simplement confié à Allegro le soin de faire des « transcriptions provisoires » du texte dans le laboratoire du Dr Wright-Baker, et que le rouleau avait été officiellement attribué à Milik pour qu'il le publie. Pourtant, Allegro avait fidèlement exécuté ce qu'on lui avait demandé, et avait envoyé ses transcriptions à Jérusalem ; il n'apprit que plus tard, sans avoir été consulté en tant que premier déchiffreur du texte, que de Vaux et son équipe avaient condamné le rouleau dans le monde entier en annonçant officiellement qu'il s'agissait d'une œuvre purement imaginaire. Manifestement, le compte rendu de De Vaux tentait de discréditer Allegro.

Il l'accusait d'avoir agi « à l'encontre de l'honnêteté la plus simple » en publiant sans autorisation deux photographies qui étaient la propriété du Musée Archéologique de Palestine : des actes de ce type « disqualifient un auteur », affirmait-il. Pourtant Milik, dans les traductions provisoires du *Rouleau de cuivre* publiées avant celles d'Allegro, avait soutenu l'affirmation de De Vaux selon laquelle le document était une création imaginaire, tout en omettant soigneusement de mentionner qu'Allegro avait été le premier à l'avoir transcrit : un acte bien plus discutable qui toutefois ne semblait nullement déranger de Vaux. Par la suite, lorsque Milik publia son édition complète du texte, celle-ci contenait un certain nombre d'erreurs de transcriptions commises par Allegro ; pourtant il refusa de reconnaître la moindre contribution de la part d'Allegro. Il ne voulait, écrivit-il, en aucune façon faire référence au travail de son collègue « pour des raisons que l'on pourra deviner en lisant les remarques de De Vaux [dans la *Revue biblique*, contre le livre d'Allegro][21] ».

Puisque Allegro avait lu le texte entier et reconnu qu'il ne pouvait s'agir que d'un document historique, sa conduite générale était parfaitement appropriée. De Vaux s'en prenait à son érudition, mais sa critique ne contenait pratiquement rien qui eût une valeur scientifique. Allegro avait osé publier une édition indépendante du *Rouleau de cuivre* et en plus il avait eu le courage et l'intégrité de s'opposer à de Vaux au sujet de l'authenticité d'un manuscrit de Qumran qui présentait tous les signes d'un véritable autographe historique. La question inquiétait suffisamment le responsable de l'équipe de Jérusalem pour qu'il rédige son étonnant communiqué international, six ans avant la publication officielle du texte et deux mois à peine après avoir reçu le rouleau ouvert et la transcription d'Allegro*. Ce fut seulement avec le temps qu'une majorité des

---

*On ne peut guère douter du fait qu'il y avait au cœur du traitement que de Vaux et Milik infligeaient à Allegro non seulement un désaccord du point de vue scientifique, mais aussi un conflit personnel, voire religieux, qui apparaît fréquemment dans la correspondance de ce dernier avec d'autres membres de l'équipe de Jérusalem. Il réagit finalement en abandonnant sa carrière universitaire, et par la suite il publia une attaque contre le christianisme sous couvert de la thèse selon laquelle les premiers Chrétiens étaient parvenus au sentiment religieux grâce à la consommation de champignons hallucinogènes. (Voir aussi la note 3 de ce chapitre). Néanmoins, Allegro poursuivit son étude des rouleaux jusque dans les années 1960.

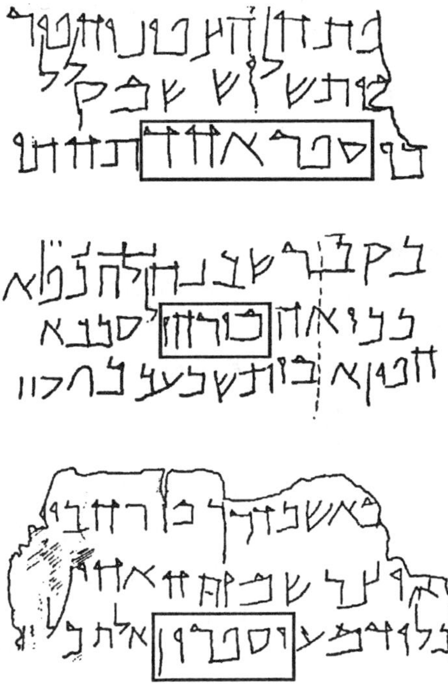

Planche 11

Trois passages du *Rouleau de cuivre* décrivant (a) un rouleau
dissimulé à côté de trésors ; (b) d'autres objets cachés dans la région
de Jéricho ; et (c) des rouleaux cachés à côté de récipients précieux.
(D'après les calques de J. M. Allegro.)

impliqués dans l'étude du *Rouleau de cuivre*[22] commencèrent à
reconnaître l'authenticité de ce précieux manuscrit : un tournant
décisif auquel parvint d'abord David Wilmot dans la thèse qu'il
préparait à l'Université de Chicago dans les années 1970, mais ne
put jamais soutenir en raison de son décès prématuré. Aujourd'hui,
le texte continue à être soumis à un examen minutieux, notamment
de la part d'Al Wolters, du Redeemer College (Ontario), de P. Kyle
McCarter, de l'Université Johns Hopkins, et du père E. Puech, de
l'Ecole Biblique de Jérusalem, qui affirment tous son authenticité et
sa qualité historique. La conclusion de McCarter va dans la direction

chercheurs opposée à celle de son professeur, Frank M. Cross ; sa volonté d'exprimer une conception si différente permet de mesurer l'importance qu'il doit accorder à cette question. (En ce qui concerne l'effort récent du père Puech visant à *harmoniser* ses constatations avec l'hypothèse qumrano-essénienne du père de Vaux, voir plus loin l'Epilogue.)

À la fin du *Rouleau de cuivre*, nous lisons : « dans une cavité... au nord de Kohlat... se trouve dissimulée une copie de cet écrit avec son explication[23] ». Ceci montre clairement que le *Rouleau de cuivre* était un texte autographe authentique dont on avait, par sécurité, recopié le contenu, apparemment avec certains ajouts, dans un autre rouleau qui, manifestement, fut aussi caché. De par le caractère non littéraire du texte, la sécheresse de l'énumération des objets déposés, l'écriture irrégulière, le fait qu'il ait été trouvé dans une des grottes de Qumran et se situait, comme les autres rouleaux, dans le contexte archéologique du Ier siècle après J.-C., il est extrêmement difficile d'approuver les tentatives effectuées afin de le séparer de l'histoire spécifique des textes de Qumran. En outre, le fait qu'au moins huit passages mentionnent des *écrits* enfouis à côté des trésors revêt une importance décisive pour la question de son authenticité.

L'un des passages les plus remarquables (les six premières lignes de la colonne 7) indique que l'on doit creuser à l'entrée nord de la « Grotte du Pilier », à trois coudées sous terre, où l'on trouvera une amphore contenant un *rouleau* (en hébreu, *sefer*) puis, sous l'amphore, quarante-deux talents d'argent. Il est frappant de voir que ce passage suit un autre (fin de la colonne 5) déclarant que trente-deux talents ont été cachés dans une tombe située au « Ruisseau du Dôme... lorsqu' [on] arrive à Sekhakha en provenance de Jéricho ». La Grotte du Pilier se trouvait donc aussi entre Jéricho et Sekhakha, un lieu que nous ignorons, mais qui ne pouvait guère avoir été à plus de quelques kilomètres de Jéricho, puisque les instructions ne mentionnent aucun lieu intermédiaire*. (S'il y avait eu des lieux intermédiaires entre cette ville et Sekhakha, comme il y en avait tant dans la région plus vaste qui entoure Jéricho, normalement l'auteur aurait cité les localités voisines les plus appropriées pour éclaircir ses indications, au lieu d'indiquer Jéricho comme point de repère.) Ce passage évoque donc clairement la dissimulation d'un livre dans une grotte près de Jéricho et pas dans l'une des grottes au-dessus de Qumran, car le site, à onze kilomètres de la ville, est trop éloigné pour qu'on puisse l'identifier à Sekhakha. Une mention encore plus remarquable, au début de la colonne 8, indique que des *rouleaux* (*sefarin*, au pluriel) furent cachés avec des vases rituels dans un aqueduc apparemment situé également près de Jéricho[24]. Par ailleurs, au moins cinq passages du rouleau signalent que d'autres « écrits » (en hébreu, *ketab* ; pluriel, *ketabin*) ont été placés près des trésors enfouis[25]. A l'instar du *Rouleau de cuivre,* désigné *ketab*, et non *sefer*, à la fin de la dernière colonne, il pouvait s'agir là de registres documentaires précisant le contenu des divers trésors placés à proximité.

Ces différents passages présentent des similitudes frappantes avec les affirmations d'Origène et de Timothée sur la découverte de manuscrits hébraïques près de la même ville. Toutefois, dans la mesure où les lieux mentionnés dans le *Rouleau de cuivre* doivent être bien plus proches de Jéricho que ne l'est Qumran, ils mettent encore davantage en cause l'idée que les découvertes évoquées par Origène et Timothée étaient simplement des manuscrits trouvés à Qumran pendant l'Antiquité et le haut Moyen Age. Si l'on met de côté les insinuations obscures selon lesquelles le rouleau serait une

* Rouleau de Cuivre, colonne 5, ligne 12 ; éd. Milik, p. 289. Cross et Milik ont identifié ce lieu à Khirbet Samrah, d'importantes ruines de la région de Buqé'ah (cf. l'étude de Milik, « Rouleau de Cuivre », p. 236, n° 7). Mais cette identification a été réfutée par B. Z. Lurie (*Megillat hanehoshet*, p. 84) pour la bonne raison que Sekhakha est mentionné ailleurs dans le *Rouleau de Cuivre* en relation avec un barrage des environs, alors que la région de Khirbet Samrah ne se prête nullement à la construction d'un barrage. Pour les calques d'Allegro (planche 11), voir de cet auteur *The Treasure of the Copper Scroll*, Londres, 1960, pp. 40, 42 et 46.

falsification*, il ressort nécessairement de cet ensemble de preuves que des manuscrits hébraïques ne furent pas cachés uniquement dans les grottes de Qumran, mais dans divers endroits du désert de Juda et de la plaine de Jéricho, que des objets d'une grande valeur matérielle furent enfouis simultanément et que cette activité de dissimulation fut liée à des événements qui se produisirent à Jérusalem, le lieu d'origine évident du *Rouleau de cuivre**.

Venons-en à présent aux lieux réels où furent cachés les rouleaux de Qumran et aux informations qu'ils nous donnent sur le lieu ou la région d'où venaient les auteurs de cette initiative. D'après la thèse traditionnelle, les membres de la secte de Qumran décidèrent de dissimuler leurs textes précieux lorsqu'ils apprirent que les troupes romaines campées à Jéricho s'étaient mises ou allaient se mettre en marche vers le sud pour s'emparer du site. Dans ces conditions, il est difficile de comprendre pourquoi les habitants de Qumran se seraient déplacés vers le nord, en direction de Jéricho, pour cacher autant de rouleaux. Le bon sens aurait voulu qu'ils se hâtent plutôt vers le sud et vers l'ouest (où ils auraient aussi bien pu trouver des cachettes), pour s'éloigner le plus possible des troupes qui les menaçaient, et pour se diriger vers Massada, comme l'affirme la thèse officielle. En outre, les grottes contenant des manuscrits situées les plus au nord (c'est-à-dire, des plus méridionales aux plus septentrionales, les grottes 2, 1, 11 et 3 [cf. carte 5, p. 126]) sont entre 2 000 et 3 750 mètres (à pied) de Khirbet Qumran ; mais de nombreuses grottes sur le même escarpement, bien plus proches de Qumran, ne contenaient aucun manuscrit. Ceci

---

*Tout récemment, lors de plusieurs conférences publiques sur le *Rouleau de Cuivre*, le père E. Puech a suggéré que de Vaux avait exprimé cette hypothèse simplement pour empêcher les chasseurs de trésors d'envahir le désert de Juda, c'est-à-dire sans y croire réellement. Or le silence profond sur ce sujet de la part du père de Vaux, de ses collègues et de tous leurs disciples, jusqu'à la fin des années 80, jette un doute sur cette explication surprenante (cf. plus loin l'Epilogue, pp. 378-379).

**Voir *Proceedings of the American Philosophical Society*, vol. 124, n° 1 (fév. 1980), pp. 5-8 et 20-22, où j'ai présenté l'essentiel de cette critique, en rejetant la thèse du père de Vaux et de ses collègues à propos de la question de l'authenticité du *Rouleau de Cuivre*.

implique des activités de dissimulation plus complexes que celles de la thèse traditionnelle. De plus, à la différence des manuscrits trouvés dans toutes les autres grottes, ceux de la grotte 7Q n'étaient, comme nous l'avons indiqué, que des fragments écrits en grec, ce qui prouve qu'ils provenaient sans doute d'une source différente de celle des autres rouleaux.

Ces faits sont difficiles à comprendre dans le cadre de la thèse traditionnelle, mais aisément explicables si l'on considère que les déplacements s'effectuèrent de la capitale vers l'est, dans différentes parties du désert de Juda : des rouleaux furent cachés d'abord dans des lieux proches de Jéricho ; puis, lorsqu'un rassemblement romain y parvint, au cours des mois précédant le siège de la capitale, dans les grottes au sud de l'oued Mukallik (grottes 3, 11, 1 et 2) ; et enfin dans les grottes près de l'oued Qumran, encore plus au sud, c'est-à-dire les grottes 10, puis 4. (Cf. cartes 5 et 8.)

Pour évaluer l'ampleur de cette activité, il nous faut à présent aborder une autre découverte, légèrement plus tardive, qui jette une grande lumière sur la signification du *Rouleau de cuivre* et sur les manuscrits trouvés, il y a plusieurs siècles, près de Jéricho.

Encouragés par leurs diverses découvertes dans des grottes, les archéologues israéliens avaient commencé à explorer de nouvelles parties du désert de Juda pour trouver d'autres témoignages sur les événements décisifs de l'histoire de la Palestine au Ier siècle et, ils l'espéraient, d'autres vestiges de l'ancienne secte des Esséniens. Comme nous l'avons vu, les chercheurs avaient découvert près de l'oued Murabba'at, au sud de Qumran, et dans les oueds de l'intérieur de la région d'Engaddi, encore plus au sud, des documents autographes liés à la révolte de Bar Kokhba (de 132 à 135) et évoquant d'autres événements du début du IIe siècle après J.-C.

Les archéologues tournèrent ensuite leur attention sur Massada, la grande forteresse de pierre du désert, au sud d'Engaddi, à environ cinquante kilomètres de Qumran. C'était, avec Machéronte, situé à l'est de la mer, l'un des deux bastions connus surplombant la mer Morte qui eurent un rôle prédominant lors de la Première Révolte. Les deux forteresses dataient au moins de l'époque d'Alexandre

Jannée qui poursuivit la politique de consolidation et d'expansion de l'Etat asmonéen adoptée par les Maccabées au siècle précédent.

Massada se trouve aux confins d'Israël, depuis la création de l'Etat ; des archéologues israéliens y organisèrent une expédition préliminaire en 1955-1956[26]. Ils firent le travail de base visant à dégager les principales structures du site, et établirent plusieurs plans importants. Les résultats persuadèrent les participants que le site pouvait être entièrement dégagé. Une fois qu'ils eurent exploré les oueds près d'Engaddi, cet effort remarquable fut accompli en deux saisons (entre octobre 1963 et avril 1965).

Massada avait été succinctement décrite au siècle précédent :

> De par sa face nord, on voit un immense rocher, d'un demi-mile de long sur un huitième de large, taillé dans la chaîne de montagnes qui surplombe la côte et vissé dans la roche comme pour pointer hardiment vers le nord-est, le long de la mer. Il est isolé, escarpé de tous les côtés et inaccessible sauf en deux endroits où seuls des hommes en file indienne peuvent emprunter des sentiers sinueux en partie tracés par les chèvres, en partie en échelles. A l'ouest, seulement 400 pieds séparent la place forte d'un promontoire qui la rattache à la chaîne en arrière-plan. Sur les autres flancs, les falaises ont au moins 1 300 pieds et, du côté de la mer, elles atteignent 1 700 pieds. Très peu de forteresses peuvent rivaliser en puissance avec celle-ci[27].

On avait de bonnes raisons de vouloir l'explorer. Sa construction fut entreprise par Jonathan Maccabée ou peut-être par Alexandre Jannée, mais elle fut achevée avec soin par Hérode, qui l'entoura d'un gigantesque mur parsemé de tours. En 66 après J.-C., bien avant le début du siège de Jérusalem, les sicaires la prirent à une garnison romaine. De là, ils menèrent des raids dans les territoires voisins, décrits en détail par Josèphe[28]. De nombreux acteurs de la rébellion, notamment Ménahem ben Juda, son neveu Eléazar ben Jaïr et d'autres, ainsi qu'une troupe commandée par Simon bar Giora, vinrent de Jérusalem afin de s'y abriter avant ou pendant le siège. Lorsque la capitale tomba aux mains des Romains, un grand nombre de Juifs prirent la fuite ; trois mille d'entre eux furent tués dans la forêt de Jardes (un lieu dont nous ne savons rien d'autre), alors que, manifestement, ils essayaient d'atteindre Massada. Le siège (commencé à la fin de l'an 73) et la prise de cette forteresse par les Romains succédèrent à une série d'événements décisifs : la prise de Jérusalem, l'assaut de l'importante forteresse d'Hérodium (à environ 12 kilomètres au sud de la capitale) par une légion romaine commandée par Bassus, le siège et la capitulation de Machéronte, puis le massacre des trois mille réfugiés dans la forêt de Jardes[29]. Nous ignorons le nombre de réfugiés qui prirent la fuite et réussirent à atteindre Massada, mais Josèphe affirme qu'à la fin du siège romain de cette place forte, seuls deux femmes et cinq enfants survécurent, et qu'aux dernières heures neuf cent soixante Juifs s'y donnèrent la mort.

La prise de Massada fut le dernier événement important de la Première Révolte[30]. Ensuite, les Romains y établirent une garnison puis, à l'époque byzantine, le site fut en partie habité, avant d'être progressivement abandonné. Il tomba en ruine et, au fil des siècles, se couvrit d'un linceul de poussière et de gravats.

Mais les ruines laissaient entrevoir de nombreux éléments. Sur le plateau, G. A. Smith discerna, à la fin du siècle dernier, non seulement les vestiges de l'enceinte, mais encore « des citernes et des tombes, des restes d'un château et d'un grand palais, une chapelle [byzantine] dont l'abside était encore sur pied[31]... » ; et, comme nous l'avons dit, les archéologues israéliens, au cours de leur expédition préliminaire dans les années 1950, découvrirent de nombreux traits essentiels du complexe.

Plus tard, au cours de deux périodes de fouilles (d'octobre 1963 à mai 1964 et de novembre 1964 à avril 1965), des archéologues, sous la direction d'Yigael Yadin, dégagèrent tout le secteur de Massada, notamment le palais d'Hérode et la partie du site qu'avaient utilisé les sicaires et les réfugiés venus de Jérusalem à l'époque de la résistance contre les Romains. Les ruines contenaient de nombreux artefacts de cette époque, ainsi que des pièces de monnaie, des jarres portant le nom de leur propriétaire, des *ostraca* et surtout des fragments d'au moins quinze textes hébraïques. Deux d'entre eux, des morceaux de rouleaux du Deutéronome et d'Ezéchiel, furent retrouvés dans un bâtiment que l'on identifia comme étant une synagogue (voir planche 5), contiguë à une section du mur d'enceinte au nord-ouest. On découvrit également un fragment du Lévitique près d'un mur de la terrasse du palais situé à l'extrémité septentrionale du plateau. D'autres textes furent retrouvés dans des salles à l'intérieur ou à proximité du grand mur, dont plusieurs dans une casemate spécifique (une salle ou une chambre à l'intérieur des remparts) ; ces locaux étaient situés dans les parties de Massada qui furent principalement occupées par les Zélotes et les réfugiés de Jérusalem. Ils comprenaient un fragment du Lévitique, des fragments de deux exemplaires des Psaumes, vingt-six fragments du texte hébreu original de la Sagesse de Ben Sira (l'Ecclésiastique), des fragments de deux exemplaires du livre des Jubilés, des fragments de plusieurs textes littéraires inconnus, quelques fragments de papyrus, à caractère documentaire, en hébreu, latin et grec et, le plus remarquable, une partie du texte connu sous le nom des *Cantiques du sacrifice du sabbat* (également nommé la « Liturgie angélique »). Plus de dix ans auparavant, des fragments manuscrits de ces Cantiques, d'écritures différentes, avaient été découverts, *mirabile dictu*, dans les grottes 4 et 11 de Qumran.

En général, les textes littéraires étaient de même nature que ceux de Qumran, c'est-à-dire des écrits canoniques, des compositions apocryphes et pseudépigraphes et des textes jusque-là inconnus. En outre, les écritures individuelles étaient différentes d'un fragment à l'autre, comme c'était le cas de presque tous les rouleaux de Qumran. Pourtant, ils furent découverts à Massada, assez loin de Qumran, dans une forteresse où l'on n'avait jamais imaginé que les Esséniens eussent vécu. Yadin et ses collègues étaient à présent confrontés à la preuve décisive établissant le lieu d'origine réel des manuscrits du désert de Juda.

En 1960, lors de la publication de certains fragments des *Cantiques du sacrifice du sabbat* de Qumran, l'éditeur conclut que cette œuvre suggérait un calendrier particulier divisant l'année en douze mois de trente jours[32]. D'autres auteurs avaient soutenu que les

« Esséniens de Qumran » possédaient ce type de calendrier spécifique[33]. Cette affirmation aurait pu être sérieusement compromise s'ils avaient su qu'il y avait exactement la même œuvre cachée à Massada, une forteresse défendue par un grand nombre de Juifs venus de Jérusalem avant et après la prise de la capitale, en l'an 70 après J.-C. Cette découverte, ainsi que celle d'autres fragments de type qumranien à Massada, aurait dû entraîner une remise en cause de l'idée que les rouleaux de la mer Morte ne pouvaient avoir été écrits que par une secte spécifique vivant à Qumran.

Au lieu de cela, une explication spéciale fut à nouveau introduite dans le débat, cette fois par Yadin lui-même : ce rouleau (ainsi que, peut-être, d'autres manuscrits trouvés à Massada) avait une histoire particulière. Il avait été apporté là, seul ou avec les autres, par les Esséniens de Qumran eux-mêmes qui, affirmait-il, avaient rejoint les défenseurs lors des dernières années de la révolte. En proposant cette explication, Yadin évita de mentionner Jérusalem et de l'associer aux découvertes de Massada.

Cependant, aucune preuve (ni chez Josèphe, ni ailleurs) n'indique que les Esséniens, en grand ou en petit nombre, aient rejoint les défenseurs de Massada. Pour soutenir sa thèse, Yadin eut recours à la mention, faite par Josèphe, de Jean, le guerrier essénien de Timma[34]. (Lorsqu'ils furent confrontés aux indices d'une bataille à Khirbet Qumran et au contenu du *Rouleau de la guerre*, d'autres qumranologues avaient déjà évoqué ce personnage pour tenter de donner une image entièrement nouvelle et guerrière des soi-disant « Esséniens de Qumran ».) A la question de savoir si d'autres Esséniens avaient pu se rallier à la révolte, Yadin répondit par l'affirmative et se référa aux *Cantiques* trouvés à Massada.

Nous devons examiner attentivement le raisonnement qui permit à Yadin d'utiliser ainsi le texte des *Cantiques*. Dans son premier compte rendu des fouilles de Massada, il affirma que Josèphe avait indiqué que « de nombreuses sectes de la communauté juive prirent part à [la révolte contre Rome], entièrement ou partiellement, à un certain stade de son développement. En général, les textes littéraires étaient de même nature que ceux de Qumran, c'est-à-dire des écrits canoniques, des compositions apocryphes et pseudépigraphes et des textes jusque-là inconnus. En outre, les écritures individuelles étaient différentes d'un fragment à l'autre, comme c'était le cas de presque tous les rouleaux de Qumran. Pourtant, ils furent découverts à Massada, assez loin de Qumran, dans une forteresse où l'on n'avait jamais imaginé que les Esséniens eussent vécu. Yadin et ses collègues étaient à présent confrontés à la preuve décisive établissant le lieu d'origine réel des manuscrits du désert de Juda[35] », mais les seules références aux Esséniens étaient les deux passages mentionnant Jean l'Essénien. Les écrits de Josèphe ne font aucune allusion à des activités militaires de la part de groupes d'Esséniens.

Dans son livre de vulgarisation sur Massada, Yadin formula son point de vue d'une façon légèrement différente. En insistant sur le fait qu'il y avait « en réalité, dans les écrits de Josèphe, des preuves directes de la participation des Esséniens à la guerre », il écrivit :

> On se souviendra que Josèphe, au début de la révolte, fut l'un des chefs juifs responsables de la région de Galilée, et il connaissait certainement les autres chefs de la révolte. Lorsqu'il énumère leurs noms et leurs secteurs d'activité, il raconte que le chef du secteur central important... était un homme nommé Jean l'Essénien.

Puis Yadin passait directement de la description à la conclusion :

> Est-il vraisemblable qu'un seul Essénien se soit rallié à la révolte et en soit devenu un chef éminent ? Je ne le crois pas. Il est plus probable qu'un nombre considérable d'Esséniens ait aussi rejoint la rébellion. Et après la destruction du pays, alors que Massada restait l'unique bastion et le seul avant-poste de la guerre contre les Romains, il est vraisemblable que tous ceux qui avaient combattu et survécu y trouvèrent refuge, et qu'il y eût parmi eux des participants esséniens. Il eût été naturel que tous ces groupes emportent avec eux leurs écrits saints. C'est ce qui explique, à mon sens, la présence du rouleau de la secte de Qumran à Massada[36]...

La conviction de Yadin que le « rouleau de la secte de Qumran » avait été apporté à Massada non par des Esséniens en général, mais par les Esséniens de Qumran apparaît clairement dans d'autres affirmations :

> La plupart des chercheurs pensent que la secte qui possédait les rouleaux de Qumran était les Esséniens... Ils disent que les Esséniens vivaient sur la rive occidentale de la mer Morte, dans une région qui rappelle vivement le site de Khirbet Qumran... Je crois que les preuves détenues par la majorité de ceux qui identifient la secte de Qumran aux Esséniens sont si claires qu'il nous faut trouver une autre explication à la présence d'un rouleau qumranien dans la forteresse des Zélotes, à Massada. Il me semble que la découverte de ce rouleau fournit en réalité une preuve que les Esséniens participèrent également à la grande révolte contre les Romains [37]...

Or, puisque Yadin soutenait que les survivants de la lutte contre Rome auraient naturellement emporté leurs écrits avec eux lorsqu'ils se réfugièrent à Massada, il aurait pu, très raisonnablement, émettre la possibilité qu'au moins une partie des rouleaux de Massada venait de Jérusalem, le centre principal, avant sa capitulation, de la résistance juive contre les Romains. En outre, il était évident que le contenu et les écritures individuelles des textes littéraires retrouvés à Massada présentaient, dans l'ensemble, les mêmes caractéristiques générales que ceux de Qumran. Donc, ne serait-ce que pour cette unique raison, Yadin aurait dû au moins proposer une explication à l'origine des *autres* textes de Massada, et ne pas se référer uniquement aux *Cantiques du sacrifice du sabbat*. Cependant, il resta muet sur cette question cruciale.

Depuis le silence de Yadin, aucun qumranologue traditionnel n'a soulevé ce problème évident dans une étude des œuvres littéraires découvertes à Massada. Nous pouvons donc légitimement en conclure qu'à ce jour, les défenseurs de l'interprétation de Yadin ne souhaitent pas envisager la probabilité que certains rouleaux non bibliques aient été apportés de la capitale à Massada. En tout cas, ils se gardent bien d'aborder ce problème fondamental dans leurs écrits.

La manière dont Yadin traita la question des origines des textes de Massada joua un rôle dans la thèse avancée par Cecil Roth et G. R. Driver, d'Oxford. Ces derniers postulèrent que les manuscrits des grottes étaient issus du mouvement zélote et que le site de Khirbet Qumran était un de ses bastions. Josèphe avait indiqué que, dès l'an 66 après J.-C., les sicaires avaient pris Massada aux Romains qui l'occupaient[38] et Roth, entre autres, soutenait que les sicaires étaient, par essence, un sous-groupe des Zélotes. Il se hâta donc de souligner que la découverte d'un texte « qumranien » à Massada (les *Cantiques du sacrifice du sabbat*) confirmait sa thèse sur les origines des rouleaux. L'argument de Yadin, affirmait-il,

> consiste à dire que ce manuscrit hautement significatif est une intrusion. Cette suggestion est contraire aux canons de la recherche. A moins qu'un argument très solide s'y oppose, il faut interpréter les preuves archéologiques dans le contexte du lieu où elles ont été trouvées : s'il n'observe pas cette règle, un chercheur pourra toujours se permettre de ne pas tenir compte d'un objet ou d'un document ancien qui va à l'encontre de sa conception préalable et qui lui semble inapproprié... Le seul argument en faveur de l'idée d'une intrusion est que [cet objet ou ce document ancien] ne correspond pas aux notions préconçues du chercheur, elles-mêmes sujettes à des objections conséquentes et, pour certains, écrasantes...

Roth fit également remarquer que l'idée que les Esséniens aient vécu avec les Zélotes, dont les croyances et le tempérament étaient diamétralement opposés, était plutôt ridicule[39].

Pourtant, malgré le fait que l'assertion de Yadin n'avait pas de fondement raisonnable, Edmund Wilson la défendit fermement, et affirma que l'exemplaire des *Cantiques* de Massada

> avait dû y être apporté par quelqu'un de la secte qui... désirait observer le calendrier de la secte... Comme le souligne Yadin, Josèphe mentionne deux fois Jean l'Essénien comme l'un des généraux... Et ne serait-il pas possible que certains Esséniens, toujours fidèles aux termes de leur calendrier dissident, aient

gravi les formidables hauteurs de Massada en provenance de la vulnérable position côtière de Qumran[40] ?

Ainsi, le célèbre homme de lettres venait au secours d'un archéologue charismatique, en soutenant une interprétation hautement discutable des découvertes de manuscrits dans le désert de Juda.

Plus tard, en 1984, Yadin collabora avec Carol Newsom, une étudiante de John Strugnell, pour réaliser une étude commune du fragment des *Cantiques* de Massada. Dans cette étude, publiée l'année de la mort de Yadin, ils réaffirmaient sa conception des origines du texte, expliquant que, « historiquement, la découverte de ce fragment d'une œuvre de Qumran est importante, car elle indique la participation des membres de la communauté de Qumran, que l'on peut avec quasi-certitude identifier aux Esséniens, dans la révolte contre Rome ». Il faut dire qu'à cette époque, on appelait « œuvres de Qumran » tous les écrits non bibliques retrouvés dans les grottes qui n'appartenaient ni aux apocryphes, ni aux pseudépigraphes bibliques officiels, alors que les textes manifestement composés avant la prétendue fondation de la secte, étaient subtilement nommées « pré-qumraniens ». Yadin et Newsom tenaient tellement à convaincre leurs lecteurs que les Esséniens avaient écrit les *Cantiques* qu'ils estimèrent nécessaire de répéter que « la participation des Esséniens à la révolte est attestée par Josèphe », sans pouvoir citer autre chose que les deux passages évoquant les activités militaires de Jean l'Essénien. Josèphe écrit effectivement que, pendant la révolte, les Esséniens subirent des tortures et des humiliations considérables de la part des Romains, mais il n'affirme nulle part qu'ils ripostèrent. En ne se fiant qu'à la mention d'un seul Essénien militaire connu, il est difficile de parler légitimement d'une « participation essénienne » à la Première Révolte[41].

En outre, dans les passages des *Cantiques* qui furent publiés, on ne pouvait déceler aucune idée rappelant les Esséniens tels que les décrivent Philon, Josèphe, Pline, ou encore les auteurs de la *Règle de la communauté*. Ceci apparut encore plus clairement lorsque Newsom publia, l'année suivante, le texte intégral des *Cantiques*[42].

Ces fragments poétiques étaient différents de tous les rouleaux de Qumran que l'on avait auparavant attribués à une secte. Après deux mille ans, les idées du poète qui apparaissaient étaient aussi fragmentaires que les lambeaux de parchemin sur lesquels elles étaient conservées, cependant il était possible de les restaurer et de les traduire partiellement. Le poète conçoit les sacrifices du Temple comme l'équivalent terrestre du cantilène des anges au paradis : tandis que chaque sacrifice terrestre s'effectue, jour après jour, les anges possèdent leur propre répertoire de chants. Voici trois exemples des chants qui leur sont attribués :

(a) [Un cantique] pour la sixième offrande du sabbat, le neuf du [deuxième] mois. [Gloire au Seigneur] de ces seigneurs, qui demeure au plus haut des cieux... le saint des saints ; et élevez des louanges jusqu'à Sa majesté... la [c]onnaissance des seigneurs [angéliques] éternels, ceux qui sont appelés au plus haut des cieux [43]...

(b) Chantez allègrement au Seigneur de sainteté les sept chants de Ses miracles ; chantez au Roi de sainteté, sept fois sept fois, les paroles des chants merveilleux : les sept louanges de Ses bienfaits, les louanges de la grandeur de Son..., les sept louanges qui exaltent Son royaume, les sept louanges de [...], les sept louanges de grâces pour Ses miracles, les sept louanges de jubilation pour Sa puissance, les sept louanges qui chantent Sa sainteté [44]...

(c)... Le puissant murmure du cantique [surgit] sur les hauteurs de leurs ailes, le son des seigneurs ; ils bénissent l'édifice du Trône du Char, (là) au-dessus du firmament des chérubins, [près du] firmament de lumière, ils chantent au-dessous du siège de Sa gloire. Mais quand les roues se mettent en marche, les Anges de sainteté reviennent. Sortant d'entre les roues de Sa gloire, pareils à des visions de feu, les esprits du Saint des Saints les environnent, visions de tiges de feu, comme l'image de l'éclair [45]...

Ces lignes écrites avec sensibilité, dans un vocabulaire recourant fréquemment à l'exaltation et présentant souvent des structures allitératives, sont caractéristiques de l'ensemble des *Cantiques*. Rien n'y évoque une secte. Elles traduisent la pensée d'un poète juif de Palestine qui utilise l'imagination créatrice pour spiritualiser l'ancien rituel du sacrifice animal (qui, objectivement, est un acte cruel et sanguinaire perpétré sur des bêtes innocentes), sans toutefois affirmer qu'il est dépourvu de sens ou répréhensible. Le poète en sublime la signification en utilisant le langage de la béatitude, et le sacrifice, en fin de compte, devient le simple reflet terrestre de l'adoration angélique de la divinité.

Cependant, dans son édition de cette œuvre, Newsom posait une question révélatrice : « Il faut se demander à propos de chaque manuscrit trouvé à Qumran s'il s'agit d'une composition de la communauté de Qumran elle-même ou d'une composition pré-qumranienne copiée et conservée dans la bibliothèque de Qumran ». Cela reflète, bien entendu, la pensée de Yadin et de ses innombrables collègues qumranologues qui n'imaginaient aucune position intermédiaire pour des œuvres n'étant ni « qumraniennes », ni « pré-qumraniennes ».

Ainsi, Newsom évitait d'envisager la possibilité que les rouleaux aient pu, en totalité ou en partie, provenir de Jérusalem. En même temps, elle évitait de répondre aux objections soulevées auparavant par Cecil Roth. La question essentielle que posait la découverte à Massada des fragments des *Cantiques* était, comme on pouvait sans doute s'y attendre, reléguée dans une note en bas de page où Newsom affirmait, en se référant à la thèse de Yadin, que « la meilleure explication à la présence d'un exemplaire des [*Cantiques*] à Massada est peut-être qu'il fut apporté par un membre de la communauté de Qumran ayant participé à la révolte contre Rome... »[46]. Ainsi, la suppression des considérations critiques allait de pair avec une approbation assez peu enthousiaste de l'explication fournie par Yadin. Ma critique de ce point de vue[47] fut précédée par celle de F. Garcia-Martinez qui, en remarquant que Newsom ne parvenait pas à envisager d'autres explications possibles de la présence de ce fragment à Massada, mit en question sa manière de traiter le problème essentiel[48].

En 1990, Newsom revint sur sa position initiale[49]. Elle reconnut franchement qu'aucune base solide ne permettait de traiter ce texte comme une œuvre sectaire et affirma : « Si l'on examine les *Cantiques du Sabbat* du point de vue de leur contenu et de leur visée rhétorique, on n'y trouve rien de proprement sectaire... J'ai précédemment exprimé mon accord avec la suggestion de Yadin selon laquelle le texte aurait pu être apporté [à Massada] par un membre de la communauté de Qumran après la destruction de ce site... J'admets toutefois que cette proposition rappelle d'une certaine façon la théorie des épicycles, introduite pour sauver la cosmologie ptoléméenne qui menaçait de s'effondrer face à des observations empiriques apparemment contradictoires... »

En effet, il n'y avait jamais eu d'argument solide pour étayer le point de vue de Yadin, et Yadin lui-même n'en avait fourni aucun. Dans son premier travail sur Massada, il avait divisé les rouleaux découverts en trois groupes qu'il appelait « les textes bibliques », « les écrits apocryphes et sectaires » et « les papyrus » (c'est-à-dire les papyrus à caractère documentaire mentionnés plus haut)[50]. Sa classification ne laissait aucune place à d'autres écrits hébraïques, qui pourraient être ni sectaires ni pseudépigraphes, mais refléteraient simplement l'ensemble de la littérature du judaïsme palestinien, même s'ils n'avaient jamais figuré dans les Bibles chrétiennes en tant qu' « apocryphes » et n'étaient pas connus autrement auparavant. En réalité, rien de ce qu'il dit n'indique qu'il concevait même que les Juifs de l'époque intertestamentaire aient pu écrire et posséder une telle littérature ; ainsi, il négligeait d'aller au-delà des textes et de considérer les questions vitales qui se posaient au cœur de son propre travail.

En déclarant « pouvoir affirmer avec certitude que [le *Cantique du sacrifice du sabbat*] est l'un des écrits de la secte de la mer Morte[51] », Yadin, tout en protégeant l'ancienne thèse qumrano-essénienne, allait clairement à l'encontre du fait avéré que Massada avait été assailli par des sicaires de Judée et que la troupe qui s'y trouvait avait été renforcée par des réfugiés (par exemple des Zélotes, mais peut-être également des membres d'autres groupes) ayant fui le siège de Jérusalem. La critique de Roth accusant Yadin d'avoir détourné les *Cantiques* pour tenter de défendre la thèse qumrano-essénienne était entièrement justifiée. Mais, comme nous l'avons vu, Edmund Wilson se hâta de secourir Yadin : il écarta Roth et G. R. Driver, son collègue d'Oxford, jugés « trop vieux et trop inflexibles, semble-t-il, pour assimiler de nouveaux éléments[52] ».

Non seulement l'explication de Yadin était injustifiée en soi, mais encore elle eut pour effet de promouvoir le pan-qumranisme à de nouveaux sommets : on avait décidé que les manuscrits retrouvés près de Jéricho, mentionnés par Origène, étaient des découvertes plus anciennes issues de Qumran ; les nombreux manuscrits auxquels Timothée faisait référence étaient aussi, en réalité, des manuscrits de Qumran ; les fragments de plus de huit cents rouleaux trouvés à Qumran étaient également originaires du site et, à présent, on prétendait en outre que les fragments des *Cantiques* et sans doute d'autres textes de Massada venaient assurément de Qumran. D'après Yadin, toute la littérature hébraïque des Juifs de Palestine du Ier siècle, autres que les Esséniens, avait disparu, tandis que celle des prétendus Esséniens de Qumran (qui, selon Philon et Josèphe, auraient fait partie d'un groupe ne comptant pas plus de quatre mille âmes dans toute la Palestine) était représentée, à travers les siècles, par quatre découvertes au moins, ce qui porte à plus d'un millier le nombre de manuscrits « esséniens ». Qui plus est, il ne faut pas oublier que les manuscrits découverts dans les grottes de Qumran ne représentent, à en juger par leur état de conservation, qu'une maigre partie des textes cachés à l'origine : la plupart de ces textes tombèrent entièrement en poussière et disparurent au cours des siècles.

Après mûre réflexion, il était extrêmement difficile d'accepter l'ensemble des propositions de Yadin. La seule conclusion pertinente que l'on pouvait tirer de la présence à Massada de manuscrits hébraïques du Ier siècle était que les sicaires juifs qui occupèrent le site possédaient des rouleaux qu'ils avaient apportés après avoir pris la forteresse, en l'an 66, et que d'autres Juifs qui s'enfuirent de Jérusalem pour aller se réfugier à Massada, emportèrent aussi des rouleaux, avec leurs biens élémentaires. (Roth lui-même, dans son enthousiasme à défendre la thèse zélote, commit une erreur en ne tenant pas compte de cette partie de l'histoire.) Au cours des fouilles de Massada, on avait découvert des vestiges de ces biens, notamment des textes tels que les *Cantiques du sacrifice du sabbat*, une œuvre dont on croyait à tort, avant ces fouilles, qu'elle était uniquement liée à la secte censée habiter à Khirbet Qumran.

Ainsi, si l'on évitait d'associer artificiellement cette forteresse aux hypothétiques Esséniens de Qumran, les découvertes de Massada, tout comme le *Rouleau de cuivre*, suggéraient fortement que des manuscrits avaient été emportés de Jérusalem pendant la révolte ; autrement dit, que les Juifs de Palestine estimèrent leurs textes suffisamment précieux pour vouloir assurer leur sauvegarde en période de danger. Il n'est pas difficile de comprendre pourquoi cette explication évidente ne fut pas adoptée d'emblée : la puissance de l'hypothèse qumrano-essénienne provenait essentiellement de *l'ordre dans lequel les découvertes avaient été faites.*

Souvenons-nous du déroulement des événements évoqués dans les chapitres précédents. Une ébauche de la théorie originale fut esquissée dans les tout premiers mois ayant suivi les découvertes, immédiatement après le déchiffrement de quelques colonnes de la *Règle de la communauté*, puis elle fut tout de suite développée par d'éminents savants. Le site de Khirbet Qumran, une fois dégagé, fut inclus dans la thèse naissante comme un élément tangible. Les découvertes suivantes faites dans le désert furent utilisées pour renforcer la théorie qui, dans les années 1960, avait pris l'allure d'une construction aux bases solides avec des ramifications multiples. Nous ne pouvons envisager globalement les problèmes inhérents à l'approche traditionnelle ou commencer à les résoudre en offrant une explication plus satisfaisante des preuves réunies qu'en faisant abstraction de l'enthousiasme général et de la succession d'événements qui eurent lieu pendant les années des fouilles, et en considérant la totalité des découvertes, sans tenir compte de leur chronologie fortuite.

L'une des plus graves difficultés rencontrée dans les premières années était liée à l'identification de Khirbet Qumran comme implantation principale des Esséniens de Palestine. Comme nous l'avons noté, cette identification reposait essentiellement sur les règles contenues dans un seul des sept rouleaux originaux, la *Règle de la communauté*. Les lois décrites semblaient évoquer les Esséniens, donc on les rapprocha du texte dans lequel Pline affirmait que des Esséniens solitaires et célibataires vivaient à l'ouest de la mer Morte avec des palmiers pour seule compagnie et qu'en dessous de leur site se trouvait Engaddi. A première vue, il semblait logique d'en déduire que Khirbet Qumran, situé près des grottes, était précisément le lieu en question, et que ses habitants, les Esséniens, avaient hâtivement caché la *Règle* et d'autres écrits avant l'arrivée des soldats romains. Cependant, lorsqu'on fit des fouilles à Qumran, on y trouva divers éléments formant un complexe semblable à une forteresse et des preuves attestant qu'il avait été pris d'assaut par des soldats romains à la suite d'un combat acharné.

Comme nous l'avons vu, le fait que les résistants étaient manifestement organisés en troupe armée, contrairement aux descriptions des Esséniens présentées dans les sources classiques, n'empêcha pas les archéologues d'identifier le site comme étant une implantation essénienne. Ils nièrent donc un trait fondamental de la description classique des Esséniens, à savoir leur nature pacifique et non militaire. Après tout, Josèphe avait mentionné un certain Jean l'Essénien en disant qu'il avait participé à la guerre contre Rome. On évoqua à nouveau ce personnage pour expliquer la nature des découvertes de Massada. (Au fond, il se peut qu'on l'ait appelé « l'Essénien » simplement parce qu'il avait des origines esséniennes auxquelles il avait renoncé en faveur de la cause rebelle, tout comme les Juifs convertis au christianisme, au Moyen Age, faisaient parfois accoler le terme *Judaeus*, « le Juif », à leur nouveau nom.)

Rétrospectivement, ce processus révèle à quel point il est possible de manipuler les textes pour satisfaire aux besoins d'une hypothèse séduisante. Ce qui importait avant tout, à l'époque des fouilles, était de retrouver au plus vite des traces de la secte essénienne perdue depuis longtemps, dont l'attrait religieux et mystique avait été rehaussé par une tradition d'écrits savants et demi-savants perpétrée pendant plusieurs siècles[53]. En recherchant ce genre de vestiges et en affirmant leur soutien à la thèse d'une secte, les chercheurs négligèrent les contradictions flagrantes qui, dès les années 1960, minaient leur théorie. Ces contradictions étaient, entre autres, les suivantes :

- Les Esséniens pacifiques occupaient un site militaire et y combattirent comme des guerriers.
- Les Esséniens célibataires vécurent à ou près de Khirbet Qumran, bien qu'aucun manuscrit de Qumran ne parle de célibat.
- Khirbet Qumran était le site des Esséniens célibataires de Pline, bien que l'on ait trouvé des ossements de femmes et d'enfants dans le cimetière.
- Deux types d'Esséniens, ceux qui se mariaient et ceux qui ne se mariaient pas, vécurent au même moment à Khirbet Qumran ou dans la région, bien que Pline ne mentionne que des célibataires.
- Les membres de la « secte » vivaient tous ensemble dans un endroit isolé du désert et portaient des phylactères, sans avoir un avis unanime sur les paroles précises des textes du Pentateuque qu'ils devaient contenir, alors que la *Règle de la communauté* attribuait à la prétendue secte une direction autoritaire assurée par des prêtres.
- Les quatre mille Esséniens décrits par Pline et Josèphe étaient, en réalité, une secte bien plus importante dont les membres écrivirent l'essentiel de la littérature apocalyptique des Juifs, parmi d'autres œuvres.
- Dans la forteresse de Qumran, il y avait une pièce consacrée à l'écriture des manuscrits, où les moines esséniens composaient et copiaient des textes, bien que l'on n'ait trouvé aucun manuscrit autographe susceptible d'attester de cette créativité littéraire, ni (contrairement aux découvertes de Massada) la moindre bribe de parchemin dans le prétendu *scriptorium,* pas plus que dans un autre endroit de Khirbet Qumran.
- Bien que les fragments de manuscrits qui survécurent dans les grottes fussent copiés par un très grand nombre de scri-

bes (pas moins de cinq cents), ces manuscrits, produits par la
« secte de Qumran », furent écrits ou copiés, pour la plupart,
voire entièrement, à Khirbet Qumran.

- Le site de Qumran était sans aucun doute une « laura » ou
« maison mère » du mouvement essénien, bien que l'on
n'ait jamais trouvé d'actes juridiques, de lettres ni d'autres
preuves valables attestant ce fait.

- Les membres de la « secte de Qumran », attachés à la pureté
et dirigés par des prêtres, construisirent un cimetière à
trente-cinq mètres de chez eux, alors qu'ils avaient plus loin
toute la place nécessaire pour cela.

- La mention de « Damas » dans un manuscrit décrivant la
migration d'une ancienne secte vers cette ville est en fait une
allusion à Khirbet Qumran, et les descriptions de la découverte de manuscrits près de Jéricho, au Ier millénaire après
J.-C., font pareillement référence à des découvertes ayant eu
lieu précisément dans les grottes près de Khirbet Qumran.

- L'unique rouleau de Qumran gravé sur du cuivre et énumérant clairement, à la façon d'un livre comptable, de grands
trésors et des rouleaux enfouis dans le désert de Juda, est
fallacieux ou sans rapport avec la question, et il ne provenait
pas de Jérusalem, ou alors il s'agit d'un document authentique montrant que les Esséniens étaient bien plus riches que
ne les avaient dépeints les sources classiques.

- Bien que Pline ne parle que d'un seul site d'habitation essénienne au-dessus d'Engaddi, il y avait en réalité de
nombreuses implantations de ce genre dans la région, puisqu'on a trouvé des tombes similaires à celles du cimetière de
Qumran dispersées un peu partout dans cette région.

- Un ou plusieurs rouleaux de grande importance retrouvés à
Massada ne provenaient pas de Jérusalem, mais plutôt de
Qumran, et ils avaient été apportés justement par les
« Esséniens de Qumran » qui fuyaient l'attaque des Romains
et s'y réfugièrent.

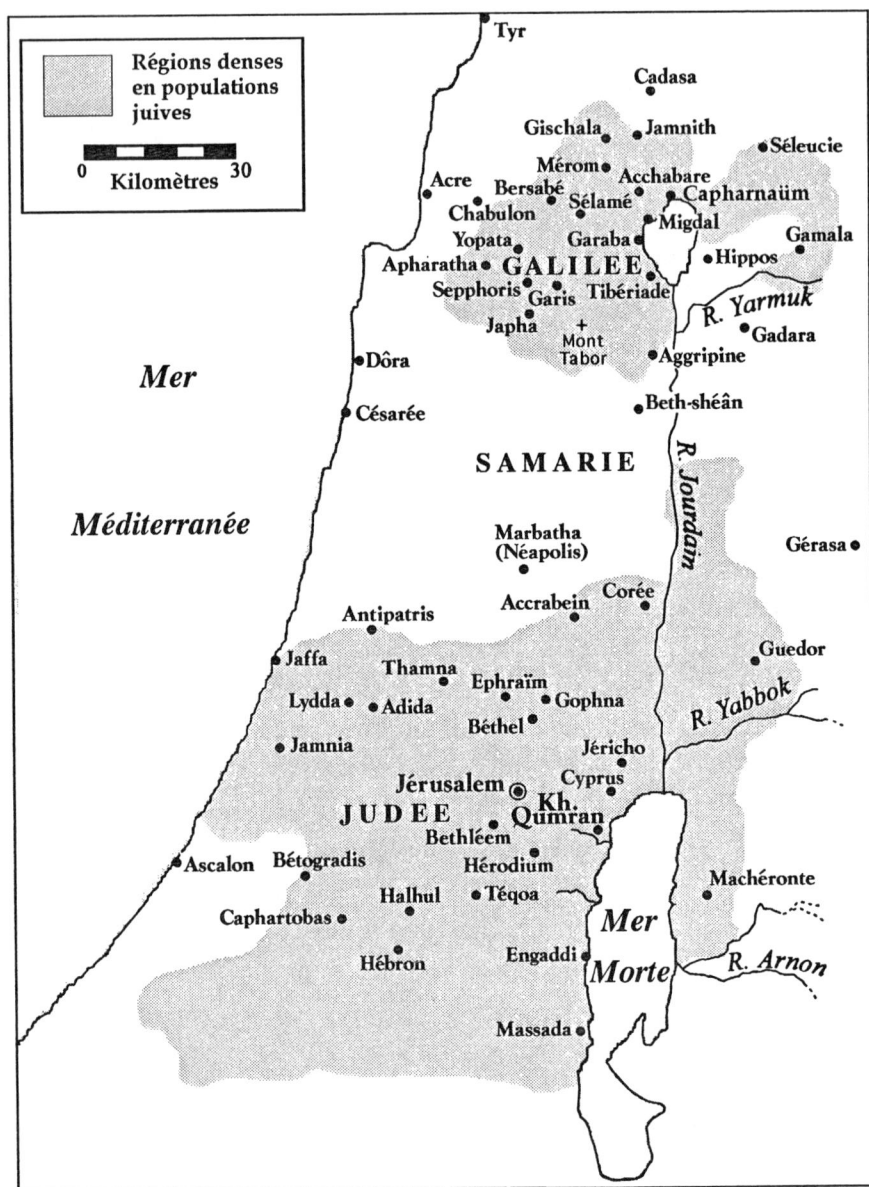

Régions denses
en populations
juives

0   Kilomètres   30

Tyr

Cadasa

Gischala   Jamnith
                              Séleucie
        Mérom   Acchabare
Acre Bersabé Sélamé   Capharnaüm
Chabulon   Migdal
Yopata   Garaba   Gamala
Apharatha   GALILEE   Hippos
Sepphoris Garis Tibériade
      Japha   +   R. Yarmuk
             Mont   Gadara
Dôra   Tabor   Aggripine

Mer

Césarée   Beth-shéân

        SAMARIE   R. Jourdain

Méditerranée
                Marbatha
                (Néapolis)   Gérasa

              Accrabein Corée
Antipatris

Jaffa   Guedor
      Thamna
Lydda Adida Ephraïm Gophna   R. Yabbok
            Béthel
Jamnia   Jéricho

      Jérusalem   Cyprus
      JUDEE   Kh. Qumran
            Bethléem
Ascalon Bétogradis Hérodium
          Halhul   Téqoa   Machéronte
Caphartobas   Mer
                              Morte
      Hébron   Engaddi   R. Arnon

              Massada

Carte 6
Les Juifs de Palestine à l'époque de la Première Révolte.

Prises collectivement, ces revendications, ne serait-ce que trois ou quatre d'entre elles, forment une combinaison d'idées impossible. Juxtaposées, elles révèlent la nécessité de fournir une autre explication aux découvertes des rouleaux. Si nous envisageons les découvertes de Massada à la lumière des descriptions du *Rouleau de cuivre*, des affirmations d'Origène et de Timothée et des nombreux rouleaux divers trouvés dans les grottes de Qumran, la gymnastique mentale requise pour défendre une mythologie des origines qumraniennes devient superflue. Les découvertes indiquent clairement que tous les rouleaux sont originaires de Jérusalem.

Les manuscrits de Qumran appartenaient, à l'évidence, à des collections de rouleaux encore plus importantes, apportées, à un certain moment au Ier siècle après J.-C. à *plusieurs* endroits différents dispersés dans le désert de Juda, notamment dans les grottes près de Khirbet Qumran et aux environs de Jéricho, ainsi qu'à Massada. Des trésors de grande valeur, provenant manifestement de Jérusalem, ont été enfouis dans la même région et à la même époque. Comme le révèlent les découvertes de Massada, la dissimulation de rouleaux et de trésors relevait d'une cause historique importante qu'il est temps d'explorer à présent.

Souvenons-nous de la description faite par Josèphe des circonstances qui entourèrent le siège romain de Jérusalem : « Ainsi toute la Galilée était maintenant soumise, écrit-il, après avoir coûté aux Romains beaucoup de sueur, ce qui les entraîna pour les opérations imminentes de Jérusalem[54]. » Il raconte ensuite l'arrivée des fugitifs de Galilée dans la capitale, avec Jean de Gischala à leur tête :

Le peuple entier s'était répandu dans la ville ; autour des réfugiés une foule dense s'était rassemblée et s'enquérait des catastrophes qui s'étaient produites à l'extérieur... ils mentionnèrent en passant la prise de Gischala... Et, lorsqu'ils entendirent parler de ceux qui avaient été faits prisonniers, ce fut un choc violent pour tout le peuple, qui en conclut que leur propre capture était inévitable. Mais Jean... allait d'un groupe à l'autre et les poussait à la guerre en leur donnant de l'espoir, s'arrangeant pour faire apparaître les Romains comme faibles, exaltant au contraire la puissance des Juifs, raillant l'ignorance des gens sans expérience en disant que, même s'ils avaient des ailes, les Romains ne pourraient jamais passer par-dessus les remparts de Jérusalem... Par ces propos, il gagna à sa cause la plus grande partie de la jeunesse et la poussa à la guerre, tandis que, parmi les gens sensés et d'un certain âge, il n'y avait personne pour ne pas prévoir ce qui allait arriver et pleurer sur la cité comme si elle était détruite[55].

Dans ces circonstances, les habitants les plus avisés de Jérusalem n'auraient pas agi autrement que d'autres personnes confrontées à un siège. Ils n'avaient guère d'autre alternative que d'aller cacher leurs objets de valeur, leurs livres et même les phylactères dont on trouva une telle quantité dans les grottes de Qumran, dans l'espoir d'empêcher la confiscation et la destruction de leurs objets sacrés par les soldats païens de Rome.

Cette activité s'est peut-être déclenchée peu après la chute de la Galilée et l'entrée des réfugiés dans la ville ; elle a sans doute continué pendant quelques mois après le début du siège de Jérusalem, vers 70 après J.-C. Comme nous l'indique Josèphe, certains objets furent cachés dans des souterrains de la ville même. Mais entre la chute de la Galilée (novembre 67) et les premières étapes du siège, les habitants de la capitale furent libres d'aller et venir à leur guise. Dans les derniers moments du siège, en particulier avant que Titus ne construise un rempart autour de la ville, à la fin du printemps 70, ils purent encore se rendre dans les territoires de l'autre côté des murs ; même lorsque la situation s'aggrava, il est évident que beaucoup d'objets furent encore transportés hors de la ville. Ceux qui étaient chargés de cacher les objets de valeur cherchèrent certainement à le faire dans des régions qui n'étaient pas encore contrôlées par les Romains, mais, dès l'été 68, le seul territoire libre était la partie du désert de Juda à l'est et au sud de la ville, c'est-à-dire la région où l'on découvrit des rouleaux hébraïques, aux IIIe, IXe et XXe siècles.

Josèphe ne se trouvait pas dans la ville et n'avait donc pas connaissance de cette activité ; néanmoins il décrivit la manière

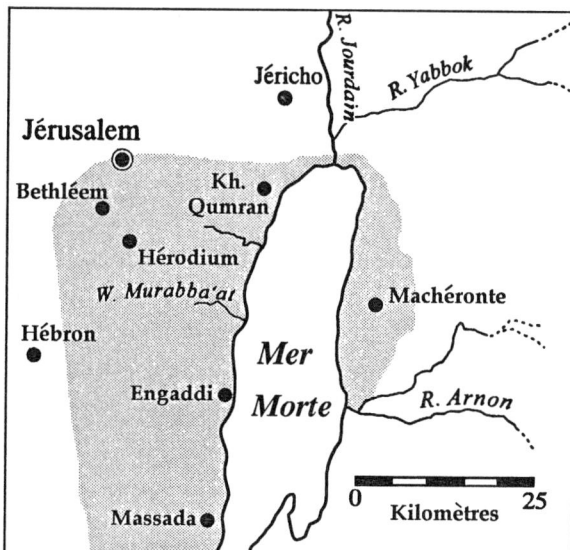

Carte 7

La partie de Judée encore contrôlée par les Juifs au moment de la
prise de Jérusalem par les Romains.

dont, pendant le siège, Judas, fils d'Ari, commandant d'une compagnie, « s'échappa par les souterrains à l'insu des Romains »[56],
pour fuir dans la forêt de Jardes. Les habitants de Jérusalem purent
notamment utiliser les issues de la partie sud de la ville, où les
troupes romaines ne se concentrèrent pas avant la prise du second
mur de la capitale (fin de mai 70)[57]. Sur ce point, notons que,
lorsqu'il décrit le conseil de guerre tenu par Titus, Josèphe explique
la raison pour laquelle on construisit un nouveau rempart en juin
70 : « Il apparaissait très difficile de mettre en route de nouveaux
terrassements, vu le manque de matériaux, et encore plus difficile de
monter la garde pour empêcher les sorties, car il n'était pas facile
pour l'armée de faire le blocus de la ville, vu son étendue et les
difficultés du terrain ; c'était d'ailleurs dangereux en cas d'attaque

des Juifs ; si les Romains contrôlaient les issues visibles, *les Juifs trouveraient des itinéraires cachés, du fait de la nécessité et grâce à leur connaissance des lieux* ; d'autre part s'ils réussissaient à introduire du ravitaillement en cachette, le siège s'en trouverait prolongé[58]... »

Nous voyons donc que le siège lui-même, tout comme la menace imminente qui l'avait précédé, fut la cause impérative et décisive de la dissimulation de rouleaux et de trésors précieux de la capitale, un travail réalisé avec beaucoup de succès, en dépit des obstacles évidents.

Si nous interprétons simplement le *Rouleau de cuivre* comme un registre authentique énumérant les trésors cachés par les Juifs de Jérusalem à un moment donné au Ier siècle, et que nous l'examinons à la lumière des événements décrits par Josèphe, il prend une importance extraordinaire. Il y avait plusieurs oueds allant vers l'est à partir de Jérusalem (voir carte 5, p. 126). Au nord-est, il y avait les grands oueds de Farah el Qilt ; quasiment droit vers l'est, les gorges menant à l'oued Mukallik qui se jetait ensuite dans la mer Morte, près de sa pointe nord-est ; au sud-est se trouvait le Nahal Cédron (c'est-à-dire le ruisseau de Cédron, en arabe l'oued al-Nar) qui prenait sa source dans le bassin de Siloam (à l'intérieur de Jérusalem) et dans la source de Gihon. Le Cédron et ses affluents traversaient aussi le désert de Juda pour se jeter dans la mer Morte, au sud de Qumran. Entre l'oued de Mukallik et celui du Cédron, de nouveaux canyons commençaient à converger dans la région appelée El Buqeia, pour se rejoindre dans l'oued de Qumran, duquel Khirbet Qumran recevait une quantité d'eau impressionnante pendant les quelques mois pluvieux de l'année. Chose capitale, le *Rouleau de cuivre* mentionnait non seulement que l'on avait caché quatre talents d'argent près « du barrage à l'embouchure de la gorge du Cédron », mais encore de nombreuses cachettes à proximité d'aqueducs, de cours d'eau et d'autres installations. (On peut encore observer des vestiges typiques de ce genre de système hydraulique, par exemple dans l'oued de Qilt ; de tels systèmes caractérisaient les oueds de Judée situés à proximité et entre les lieux d'habitation.)

Deux passages du rouleau font état de cachettes de trésors dans la vallée d'Achor : un oued qui a été identifié comme étant l'oued Qilt, Mukallik ou Nu'eimah, bien qu'il puisse également s'agir de l'oued Makkuk, le principal lit de rivière allant d'est en ouest, à environ quatre kilomètres au nord de l'oued Qilt. Il débouchait dans la gorge au-dessous de Quruntul, près de Tell el-Sultan et son identification avec Achor situerait les trésors en question à proximité de la majorité des autres dépôts décrits dans le *Rouleau de cuivre*. La liste des lits de rivières, des systèmes hydrauliques et de gorges indiqués dans ce rouleau nous permet de retracer la carte toponymique du réseau complexe d'oueds qui part de Jérusalem et traverse le désert de Juda avant d'atteindre la mer Morte. Le tracé géographique des grands trésors cachés dans cette région, ainsi que des rouleaux et des « écrits » qui leur sont associés dans plusieurs colonnes du texte, mène donc directement à Jérusalem. Le complexe formé par les oueds et les gorges conduisant hors de la ville était accessible aux habitants qui empruntaient les différents voies et passages décrits par Josèphe, dont certains étaient ignorés des Romains, même à l'époque du siège.

Il apparaît alors que les phénomènes précis qui constituent de graves anomalies dans l'hypothèse qumrano-essénienne concourent à prouver clairement que Jérusalem est le lieu d'origine des rouleaux. Si les grottes ne recelaient pas de lettres originales, de documents juridiques, ni aucun autographe d'œuvres littéraires, mais uniquement des copies de scribes, c'est parce que les écrits venaient de *bibliothèques*, et que l'on avait ajouté à la hâte certains objets personnels, notamment des phylactères et un petit nombre de textes documentaires. Les habitants juifs de Khirbet Qumran et de ses environs aidèrent probablement à déposer les liasses ou les sacs de textes dans de grandes jarres qui furent ensuite cachées dans des grottes du désert, tandis que de nombreux autres rouleaux furent cachés dans certaines grottes plus précipitamment, sans ces protections. Dans la grotte 4, par exemple, il est évident que les rouleaux furent *enterrés* à même le sol. Les nombreux fragments de rouleaux présentent des doctrines disparates, beaucoup d'entre elles dépourvues de connotations sectaires, ce qui indique que leur lieu d'origine était un grand centre culturel de la Judée hellénistique ou romaine, comme seule l'était Jérusalem avant l'an 70. L'abondance de trésors cachés, la configuration géographique des sites des découvertes et la carte toponymique dessinée par le *Rouleau de cuivre* pointent incontestablement vers la même direction. La description de Timothée au IXᵉ siècle : « une demeure dans la roche, pleine de livres » fait également allusion au fait que les rouleaux trouvés à proximité de Jéricho provenaient d'un lieu culturel important.

Il est essentiel de noter que les archives officielles de Jérusalem furent détruites au cours d'un incendie provoqué par les insurgés juifs en 66 après J.-C., lors des luttes de factions qui faisaient rage à cette époque, et dont Josèphe donne des détails précis[59]. En raison de la perte de ces archives, pratiquement aucun texte documentaire datant des années précédant immédiatement 70 n'a survécu, à l'exception des quelques bribes découvertes dans la grotte 4. On n'a retrouvé, en grand nombre, dans le désert de Juda, que des vestiges des bibliothèques et des collections de livres dont, manifestement, la ville regorgeait. Ces textes montrent que, dans l'Antiquité, les bibliothèques étaient aussi répandues chez les Juifs de Palestine que chez les autres peuples méditerranéens. On peut raisonnablement conclure que, si les découvertes avaient été faites dans un ordre *inverse*, les chercheurs auraient naturellement et inévitablement abouti à cette conclusion, ainsi qu'aux autres indiquées plus haut.

Dans cette succession hypothétique d'événements, les premières découvertes de manuscrits auraient été faites à Massada, un site connu de longue date pour avoir été le dernier bastion des Juifs révolutionnaires dont un grand nombre avait fui la capitale après sa chute. On aurait très certainement attribué à ces Juifs ces fragments littéraires intéressants et, très vite, les savants auraient légitimement affirmé que les nouveaux fragments, quoique minces, éclairaient d'un jour nouveau la pensée juive et la création littéraire de Jérusalem des années avant la Première Révolte. Si les découvertes de Massada avaient précédé les autres, il n'y aurait eu aucune raison de dire quoi que ce fût sur les Esséniens[60].

Dans cet ordre inverse, on aurait ensuite retrouvé les textes non littéraires, à caractère documentaire, dans les oueds près d'Engaddi, puis à Murabba'at. En les étudiant, les interprètes se seraient aperçu que des lettres autographes et des actes juridiques hébraïques authentiques importants datant de la Seconde Révolte avaient, par miracle, survécu et pouvaient contribuer à éclairer des aspects importants de cette période de l'histoire. Certains chercheurs se seraient probablement demandé s'il n'y avait pas également des autographes de la Première Révolte cachés quelque part dans le désert de Juda.

Ensuite, une recherche menée dans les grottes au nord de l'oued Murabba'at aurait pu conduire à la révélation de la grotte 4, avec ses milliers de fragments littéraires. Sans aucun doute, les savants se seraient alors souvenus du témoignage des auteurs anciens sur la découverte d'autres manuscrits hébraïques dans des grottes à proximité de Jéricho, aux IIIe et IXe siècles. Ils auraient commencé à comprendre qu'un phénomène à grande échelle de dissimulation de centaines et peut-être de milliers de manuscrits hébraïques avait eu lieu vers l'époque de la Première Révolte. En se déplaçant vers le nord, ceux qui exploraient la région auraient trouvé d'autres grottes recelant des manuscrits qui, en effet, auraient contribué à cette reconnaissance. Et toute déception de ne trouver que quelques lambeaux de lettres ou autres autographes aurait été dissipée par les propos de Josèphe évoquant l'incendie des archives de Jérusalem en l'an 66. Les chercheurs en auraient conclu que les textes littéraires révélaient de nombreux aspects intellectuels nouveaux, notamment des idées hétérodoxes, pouvant être attribués, à l'instar des conceptions déjà connues de la littérature apocryphe et apocalyptique, aux Juifs de Palestine de cette époque. Ils en auraient déduit que, pendant la période intertestamentaire, les Juifs utilisaient à des fins littéraires le vocabulaire quasi biblique figurant dans la plupart des textes.

La découverte suivante du *Rouleau de cuivre*, avec ses références à des métaux précieux, des objets et des textes enfouis, et ses allusions géographiques auraient immédiatement livré aux enquêteurs le dernier indice nécessaire pour résoudre le mystère de la dissimulation massive des rouleaux hébraïques.

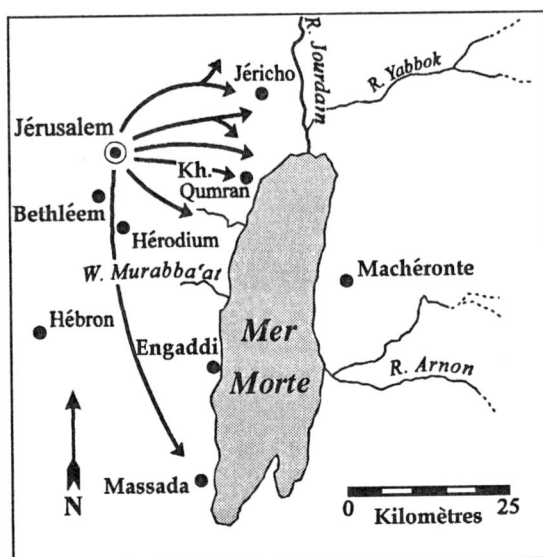

Carte 8
Représentation géographique de l'hypothèse de l'origine des rouleaux à Jérusalem.

Enfin, en arrivant au site actuellement nommé la grotte 1 de Qumrân, ceux qui poursuivaient les recherches auraient découvert un certain nombre de nouveaux rouleaux : quelques textes bibliques, d'autres présentant des affinités avec la littérature apocryphe et au moins un rouleau pratiquement intact paraissant contenir des idées semblables à certaines conceptions des Esséniens. Cela aurait confirmé les premières conclusions basées sur les découvertes de la grotte 4, selon lesquelles un large éventail de doctrines et d'idées, caractéristiques de plusieurs mouvements religieux, était représenté dans les découvertes du désert de Juda. Ils auraient aisément reconnu que le *Yahad,* ou groupe de l'Unité, était un mouvement religieux de cette époque, mais ils ne l'auraient pas envisagé comme l'unique propriétaire de tous les manuscrits retrouvés, ni comme un groupe dont les idées figuraient dans la plupart, sinon tous les rouleaux.

C'est uniquement parce que les découvertes n'ont pas eu lieu dans cet ordre qu'une théorie d'un caractère entièrement différent fut formulée et constitua alors un monument qui, à la fin des années 1960, emprisonnait ses constructeurs par d'innombrables articles, livres et thèses dont beaucoup, malgré les conclusions indéfendables qui les caractérisent, sont brillants et d'une profonde érudition : une situation ironique que ce domaine en est venu à partager avec bien d'autres disciplines modernes.

CHAPITRE 6

L'origine des rouleaux : la thèse de Rengstorf et les réponses du père de Vaux et d'Edmund Wilson

❖

u cours de l'automne 1969, peu après avoir examiné personnellement le site de Khirbet Qumran et me trouvant dans
l'obligation de conclure que, à l'exception du *Rouleau de
cuivre*, pas un seul texte publié de Qumran ne présentait les caractéristiques d'un autographe littéraire original, j'entrepris de faire une
étude de tous les textes disponibles. Observant que presque chacun
d'eux était copié avec une écriture individuelle différente, je
m'aperçus que ce nombre croissant d'écritures était, une fois de
plus, incompatible avec l'hypothèse d'une secte : combien de
scribes pouvait-il y avoir à Khirbet Qumran en même temps ou
répartis sur trois ou quatre générations ? Le premier volume (1955)
de la série des publications d'Oxford traitait simplement des manuscrits de la grotte 1 et présentait au moins cinquante écritures, ce qui
contrastait vivement avec les sept écritures de scribes que l'on
distinguait dans les rouleaux découverts en 1947. Le second volume
présentait des textes plus tardifs, du début du IIe siècle, et n'était
donc pas utile dans le tableau qui se développait, mais le troisième,
publié en 1962, révélait des spécimens de plus de quatre-vingts
écritures supplémentaires, dans des textes rédigés avant l'an 70.
Plus tard, en 1965, on publia séparément un seul rouleau qui faisait
partie des découvertes de la grotte 11, nommé le *Rouleau des
Psaumes*, qui contenait à la fois des psaumes canoniques et non

canoniques, et qui s'avéra présenter encore une autre écriture de scribe. Par la suite, en 1968, l'édition par John Allegro du premier volume d'Oxford des textes de la grotte 4, où l'on trouvait des commentaires d'écrits prophétiques, des parties du Livre des Psaumes et d'autres œuvres d'intérêt, révélait au moins une vingtaine de nouvelles écritures[1].

Au milieu des années 1960, on arrivait à un total de plus de cent cinquante écritures identifiables et il était évident que pratiquement chaque texte publié était écrit d'une main différente de celle des manuscrits précédents. Entre-temps, plusieurs ouvrages populaires avaient paru, écrits par des chercheurs de l'équipe de De Vaux (J. T. Milik , J. Allegro et F. M. Cross). Ils mentionnaient tous le fait que l'on avait trouvé dans la grotte 4 des fragments d'au moins *quatre cents* œuvres différentes. Si l'on supposait que les manuscrits non publiés avaient à peu près le même rapport textes/écritures que les rouleaux publiés, cela signifiait qu'il y avait jusqu'à trois ou quatre cents nouvelles écritures individuelles, uniquement dans les manuscrits de la grotte 4. Dans ce cas, nous aurions là un fait des plus significatifs. Car aucune gymnastique de l'imagination ne nous permettrait de concevoir que, fussent-ils répartis sur deux siècles, jusqu'à quatre ou cinq cents scribes travaillèrent dans la pièce que de Vaux avait appelé avec tant d'assurance un *scriptorium* ; ou qu'à un moment quelconque des groupes de vingt ou trente scribes furent réunis dans un endroit du désert si rude, loin d'une ville dont les habitants auraient dû être les principaux lecteurs des rouleaux soi-disant produits par eux. Si ce nombre considérable de scribes se vérifiait, il exigerait, à lui seul, que l'on donne une autre explication à la dissimulation des manuscrits du désert de Juda que celle défendue avec tant d'ardeur par l'équipe officielle.

A cette époque, je fus invité à passer une année sabbatique à Jérusalem, à l'American School of Oriental Research (alors rebaptisée l'Institut Albright) et, en hiver 1970, je pus communiquer certaines de mes conclusions provisoires sur les manuscrits, au cours d'un séminaire organisé par le directeur. Mon exposé fut suivi d'un débat acerbe, lors duquel les qumranologues s'efforcèrent de rejeter catégoriquement chacun des problèmes que j'avais soulevés.

D'après eux, le *Rouleau de cuivre* ne pouvait être qu'une falsification. Le nom de « Damas » de l'*Alliance de Damas* ne pouvait renvoyer qu'à Qumran, sinon le reste n'avait aucun sens. Si l'on n'avait trouvé aucun manuscrit dans le *scriptorium,* c'était parce que le climat et les intempéries avaient tout détruit. Les Esséniens de Pline n'avaient pu résider qu'à Khirbet Qumran et nulle part ailleurs. Puisque tout le monde reconnaissait qu'une secte avait vécu à Qumran, de quel droit me permettais-je de mettre en doute un consensus aussi large ?

Tel fut le ton de la discussion et ce soir-là, pour la première fois, j'eus pleinement conscience du sentiment d'hégémonie idéologique qui s'était développé parmi les qumranologues au cours de l'évolution de leur thèse sur l'origine des rouleaux. Je compris comment, une fois qu'ils eurent réussi à extirper de leur groupe l'hérétique qui avait défendu l'authenticité du *Rouleau de cuivre*, leur foi dans l'hypothèse de la secte s'était fortifiée. Je vis qu'à présent ils accomplissaient leur lourde tâche dans un esprit de coopération privilégiée visant à élaborer ce qui leur semblait une vérité fondamentale. Assis à la grande table de chêne de la bibliothèque de l'école, il me sembla qu'une froideur intense se développait à mon égard, lorsque, tous réunis, les qumranologues entendirent mes réponses à leurs objections. Tandis qu'ils regagnaient leurs appartements à l'Institut Albright et à l'Ecole Biblique, je commençai à comprendre que seul un discours raisonné reposant strictement sur les preuves grandissantes pourrait changer leur manière d'appréhender les rouleaux, et qu'il fallait développer ce discours sans tenir compte des opinions défendues par les éminences universitaires et leurs disciples, ni, de manière générale, de la masse de sagesse populaire accumulée à propos des rouleaux depuis 1948. Des faits nouveaux étaient apparus à la suite des trouvailles successives, et les membres de l'équipe originale, avec quelques départs et quelques arrivées, étudiaient patiemment les centaines de textes de la grotte 4 non encore publiés en 1970. Si l'on se fiait à l'expérience des papyrologues et des autres spécialistes de manuscrits, ces textes allaient nécessairement éclairer d'un jour nouveau la question fondamentale des origines de Qumran.

En faisant le bilan des résultats de ce séminaire, je décidai que c'était le moment de demander l'autorisation d'examiner les rouleaux non publiés qui étaient placés sous verre dans les tiroirs du musée Rockefeller. Je pensais qu'une étude paléographique des fragments originaux, un par un, révélerait le nombre d'écritures de scribes, ce qui constituerait un élément important dans le débat. Les rouleaux avaient-ils été écrits par moins de deux cents scribes (un chiffre dont se seraient peut-être satisfaits ceux qui défendaient l'idée du *scriptorium* d'une secte à Qumran) ou, comme je le soupçonnais, par un nombre beaucoup plus grand ? La question était d'une importance cruciale.

J'écrivis donc au père de Vaux (le 23 mars 1970), toujours responsable du projet de Qumran, pour lui demander de m'autoriser à examiner les fragments non publiés. Je lui dis en avoir besoin « pour achever une étude portant sur certains aspects des textes trouvés à Qumran et à Massada » et je précisai :

> Je n'ai l'intention de *copier* aucun des textes, que ce soit pour les publier ni à d'autres fins, mais simplement d'examiner les diverses variantes proposées par les autres chercheurs et d'étudier de près certains des phénomènes extérieurs qui leur sont associés.

De Vaux me répondit, le 26 mars, dans ces termes :

> Pour ma part, en tant que directeur de publication des manuscrits conservés au Musée Archéologique de Palestine [l'appellation exacte du Musée Rockefeller], je serais heureux de vous donner accès aux fragments originaux des textes *publiés*. Je suis au regret de ne pas être en mesure de vous laisser étudier les textes non publiés, à moins que vous n'ayez l'autorisation officielle du chercheur chargé de leur publication.

A cette époque, on savait bien que les chargés de publication officiels n'étaient nullement disposés à accorder une telle permission à des personnes extérieures à leur groupe. En outre, puisque j'avais déjà exprimé ouvertement le point de vue hérétique selon lequel les rouleaux ne pouvaient provenir que des bibliothèques de Jérusalem, je savais qu'il serait absurde de demander des autorisations aux chargés de publication qui, pour la plupart, étaient rentrés dans leurs pays. Mon année à Jérusalem touchait à sa fin et, dans le temps qui me restait, il était impossible d'avoir accès aux textes non publiés pour en recenser les écritures individuelles. J'ignorais qu'il faudrait attendre vingt ans la publication, après une vive controverse, des fac-similés de tous les manuscrits de la grotte 4 et la confirmation qu'au moins cinq cents scribes avaient copié les rouleaux.

Ne disposant que de quelques mois avant de quitter Jérusalem, j'entrepris de discuter du problème de l'origine des rouleaux avec le plus grand nombre de collègues possibles. Certains tentèrent même d'organiser une table ronde à l'Université Hébraïque afin de discuter de la possibilité que Jérusalem soit le lieu d'origine des rouleaux, mais tous les efforts furent bloqués. Cette année-là, Yigael Yadin était à l'étranger. En réponse à une lettre que je lui avais envoyée où je détaillais certains problèmes que j'avais observés dans l'hypothèse traditionnelle, il suggéra que l'on « pouvait aisément expliquer » l'absence de documents juridiques parmi les découvertes de Qumran « par la nature différente de ses occupants qui, contrairement aux Juifs de l'époque de Bar-Kokhba, ne possédaient pas de biens privés ». Certains textes retrouvés à Qumran, expliquait-il (lettre du 10 avril 1970), auraient pu être apportés sur le site par d'autres communautés esséniennes, notamment celle qui, on le sait, existait à Jérusalem, et il importait de « souligner le fait que l'on n'a trouvé qu'à Qumran et dans les grottes des environs les jarres typiquement cylindriques qui démontrent clairement le lien entre les grottes et les occupants de Qumran ». (Pour une explication plus vraisemblable des jarres en question, voir plus haut, pp. 33-34.)

Bien qu'il eût alors un certain âge, W. F. Albright, mon mentor de Johns Hopkins, m'écrivit aussi au sujet de cette question (le 6 juillet 1970) :

Comme vous le savez, j'ai été très souple sur l'attribution des œuvres originales de Qumran et des environs à une secte donnée. Je considère que la plupart d'entre elles sont résolument esséniennes, mais il y en a un grand nombre... qui sont pré-esséniennes... Je n'imagine vraiment pas les habitants non Esséniens de Jérusalem emporter leurs livres avec eux pour les entreposer dans des grottes près de la mer Morte. Comment diable auraient-ils pu être sûrs qu'ils étaient en sécurité ? ... En ce qui concerne l'absence de lettres personnelles et de documents officiels, je suis à peu près sûr que ces pièces étaient directement contrôlées et constamment supervisées par les anciens de la communauté, et que les Esséniens, qui n'avaient aucuns biens, n'étaient pas censés garder en leur possession ce genre de documents personnels. Quant à savoir où étaient entreposées les archives officielles, c'est une autre question ; il est tout à fait possible qu'on les découvre un jour dans une grotte encore inconnue plus bas ou plus près de Qumran. Je reconnais que, s'ils s'étaient enfuis ailleurs, les Esséniens les auraient plutôt cachées qu'emportées avec eux, bien que cette dernière solution ne soit pas impossible, dans la mesure où ils devaient posséder des documents communautaires très importants, tels que des actes, des baux, des testaments et des lettres officielles adressées à d'autres dirigeants du monde essénien.

La position d'Albright sur les documents perdus des Esséniens était donc en contradiction avec celle de Yadin, même si tous deux persistaient à défendre l'hypothèse essénienne qu'ils tenaient pratiquement pour un article de foi, et s'ils considéraient résolument que les manuscrits étaient la propriété d'une seule secte. De même, André Dupont-Sommer et le père de Vaux étaient résolument fidèles à ces idées dont ils avaient contribué à la création. Ils étaient soutenus par Cross, Barthélemy, Milik, Baillet, Benoît et tous ceux qui étaient devenus partisans du groupe dominant des chercheurs qui étudiaient les rouleaux, plus leurs étudiants. Au printemps 1970, je m'aperçus que si je persistais à soulever ces questions fondamentales, je devrais affronter un antagonisme croissant de la part d'un grand nombre de chercheurs dans de nombreux pays. Aux mois d'avril et de mai, mes idées sur les origines des rouleaux continuèrent à se répandre ; le 9 juin, le *Jerusalem Post* publia un article sur le sujet, après un entretien que j'avais accordé. Il avait pour titre « Les rouleaux de la mer Morte viennent de Jérusalem, affirme un professeur américain ». Très vite un groupe de chercheurs qualifia cet article de « scandaleux ». Les personnes en question projetèrent d'abord d'écrire une lettre de protestation au journal, puis optèrent finalement pour le silence.

Avant même cet incident, une deuxième édition du livre d'Edmund Wilson, défendant à fond la thèse des qumranologues, avait paru dans le monde entier, convainquant une partie encore plus grande du public lettré et cultivé d'Amérique, d'Israël et d'ailleurs que les rouleaux avaient été écrits dans l'Antiquité par une secte essénienne résidant sur le plateau de Khirbet Qumran. Le Sanctuaire du Livre du Musée d'Israël avait été achevé en 1965 et, chaque année, des milliers d'Israéliens et de touristes étrangers s'y rendaient pour y puiser quelque inspiration dans l'observation de certains des rouleaux les plus importants et les plus complets. Dans leurs commentaires, les guides du musée présentaient exclusivement l'hypothèse traditionnelle et un certain nombre des légendes accompagnant les rouleaux affirmaient qu'ils étaient tous le produit d'une « secte » unique.

Au cours d'une conversation avec Magen Broshi, alors conservateur du Sanctuaire, je le pressai de modifier ces pratiques. Après quoi, je lui adressai un mot dans le même sens. Peu après la fin de mon séjour à Jérusalem, je reçus sa réponse dans laquelle il me disait : « nulle part au Sanctuaire du Livre, il n'est affirmé que les manuscrits furent rédigés ou transcrits à Qumran ; il n'y a donc aucune raison de changer quoi que ce soit [aux textes des légendes décrivant les manuscrits] » (16 juin 1970). Le mois suivant, je lui répondis de Cambridge : « Je ne faisais pas référence, insistais-je, à l'hypothèse essénienne, ni à l'idée que les textes furent réellement écrits à Qumran, des théories qui, je le sais, ne figurent pas dans vos légendes, mais plutôt à l'affirmation effectivement présentée dans votre musée, qui renvoie à *"la secte qui produisit les rouleaux"*. » Ne vaudrait-il pas mieux, suggérais-je, « changer la phrase en question et dire *"le ou les groupes qui produisirent les rouleaux"* ? »

Cette modification aurait permis d'éviter que l'on transforme une simple interprétation en un fait acquis. Toutefois, le conservateur ne répondit pas à ma seconde requête. Un an plus tard, j'écrivis à nouveau pour demander ce qu'il était advenu de ma proposition. Je ne reçus toujours pas de réponse.

Dans sa lettre du 16 juin 1970, Broshi m'avait donné une information précieuse, comme pour compenser à l'avance son silence : « Savez-vous, écrivait-il, que le Professeur [K. H.] Rengstorf [de l'Université de Münster] a suggéré [dans un article] que les manuscrits ont été écrits à Jérusalem ? »

La lettre de Broshi avait été réexpédiée à Cambridge. Je la reçus le 1er juillet et j'y répondis le jour même en exprimant mes regrets de ne pas avoir eu connaissance de l'idée de Rengstorf. Je me souviens que cette lettre m'avait quelque peu contrarié, d'une part en raison de ma propre négligence par laquelle j'avais laissé échapper une étude éventuellement intéressante, et d'autre part parce que aucun chercheur ayant participé au séminaire de l'hiver précédant n'avait daigné me donner cette information. Je n'avais pas même eu l'écho d'une mention d'une théorie de ce genre aux Etats-Unis, avant mon départ pour Jérusalem, et aucun des spécialistes avec lesquels j'avais parlé après ma communication à l'Institut Albright n'avait mentionné Rengstorf. En 1970, cette idée était tout simplement passée sous silence. « Aujourd'hui, la bibliothèque [de l'Université de Cambridge] est fermée pour inventaire, répondis-je à Broshi, mais demain je chercherai l'article de Rengstorf pour voir dans quelle mesure nous sommes d'accord sur la question et quel raisonnement l'a mené à cette conclusion » (1er juillet 1970).

Le lendemain matin, je découvris en effet, dans les rayons de la bibliothèque, un article de seize pages en anglais de Rengstorf sur le sujet : une conférence donnée à l'Université de Leeds en automne 1959 et publiée en 1963. Une version allemande plus complète, parue en 1960, se trouvait également sur le rayon[2]. En étudiant l'argumentation de Rengstorf, je compris pourquoi les qumranologues avaient si peu tenu compte de ce livre : ce professeur allemand érudit, fin connaisseur des études hébraïques et grecques, avait entièrement écarté l'approche traditionnelle et opté pour une explication totalement nouvelle des origines des rouleaux.

Ecrivant à la fin des années 1950, il n'avait pas lu le *Rouleau de cuivre* qui n'était pas encore publié, mais avait perçu la justesse du point de vue avancé par K. G. Kuhn en 1956, selon lequel ce rouleau décrivait les trésors du Temple. Rengstorf adoptait cette explication et, bien qu'il ignorât encore que le *Rouleau de cuivre* indiquait que des rouleaux avaient été cachés avec les trésors, il en déduisait que l'ensemble des manuscrits de Qumran provenait *de la bibliothèque du Temple de Jérusalem*. Il rejetait en la qualifiant de « tout à fait absurde » l'idée que les Esséniens avaient eux-mêmes écrit et copié des centaines de livres dans le prétendu *scriptorium*, et suggérait que l'on avait emporté les ouvrages de la bibliothèque pour les cacher « à cause d'un sérieux danger qui les menaçait ». Cette dissimulation

> pouvait fort bien avoir eu lieu en 68, ce qui éclairerait de manière assez instructive le sentiment des familles des grands prêtres responsables du Temple, lors de la révolte contre Rome. Elles considéraient que la révolte n'avait aucune chance de réussir. Et puisqu'elles ne pouvaient pas empêcher la destruction du Temple, elles tâchèrent au moins de sauver tout ce qui pouvait l'être : ... un grand trésor d'or et d'argent et une bibliothèque où l'on conservait des archives qui représentaient la tradition et la vie spirituelle du judaïsme depuis l'époque de Néhémie. Si l'on tenta d'empêcher la destruction de la bibliothèque, cela nous donne un aperçu du bon sens dont firent preuve les Grands Prêtres : ils pressentirent ce qui allait arriver et virent clairement qu'à présent le culte du Temple ne pourrait en aucun cas assurer la continuité du judaïsme, mais que Le Livre et tous les autres ouvrages seraient les dépositaires de sa vie spirituelle et intellectuelle. D'où leur tentative de sauver... la bibliothèque du Temple[3].

A la fin des années 1950, cette thèse était parfaitement plausible. Même si les anciennes descriptions d'Origène et de Timothée sur les trouvailles de manuscrits près de Jéricho étaient déjà connues et étudiées, les fouilles à Massada n'avaient pas encore été faites et Rengstorf n'avait aucun moyen de deviner que des rouleaux étaient également enfouis dans cette autre place forte. Cette découverte, alliée à d'autres preuves, allait souligner la nécessité de trouver une explication à l'origine des rouleaux, plus nuancée que celle qu'il avait proposée mais, dans tous les cas, Rengstorf était très près d'avoir marqué un point capital.

Cependant, pour étayer son interprétation, il avait émis une autre proposition qui s'avéra être son talon d'Achille. Pour lui, Khirbet Qumran était tout sauf le site d'une implantation essénienne : « Il existe un certain nombre de bonnes raisons, affirmait-il, pour supposer que, jusqu'à la destruction du Temple, il y avait à Qumran une annexe de l'administration du Temple ». Il développait ce thème dans son étude en allemand, tâchant de montrer que le site voisin d'En Feshkha, avec ses caractéristiques spécifiques, faisait partie d'un centre agricole que l'on pouvait, à la suite de la découverte de rouleaux dans les grottes, attribuer aux prêtres du Temple.

Rengstorf n'indiquait pas s'il avait personnellement été à Qumran et, écrivant sur le sujet en Allemagne à la fin des années 1950, avant même la première édition du livre de De Vaux sur l'archéologie du site, il n'avait apparemment pas connaissance des allusions fournies par ce dernier sur la nature militaire du site. Il pensait clairement que l'idée de prêtres ayant vécu dans une région périphérique de la mer Morte était au moins aussi plausible que celle d'une secte pacifique. Et puisqu'il était en mesure de produire des preuves textuelles montrant que des familles ou des groupes de prêtres possédaient ce genre de propriétés excentrées, il donna son point de vue sur Khirbet Qumran sans grande inquiétude. Il fut attaqué sur ce point, notamment en 1962, par H. Bardtke, un autre chercheur allemand, à qui il répondit vigoureusement en 1968, pour être critiqué à nouveau par le même auteur[4]. Toutefois, c'est de Vaux qui, dans la deuxième édition de son ouvrage sur l'archéologie de Qumran (1972), allait avoir le dernier mot sur la question. « Il est fort douteux », affirma-t-il,

que les prêtres du Temple aient possédé ou entretenu ce genre
de propriétés dans une région aussi abandonnée que Qumran ;
et ces doutes se confirment absolument si l'on se rappelle que,
de 600 à 150 avant l'ère chrétienne, le site était abandonné.
D'autre part, les proportions des bâtiments communs de Qumran, le nombre de grottes utilisées et le cimetière de plus de
mille tombes sont entièrement disproportionnés avec les besoins du personnel officiant dans une propriété de quelques
kilomètres carrés. En revanche, tous ces facteurs impliquent
l'existence d'une communauté organisée qui se servit des bâtiments et des grottes et fut contrainte, à un moment donné,
d'abandonner le site tout en y laissant sa bibliothèque[5].

On s'aperçoit aujourd'hui que le jugement de De Vaux sur
l'identification de Qumran n'était pas moins faillible que celui de
Rengstorf. Pourtant, en attaquant sa thèse précisément par son point
le plus faible, tout en omettant de citer ses points forts, de Vaux,
enveloppé de l'aura d'autorité que lui donnaient son rôle dans les
fouilles et ses premiers écrits, réussit à communiquer son impression que l'interprétation de Rengstorf était entièrement dépourvue de
valeur ; elle cessa ainsi de susciter le moindre intérêt.

Néanmoins, au cours de l'été 1970, en étudiant les arguments de
Rengstorf, je compris qu'il avait perçu correctement la signification
fondamentale des trésors littéraires accumulés dans les grottes. Il
avait interprété les circonstances historiques de manière trop étroite,
mais en réalité cela ne faisait pas grande différence : au moment où
il écrivit, il n'aurait guère pu mieux faire. En se concentrant uniquement sur le Temple et sans pouvoir encore imaginer qu'il y avait à
Jérusalem d'autres bibliothèques dont les propriétaires auraient
également pu dissimuler le contenu, il avait fourni bon nombre de
preuves attestant des activités littéraires dans l'enceinte du Temple.
Par exemple, il fit remarquer que dans l'ancien Proche-Orient, on
utilisait communément les temples pour « entreposer des archives et
des collection de livres » et que les réformes de Josias (2 Rois 22.8
sqq.) présupposaient cette pratique. Il rappelait aux lecteurs
l'existence d'une affirmation importante figurant dans une lettre des

Juifs de Judée, adressée à Aristobule et à d'autres coreligionnaires d'Egypte, citée dans le Second Livre des Maccabées (2.13-15), selon laquelle certains événements étaient relatés « dans les archives ou les mémoires de Néhémie », qui avait « créé une bibliothèque et rassemblé les livres des rois et des prophètes, et le livre de David, et des lettres de rois concernant des dons sacrés ». D'après le même passage, Juda Maccabée « recueillit pour nous tous les écrits qui s'étaient éparpillés quand la guerre fut déclarée ». Rengstorf fit remarquer que les auteurs de la lettre* précisaient que ces écrits « sont encore entre nos mains » et qu'ils proposaient de les envoyer à leurs correspondants égyptiens s'ils le désiraient[6].

Rengstorf citait également une enquête faite par Rabban Gamaliel l'Ancien en personne (le précepteur de Paul) auprès de Nahoum (un scribe officiel du Temple) ; il remarquait que, selon une tradition rabbinique plus tardive, « à Jérusalem, les correcteurs de livres [qui s'assuraient que les copies d'écrits saints étaient faites correctement] étaient payés sur la trésorerie du Temple[7] ». Il soutenait qu'à l'époque « on accordait officiellement la plus grande importance à leur tâche, dans l'intérêt du peuple entier et de l'ensemble du judaïsme ». Les prêtres et les Lévites (tout comme les Israélites) étaient même cités parmi les correcteurs des rouleaux de la Torah (*Tosephta*, Sanhédrin 4.7). Et Josèphe avait lui-même mentionné des livres conservés dans le Temple[8]. Rengstorf concluait :

> Si l'on réunit toutes ces informations, il est impossible de douter qu'elles permettent d'évoquer une bibliothèque du genre... [de celle retrouvée] dans les grottes de Qumran. De nombreux aspects de cette collection s'expliqueraient plus aisément en supposant qu'elle appartenait à la bibliothèque du Temple qu'en supposant qu'il s'agissait de la bibliothèque

---

*On ignore le nom précis des auteurs, mais dans 2 Maccabées 1.10b les salutations adressées aux destinataires de la lettre proviennent de ceux qui sont « à Jérusalem, et... en Judée et le sénat et Juda [Maccabée] », les destinataires étant « Aristobule, précepteur du roi Ptolémée, de la race des prêtres sacrés, et... les Juifs qui sont en Egypte... ».

d'un monastère essénien. Cela expliquerait la coexistence de manuscrits en cuir et en papyrus ; la présence de textes bibliques grecs et araméens ; l'apparition de manuscrits rédigés dans l'ancienne écriture hébraïque à côté d'œuvres en caractères carrés, plus tardifs ; les textes concernant soit des questions d'ordre général portant sur le culte public, notamment des problèmes de calendrier, soit des questions spécifiques aux prêtres ; enfin l'ampleur de cette bibliothèque redécouverte dans des circonstances remarquables. Car si le Temple de Jérusalem possédait une bibliothèque vaste et importante (et l'on ne peut en douter) elle aurait contenu la totalité de la littérature juive existante disponible, y compris... des écrits hétérodoxes[9].

Ayant moi-même donné quelques mois auparavant, à Jérusalem, une conférence avec un message similaire, je fus stupéfait par la façon dont Rengstorf abordait le problème et par l'audace de sa solution. Le plus surprenant était que nous avions emprunté des chemins différents pour arriver à certaines conclusions qui, bien que présentant quelques principes divergents, partageaient beaucoup de points communs. Tandis que j'insistais sur la nature militaire du site, Rengstorf avait envisagé qu'il pouvait être la propriété des prêtres. En choisissant Jérusalem comme l'origine des rouleaux, j'avais affirmé que, à l'exception du *Rouleau de cuivre*, on n'avait trouvé dans les grottes aucun autographe conséquent de caractère documentaire ou littéraire ; Rengstorf suggérait que les rouleaux venaient d'une bibliothèque du Temple qu'il associait aux archives du Temple, sans tenir compte, apparemment, du problème posé par cette absence d'autographes. Evoquant les anciennes découvertes datant de l'époque d'Origène et de Timothée, j'avais parlé d'un phénomène à grande échelle de dispersion des rouleaux, confirmé ultérieurement par la découverte de fragments à Massada, et des nombreux textes et lieux de découverte, contribuant à montrer que les rouleaux étaient issus de *diverses bibliothèques* de Jérusalem et furent cachés par des Juifs qui s'apprêtaient à subir le siège de Jérusalem. En revanche, Rengstorf qui, à l'époque de la parution de ses écrits mentionnés plus haut, ignorait les découvertes ultérieures de Massada et n'avait pas tenu compte de celles faites plus tôt près de Jéricho, s'était étroitement, quoique avec une grande érudition, axé sur les preuves relatives à la bibliothèque, aux scribes et aux correcteurs du Temple, et il avait donc placé le principal lieu de culte des Juifs et sa cohorte de prêtres au centre du tableau.

Ainsi, d'après Rengstorf, les prêtres avaient sauvé les trésors littéraires des Juifs, tandis que selon ma lecture de ce qui, une décennie plus tard, constituait un plus grand ensemble de preuves, il se pouvait que les prêtres eussent caché les trésors du Temple décrits dans le *Rouleau de cuivre*, ainsi que les rouleaux mentionnés dans ce même document, mais c'étaient d'autres Juifs (certains individuellement, et d'autres en collaboration avec les centres d'étude de la capitale) qui avaient dissimulé la plupart des rouleaux de la mer Morte. Dans un certain nombre de textes, les fils de Zadoc et les prêtres jouaient un rôle important, mais dans beaucoup d'autres ils avaient une place mineure ou n'apparaissaient pas du tout. Il était donc arbitraire d'attribuer, comme l'avait fait Rengstorf, tous les rouleaux à la bibliothèque du Temple : cela tendait à amoindrir l'ampleur et la complexité de la vie intellectuelle et religieuse de Jérusalem au siècle précédant la Première Révolte. Pourtant, au cours de la toute première décennie de recherches sur les rouleaux, Rengstorf avait fourni aux qumranologues une occasion rare de réviser leur position et de reconsidérer attentivement les preuves.

A l'exception d'un ou deux articles allemands publiés dans les années 1960, dans lesquels les auteurs cherchaient effectivement à discuter le problème, la thèse de Rengstorf fut reçue par un silence dédaigneux et, en 1970, elle était pratiquement oubliée. Il abandonna le sujet ; des années plus tard, peu avant sa mort, il confia à un jeune collègue allemand que les réactions n'avaient pas été à la mesure de ce qu'il espérait ou attendait, et qu'il avait fini par perdre l'espoir de pouvoir convaincre les qumranologues de la vieille école qu'ils avaient commis une erreur[10]. Au cours de l'été 1970, je passai des heures à la bibliothèque de l'Université de Cambridge, tâchant en vain de trouver des rapports sérieux, américains, israéliens ou européens, sur l'hypothèse de Rengstorf. Edmund Wilson n'avait même pas cité son nom dans la seconde édition augmentée (1969) de son livre de vulgarisation sur les rouleaux.

Au début de 1971, j'étais rentré à Chicago depuis plusieurs mois et m'étais remis à l'étude des documents de la *gueniza*. J'avais projeté de mettre de côté la question des rouleaux pendant plusieurs années, dans l'espoir qu'entre-temps de nouvelles données apparaîtraient sur la question de leur origine. Mais le souvenir de l'accueil glacial réservé à ma communication au séminaire de Jérusalem s'imposait sans cesse et je ne pouvais chasser de mon esprit le mépris avec lequel les qumranologues avaient reçu les idées de Rengstorf. Le 25 février, j'écrivis donc à Edmund Wilson pour lui décrire les obstacles rencontrés à Jérusalem et la surprise que j'avais eue en prenant connaissance de la théorie plus ancienne de Rengstorf.

La nouvelle édition du livre de Wilson était sortie depuis plus d'un an ; je le félicitai de la lucidité avec laquelle il avait résumé le point de vue dominant sur l'origine des rouleaux et lui fit part de l'interprétation de Rengstorf et de ses similitudes avec la mienne. « Ce qui m'intéresse particulièrement dans la conformité de nos vues respectives, écrivais-je, tient à ce que nous y sommes parvenus à partir de constats entièrement différents : Rengstorf s'est appuyé sur des... preuves tirées de certains textes hellénistiques et rabbiniques anciens, alors que mes propres conclusions se basent sur l'hétérogénéité du contenu des rouleaux, sur certaines de leurs caractéristiques scribales, sur la nouvelle configuration géographique révélée par la découverte à Massada de textes rappelant ceux de Qumran, ainsi que sur d'autres considérations tout aussi importantes... L'explication du Dr Yadin d'après laquelle les Esséniens de Qumran apportèrent les manuscrits à Massada ne me semble pas très convaincante, surtout parce que les auteurs anciens mentionnent d'autres découvertes de manuscrits hébraïques "près de Jéricho" sans qu'aucun ne complète cette remarque en indiquant "sur la rive de la mer Morte". » Puisque Wilson avait rendu compte en détail de ses entretiens avec de nombreux chercheurs, je m'étonnais qu'il n'ait pas mentionné le travail de Rengstorf.

Wilson me répondit quelques jours plus tard : « J'ignorais entièrement la thèse [de Rengstorf] au moment où j'écrivais, sinon j'aurais essayé de la traiter. Néanmoins, il me semble difficile d'expliquer la présence de documents émanant d'une secte (la *Règle de la communauté*, par exemple) si toute la bibliothèque provenait du Temple. »

Bien que laconique, sa réponse en disait long : jamais au cours des nombreuses années où Wilson s'était activement intéressé aux rouleaux et avait eu de longs entretiens avec les principaux personnages impliqués dans ces études, il n'avait été informé de l'interprétation de Rengstorf, basée pourtant sur des preuves solides et fondamentalement opposées à la thèse dominante. Et je compris pourquoi le père de Vaux et ses associés avaient récusé aussi vivement l'authenticité du *Rouleau de cuivre*, plusieurs années avant sa publication, c'est-à-dire avant que les historiens soient en mesure de juger le texte eux-mêmes. L'équipe de Jérusalem avait clairement identifié la menace posée par le *Rouleau de cuivre* pour son interprétation des manuscrits, et l'avait contrée en déclarant que le texte était une création de l'imagination. Rengstorf avait saisi les implications historiques possibles du document et s'était basé sur des preuves textuelles pour tirer des conclusions tout à fait sensées, mais les chercheurs avaient complètement négligé sa thèse. Une douzaine d'années plus tard, de Vaux la réfuta en soulignant son aspect le plus faible et le moins essentiel : l'identification de Qumran comme avant-poste agricole des prêtres du Temple.

Dans la saga des rouleaux, cette série d'événements ressortait particulièrement et offrait une leçon instructive sur la politique à l'œuvre dans le monde du savoir.

Dans son livre, Wilson traitait du *Rouleau de cuivre* et faisait les remarques suivantes :

Allegro en vint à croire d'une part que les Esséniens n'avaient rien à voir avec ces rouleaux [les deux sections du *Rouleau de cuivre*] sauf que, sans aucun doute, ils avaient permis qu'on les cache dans une grotte près du monastère et, d'autre part, que le trésor était celui du Temple de Jérusalem, que les prêtres avaient pris la précaution de soustraire au pillage des envahisseurs romains, tout comme les Esséniens avaient caché leur bibliothèque[11].

Il s'agissait là d'idées exprimées par Allegro dans sa correspondance et dans son livre de 1960 sur le *Rouleau de cuivre* (juste un an après la conférence de Rengstorf à Leeds). Wilson reconnaissait également que, même si de Vaux avait clairement signifié à Allegro « que l'on... avait confié à Milik sa préparation pour la publication », « Allegro avait été le premier à avoir déchiffré » le texte[12]. En outre, après avoir expliqué que Milik partageait la thèse de De Vaux selon laquelle la liste des trésors était imaginaire, Wilson affirmait qu'il rejoignait Allegro « dans l'idée que la liste était trop laconique et spécifique et, à sa manière, trop "technique" pour ne pas indiquer des trésors authentiques »[13]. Il semble donc que Wilson était près d'envisager les implications historiques possibles de ce rouleau, mais puisqu'il ignorait l'interprétation de Rengstorf et n'était pas un spécialiste de l'Antiquité, il n'alla pas jusque-là.

Wilson n'évoque nulle part le rôle qui revient à de Vaux dans la déclaration publique que le *Rouleau de cuivre* était un document faux ou issu de l'imagination, même si ce dernier, plus que Milik ou Lankester Harding, avait été le premier à rendre publique cette interprétation en 1956. Il avait veillé à ce que le dossier de presse concocté à Jérusalem soit lu devant deux des plus prestigieuses institutions académiques du monde. L'échec de Wilson à approfondir la question des implications du rouleau tenait évidemment à sa profonde admiration pour de Vaux qui, on s'en souvient, avait écrit une critique cinglante, et presque mensongère, de l'édition du texte par Allegro en 1960. A l'époque de ma correspondance avec Wilson, il semblait avoir complètement arrêté de réfléchir à ce problème. Le soutien qu'il accordait aux thèses des éditeurs officiels était sans doute inébranlable, et il s'était contenté d'écarter l'hypothèse de Rengstorf.

La réponse de Wilson me déçut. Malgré certaines erreurs de jugement, l'ensemble de son livre le laissait paraître assez ouvert, et je décidai d'insister un peu, dans l'espoir qu'il reconsidère sa position et reconnaisse qu'il n'avait peut-être pas envisagé la question jusqu'au bout. Je lui écrivis donc (le 11 mars 1971) en indiquant que, même en insistant sur le caractère purement sectaire de la *Règle de la communauté*, il était difficile de comprendre en quoi l'explication de Rengstorf ou la mienne contredisait ce point de vue. La bibliothèque du Temple ou les autres grandes collections de livres de Jérusalem devaient contenir au moins quelques écrits hétérodoxes ainsi que des textes apocryphes et apocalyptiques « courants », du type de ceux retrouvés en grand nombre dans les rouleaux. La multitude d'écrits de Qumran n'ayant rien à voir avec une secte semblait poser un problème bien plus grave pour les défenseurs de l'hypothèse qumrano-essénienne que la présence de certains textes hétérodoxes pour la thèse de Rengstorf ou la mienne. J'indiquai à Wilson qu'en dépit de l'exégèse qu'en avait fait Dupont-Sommer, la *Règle de la communauté* semblait être un texte extrêmement énigmatique : entre-temps, de nombreux chercheurs avaient commencé à reconnaître son caractère composite et l'un d'eux avait même tenté d'en harmoniser les différentes parties en les adaptant à la chronologie des découvertes archéologiques de Qumran. « Mais on a beau tourner et retourner le problème dans tous les sens, écrivais-je, on ne trouve pas de solution satisfaisante. » Je mentionnai dans ma lettre à Wilson que, quelques années plus tôt, Chaim Rabin avait présenté un argument intéressant montrant que l'origine de la *Règle* remontait aux « confréries de la pureté » du type décrit dans les premiers textes rabbiniques. Je lui demandai si, par hasard, il connaissait le point de vue de Rabin.

A cette question, Wilson répondit brièvement (le 18 mars) : « Je ne parviens toujours pas à croire que la bibliothèque du Temple ait pu renfermer toute cette littérature hétérodoxe. Quant aux [textes] non hétérodoxes de Qumran, [les habitants du site] auraient forcément possédé la Bible ainsi que les textes intertestamentaires » (le même argument, en fait, que celui proposé dans la rhétorique charismatique de Dupont-Sommer). Qu'importe si un nombre relativement restreint des quelque six cents écrits non canoniques découverts dans les grottes présentait des caractéristiques comparables aux tendances séparatistes figurant dans l'*Alliance de Damas* ou dans la *Règle de la communauté* ! Pour Dupont-Sommer, puisque tous les livres étaient issus des légendaires Esséniens de Khirbet Qumran, ils devaient tous avoir été secrètement produits par les membres de cette secte. Et la lettre de Wilson exprimait exactement cette conviction.

En disant que « la secte de Qumran » avait dû posséder la Bible et les textes intertestamentaires, Wilson avançait une idée extrêmement confuse. D'une part, même après le Ier siècle de l'ère chrétienne, les Juifs ne possédaient pas encore une œuvre uniforme qu'ils appelaient « la Bible », mais uniquement des « écrits saints » individuels (en hébreu, *kitbé haqodesh*), et les diverses sectes juives ne s'accordaient pas tout à fait sur les livres qu'il fallait considérer comme saints. Les Samaritains, par exemple, ne retenaient que le Pentateuque, tandis que les auteurs de l'*Alliance de Damas* attribuaient apparemment ce statut au livre des Jubilés qui fut ultérieurement traité comme un écrit pseudépigraphe. Nous ne finirons par savoir (mais peut-être jamais complètement) quels écrits étaient considérés comme saints par tel ou tel groupe ancien qu'en étudiant patiemment toutes les *citations* de ces écrits figurant dans les diverses œuvres retrouvées dans les grottes. Seule une minorité des textes dont des fragments furent découverts à Qumran avait un statut canonique ; d'autres ouvrages furent officiellement sélectionnés (par les autorités tannaïtiques) comme méritant ce statut aussi tard que le IIe siècle après J.-C. (Notons au passage que Rengstorf lui-même, en évoquant « Le Livre », montrait à quel point il était insensible au problème du développement graduel du canon biblique.)

D'autre part, il n'existe aucune preuve établissant qu'avant ou après la destruction du second Temple, les Juifs de Palestine eux-mêmes reconnaissaient les livres que Wilson appelle les « textes intertestamentaires », c'est-à-dire les apocryphes et les pseudépigraphes, comme une collection d'écrits particulière. Seul le fait que les Bibles chrétiennes (qui suivirent de près les Septante) les décrivent comme ayant un statut ou un degré de sainteté particuliers, permet de distinguer ces œuvres déjà connues de la masse d'autres fragments dispersés avec elles dans les grottes de Qumran ; cette distinction ne dépend pas du tout d'une quelconque qualité propre à leur contenu[14].

Une grande diversité de textes de l'ancienne littérature hébraïque fut cachée dans les grottes. Il y avait notamment de nombreuses œuvres entièrement perdues ou oubliées avant leur découverte, certaines autres (une faible minorité) qui étaient déjà considérées comme saintes et d'autres encore qui finirent par l'être. Wilson semblait avoir des idées confuses sur ce point essentiel. Par conséquent, il attribuait aux Esséniens divers types de textes que ni Josèphe, ni d'autres auteurs anciens n'avaient jamais mentionnés comme étant le produit de ce groupe. Toute bibliothèque importante ayant appartenu à une communauté juive ancienne ou à un collectionneur individuel aurait contenu ce genre d'ouvrages ; et les groupes séparatistes, Esséniens ou autres, auraient bien entendu possédé en plus leurs propres écrits traduisant leurs croyances spécifiques[15].

J'écrivis quelques mots dans ce sens à Wilson, qui me répondit encore plus laconiquement ; c'est ainsi que prit fin notre brève correspondance. J'eus l'impression qu'il en avait fini une bonne fois pour toutes avec les rouleaux de la mer Morte et s'intéressait à présent davantage à d'autres sujets. Il mourut l'année qui suivit la fin de notre correspondance. Son dernier livre, publié de son vivant, n'avait rien à voir avec les rouleaux[16].

Ecrivant à titre privé en 1954, Wilson s'était moqué de ce qu'il appelait la « puérilité » d'Ernest Hemingway, puis avait noté :

Pourtant lorsque je lisais… son article… sur ses aventures africaines, je ne pouvais m'empêcher de le trouver stimulant. Il vit dans un livre d'aventure pour les garçons, mais cela touche quelque chose en moi. Il y a peut-être un peu de cela dans mon intérêt pour les rouleaux de la mer Morte, mes visites à Zuñi et Haïti, ma passion pour l'apprentissage de nouveaux[17]…

Pour Wilson, les rouleaux avaient été une aventure, l'une des nombreuses de sa vie mémorable. Encouragé par une reconnaissance qui grandissait aux quatre coins de la terre, malgré son dilettantisme évident, il lui eût été difficile de voir à quel point, en adoptant avec enthousiasme l'hypothèse qumrano-essénienne, il avait pu tromper le public. Il n'eut pas davantage l'occasion de se demander si son propre travail et l'accueil extraordinairement positif qu'il reçut dans le monde n'avaient pas pu inciter les qumranologues à s'enfoncer encore davantage dans une confusion historiographique. D'autres livres sur les rouleaux continuaient à paraître, d'autres articles encyclopédiques, d'autres thèses de doctorat, et tous véhiculaient le même message de base. Une nouvelle génération de chercheurs s'était abreuvée à la fontaine de la thèse essénienne ; je me demandais comment je pourrais relancer un débat désapprouvé et pratiquement réduit à néant.

A u cours de mon séjour à Jérusalem et par la suite, je ne perdis pas mon temps à polémiquer interminablement sur l'origine des rouleaux. L'étrange histoire des recherches qumraniennes me décourageait, je préférais donc me consacrer à des tâches moins frustrantes, dans un domaine que je pouvais espérer être dénué de présomption et d'orgueil. Néanmoins, ces travaux, sur l'histoire des Juifs en Normandie médiévale, s'avérèrent également être la source d'un conflit de base sur les faits et les méthodes de travail, présentant des similitudes frappantes avec la bataille sur la signification des rouleaux.

Au début des années 1960, lorsque je travaillais sur les collections de manuscrits de la *gueniza* du Caire et, plus tard, en étudiant d'autres textes, j'étais tombé sur des preuves montrant qu'à Rouen, capitale de la Normandie médiévale, il y avait eu une présence culturelle juive considérable[18]. Les témoignages littéraires de cette culture étaient dispersés dans différentes bibliothèques, et les archives de Rouen conservaient encore les plans d'une synagogue médiévale étonnante. Un historien du XIXe siècle avait déjà évoqué un vieux document qui mentionnait une « Ecole aux Juifs » jadis située à l'est de la synagogue. En 1976, je suggérai que ce bâtiment avait été détruit pour faire place au magnifique Palais de Justice de Rouen, sur le côté nord de la rue aux Juifs[19]. La même année, en débarrassant des gravats dans la cour du Palais de Justice, un bulldozer avait heurté un édifice médiéval et, peu après, un autre bâtiment aux proportions monumentales, dont les murs intérieurs contenaient des graffitis hébraïques. En comparant les aspects décoratifs du bâtiment à d'autres vestiges romans de la ville, les historiens de l'architecture estimèrent que sa construction datait d'environ 1105-1110, précisément l'époque de la renaissance de la communauté juive de Normandie, après que Guillaume le Roux lui eut autorisé de se reconvertir au judaïsme, vers 1099, à la suite des persécutions de la Première Croisade (en 1096).

Les premières traces du bâtiment avaient été découvertes mi-août 1976, et trois des quatre côtés furent partiellement dégagés au cours des dix jours suivants. Inévitablement, sans doute, les archéologues de la région émirent l'hypothèse qu'il s'agissait d'une ancienne *synagogue,* et ils invitèrent Michel de Bouard, membre de l'Académie des Inscriptions et Belles Lettres et grand spécialiste des études archéologiques en Normandie, à examiner le site. En contemplant le bâtiment, il déclara : « Si nous avons affaire à une synagogue, il s'agit d'une découverte sensationnelle[20]. » Son impression ne reposait apparemment sur aucune connaissance des plans de l'ancien quartier juif que j'avais publiés. Peu après, on m'envoya des télégrammes et j'arrivai à Rouen en septembre, sans connaître exactement la nature ni le lieu des découvertes. Les ruines se trouvaient à peu près là où, d'après les indications documentaires, j'avais supposé que se trouvait l'Ecole aux Juifs.

Au cours d'une réunion, le jour même de mon arrivée, j'expliquai aux archéologues que la synagogue monumentale était située de l'autre côté (au sud) de la rue aux Juifs. Je leur montrai les détails sur de vieux plans du quartier et décrivis le processus qui m'avait conduit à conclure que « l'Ecole aux Juifs » devait être un autre bâtiment monumental sur le côté nord de la rue. Compte tenu des preuves réunies, l'édifice fraîchement découvert ne pouvait être que cette école ; pour la première fois dans l'histoire, on venait donc de mettre au jour non pas une synagogue, mais un *établissement d'enseignement* des Juifs du Moyen Age.

Les archéologues avaient toutes les raisons d'être fiers de leur découverte : après tout, on connaissait d'autres synagogues médiévales, tandis qu'un bâtiment évoquant la culture littéraire et scolastique des Juifs au Moyen Age était un vestige archéologique unique.

Cependant, les archéologues soulevèrent des objections et insistèrent sur le fait que l'édifice rouennais pouvait bien être ce qu'ils avaient annoncé au début, c'est-à-dire tout de même un lieu de culte, une deuxième synagogue, rivalisant de grandeur avec celle qui se trouvait de l'autre côté de la rue. Je fis remarquer, sur la foi de plans et de vestiges archéologiques bien connus, que les premières synagogues médiévales européennes se caractérisaient essentiellement par une abside convexe, tournée vers Jérusalem, qui s'avançait en saillie sur le mur est de l'édifice et dans laquelle on conservait les rouleaux de la Torah. Or, le mur est était encore entièrement enfoui et constituait l'étayage principal du grand escalier du Palais. Nous convînmes donc que le problème ne pouvait être résolu avec certitude qu'en déplaçant l'escalier, afin de pouvoir dégager le mur sans danger. Mais il fallait agir vite. A Paris, un membre de la Commission Supérieure des Monuments Historiques faisait campagne pour que l'on réenfouisse le bâtiment qui d'après lui, m'avait-on dit, n'avait pas grande valeur « pour l'histoire de la France ».

De retour à Chicago, j'écrivis un compte rendu sur l'importance historique de l'édifice, dans lequel je plaidais instamment pour sa conservation et le dégagement du fameux mur est[21]. Le ministère de la Culture approuva ce projet et, avant le printemps 1977, on avait retiré le grand escalier pierre par pierre et dégagé complètement le mur en question. Il s'avéra qu'il n'avait pas d'abside, mais était simple et droit.

Toutefois, je m'étais trompé en croyant que cela mettrait fin à la querelle. Entre-temps, un historien parisien indigné[22] avait conforté les archéologues dans leur position initiale, et ceux-ci continuèrent à lutter, prétendant à présent qu'il n'était pas absolument nécessaire pour une synagogue romane d'avoir une abside. Il pouvait y avoir eu, suggéraient-ils, deux synagogues rivales de chaque côté de la rue, l'une avec abside et l'autre sans. La désignation officielle du bâtiment fut donc encore différée.

Ce débat eut lieu à la fin des années 1970, c'est-à-dire avant la redécouverte d'un manuscrit français datant de 1363, qui situait *précisément* « l'Ecole aux Juifs » là où l'on avait retrouvé le monument*.

N'ayant pas encore connaissance de ce manuscrit (qui avait en fait été publié des décennies plus tôt), divers partisans de l'hypothèse des « deux synagogues » exprimèrent des doutes et se demandèrent si des écoles indépendantes d'enseignement supérieur juif avaient pu exister dans la France médiévale, si la capitale normande avait eu, au Moyen Age, une culture hébraïque importante au point de justifier la présence d'une telle école, si les dirigeants normands étaient susceptibles d'avoir toléré cela, si, après la Première Croisade, les Juifs de France possédaient suffisamment de livres pour avoir des écoles, et d'autres propositions de ce genre. Leur point de vue était évidemment motivé par le simple désir de montrer que l'idée de « deux synagogues » n'était pas totalement dépourvue de sens. Peut-être l'abside se trouvait-elle au deuxième étage du bâtiment, suggérèrent les archéologues. Cet étage avait bien sûr été entièrement détruit au début du XVIᵉ siècle, pour faire place au Palais de Justice.

En découvrant cet argument, je fus frappé par sa similitude avec celui du père de Vaux et ses adeptes universitaires, défendant la présence d'un *scriptorium* à Khirbet Qumran et prétendant qu'il se trouvait au deuxième étage, complètement détruit, d'un bâtiment. En hiver 1970, lors du séminaire de Jérusalem, j'avais demandé comment cette identification pouvait tenir alors que l'on n'avait pas retrouvé dans les décombres la moindre parcelle de parchemin ni d'autres matériaux nécessairement associés à l'art des scribes ; le père Benoît, deuxième dans la hiérarchie après de Vaux, avait répondu que les intempéries avaient tout simplement détruit toutes les preuves qui auraient pu rester. Dans les deux cas, la réponse était

* Voir Lucien Delsalle dans *Etudes Normandes* (1985), pp. 80-83 ; Lucien Valin, *Le roule des Plès de Heritage de la mairie Jehan Mustel* (Rouen, 1924), pp. 99–101.

spécieuse. Et les efforts pour défendre coûte que coûte les thèses des archéologues transparaissaient clairement.

Dans chaque situation, les archéologues avaient découvert un trésor du passé et l'avaient dégagé, à la pelle, et de leur propres mains. Ils avaient appliqué ce qu'ils croyaient être les meilleures techniques archéologiques ; les découvertes avaient manifestement une grande importance historique ; ils croyaient être les mieux placés pour procéder à leur évaluation historique et s'estimaient donc en droit de le faire. Pour eux, les pierres avaient quelque chose de vivant que ne possédaient pas les textes : c'était comme si l'on pouvait comprendre la culture qu'elles évoquaient en les observant de manière empirique, sans recourir à la signification précise des mots que cette culture avait laissés par écrit. Ces croyances représentaient une menace évidente pour l'impartialité des recherches sur le passé.

Mais ces débats avaient aussi des enjeux encore plus importants. A un niveau plus profond, l'énergie que ces deux groupes déployaient pour défendre leurs positions reposait sur une conviction profondément enracinée que la culture juive avait relativement peu d'importance et que la civilisation urbaine était hostile à son égard. Cette déformation de l'histoire et de la culture juives était si solidement ancrée qu'elle avait influencé la pensée de nombreux chercheurs et d'une grande majorité du public en France et ailleurs. L'apparente incapacité des archéologues français à se représenter qu'il y avait eu dans la capitale normande une culture hébraïque active stimulée par une école d'enseignement supérieur me rappelait fortement l'interprétation dominante des manuscrits du désert de Juda : une interprétation consistant à affirmer que ces rouleaux n'avaient rien à voir avec l'ancienne capitale, site du Temple saint des Juifs, ni avec la culture littéraire de cette ville, au début de l'ère chrétienne, mais étaient au contraire le simple produit d'une petite communauté de célibataires dont la « maison mère » se trouvait dans un prétendu monastère du désert.

Nous examinerons par la suite comment les tentatives de plus en plus inflexibles entreprises pour imposer cette idée au public se sont traduites par l'adoption, au sein des cercles officiels chargés d'éditer les rouleaux, de mesures rigoureuses destinées à empêcher ceux qui désavouaient cette conception d'étudier les manuscrits non publiés. Nous observerons également d'autres déformations significatives que les éminences du monde de la qumranologie imposèrent aux découvertes scientifiques concernant les textes, ainsi que les efforts de certains chercheurs pour dénigrer la valeur littéraire, spirituelle et historique des rouleaux. Cependant, ces efforts se heurtèrent à la vérité révélée par le déchiffrement de certains textes, qui fit ressortir l'hétérogénéité des rouleaux. Ces écrits, qui furent parmi les plus importants découverts dans le désert de Juda, ôtèrent tout ce qui restait de crédibilité à la conception traditionnelle des origines des manuscrits de la mer Morte.

Le Rouleau du Temple, les Actes de la Torah et le Péan en l'honneur d'Alexandre Jannée : le dilemme des qumranologues

❖

En 1977, la publication par Yigael Yadin d'un manuscrit hautement important et l'explication qu'il donnait de son contenu me convainquirent de l'urgence d'une réinvestigation sur les rouleaux. Dix ans plus tôt, à Jérusalem, Yadin avait déclaré que l'on avait trouvé (ou retrouvé) un rouleau contenant, entre autres, des règles se rapportant à un Temple de Jérusalem idéalisé, auquel il donna donc le nom de *Rouleau du Temple*. Le premier dossier de presse[1] sur ce manuscrit indiquait que, selon Yadin, le rouleau comprenait également des règles, préalablement inconnues, sur la mobilisation d'une armée et différant « entièrement de la description donnée dans... la "Guerre des Fils de Lumière contre les Fils des Ténèbres" ». Il disait aussi que, contrairement aux autres rouleaux, « les paroles sont données comme émanant de Dieu et, dans la plupart des cas, sont écrites à la première personne ». Pourtant, plus tard, Yadin confirma le point de vue qu'il avait exprimé lors de la communication de 1967 : ce rouleau, comme les autres, appartenait à la « secte qumrano-essénienne ».

Au cours de cette période, Yadin laissa de côté les textes de Bar Kokhba retrouvés près d'Engaddi, ainsi que les rouleaux de Massada pas encore publiés. (Il s'était apparemment désigné lui-même principal responsable de la publication de tous ces manuscrits.) En revanche, il concentra ses efforts sur la production d'une édition élaborée du *Rouleau du Temple*, pleine de longs commentaires visant principalement à défendre la version officielle de la thèse qumrano-essénienne*.

Bien que l'on ait affirmé un peu partout que ce rouleau provenait de la grotte 11, en réalité, son origine s'avère mystérieuse. Si Yadin le mentionnait souvent comme un « rouleau de Qumran », il n'a jamais fourni de preuve de cette provenance et s'est même gardé de préciser si le vendeur anonyme de Jérusalem-Est ou de Bethléem la lui avait indiquée[2]. Etant donné que cet antiquaire reçut 105 000 dollars américains pour le rouleau, il est fort étonnant que Yadin et ses associés n'aient pas au moins exigé qu'il leur révèle le lieu d'origine du texte ou l'identité de la personne qui le lui avait apporté. Toujours est-il que nous ne détenons aucun témoignage précis des sources spécifiques sur lesquelles Yadin s'appuyait pour affirmer que le rouleau venait de la région de Qumran plutôt que d'une autre localité du désert de Juda.

Le texte hébreu du *Rouleau du Temple* et le commentaire de Yadin parurent en 1977[3] ; il imposait aux lecteurs le point de vue auquel on pouvait s'attendre. Cependant, cette interprétation n'était pas confirmée par le texte. Celui-ci contenait un grand nombre de lois, visiblement d'un caractère théorique, écrites par un apocalyptiste et qui, tout en s'apparentant par certains détails à celles des Esséniens, évoquaient également, par d'autres points, celles de différentes communautés juives anciennes. En fait, la majorité des lois ne pouvait être rattachée à aucun groupe juif connu de l'Antiquité. Baruch Levine, de New York University, recommanda donc :

> [Il faut être extrêmement prudent] en affirmant que le *Rouleau du Temple* provient d'une secte particulière comme si, en l'occurrence, nous étions certains que ses dispositions reflètent

---

* Il est regrettable qu'ayant travaillé pendant une décennie entière à l'édition de ce texte, Yadin n'ait pas délégué à un autre savant la charge de publier les autres manuscrits ; c'est seulement après sa mort que certains chercheurs de Jérusalem purent commencer à y avoir accès.

le calendrier qumranien. Dans le rouleau, les formulations des *mo'adim* [lois relatives aux fêtes] représentent, de prime abord, des reformulations de lois de la Torah. Par conséquent, leur interprétation devrait être subordonnée à une étude approfondie de ces sources spécifiques... Par ailleurs, si on les compare aux traductions des Septante et à l'herméneutique rabbinique plus tardive, on s'aperçoit que les interprétations ultérieures du rabbinisme normatif étaient assez largement connues et acceptées bien avant que la Midrash halakhique* ait pris sa forme définitive.

La place qu'occupe le *Rouleau du Temple* dans le développement du judaïsme reste incertaine[4]...

Toutefois, Yadin négligea cette précaution et crut bon de conclure, en réponse à sa propre question de savoir si la « secte de Qumran » avait écrit ce texte, que l'on pouvait

répondre, me semble-t-il, de manière positive à la question, même s'il ne faut pas écarter la possibilité que le rouleau s'inscrit également, dans une plus ou moins grande mesure, dans l'enseignement d'un mouvement plus ample qu'il ne faut pas définir comme une secte, mais comme un mouvement à partir duquel, au fil du temps, s'est développée la secte de Qumran[5].

Exactement comme dans le cas de l'interprétation faite par Sanders des psaumes apocryphes[6], il y avait ici une reconnaissance implicite des différences existant entre cet important rouleau et la doctrine connue de la « secte » (la doctrine associée aux Esséniens, ou du moins à ceux qui écrivirent la *Règle de la communauté*). Mais l'inébranlable dogme qumrano-essénien empêchait Yadin d'en tirer les conclusions adéquates.

Le fait que l'archéologue le plus renommé d'Israël se permette d'aborder ainsi le *Rouleau du Temple*, après avoir affirmé de manière arbitraire que les découvertes de Massada étaient, d'une manière ou d'une autre, liées aux « Esséniens de Qumran », raviva

*Voir le Glossaire.

mes inquiétudes quant à l'orientation prise par un domaine d'étude manifestement en plein essor. Mais l'enjeu essentiel, tel que je le percevais, dépassait ce problème. Il y avait un conflit entre deux conceptions différentes de la recherche : d'un côté le désir d'établir une association d'autorités prétendant avancer des idées correctes, et d'un autre côté la recherche inductive de preuves menée par des chercheurs individuels, liée à une exigence fondamentale de rationalité et détachée des croyances sacro-saintes chères aux érudits.

Aucun qumranologue ne réagit à mon exposé de 1980 sur la théorie que Jérusalem était le lieu d'origine des rouleaux, et présentant la liste rudimentaire des anomalies inhérentes à l'ancienne hypothèse[7]. Bien entendu, cette réticence était calculée et, durant les quelques années qui suivirent, elle me fit parfois penser à l'accueil réservé aux thèses de Rengstorf et au silence dans lequel ce chercheur s'enferma. Mais je commençai à recevoir du courrier d'historiens et de philologues qui travaillaient en dehors du microcosme de la qumranologie et qui exprimaient le même scepticisme vis-à-vis de cette historiographie discutable. Un malaise s'était apparemment installé depuis un certain temps parmi les membres de l'équipe « officielle » chargée de la publication des rouleaux. Certes, ce n'était pas dû à leur incompétence, ni aux problèmes que j'avais soulevés, mais sans doute aux difficultés de plus en plus flagrantes posées par l'ancienne théorie, que certains chercheurs appartenant à l'équipe avaient apparemment perçues en se plongeant dans un plus grand nombre de textes.

Au début des années 1980, il semblait que l'équipe ait pratiquement cessé de travailler sur les rouleaux. Durant l'été 1982, l'un de ses membres écrivit à un ancien collègue pour le tenir au courant des activités des uns et autres : le père Patrick Skehan était décédé en 1980 ; il avait, pensait-on, achevé de mettre au point son recueil de textes bibliques pour la série d'Oxford des « Découvertes dans le désert de Juda », néanmoins le Dr Eugene Ulrich avait été désigné pour lui succéder. (Le volume parut finalement en 1993.) Joseph Milik avait quitté le sacerdoce, s'était marié et était entré au CNRS, à Paris. (Au cours des années 1980 et jusqu'en 1993, Milik ne publia aucun autre texte.) C. H. Hunzinger n'avait rien publié ; de Vaux le remplaça par Maurice Baillet qui, en 1982, publia son propre volume de textes issus de la quatrième grotte de Qumran. A la suite d'une maladie, John Strugnell projetait de passer un an à Jérusalem pour préparer son recueil de textes. (L'ouvrage n'a jamais vu le jour.) Quant à Frank Cross, il était difficile de savoir s'il préparait le sien, mais Skehan avait affirmé que non. J. Starcky était devenu directeur de recherches honoraire au CNRS, mais, comme il n'avait pas achevé son volume, Emile Puech fut sélectionné pour lui succéder.

On voit donc dans quelle impasse se trouvait la recherche sur les rouleaux au début des années 1980. Il n'y avait plus de publication de nouveaux volumes des textes de Qumran et un bruit courait selon lequel quelques photographies de rouleaux, inaccessibles à la plupart des chercheurs qualifiés, passaient pourtant des mains de certains membres de l'équipe de recherche à celles de leurs étudiants qui en traitaient dans leurs thèses de doctorat. Dans les années qui suivirent, un grand débat se déclencha sur la signification des découvertes du désert de Juda, auquel le grand public prit un intérêt croissant. La lutte présentait de multiples facettes, cependant un texte occupa longtemps la place centrale du débat.

Il s'agissait d'une œuvre au contenu particulièrement intéressant, reconstituée à partir de fragments de six manuscrits différents retrouvés dans la grotte 4 de Qumran. Elisha Qimron, un des chercheurs qui l'étudiait, lui donna le titre de *Miqsat Ma'asé Torah*, ou *MMT*, que l'on traduisit, au début, par « Quelques préceptes de la Loi ». L'expression en hébreu apparaît effectivement dans le texte et peut faire office de titre. Toutefois, l'analyse du texte révèle qu'elle pourrait aussi bien se traduire par « Quelques actes de la Torah » ou, plus succinctement, les *Actes de la Torah*, le titre que nous utiliserons ici.

Cette œuvre allait jouer un rôle essentiel dans la controverse sur les manuscrits de la mer Morte. Nous suivrons de près les étapes des recherches qui lui furent consacrées, puis nous étudierons son contenu et la manière dont elle fut interprétée, enfin nous retracerons la lutte menée pour obtenir les droits d'étudier et de publier ce texte. Nous serons alors à même de comprendre plus clairement la valeur essentielle de l'œuvre et son rôle dans notre compréhension de l'origine et la nature des rouleaux.

Les milliers de fragments de manuscrits découverts en 1952 dans la grotte 4 furent, pour la plupart, envoyés au Musée Rockefeller et entreposés dans une salle de travail du rez-de-chaussée. Là, l'équipe réunie par le père de Vaux commença à les nettoyer et à les classer. Le père J. Milik, originaire de Pologne, était le chercheur le plus doué de l'équipe et, à l'instar de De Vaux et d'autres collègues, il était rattaché à l'Ecole Biblique, non loin de là. L'équipe commença par séparer les fragments de textes bibliques des fragments non bibliques ; pour ces derniers, la part du lion revint à Milik qui était non seulement un paléographe talentueux, mais allait également s'avérer le membre le plus productif de l'équipe originale[8].

C'est apparemment entre la fin de 1952 et le milieu de 1954 que Milik identifia certains fragments des *Actes de la Torah* qu'il répertoria plus tard « 4Qmishn » (c'est-à-dire « fragments d'une œuvre écrite en hébreu mishnaïque [datant du premier rabbinisme] retrouvés dans la grotte 4 de Qumran)[9]. Au milieu de 1954, J. Strugnell, C. H. Hunzinger et J. Starcky se joignirent à l'équipe de Jérusalem et participèrent à la tâche qui consistait à trier et reconstituer les fragments. Strugnell avait obtenu son premier diplôme universitaire (B.A.) d'Oxford en 1982 et, à vingt-quatre ans, il montrait des dispositions remarquables pour un travail aussi précis. Dans le rapport d'activité conjoint de l'équipe sur l'avancement des recherches (1956), il affirma que les fragments de la grotte 4 qu'il préparait à la publication « occupent environ 80 sous-verres contenant les vestiges d'un nombre à peu près égal de manuscrits non bibliques[10] ». Il décrivit des fragments d'un texte « représenté par quatre manuscrits » dont « certaines particularités de vocabulaire et de doctrine suggèrent que nous avons peut-être là une œuvre de sagesse composée par la secte de Qumran, et susceptible de nous aider à reconstituer sa théologie morale ». Ce fut la première description par Strugnell des *Actes de la Torah*.

En 1956-1957, il passa quelques mois à Chicago, à l'Oriental Institute, puis retourna au Musée Rockefeller où il travailla, jusqu'au milieu de 1960, sur le lot de matériel qui lui avait été attribué.

Strugnell et les autres membres de l'équipe préparèrent des transcriptions de leurs fragments qui servirent de point de départ à l'élaboration d'un inventaire de toutes les phrases lisibles des nouveaux manuscrits. (Plus tard, ce catalogue allait devenir une concordance du vocabulaire des fragments de la grotte 4 puis, à partir de 1991, la soi-disant « Version non autorisée » des rouleaux de la grotte 4 publiée par Ben-Zion Wacholder et Martin Abegg ; voir le chapitre 10.)

Au cours de l'année 1960, Strugnell quitta Jérusalem pour les Etats-Unis, emportant avec lui des photographies et des transcriptions de son lot de fragments. Quant à Milik, il avait travaillé à différents projets liés à Qumran ; en 1962, ses interprétations des manuscrits issus des « grottes mineures » parurent dans l'important troisième volume de la série d'Oxford. Abordant certaines caractéristiques linguistiques du *Rouleau de cuivre*, il les comparait à des traits analogues repérés dans le texte qu'il appelait « 4Qmishn » et donnait quelques extraits du dernier qui illustraient la particularité de son contenu et de ses tournures idiomatiques. En parlant de ce texte, il ne mentionnait ni la responsabilité éditoriale de Strugnell, ni Strugnell lui-même ; il semblait plutôt y avoir travaillé séparément.

De la même façon, la description du texte par Milik était assez différente de celle de Strugnell : « Des anges parlant à la première personne révèlent au visionnaire, malheureusement anonyme, les lois relatives à la pureté de Jérusalem et du Temple et, à la fin de l'œuvre, [évoquent] la fin des temps[11]... » En 1957, Milik avait fourni une description plus brève des fragments[12]. Puis, en 1961, F. M. Cross utilisa l'un des manuscrits pour son étude sur la paléographie des rouleaux. Il décrivait l'écriture de ce fragment comme « une écriture semi-cursive, datant de la fin des Asmonéens, provenant d'une œuvre anonyme en hébreu que J. Strugnell publiera[13] ». Comme le révélera la suite des événements, en 1960, lorsqu'il quitta Jérusalem pour prendre son premier poste américain à Duke University, Strugnell avait réussi à transcrire pratiquement tous les mots qui subsistaient. Il restait encore, dans la mesure du possible, à restituer les parties manquantes en utilisant des hypothèses avisées et à raccorder de façon correcte les fragments : un travail qui aurait dû prendre à peu près un an.

Cependant, de nombreuses années s'écoulèrent et les *Actes de la Torah*, ainsi que la plupart des autres textes assignés à Strugnell, semblèrent tomber dans l'oubli. En 1968, Strugnell fut nommé à Harvard où il apporta du renfort à Frank Cross. A l'époque, aucune autre université américaine ne pouvait se vanter d'accueillir en son sein deux membres officiels de l'équipe chargée de publier les rouleaux et, dans les années qui suivirent, les deux chercheurs attirèrent de nombreux étudiants aspirant à un avenir dans les études qumraniennes. Même si Cross dépendait du Département d'Etudes sur le Proche-Orient et Strugnell de l'Ecole de Théologie, tous deux formèrent ensemble une bonne équipe, s'accordant en l'occurrence sur toutes les principales hypothèses liées à la nature et aux origines des rouleaux.

Avant même l'arrivée de Strugnell, Cross s'était fait fort d'encourager ses étudiants à penser que les rouleaux avaient été écrits par des Esséniens vivant à Khirbet Qumran. Il ajouta à cette idée sa propre thèse (qui fut ensuite adoptée par les autres membres de l'équipe officielle), selon laquelle on pouvait dater précisément de nombreux rouleaux en périodes spécifiques de vingt-cinq à cinquante ans (par exemple de 50 à 25 avant J.-C., de 25 avant J.-C. à 25 après J.-C., etc.). L'arrivée de Strugnell et le soutien qu'il apporta à Cross encouragèrent naturellement les étudiants de Harvard à tenir pour vraies la thèse qumrano-essénienne ainsi que la méthode de datation utilisée par Cross : des idées qui devinrent le trait caractéristique des thèses de doctorat sur les rouleaux soutenues à Harvard. Après leur diplôme, les étudiants occupaient leurs propres postes dans les universités et continuaient à propager cette thèse et avec elle, les idées paléographiques de Cross.

Ce système fonctionna jusqu'au début des années 1970, apparemment sans que les étudiants utilisent directement les textes non publiés de Qumran attribués à leur deux professeurs. Mais, en 1971 le père de Vaux mourut et la direction de la publication des rouleaux fut transmise au père Pierre Benoît, son associé de l'Ecole Biblique, qui n'avait pas un esprit universitaire aussi militant que son prédécesseur. Adoptant une politique de douce négligence qu'il suivit jusqu'à sa mort, en 1987, le père Benoît semble n'avoir fait aucune objection lorsque certains chargés de publication commencèrent à déléguer à d'autres personnes la charge de leurs textes. C'est précisément ce que Strugnell et Cross décidèrent de faire ; qui plus est, ils offrirent les textes non pas à des chercheurs chevronnés, mais à leurs propres étudiants, pour leurs thèses. Ceci conféra aux étudiants de Harvard un avantage incontestable, mais injuste, en leur permettant de publier des rouleaux refusés à pratiquement tous les autres étudiants et professeurs. C'est ainsi que furent publiés ou préparés à la publication certains des textes les plus intéressants attribués à Strugnell, mais ce dernier semble n'avoir pris aucune mesure pour en faire de même avec divers autres fragments en sa possession, dont les *Actes de la Torah*.

Strugnell disposa de nombreuses années pour essayer de comprendre ces fragments et il dut s'apercevoir qu'ils formaient un texte au contenu juridique hautement significatif, évoquant des pratiques anciennes principalement liées à la pureté rituelle et issues de la législation sacerdotale du Pentateuque. En apparence, le sujet semblait assez aride, mais Strugnell reconnut, à juste titre, que ce texte pouvait révéler les opinions juridiques d'un ancien groupe juif à l'époque de son premier développement. Il est clair que sa curiosité sur la signification du texte fut piquée par la parution (en 1980) d'une étude, réalisée par le professeur J. M. Baumgarten, qui examinait l'une des lois rituelles que Milik avait citée par hasard pratiquement vingt ans auparavant[14]. Baumgarten traduisait provisoirement ainsi le passage en question :

> [...] quant aux liquides qui s'écoulent, nous affirmons qu'il n'y a aucune pureté en eux, car la liquidité des liquides qui s'écoulent et l'humidité de ce qui leur sert de réceptacle est considérée comme une même chose.

Pour un spécialiste de la loi hébraïque, le sens de ce passage était clair : l'un des points de conflit bien connus entre les Sadducéens et les Pharisiens, à l'époque du premier rabbinisme (vers le IIe siècle après J.-C.), concernait en effet la pureté rituelle d'un récipient dont le contenu liquide était versé dans un réceptacle rituellement impur. Les Pharisiens soutenaient que l'impureté ne pouvait pas « se transmettre en amont », du réceptacle au récipient dont était versé le liquide, tandis que les Sadducéens affirmaient l'inverse. Le point de vue exprimé dans le passage traduit était celui des Sadducéens, et Baumgarten en conclut que « ce jugement de Qumran serait une affirmation explicite de la position sadducéenne ». Toutefois, il décrivit cette loi de manière à faire clairement apparaître que, selon lui, tous les textes juridiques retrouvés dans les grottes de Qumran pouvaient être associés aux « Esséniens de Qumran ».

Bien entendu, Strugnell peinait également avec l'idée que tous les textes non bibliques et non pseudépigraphes de Qumran étaient le produit de ces mêmes « Esséniens », une idée qui, comme nous le verrons plus loin, ne correspondait pas exactement au contenu des *Actes de la Torah*. Il se peut que les observations de Baumgarten sur la phrase publiée par Milik aient servi à Strugnell de catalyseur pour prendre des mesures au sujet du précieux texte qu'il détenait depuis si longtemps. Pour une raison ou une autre, à partir de 1982, il fit appel au professeur Jacob Sussman, de l'Université Hébraïque, spécialiste de la loi rabbinique, pour l'aider à élucider le contenu juridique du texte. Il sollicita également le concours d'Elisha Qimron, de l'Université du Néguev, pour reconstituer plus précisément le texte lui-même et pour parvenir à une meilleure compréhension de la langue hébraïque dans laquelle il était écrit. Ce dernier point était particulièrement important, compte tenu du fait que Milik avait précédemment affirmé sans ambiguïté que la langue était « mishnaïque », c'est-à-dire qu'elle possédait les caractéristiques de l'idiome utilisé par les Tannaïm, les premières personnalités rabbiniques, dans leurs écrits juridiques, notamment la *Mishnah* et le *Tosephta*. Il faut souligner que ces œuvres ne furent pas diffusées avant le début du IIIe siècle après J.-C., mais elles contenaient des textes juridiques accumulés par les Tannaïm au moins depuis le début du IIe siècle après J.-C., époque où ils assumèrent leur hégémonie spirituelle.

Les observations de Milik sur l'idiome des *Actes de la Torah* étaient importantes, car elles impliquaient nécessairement que l'œuvre avait été écrite au début ou au milieu du Ier siècle après J.-C. : aucune preuve n'attestant de l'existence d'un tel idiome auparavant. En effet, Milik avait utilisé des passages des *Actes de la Torah* pour éclairer son analyse du *Rouleau de cuivre*, rédigé dans un idiome similaire. Les seuls autres manuscrits présentant essentiellement la même forme d'hébreu étaient les textes documentaires de Bar Kokhba, du début du IIe siècle après J.-C. Cet idiome n'apparaît dans aucun témoignage écrit datant d'avant l'ère chrétienne ; les textes du Ier et du IIe siècles après J.-C. dans lesquels on le rencontre effectivement illustrent la manière dont, au cours de deux siècles, l'hébreu de la jurisprudence des premiers rabbins était devenu ce qu'il était.

Il était donc important pour Strugnell d'étudier avec le plus grand soin cet aspect des *Actes de la Torah* avec Qimron, son collègue de fraîche date. Ceci était particulièrement vrai, compte tenu du fait (que Strugnell a sûrement dû relever) que la description fournie par Milik de la nature de l'idiome du texte ne concordait pas avec une affirmation de Cross. En effet, ce dernier, dans son étude sur la paléographie des textes de Qumran, avait écrit que, selon les caractéristiques de l'écriture de l'un des manuscrits des *Actes*, le texte avait été copié entre 50 et 25 *avant* J.-C., une date bien trop ancienne pour un texte très proche de l'idiome du premier rabbinisme. En outre, dans la mesure où ce que Cross avait daté n'était, comme toujours, qu'une *copie* de l'original perdu de cette œuvre, il fallait en fait prendre l'année 50 avant J.-C. comme point de départ, et sans doute remonter au moins cinquante ou soixante-dix années plus tôt, c'est-à-dire au IIe siècle avant J.-C., pour pouvoir définir l'époque hypothétique laquelle l'œuvre fut réellement composée. Cependant, il s'agit là d'une période qui n'est représentée par aucun autre texte écrit dans un idiome approchant celui des *Actes de la Torah* ou du *Rouleau de cuivre*. Il y avait donc une certaine discordance entre le fait de dater le texte vers le début du Ier siècle après J.-C., sur la base de critères linguistiques, et la datation par Cross d'une simple copie du texte original au milieu du Ier siècle avant J.-C., grâce à son propre système de paléographie. Strugnell, toujours fidèle à la thèse de ses collègues du comité de publication, était confronté à un problème délicat et espérait peut-être que, avec l'aide de Qimron, il parviendrait à le résoudre. Il s'agissait de déterminer la manière d'aborder ce texte, écrit dans un idiome si différent de celui des autres rouleaux attribués au groupe du *Yahad*, pour qu'il corresponde à l'image (rêvée) d'une secte unifiée vivant déjà à Khirbet Qumran au IIe siècle avant J.-C.

En poursuivant leur étude des *Actes de la Torah*, entre 1982 et 1984, et lors de leur traduction de différentes parties de ce texte, Strugnell et Qimron durent certainement être de plus en plus surpris, voire intrigués par ce qu'ils découvraient. Ils avaient affaire à une vingtaine de lois, pour la plupart relatives à la pureté rituelle, qui n'avaient aucun pendant dans les autres rouleaux alors attribués à la « secte de Qumran ». En écrivant conjointement leurs premiers articles sur le texte, ils se heurtèrent donc à un dilemme supplémentaire, consistant à expliquer comment la « secte » avait pu produire une œuvre qui non seulement était écrite dans un idiome clairement différent, mais en outre contenait tant de lois rituelles ne figurant pas dans les écrits du *Yahad*.

La tentative à laquelle ils eurent recours pour régler ces problèmes tout en décrivant le texte comme un document significatif de Qumran apparut dans une communication faite par Qimron lors d'une conférence d'archéologie à Jérusalem, en 1984, et publiée sous forme d'article l'année suivante[15]. L'article faisait clairement apparaître que le but des auteurs était par-dessus tout de préserver l'intégrité de l'hypothèse traditionnelle de la secte de Qumran. On ne pouvait expliquer autrement le caractère contradictoire de leurs assertions.

Ce qu'ils décrivaient était, pour sûr, un texte des plus intéressants. Les auteurs reconnaissaient le bien-fondé de l'observation de Milik sur la nature de la langue et citaient même plusieurs passages qui révélaient le caractère non biblique et proto-rabbinique de l'idiome. Par ailleurs ils examinaient brièvement les lois rituelles contenues dans le texte. Ils ne les mentionnaient pas toutes, mais seulement un ensemble de douze, et affirmaient que l'une d'elles, évoquant « les cendres de la génisse rouge », se retrouvait également chez les Sadducéens et les Samaritains ainsi que dans le

Rouleau du Temple*. Ils ne faisaient aucun rapprochement entre d'autres règles des *Actes de la Torah* et des lois rituelles figurant dans d'autres rouleaux de Qumran.

Néanmoins, bien que la *langue* du texte fût hautement inhabituelle et que seuls quelques parallèles isolés pussent être établis entre les pratiques rituelles et les lois de cette œuvre et celles des autres rouleaux, les auteurs, comme on pouvait s'y attendre, affirmaient quasiment dès les premières lignes de leurs remarques que les *Actes de la Torah* n'étaient autre qu'un écrit de la « secte de Qumran ». Le langage qu'ils utilisaient à cette fin offre un modèle exemplaire d'un certain genre de persuasion scolastique et révèle les extrêmes auxquels parviennent parfois certains auteurs afin de défendre les hypothèses chancelantes qui leur tiennent à cœur.

Les auteurs commençaient par dire que le texte était une œuvre halakhique (juridico-rituelle) « provenant de Qumran », ce qu'un lecteur bienveillant pouvait interpréter comme une simple indication que le texte venait d'une des grottes du voisinage de Khirbet Qumran. Cependant, dans la phrase suivante, ils affirmaient que c'était « un des documents les plus importants » ; ils répétaient qu'il « provenait de Qumran » et, immédiatement après, ils faisaient le raccord suivant :

---

* Voir Nombres 19.2-10. Dans ce passage, Moïse reçoit l'ordre : « Dis au peuple d'Israël de t'apporter une génisse rousse, sans aucun défaut... et qui n'ait point porté le joug. Et tu la remettras au prêtre Eléazar qui l'emmènera en dehors du camp et l'immolera en la présence du peuple ; le prêtre Eléazar trempant son doigt dans le sang de cette génisse en fera sept fois les aspersions vers la porte du tabernacle. Alors il la brûlera à la vue de tous, en consumant par la flamme tant la peau et la chair que le sang et la fiente ; le prêtre jettera dans le feu qui brûle la génisse, du bois de cèdre, de l'hysope et de l'écarlate. Puis le prêtre lavera ses vêtements et immergera son corps dans l'eau, après quoi il reviendra au camp ; mais il sera impur jusqu'au soir. Un homme pur recueillera les cendres de la génisse et les déposera hors du camp, en un lieu pur où elles seront gardées pour la congrégation du peuple d'Israël pour en faire une eau expiatoire qui nettoie des péchés. Celui qui aura recueilli les cendres de la génisse lavera ses vêtements, mais sera impur jusqu'au soir. Ce sera une loi perpétuelle pour le peuple d'Israël et pour les étrangers établis parmi eux. »

On peut déduire qu'il a été tenu en haute estime *par la secte elle-même*, du fait que six manuscrits de ce texte ont été retrouvés dans la grotte 4[16].

Il devenait donc évident que les auteurs n'avaient pas l'intention de *démontrer* que les *Actes de la Torah* appartenaient au groupe sectaire du *Yahad*. Ils se contentaient de *tenir cela pour acquis*, suggérant dans la lancée que le fait d'avoir retrouvé dans l'une des grottes six exemplaires de l'œuvre révélait l'importance qu'elle revêtait pour « la secte ». Les déclarations étaient étonnamment gratuites ; objectivement, la présence de six copies montrait uniquement que cette œuvre était fort lue au moment où les rouleaux furent cachés.

Cherchant malgré tout à établir des liens étroits plausibles entre ce texte et les autres rouleaux, les auteurs affirmaient, encore une fois sans avancer la moindre preuve, que les *Actes de la Torah* étaient « une lettre d'un dirigeant de la secte de Qumran (probablement le Maître de Justice en personne) au chef de ses adversaires »... Ils reconnaissaient qu'ils ne pouvaient « que deviner » l'identité précise du « dirigeant », puisque le début de la « lettre » manquait ; néanmoins, ils cherchaient à situer le texte à l'époque la plus ancienne de l'existence de la présumée secte. Pour cela, ils *écartèrent* tout simplement le critère linguistique (montrant que le texte était un produit relativement tardif), et indiquèrent, que, puisque le ton de la polémique était modéré et que l'auteur espérait pouvoir un jour convaincre son adversaire de la vérité de ses conceptions : « Nous supposons que le texte remonte à une période ancienne dans le développement du schisme de Qumran. »

Cet argument totalement arbitraire était un autre exemple d'amateurisme historiographique. Dans l'apparition d'un nouveau schisme, la première étape se caractérise souvent par de violentes polémiques. Si le but de Qimron et Strugnell avait été de montrer que le texte était tardif, ils auraient pu simplement affirmer que le ton modéré du débat et l'espoir d'une réconciliation possible révélaient que la secte se trouvait à un stade avancé de son développement, après que l'excitation première se fut calmée. Leur dessein était de prouver que l'écrit avait une signification extrêmement importante. Leur « supposition » que le texte était ancien n'était « pas incompatible avec les résultats paléographiques ». L'œuvre pouvait alors être « le plus ancien texte de Qumran, probablement écrit après la scission de la secte ».

Néanmoins, aucune de ces déductions ne reposait sur la logique ni sur les faits. Comme le montrait l'idiome datant du Ier siècle, la datation par Cross d'un des manuscrits entre 50 et 25 avant J.-C. était une bévue. Strugnell et Qimron tentaient de transformer cette erreur en un critère sérieux pour attribuer à la composition une date plus ancienne. En suggérant que le texte à partir duquel avaient été faites les copies trouvées dans les grottes était « le plus ancien texte de Qumran » et qu'il avait probablement été écrit par le Maître de Justice lui-même, ils cherchaient clairement à augmenter la valeur de l'œuvre, tout en défendant l'intégrité de l'ancienne hypothèse et, avec elle, la valeur du système de datation paléographique de Cross par périodes de vingt-cinq ans. Et ils procédaient ainsi sans offrir la moindre preuve confirmant leurs propositions. Face au problème de l'idiome du Ier siècle, ils suggéraient que, compte tenu de leurs autres arguments, cette langue était simplement plus ancienne qu'on ne l'avait pensé. Ce n'était toutefois pas l'idiome utilisé dans une grande partie de la Judée, mais dans un seul endroit : « Nous croyons, disaient les auteurs, que la langue de *MMT,* plus que celle de tout autre texte de Qumran, reflète l'hébreu tel qu'il était parlé à Qumran^{17}... »

Cette proposition ne reposait sur aucune preuve non plus. Déclarer qu'un lieu unique du désert de Juda possédait ce dialecte spécifique deux siècles avant qu'il ne soit observé ailleurs, que ce dialecte n'apparaissait dans aucun des autres rouleaux attribués à la « secte de Qumran » et que cela correspondait en fait à la composition *la plus ancienne* de « la secte », peut-être écrite par le Maître de Justice lui-même, était incongru et contraire aux méthodes raisonnables qu'utilisent les chercheurs pour essayer de dater et d'interpréter les textes anciens. Selon toutes les apparences, les *Actes de la Torah* représentaient un courant supplémentaire du judaïsme ancien, et fournissaient une nouvelle preuve du caractère multiforme des

manuscrits de la mer Morte, donc de leur provenance de bibliothèques importantes. Mais si l'on pouvait convaincre les lecteurs que le
Maître de Justice lui-même avait écrit ce texte, ils auraient bien du
mal à se poser des questions sur les autres significations possibles
de cette œuvre. Il apparut bientôt clairement que Strugnell et Qimron
entretenaient sérieusement ce programme obscurantiste.

Comme leur article commun ne suscita pas d'emblée un grand
enthousiasme, les auteurs décidèrent, après avoir consulté
M. Broshi, du Sanctuaire du Livre, de faire publier un article sur le
sujet dans un journal, accompagné d'un bon cliché de l'un des
fragments. Cet article, écrit par Abraham Rabinovitch, parut sur une
page entière du *Jerusalem Post*, le 14 juin 1985. Au cœur de
l'article, dans lequel Rabinovitch reprenait essentiellement les thèses
de Strugnell, Qimron et Broshi, on trouvait un paragraphe indiquant
leur dessein : « Dans la masse de matériau réuni à Qumran »,
expliquait Rabinovitch,

> aucune lettre n'avait jamais été identifiée. Ce qui amena un
> certain spécialiste des rouleaux à se demander si les docu-
> ments provenaient réellement des archives locales de Qumran,
> puisque dans de telles archives on se serait attendu à trouver
> de la correspondance. Néanmoins, [les éditeurs du texte]
> maintiennent que l'utilisation de la deuxième personne établit
> clairement que leur document est une lettre.

Cette allusion à ma critique de la thèse traditionnelle était, bien
entendu, une façon de dire aux lecteurs que le nouveau texte de
Qumran mettait un point final à un « certain » débat. Pourtant, les
Actes de la Torah n'étaient pas davantage un « document », ni une
« lettre » originale authentique, que tous les autres textes connus de
Qumran, à l'exception du *Rouleau de cuivre*. Négligeant (il faut dire
de manière assez effrontée) les valeurs de l'érudition humaniste
traditionnelle, Strugnell et Qimron n'avaient pas fourni une édition
des nouveaux fragments de manuscrits. Cependant, au vu de la
description donnée dans l'article et de la photographie d'une partie
du texte, il était évident que les chargés de publication avaient
identifié uniquement une *épître littéraire*, comme celles que l'on

trouve, par exemple, dans les apocryphes et dans le Nouveau Testament ; qui plus est, ils n'avaient sûrement pas trouvé l'autographe original de cette épître, mais des fragments de copies effectuées par des scribes.

L'article révélait également d'autres efforts paradoxaux pour harmoniser le contenu de l'épître avec l'ancienne théorie de l'origine des rouleaux. Le titre annonçait que les auteurs avaient reconstitué « une lettre étonnante écrite par le fondateur de la secte de la mer Morte au "Méchant Prêtre" de Jérusalem ». Ensuite l'article affirmait que le texte était « étonnant, moins par son contenu que par son auteur et son destinataire ». Plus loin, cependant, il indiquait que « les salutations du début manquent. Elles comprenaient probablement l'identité de l'expéditeur et du destinataire ». En fait, la seule chose que l'on pouvait à juste titre qualifier « d'étonnante » était l'idée des éditeurs selon laquelle l'auteur était, pour une raison ou une autre, le Maître de Justice et le destinataire le « Méchant Prêtre » mentionnés dans des passages de plusieurs *autres* textes de Qumran. Le texte ne mentionnait aucune personnalité ; plutôt, les efforts de Qimron, Strugnell et Broshi aboutissaient à un exemple parfait de ce que le professeur J. L. Kraemer avait appelé dans un autre contexte « l'illusion de l'identification excessive[18] ».

L'article de Rabinovitch affirmait également que l'auteur du texte détaillait « les règles religieuses…suivies par la secte séparatiste à Qumran ». Pourtant, il expliquait également que, d'après le conservateur Broshi, « les [vingt] différences spécifiques relevées *sont toutes nouvelles* [souligné par moi], mais pas plus significatives que les différences déjà connues », transformant ainsi la déclaration initiale sur les « règles religieuses » de la supposée secte en une conclusion insondable. Car si les règles religieuses du nouveau manuscrit étaient, pour la plupart, différentes de celles des autres textes de Qumran, si l'on ignorait l'identité de l'expéditeur et du destinataire de l'épître originale et si, en outre, le texte n'indiquait aucun lieu géographique permettant de localiser l'expéditeur ou le destinataire, alors toute affirmation que ce texte était relié, par sa doctrine, aux autres rouleaux et que, comme eux, il provenait du site de Khirbet Qumran, était scientifiquement dépourvue de fondement et de raison. Le fait que quelques lois du nouveau texte soient (comme le suggérait l'article) identiques aux conceptions juridiques des Sadducéens, alors qu'aucune ne semblait comparable aux règlements que l'on attribue aux Esséniens, orientait manifestement vers des conclusions fort différentes de celles préconisées par l'article du *Post*. Sans forcer l'exégèse, il était clair que les nouveaux fragments illustraient la diversité de doctrines des rouleaux. Néanmoins, l'article du *Post* réussit à répandre en Israël, en Amérique et en Europe la curieuse idée selon laquelle une lettre écrite par le Maître de Justice en personne avait été découverte par Strugnell et Qimron dans la grotte 4 de Qumran.

En 1985, les deux auteurs annoncèrent qu'ils comptaient avoir terminé une « édition préliminaire de la totalité du document... dans environ un an[19] ». Ils entreprirent alors de réaliser ce dessein, fort probablement confortés par l'absence de critiques et par l'acceptation générale de leur idée. En 1986, Qimron parla d'un article sur le texte écrit en collaboration avec Strugnell, qui devait paraître dans la *Revue de Qumran* ; il cita des passages spécifiques, donnant l'impression que l'article était à peu près achevé et paraîtrait bientôt[20]. Toutefois, lors des quelques années qui suivirent, rien de tel ne parut. En revanche, une liste des futures publications de textes de Qumran dressée par l'Autorité des Antiquités d'Israël, le 25 janvier 1989, indiquait qu'un livre serait prêt à l'édition pour l'été 1989, avec pour titre *4QMMT. Lettre du « Maître de Justice »*, un titre qui poussait encore davantage à accepter la thèse infondée proposée par les auteurs. (Le livre parut finalement en 1994, mais son titre n'incluait plus les mots « Lettre du "Maître de Justice" » ; voir plus loin, p. 248.)

Entre-temps, bien des choses s'étaient passées. Les auteurs n'avaient pas publié l'édition préliminaire du texte, promise pour 1987, et un certain nombre de chercheurs commencèrent à s'interroger sur les raisons de ce retard. Ceux qui avaient l'esprit critique voulurent examiner le texte par eux-mêmes, au lieu de continuer à se fier au jugement des autres pour obtenir des informations sur l'œuvre. Le fait que Strugnell détenait le texte depuis les années 1950 était inquiétant. Entre 1985 et 1989, je publiai d'autres articles mettant en cause l'idée dominante d'une « secte de Qumran » uniforme. Dans ces articles, je recommandais à l'ensemble de la communauté universitaire ainsi qu'au grand public d'adopter un certain scepticisme envers les propositions des qumranologues[21]. Je soulignais que les affirmations de Strugnell et Qimron sur les *Actes de la Torah* reposaient sur des fondements douteux[22]. J. Kapera, un auteur polonais, suggéra par la suite que les retards absurdes de la publication du texte étaient dus à ma critique de la théorie du « Maître de Justice », ce dont je doute[23]. Car déjà au début des années 1980, Strugnell avait cherché l'appui de spécialistes susceptibles de l'aider à élucider le texte sans affecter les suppositions essentielles des qumranologues. Qimron semblait prêt à collaborer immédiatement, en acceptant toutes les hypothèses éculées et en déployant ses efforts pour gonfler au maximum la valeur du manuscrit. Comme nous l'avons vu, le professeur Sussman, de Jérusalem, fut sollicité pour expliquer certains aspects des lois rituelles du texte ; lorsqu'il accepta, il reçut un exemplaire de l'édition en cours d'élaboration. En 1986 ou au début de 1987, on demanda également au professeur Lawrence Schiffman, de New York University, ses commentaires sur les lois rituelles ; on lui donna donc aussi un exemplaire de la même édition. Bien entendu, à cette époque la plupart des chercheurs n'avaient pas accès à ce texte, ni aux photographies des fragments de manuscrit.

Schiffman avait basé sa carrière sur l'étude des passages juridiques des textes de Qumran. Il avait examiné les passages juridiques de l'*Alliance de Damas* et de la *Règle de la communauté* ; en 1975, il publia un ouvrage intitulé *The Halakhah at Qumran*. Ce livre reprenait l'ensemble des théories conventionnelles sur les origines de Qumran : les écrits étaient ceux d'une secte, et l'analyse des textes juridiques connus pouvait nous en apprendre davantage sur l'identité de ce groupe hétérodoxe censé avoir vécu sur le plateau de Qumran. Pourtant, quelques années plus tard, le *Rouleau du Temple* fut publié et révéla un programme de pratiques religieuses qui ne correspondait pas aux rituels décrits dans les rouleaux publiés plus tôt. Une étude ultérieure réalisée par Schiffman (1983) porta donc le titre plus prudent de *Sectarian Law in the Dead Sea Scrolls*, sans l'expression « à Qumran ». Cet article fut suivi, entre autres, par un essai intitulé « The Temple Scroll and the Systems of Jewish Law of the Second Temple Period » (1989), dont la conclusion était que, à part de rares exceptions (par exemple des règles parallèles interdisant les rapport sexuels dans la Ville sainte, mentionnées dans l'*Alliance de Damas* et dans le *Rouleau du Temple*), il était « impossible d'établir une correspondance directe entre le *Rouleau du Temple* et les autres systèmes juridiques juifs tels qu'ils apparaissent dans les sources dont nous disposons »[24]. Même le calendrier du *Rouleau du Temple* correspondait « au calendrier rabbinique plus tardif » et *ne s'accordait* pas avec celui de « la secte de Qumran ». En cherchant à identifier les implications qu'avait la découverte d'un rouleau contenant principalement des lois non « qumraniennes » sur l'hypothèse de la secte de Qumran, Schiffman ne faisait plus simplement référence à « la secte de Qumran » mais à « la "secte" de Qumran », marquant ainsi le caractère de plus en plus problématique de cette expression[25].

En annexe à son essai sur le *Rouleau du Temple*, Schiffman avait ajouté une étude des *Actes de la Torah* dont il avait auparavant reçu une transcription. Il était évident que ce nouveau texte juridique de la grotte 4, dont Strugnell et Qimron venaient à peine de commencer à effleurer les lois, présentait un grand intérêt pour Schiffman. Strugnell et Qimron avaient déjà affirmé que « deux ou trois des *halakhot* sur la pureté rituelle décrite dans [cette] œuvre sont également citées dans la première littérature rabbinique comme correspondant à l'opinion des Sadducéens dans leur conflit avec les Pharisiens ». Pour eux, l'œuvre devenait ainsi « un élément de preuve important pour établir l'identité des Sadducéens... mentionnés dans les sources rabbiniques[26] ». Aux premiers siècles avant et après J.-C., les Sadducéens et les Pharisiens étaient manifestement les deux groupes ou partis les plus importants parmi les Juifs, et il était évidemment essentiel de savoir si le nouveau manuscrit éclairait l'un ou l'autre.

En dernière analyse, l'étude de Schiffman ne clarifiait pas ce point. Il avait saisi que le contenu du *Rouleau du Temple* n'était aucunement lié aux autres rouleaux de manière significative, et avait affirmé que « nous nous apercevons seulement maintenant à quel point la bibliothèque de Qumran était éclectique »[27]. Mais, au lieu d'entreprendre une étude objective des *Actes de la Torah*, il avait déclaré d'emblée que cette œuvre correspondait essentiellement à ce que Strugnell et Qimron avaient annoncé : « une lettre... qui se présente comme écrite par les dirigeants de la secte... »[28]. Donc, sans aucune explication, il ne tenait pas compte de la conclusion à laquelle il était arrivé lui-même plus haut dans le même article et, du même coup, oubliait de mentionner le problème de l'idiome proto-rabbinique relativement tardif du texte, qui ne renvoyait pas au IIe siècle avant J.-C. où vécut le Maître de Justice, mais bien au Ier siècle de l'ère chrétienne.

Alors que Schiffman n'indiquait nulle part ce qui l'avait amené à sa conclusion, ni même ce qu'il voulait précisément dire par sa référence à « la secte », il décrivait vingt lois des *Actes de la Torah* qui reflétaient des points de controverses entre le groupe représenté par l'auteur anonyme et les adversaires du groupe. Pour ces descriptions, il se fiait (en dérogeant à la norme des études de manuscrits) non seulement aux transcriptions originales des fragments par Strugnell, mais aussi aux mots que Qimron avait reconstitués pour remplir les *trous* du manuscrit. Le résultat n'était pas une étude du manuscrit original, mais du texte tel que deux autres chercheurs l'avaient transcrit et reconstitué.

En fin de compte, Schiffman affirma la présence dans le texte de plusieurs lois rituelles dont les traces écrites s'avérèrent par la suite incertaines et basées sur des conjectures. Cela ne fut pas compris lorsqu'il fit sa première conférence sur le texte en l'été 1987, mais la réalité devint manifeste une fois que des chercheurs de différents pays commencèrent à recevoir par courrier, d'un ou de plusieurs expéditeurs anonymes, des photocopies clandestines d'une reconstitution du texte écrite à la main (automne 1987), et purent la comparer avec la liste de lois établie par Schiffman. Ainsi, là où Schiffman affirmait que le texte mentionnait l'interdiction de cuisiner les offrandes en réparation des péchés « dans des récipients de cuivre[29] », la transcription du manuscrit lui-même indiquait seulement : « [...][30] à venir dans le saint lieu [...] qu'ils cuisinent [...]

dans un récipient de [...] la chair de leurs offrandes...» Le mot
« cuivre » n'était qu'une reconstitution de Qimron ; la loi elle-
même n'insistait peut-être nullement sur la nature du récipient, mais
sur la catégorie particulière de personnes qui venaient faire des
sacrifices. Plusieurs des lois censées apparaître dans l'œuvre
tombaient dans cet ensemble équivoque et il n'était possible
d'émettre aucun jugement fondé à propos de leur contenu spécifique.

Cependant, d'autres lois étaient mieux conservées et parfois tout
à fait intelligibles. Il s'agissait, pour la plupart, de lois concernant
les rituels de sacrifices et de pureté. (Voir l'Annexe I, pp. 391 sqq.)
Malgré l'impression étrange que ces lois peuvent susciter chez un
lecteur moderne, nous devons nous rappeler que, pour les Juifs de
l'époque intertestamentaire, les diverses règles et interdictions
mentionnées dans les parties juridiques du Pentateuque représentaient une question vitale. La Torah, à elle seule, ne donnait pas
d'instructions ni d'explications suffisantes pour observer ces lois
parfois contradictoires que durent expliciter les prêtres ou d'autres
interprètes à l'époque du Second Temple. Donc divers groupes se
formèrent naturellement et développèrent peu à peu différentes
interprétations des questions théologiques et rituelles qui paraissaient
avoir une signification particulière.

L'auteur des *Actes de la Torah* affirme dans son épître que, à
cause des différences spécifiques de pratique rituelle qu'il énumère,
« Nous nous sommes séparés de la majorité de la na[tion] ». Le
terme hébreu (*parashnu*) qu'il utilise pour dire « nous nous sommes
séparés » a la même racine que le mot traduit par « Pharisiens »
(en hébreu, *perushim*) et qui signifie « séparatistes ». Personne ne
sait pourquoi on a appliqué ce terme aux Pharisiens historiques :
certains auteurs suggèrent que c'était en raison de leur stricte observation des lois de pureté bibliques (exigeant que l'on se sépare de
ceux qui n'observaient pas scrupuleusement ces lois), et d'autres
qu'il s'agissait uniquement d'un terme d'opprobre employé par leurs
adversaires[31]. L'expression « nous nous sommes séparés », qui
n'apparaît nulle part ailleurs dans les rouleaux de Qumran, semblerait donc évoquer un groupe associé aux Pharisiens. Cette

Planche 12
Fragments d'une copie scribale des *Actes de la Torah*.

interprétation est renforcée par l'énumération de plusieurs lois de pureté dans le texte (voir l'Annexe I), mais elle est particulièrement rehaussée par d'autres caractéristiques de l'épître.

Du point de vue idiomatique, la langue, par exemple, est plus proche de celle utilisée par les descendants des Pharisiens, c'est-à-dire les Tannaïm (les tout premiers rabbins) dans leurs premiers écrits juridiques connus, la *Mishnah* et le *Tosephta* (IIᵉ siècle après J.-C.). De plus, l'un des traits les plus surprenants des *Actes de la Torah* est l'utilisation de circonlocutions piétistes pour évoquer Dieu, conformément à la mise en garde du Deuxième Commandement ordonnant de ne pas « prononcer à tort le nom du Seigneur » (Ex. 20.7). Grâce aux rouleaux, nous savons à présent qu'au moins un courant du judaïsme intertestamentaire respectait ce commandement en écrivant le Tétragramme YHWH en lettres hébraïques archaïques (comme par exemple dans le *Pesher d'Habaquq*). En revanche, l'auteur de la *Règle de la communauté* et plusieurs autres font immanquablement référence à Dieu sans utiliser le Tétragramme, mais en ayant recours au bref *el*, « Dieu », plutôt qu'à d'autres désignations possibles telles que *elo'ah, elohim, shaddai,* etc. Cependant, l'auteur des *Actes de la Torah* n'utilise aucune désignation directe, mais fait seulement *allusion* à Dieu, ou se réfère à Lui par un « Il » ou « Lui » indirect : une forme de piétisme qui apparaît également dans la première littérature rabbinique, mais nulle part dans les textes hétérodoxes du *Yahad* ni dans d'autres écrits découverts dans les grottes de Qumran.

Nous avons déjà remarqué le calme et la réserve avec lesquels l'auteur s'adresse au personnage royal anonyme à qui les termes de l'épître se réfèrent implicitement. Le texte n'exprime aucune dureté polémique, mais il énumère sans passion les points de désaccord qui ont mené le groupe en question à se « séparer de la majorité de la na[tion] ». Flavius Josèphe notera plus tard que ce ton pondéré et raisonné dans le débat était une caractéristique saillante des Pharisiens, par opposition aux Sadducéens, leurs adversaires :

Les Pharisiens ont de l'affection les uns pour les autres et cultivent des relations harmonieuses avec la communauté. Au contraire, les Sadducéens sont d'humeur farouche, même entre eux, et leurs rapports avec leurs pairs sont aussi grossiers qu'avec les étrangers [32].

L'auteur des *Actes de la Torah* donne au Pentateuque le titre de « Livre de Moïse », une expression que l'on ne trouve nulle part ailleurs dans les rouleaux. Il vénère d'autres écrits, tels que les livres prophétiques et « [l'Ecrit ou Livre de] David » qui, apparemment, désigne les Psaumes. Il souligne, en particulier, les bénédictions accordées à David et à Salomon ; il affirme que le Seigneur pardonna ses péchés à David, comme plus tard à d'autres rois israélites. Certes, c'est là une affirmation surprenante, si l'on songe aux nombreux actes pervers attribués à David dans le deuxième livre de Samuel, dont les descriptions contrastent fortement avec le tableau d'un David pieux et craignant Dieu ressortant des psaumes qui lui sont attribués. Comme le firent les premiers rabbins confrontés à ce problème, l'auteur cherche à faire concorder les portraits contradictoires en suggérant que les péchés de David furent pardonnés grâce à sa piété générale et sa recherche du sens de la Torah[33]. Mais les propos de l'auteur sur la fin des temps sont encore plus remarquables : d'après lui, elle était imminente car certains des bienfaits et des malédictions prédits par Moïse étaient déjà advenus. La fin des temps conduira les gens à retourner vers le Seigneur, tandis que les impies seront punis par Lui avec justice. L'auteur exhorte le destinataire de son épître à se faire guider par le Seigneur, afin de pouvoir trouver la félicité « à la Fin de la Saison ».

Ces exhortations révèlent que l'auteur croit à l'idée que les Juifs subiront un jugement dernier ; mais il n'explique pas sa conception spécifique de la question. Il écrit d'abord que « la Fin des Temps » (*aharit hayamim*) approche pour le peuple, qu'Israël retournera vers le Seigneur, que les impies seront alors punis et que, si tout se passe bien, le destinataire de l'épître pourra se réjouir à « la Fin de la Saison » (*aharit ha'et*). D'après les conceptions du destin de l'homme que Josèphe attribue aux principales « philosophies » des Juifs, l'idée exprimée ici est en grande partie conforme à celle des Pharisiens, moins proche de celle attribuée aux Esséniens et plus éloignée de celle des Sadducéens. Comme l'écrit Josèphe, ce furent les Pharisiens qui

> croyaient en l'immortalité de l'âme, et à des récompenses et des peines décernées sous terre à ceux qui, pendant leur vie, ont pratiqué la vertu ou le vice, [ces derniers étant voués à une prison éternelle] pendant que les bonnes âmes ont la faculté de ressusciter[34].

Cette doctrine apparaît avec des nuances vigoureuses dans la littérature rabbinique. Josèphe ne mentionne aucune période spécifique pour la doctrine eschatologique des Pharisiens. Les rouleaux qui traitent cette question, quant à eux, laissent généralement entendre qu'un ultime cataclysme est imminent, mais l'imagerie eschatologique austère d'écrits tels que le *Rouleau de la guerre* et le *Commentaire d'Habaquq* contraste vivement avec le langage des

Actes de la Torah, dépourvu de tous les éléments étranges de ces autres œuvres. L'auteur envisageait une fin imminente qui apporterait la sérénité pour les justes et le châtiment pour les impies. Toutefois, cette fin ne serait pas provoquée par des armées vengeresses, ni des batailles aux proportions mythiques, mais seulement par la volonté du Seigneur, dont les hommes pouvaient effectivement appliquer les impératifs moraux en refusant d'écouter les suggestions d'un esprit du mal qui rôde toujours. Il semble que nous ayons affaire à une forme ancienne de l'eschatologie pharisienne. Josèphe affirma plus tard que les Pharisiens

> attribuent tout au Destin et à Dieu ; ils pensent qu'il dépend essentiellement de l'homme de faire le bien ou le mal, mais que dans chaque action le destin intervient aussi. Ils considèrent que toute âme est immortelle, mais que seule l'âme du juste passe dans un autre corps, tandis que les âmes des impies subissent un châtiment éternel [35].

D'un autre côté, d'après Josèphe, les Sadducéens rejetaient entièrement le concept de destin.

> Ils disent que, quand un homme choisit de faire le mal ou non, Dieu n'y est pour rien ; que le choix du bien et du mal dépend des hommes et que chacun va à l'un ou l'autre de sa propre décision. Ils nient l'immortalité de l'âme, ainsi que les châtiments et les récompenses dans l'au-delà [36].

Les Evangiles et les Actes des Apôtres affirment que les Sadducéens, à la différence des autres groupes juifs, ne croyaient pas en une vie expiatoire après la mort, ni en la Fin des Jours [37].

Il est donc peu vraisemblable qu'un Sadducéen ait utilisé des expressions telles que « la Fin de la Saison » dans un contexte moral ou religieux, ni parlé d'une récompense à venir pour les justes et d'un châtiment pour les impies, et ce en évoquant la bienveillance du Seigneur.

La conception qu'avaient les Esséniens d'une vie après la mort, telle que la décrit Josèphe, ne correspond pas non plus de manière satisfaisante au tableau présenté par l'auteur des *Actes de la Torah*.

D'après Josèphe, les Esséniens affirmaient que le corps était limité et mourait, tandis que l'âme était immortelle. Ils croyaient que :

> Emanant de l'éther le plus subtil, les âmes, attirées par une sorte de séduction naturelle, s'amalgament au corps qui devient comme leur prison, mais lorsqu'elles sont libérées de ces chaînes charnelles, alors, comme délivrées d'un long esclavage, elles regagnent avec joie les régions supérieures. Pour les âmes vertueuses, affirment-ils, en accord avec les Grecs, un séjour est réservé au-delà de l'Océan, dans un lieu qui n'est pas opprimé par la pluie, ni la neige, ni la chaleur, mais qui est rafraîchi par l'haleine toujours douce du vent de l'ouest qui vient de l'Océan ; au contraire, ils relèguent les âmes criminelles dans un cachot où règnent l'obscurité et le froid, rempli de supplices éternels[38].

Pour les Esséniens, les âmes des justes trouvaient donc la béatitude dans un séjour au-delà de l'Océan, tandis que les âmes des impies étaient châtiées dans un cachot obscur : des termes nullement caractéristiques de ceux que l'on retrouve dans les *Actes de la Torah*. L'auteur n'exprime pas l'espoir que *l'âme* du personnage royal auquel il adresse son épître trouvera une béatitude éternelle, mais que le destinataire lui-même trouvera la félicité « à la Fin de la Saison », annonçant ainsi la position eschatologique non seulement des Pharisiens telle qu'elle apparaît dans le Nouveau Testament et les ouvrages rabbiniques, mais aussi celle des premiers Chrétiens[39].

Les caractéristiques que nous avons examinées jusque là nous encouragent donc à attribuer les *Actes de la Torah* à des Pharisiens du début du Ier siècle après J.-C. ou à un groupe proche d'eux. Cependant, les lois rituelles du texte présentent un tableau plus confus, et ce pour de bonnes raisons. Depuis longtemps, ceux qui étudient la loi rabbinique ont conscience que diverses réglementations des premiers législateurs rabbiniques étaient directement tirées de la législation des premiers Pharisiens, tandis que d'autres ne l'étaient pas ; différentes écoles et savants appartenant aux Tannaïm eux-mêmes recommandaient des niveaux variables de rigidité dans l'observance des lois rituelles de pureté et d'autres genres de préceptes. En trois siècles, l'interprétation des lois du Pentateuque subit des modifications sensibles qui affectèrent toutes les communautés et les sectes juives. Les lois indiquées dans les *Actes de la Torah* reflètent des aspects de la pratique juridique juive interprétée par un groupe séparatiste spécifique au cours d'une période précise de son existence. Il ne fait aucun doute que, comme dans l'histoire des schismes, des sectes et des partis en général, les idées juridiques de ce groupe se développèrent avec le temps. On retrouve des signes de cette évolution plus tard, dans le corpus du premier rabbinisme : certaines furent approuvées par un consensus des Tannaïm et d'autres non.

Par exemple, ni le cercle auquel appartient l'auteur des *Actes de la Torah*, ni les premiers rabbins n'approuvaient l'admission des personnes ayant des maladies de la peau (ceux que l'on appelle les « lépreux » dans les traductions courantes de la Bible) dans l'enceinte de la Ville sainte, car ce genre de maladies rendait ces individus rituellement impurs[40]. D'après les conceptions de ces deux groupes, le « camp » d'Israélites du désert mentionné dans le Pentateuque désignait l'ensemble de Jérusalem, et les lois qui s'appliquaient à l'un étaient également valables pour l'autre[41]. En revanche, certaines lois adoptées par l'auteur se montraient plus sévères que celles auxquelles adhérèrent plus tard les personnalités tannaïtiques. Ce que l'on appelait la récolte de la quatrième année devait être donnée aux prêtres, tout comme la dîme du bétail et des moutons. Même des petits morceaux d'os pouvaient rendre quelqu'un impur. L'auteur critique les prêtres qui permettaient (aux gentils ou aux Juifs ? nous l'ignorons) que l'on mange des parties de certaines offrandes pendant la journée qui suit la cérémonie sacrificielle ; tandis que la conception plus tardive des Tannaïm* voulait que ce genre de sacrifices soit, en principe, consommé au plus tard avant l'aube qui suivait le jour de la cérémonie sacrificielle,

---

*Les idées des premiers rabbins sur le sacrifice étaient uniquement théoriques, dans la mesure où le Temple avait déjà été détruit avant qu'elles soient intégrées dans la *Mishnah* et le *Tosephta*. L'empereur Julien l'Apostat (qui régna de 361 à 363) est connu pour avoir promis aux Juifs de les laisser le rebâtir, cependant la reconstruction du Temple ne fut jamais effectuée.

même s'ils étaient généralement consommés le jour même, avant minuit, « afin d'éloigner les gens du péché[42] ». Les aveugles et les sourds, comme l'affirme l'auteur, étaient incapables de comprendre ou même de suivre toutes les lois de pureté, et devaient donc être exclus de l'enceinte du Temple. A la différence des Tannaïm, l'auteur désapprouve les sacrifices effectués par les gentils. Son premier souci était d'instituer ou de réinstituer une observation scrupuleuse des lois de pureté et de sainteté dans la pratique rituelle du Temple, et de protéger le statut saint de Jérusalem en imposant toutes les lois de pureté à ses habitants, ses pèlerins et ses visiteurs. Devant l'impossibilité d'assurer le respect de cette règle, le groupe de l'auteur avait décidé de se séparer, à la fois pour marquer leur réprobation et pour tenter de pratiquer les lois de pureté dans toute leur étendue. C'est le même état d'esprit qui donna naissance aux groupes de « l'amitié » qui, plus tard, allaient occuper un place fort singulière dans le système hiérarchique du judaïsme tannaïtique.

Néanmoins, une ou deux lois des *Actes de la Torah* semblent identiques à celles des Sadducéens telles qu'elles sont décrites dans les textes rabbiniques plus tardifs. C'est le cas, comme nous l'avons vu, de la règle sévère concernant l'impureté rétroactive provenant des liquides versés. La loi qui se rapporte au statut rituel de ceux qui sont chargés de préparer les cendres de la génisse rouge est plus problématique ; l'auteur des *Actes de la Torah* affirme qu'ils devaient se purifier *avant le soir*, c'est-à-dire prendre un bain rituel, afin de pouvoir, à la tombée de la nuit, répandre les eaux contenant les cendres sur ceux qui étaient impurs. Les Sadducéens, au contraire, prétendaient qu'ils devaient rester *impurs* jusqu'au soir (voir Nb 19.7-10). Bien que certains chercheurs aient reconnu, dans la loi des *Actes de la Torah*, une règle de pureté sadducéenne, en réalité, les termes de l'auteur sont plus proches de la position des Pharisiens décrite dans les sources rabbiniques, selon laquelle ceux qui préparaient les cendres devaient être considérés comme purs à partir du moment où ils se baignaient, *sans attendre* le coucher du soleil[43]. Un prêtre participant à la préparation des cendres qui se baignait avant le coucher du soleil ne pouvait pas encore prendre part à certains actes sacrificiels, mais on considérait qu'il avait un degré de pureté suffisant pour répandre les eaux contenant les cendres sur ceux qui étaient impurs. L'auteur des *Actes de la Torah* adopte une règle similaire en exigeant explicitement que les préparateurs des cendres soient purs « avant le soir [ou jusqu'au soir], afin que les purs puissent répandre sur les impurs ».

Cependant, pour des raisons mystérieuses, Schiffman et Sussman indiquèrent que cette règle était une preuve de la présence de lois *sadducéennes* dans les *Actes de la Torah*[44]. Schiffman prétendait en fait que, sur cinq points de controverses entre les Pharisiens et les Sadducéens que l'on retrouve dans un traité particulier de la *Mishnah*, « quatre ont des échos dans le *MMT*[45] ». Pourtant parmi ces quatre règles, une seule (ayant trait à l'impureté rétroactive des liquides) a un équivalent concret dans les *Actes de la Torah*. Les autres points de divergence mentionnés entre les Pharisiens et les Sadducéens, étaient dus au fait que ces derniers insistaient sur les règles suivantes :

(a) si un ruisseau coule dans un cimetière, l'eau de ce ruisseau est rendue impure ;

(b) si un serviteur cause des dommages, son maître est responsable des pertes ;

(c) tous les livres, y compris les écrits saints, sont sources de profanation rituelle pour les mains ;

(d) tous les os, animaux ou humains, peuvent rendre une personne impure.

Schiffman affirma que toutes ces lois avaient des « échos » dans les *Actes de la Torah*, alors qu'en réalité aucune n'en a : nulle précepte des *Actes* ne se rapporte à *l'une* de ces règles. Dans leur édition du texte, Qimron et Strugnell reconstituèrent quelques lignes de façon à ce qu'elles reflètent la quatrième règle sadducéenne, mais les termes véritables préservés ne font nullement apparaître ce lien :

En outre concernant les peau[x...] et à partir de leur p[eaux] les poignées des v[ases...la p]eau de la carcasse du [...] pur [...] elle, sa carcasse [...am]ener à la pureté du [...].

Dans ce passage, rien ne concerne les os. Il y a seulement des indications sur la peau impure des animaux.

Cependant, cette exagération ne suffit pas à Schiffman, qui poursuivit avec une déclaration encore plus surprenante en disant que « le texte de *MMT* adoptait la position "sadducéenne" », qu'il était « clairement lié au Rouleau du Temple » et que, par conséquent, « il nous faut reconsidérer la question des relations entre les Sadducéens et notre secte ».

Ces déclarations étaient dépourvues de fondement. Schiffman n'avait trouvé que très peu de lois du *Rouleau du Temple* étroitement liées à celles des *Actes de la Torah**. De plus, il n'indiquait qu'une seule loi des *Actes de la Torah* correspondant visiblement à celles des Sadducéens, telles que nous les connaissons d'après les textes rabbiniques plus tardifs. Et, même si l'on acceptait qu'il y eût, comme il le prétendait, d'autres parallèles, sa conclusion opérait une curieuse volte-face par rapport à la position qu'il adoptait plus haut dans le même article, lorsqu'il reconnaissait que le *Rouleau du Temple* n'avait fondamentalement aucun lien avec les textes du groupe du *Yahad*, et qu'il défendait l'idée que « la bibliothèque de Qumran était éclectique ». Il n'avait trouvé dans le *Rouleau du Temple* pratiquement aucune loi rituelle que l'on puisse raisonnablement qualifier de « sadducéenne », ce qui rendait sa conclusion d'autant plus contradictoire.

Schiffman avait d'abord présenté son article sous forme de conférence, en décembre 1987, c'est-à-dire six mois après que le professeur Sussman (qui, comme nous l'avons vu, avait reçu de Strugnell un exemplaire du texte quelques années plus tôt) eut livré

---

* Dans l'article que nous examinons (voir note 24 de ce chapitre, en fin d'ouvrage), Schiffman affirme (p. 250) que sa « comparaison a montré... que les *MMT* et le *Rouleau du Temple* ont de nombreux points communs, même s'ils exhibent certaines incompatibilités ». Dans les pages précédentes, il décrit pourtant de nombreuses divergences entre les deux textes, le seul exemple de véritable convergence étant celui qui concerne les produits agricoles de la quatrième année et la dîme du bétail qui, affirme Schiffman, sont versés aux prêtres, d'après les auteurs des deux textes. Mais puisque, pour ce passage crucial, le texte du *Rouleau du Temple* est à l'état de fragments, ce parallèle est lui-même incertain.

ses propres conclusions sur les *Actes de la Torah*. Le compte rendu de Sussman fut communiqué lors d'une conférence à Jérusalem, organisée pour la célébration du quarantième anniversaire de la découverte des rouleaux. Lui aussi était arrivé à la conclusion que le texte était profondément sadducéen. Son article fut publié vers la fin de 1989 et permit enfin à un groupe plus large de chercheurs de connaître son raisonnement. Les preuves qu'il donnait s'avérèrent assez similaires à celles de Schiffman. Son interprétation reposait, elle aussi, sur la supposition préalable de l'existence d'une secte à Khirbet Qumran. Les textes juridiques découverts dans les grottes, affirmait-il, représentaient la loi « de la secte du désert de Juda » ; il ne faisait aucun doute « que dans toute étude future portant sur les lois de la secte, son identité, et l'histoire du droit juif en général, ce rouleau serait au centre du débat ». Le système juridique reconnu par l'auteur des *Actes de la Torah* était, « dans la mesure où nous disposons d'outils de comparaison... globalement identique au système juridique apparaissant dans les autres écrits de la secte du désert de Juda[46] ». L'auteur avançait ces propos et d'autres de la même nature avant même d'examiner l'une des lois spécifiques énoncées dans le texte. Cependant, lorsqu'il lui arrivait de citer le texte, les lois qu'il mentionnait s'avéraient précisément être celles dont Schiffman dirait bientôt qu'elles avaient des affinités avec les pratiques des Sadducéens. Sussman affirmait qu'au vu de ces parallèles, et puisque l'auteur des *Actes de la Torah*, comme les Sadducéens décrits dans les sources rabbiniques, faisait preuve d'une plus grande sévérité dans l'interprétation et l'application des lois du Pentateuque que les héritiers spirituels des Pharisiens (c'est-à-dire les premiers Tannaïm), le texte était clairement sadducéen. Et puisque, d'après lui, il s'agissait d'un écrit de la « secte du désert de Juda », la « secte » était nécessairement sadducéenne.

Malheureusement, l'erreur contenue dans ce raisonnement est fort visible. Pratiquement toutes les lois des *Actes de la Torah* sont propres à ce texte et n'apparaissent pas dans les autres rouleaux de Qumran. Sur les vingt lois des *Actes*, il n'y en a qu'une dont on puisse démontrer qu'elle est sadducéenne *per se* (voir l'Annexe I). Sussman s'est concentré sur un petit nombre des lois et, de ces rares preuves, il a tiré une vaste conclusion, en insistant sur la sévérité qu'il avait décelée dans les deux groupes. Pourtant cette sévérité caractérise, quoique d'une manière tout à fait inconsistante, la loi rabbinique elle-même. Ni l'école de Shammai, ni celle d'Hillel n'ont été liées aux Sadducéens, cependant toutes deux se caractérisaient par différents niveaux de rigidité et de clémence. Parmi les rabbins des premières générations tannaïtiques en Palestine, certains étaient bien plus sévères que d'autres dans leur interprétation des lois bibliques, et leurs avis à tous, qu'ils soient cléments ou sévères, étaient opposés les uns aux autres dans les pages de la *Mishnah* et du *Tosephta*. Les Pharisiens eux-mêmes ne formaient pas un bloc homogène, mais étaient divisés en écoles et en groupes dont des opinions diverses et contradictoires étaient souvent consignées dans les premiers textes rabbiniques.

Josèphe, écrivant vers 75 après J.-C., décrit deux groupes fondamentalement différents au sein des Esséniens : les célibataires et les autres ; de plus, outre les Sadducéens et la majorité des Pharisiens, il évoque une « quatrième philosophie » (d'un groupe conduit par Judas le Galiléen, que nous ignorons par ailleurs) qui

> s'accorde généralement avec la doctrine des Pharisiens, sauf qu'ils ont un invincible amour de la liberté car ils jugent que Dieu est le seul chef et le seul maître. Les genres de mort les plus extraordinaires, les supplices de leurs parents et amis les laissent indifférents, pourvu qu'ils n'aient à appeler aucun homme du nom de maître[47].

Il y avait aussi les Zélotes et les sicaires, que Josèphe décrit également comme des groupements sectaires. Néanmoins les rouleaux font clairement apparaître que le nombre de mouvements religieux chez les Juifs était encore plus important que celui évoqué par Josèphe. L'auteur des *Actes de la Torah* appartenait manifestement à un groupe dans la lignée des Pharisiens. Nous avons déjà noté le caractère pharisianique de la dernière partie de l'œuvre, mais l'identité du groupe se dessine avec plus de netteté lorsque l'on compare le point de vue de l'auteur sur l'interprétation et la pratique de la loi avec celui des Pharisiens et des Sadducéens, tels que les décrit Josèphe.

D'après Josèphe, les Pharisiens

avaient introduit dans le peuple beaucoup de coutumes qu'ils tenaient des anciens, mais qui n'étaient pas inscrites dans les lois de Moïse et que, pour cette raison, la secte des Sadducéens rejetait, soutenant qu'on devait ne considérer comme lois que ce qui était écrit, et ne pas observer ce qui était seulement transmis par la tradition[48].

Josèphe explique que les Sadducéens observaient uniquement la lettre de la loi, par opposition aux Pharisiens qui y ajoutaient une part de tradition orale accumulée. Si l'auteur des *Actes de la Torah* avait appartenu au mouvement sadducéen tel que le décrit Josèphe (vers 75 après J.-C.), comment aurait-il pu souscrire aux nombreuses nuances que l'on discerne dans ses règles juridiques ? L'innovation consistant à passer du « camp » du Pentateuque à Jérusalem (c'est-à-dire l'idée de l'auteur que les lois du Pentateuque se rapportant aux camps israélites du désert s'appliquaient tout autant à la ville sainte de Jérusalem) était, comme nous l'avons vu, une conception rabbinique ; tandis que des lois comme celles de l'impureté rétroactive des liquides, l'interdiction aux chiens d'entrer dans Jérusalem, l'application de la loi du Pentateuque sur le « mélange des genres » aux mariages des prêtres et d'autres lois figurant dans les *Actes de la Torah* indiquent que le groupe en question ajoutait à la lettre de la loi biblique une somme distincte d'interprétations traditionnelles.

Toutefois, après la destruction du Second Temple et l'avènement de l'hégémonie tannaïtique, les Sadducéens perdirent leur pouvoir et furent réduits à une secte minoritaire qui adopta le principe rabbinique fondamental d'innovation dans l'interprétation de la Loi. Ce qui apparaît dans les textes rabbiniques du IIe siècle après J.-C. concernant les différences entre les Pharisiens et les Sadducéens est un témoignage sur leurs débats relativement tardif, qu'il est donc difficile d'appliquer à la situation spécifique du début du Ier siècle après J.-C., la période approximative où furent écrits les *Actes de la*

Torah. Josèphe aussi était un observateur relativement tardif, mais il avait vécu longtemps en Palestine et, bien qu'il ait certainement beaucoup simplifié sa description pour la rendre accessible à ses lecteurs non Juifs de langue grecque, on peut le considérer comme un témoin plus fiable des croyances et des pratiques des sectes du tout début du Ier siècle.

Malheureusement, Sussman, en insistant sur son idée d'une origine sadducéenne des *Actes de la Torah*, n'avait pas pris en compte ces facteurs sous-jacents essentiels. En outre, il transposa directement sa conclusion sur ce seul texte à l'ensemble des manuscrits de Qumran, en déclarant que leurs auteurs appartenaient à une secte de Sadducéens. Un groupe connu sous le nom de Boéthusiens apparaît quelquefois, dans les textes tannaïtiques, aux côtés des Sadducéens et on a souvent pensé qu'il s'agissait d'une sous-secte de ces derniers. Cependant, ces mêmes Boéthusiens (en hébreu, *betosin* ou *betisin*) ont récemment été rattachés aux Esséniens, en raison de la manière dont s'écrivent les deux dernières syllabes de leur nom. Par conséquent, pour Sussman, les « Sadducéens » des *Actes de la Torah* étaient peut-être Boéthusiens, donc liés aux Esséniens[49]. Ainsi introduisait-il une regrettable confusion dans l'étude des *Actes de la Torah*. Et, à l'instar de Schiffman, il n'offrait aucune preuve de l'existence d'un lien intrinsèque entre cette œuvre et les autres écrits de Qumran, mais présentait cette idée comme une affirmation *a priori*. Il poursuivait ensuite en construisant sa propre thèse sur la base de ce qui n'était rien de plus qu'un dogme de chercheur. Au cours de son étude, il ne faisait pas même allusion à la possibilité d'une origine multiple des rouleaux, une thèse manifestement renforcée par le contenu des *Actes de la Torah*. Non seulement il se montrait d'une fidélité naïve à l'égard de l'ancienne thèse de la secte de Qumran, mais encore il était bien décidé à la défendre à tout prix.

Ces tentatives d'harmoniser les *Actes de la Torah* avec l'hypothèse traditionnelle de la secte de Qumran montraient bien que l'on se trouvait à un carrefour décisif dans l'étude des rouleaux. Tandis que des appels en faveur du libre accès aux textes commençaient à se faire entendre, ceux qui les contrôlaient semblaient manifester un manque d'enthousiasme croissant pour la publication des manuscrits qui leur avaient été assignés et tentaient, en même temps, d'utiliser des éléments inaccessibles aux autres pour consolider la thèse traditionnelle. Les chercheurs qui mettaient en cause cette thèse se voyaient exclus des conférences sur les rouleaux et le ton général du débat devenait de plus en plus acerbe.

C'est à la lumière de ces faits que nous devons considérer la conduite de Schiffman, lorsqu'il transforma sa première idée du texte en une hypothèse sadducéenne personnelle bien plus développée. En juin 1990, alors que la version clandestine des fragments du manuscrit avait déjà été largement diffusée parmi les chercheurs (voir plus haut, p. 227), il publia les nouveaux fruits de ses pensées sur le sujet[50]. Après avoir remercié Strugnell et Qimron d'avoir « gracieusement » mis à sa disposition leur « édition et leur commentaire de ce texte devant être publié prochainement[51] », Schiffman affirmait que le texte était important en raison de la question « des origines de *la secte* et de l'histoire des débuts de *la communauté de Qumran* ». Il déclarait que le rouleau « se présentait comme une lettre de la secte *naissante* » et que les lois qu'il contenait « représentaient clairement le point de vue du *fondateur* de la secte[52]... »

Bien entendu, ces assertions ne reposaient sur aucun élément textuel figurant dans le manuscrit. Ni la partie juridique du texte, ni l'admonition ne présentaient de preuve qu'elles eussent des affinités importantes avec les textes du *Yahad* (par exemple, la *Règle de la communauté*), l'*Alliance de Damas*, le *Rouleau du Temple* ou tout autre ensemble distinct de manuscrits de Qumran. Déjà en 1989, témoignant, semblait-il, d'une prise de conscience naissante de la gravité des problèmes auxquels se trouvait confrontée l'hypothèse officielle, le professeur Hartmut Stegemann, membre de l'équipe chargée de la publication des rouleaux, avait avancé que tout au plus 20% des rouleaux trouvés dans les grottes pouvaient provenir des habitants de Khirbet Qumran[53]. Dans le même recueil d'articles, Schiffman lui-même, comme nous l'avons vu, avait reconnu la nature éclectique de la « bibliothèque » de Qumran. Et pourtant Schiffman, comme Sussman avant lui, ne prit pas la peine d'expliquer les raisons pour lesquelles il associait les *Actes de la Torah* si particuliers à la prétendue « secte de Qumran ». En outre, rien de ce qui restait de cette œuvre ne laissait supposer qu'au moment de sa rédaction le groupe qu'elle représentait était à l'état « naissant ».

En vérité, Schiffman ajouta une nuance : bien qu'elle se « présentât » comme écrite par le fondateur original de la « secte », il se pouvait aussi que la lettre ait été « un texte apocryphe écrit des années, voire des décennies, plus tard »... Toutefois, d'après les mots conservés dans le texte, il est assez clair que l'auteur ne parle qu'en son nom et qu'il défend soit des idées déjà formulées par des prédécesseurs peut-être un siècle ou davantage auparavant, soit des idées qui s'étaient développées par la suite au sein de son propre groupe. La proposition de Schiffman selon laquelle le texte pourrait être une lettre apocryphe *imitant* simplement le langage du fondateur ne fait, semble-t-il, que trahir son désir de rendre la thèse de Strugnell et Qimron sur le « Maître de Justice » plus séduisante, en suggérant que, même si elle n'est pas nécessairement vraie littéralement, elle est vraie dans l'essentiel. En même temps, en essayant d'imposer une date ancienne, Schiffman comme Sussman supprimaient le critère linguistique. Ainsi, tout en défendant une conception différente de l'organisation logique des manuscrits retrouvés dans les grottes de Qumran, ils adoptaient une position étonnamment uniforme sur les *Actes de la Torah*. A l'exception de leur réticence commune à reconnaître explicitement la présence du Maître de Justice dans le texte, leur position ne différait nullement de celle des deux chercheurs qui leur avaient accordé le droit singulier d'étudier leur transcription du manuscrit avant sa publication.

Dans les paragraphes suivants de son article, Schiffman tentait d'étoffer son point de vue, sans jamais définir précisément ce qu'il entendait par la « secte de Qumran », ni quels manuscrits lui avaient appartenu. Il déclarait que, puisqu'on avait trouvé des fragments de six exemplaires de l'œuvre dans la grotte 4, le texte « était indéniablement important dans la vie de la secte[54] ». Et pourtant on avait également retrouvé dans les grottes de multiples exemplaires d'autres écrits n'ayant aucune affinité démontrable avec une secte, notamment les *Cantiques du sacrifice du sabbat* (huit exemplaires), *I Hénoch* (sept exemplaires), *Vision d'Amram* (cinq exemplaires) et d'autres. En l'absence de *preuves* établissant qu'ils appartenaient tous à une seule organisation habitant à Khirbet Qumran, ces exemplaires multiples pouvaient tout au plus indiquer qu'il s'agissait apparemment d'œuvres relativement populaires au sein des groupes juifs de l'époque.

Avec une désinvolture similaire, Schiffman formulait ensuite une série de suggestions de plus en plus étonnantes, entre autres :

1. *Le groupe représenté par l'auteur était composé de « prêtres insatisfaits » qui avaient cessé de participer au rituel du Temple*[55].

Aucun passage des *Actes de la Torah* ne corrobore cette idée ; l'auteur et son groupe peuvent aussi bien avoir été des Israélites qui trouvaient les prêtres du Temple laxistes et iniques et s'étaient, pour cette raison, séparés de « la majorité de la na[tion] ». S'il s'était agi de prêtres, l'auteur aurait vraisemblablement dit qu'ils s'étaient séparés de « nos frères les prêtres » ou de « la semence d'Aaron ».

2. *Les « principaux conflits du judaïsme du Second Temple ne provenaient pas de désaccords sur... des questions théologiques, mais plutôt de problèmes relatifs à la loi juive*[56] ».

Il ne fait aucun doute qu'il y eut, au sein des communautés et des sectes de l'époque, des querelles sur l'interprétation de la loi juive, mais les conflits fondamentaux de caractère théologique étaient aussi répandus, comme l'atteste, entre autres manuscrits, la *Règle de la communauté*. Le dogme de Schiffman reposait uniquement sur certains textes de Qumran à l'exclusion des autres ; il négligeait complètement la description faite par Josèphe des Juifs de son époque et des temps plus anciens qui apparaît dans la *Guerre des Juifs* et dans les *Antiquités judaïques*.

3. *La lettre était adressée au chef des autorités de Jérusalem, ou au « grand prêtre », qui se considérait quasiment comme un personnage royal. Cela expliquerait pourquoi la lettre s'adresse à lui comme à un membre de la famille royale. Puisque les Asmonéens*

adoptaient le véritable apparat de la royauté, la lettre est « écrite ou se présente comme écrite à un grand prêtre asmonéen[57] *»* .

En premier lieu, l'idée que l'épître s'adresse à un *prêtre* est fantasque : rien dans le texte ne laisse supposer une telle chose. Ensuite, l'évocation des actes des anciens rois et pas, par exemple, des actes d'Aaron et de sa descendance, que l'auteur aurait aisément pu ajouter, indique qu'il ne s'adressait pas à un personnage sacerdotal, mais plutôt à un personnage royal qui *n'était pas* prêtre. En outre, l'épître ne présente aucun lien démontrable avec des personnalités asmonéennes (IIe et Ier siècles avant J.-C.). La langue du texte indique qu'il fut écrit vers le début du Ier siècle après J.-C. et ses expressions spécifiques montrent qu'il s'adressait à un personnage royal de cette époque.

4. *L'auteur des* Actes de la Torah *ne s'adressait pas simplement « au chef de l'établissement [= des prêtres] de Jérusalem », mais bien au « dirigeant de la nation » lui-même*[58].

En affirmant cela, Schiffman contredisait l'idée qu'il venait juste d'énoncer : que la lettre s'adressait au grand prêtre qui se considérait « quasiment comme un personnage royal ». Ceci montre bien comment, au cours de ce que l'on ne peut guère appeler qu'une analyse faible et inadéquate, une confusion en entraîne une autre. On sait, bien entendu, qu'à l'époque des Asmonéens, les fonctions de roi et de prêtre étaient parfois assumées par une seule personne, et comme Schiffman, après Qimron et Strugnell, cherchait à situer le texte à cette période plus ancienne, cette identification aurait convenu à son dessein. Mais, de même que rien dans le texte n'indique que le destinataire eut une fonction de prêtre associée à un statut royal, rien n'indique qu'il fut réellement le « dirigeant de la nation ».

5. *L'absence du Maître de Justice dans les* Actes de la Torah *est due au « fait » que le texte fut composé avant l'époque du Maître.*

Pour soutenir cette idée, Schiffman, surenchérissant sur Strugnell et Qimron, partait de la constatation que l'*Alliance de Damas* (qui, d'après lui, décrit « l'histoire officielle de la secte ») affirme que le Maître de Justice apparut vingt ans après que « la secte se fut initialement séparée de la principale communauté d'Israël[59] ». Pourtant, les lois contenues dans les *Actes de la Torah* n'ont prati quement aucun écho dans l'*Alliance de Damas* ; aucune preuve textuelle n'indique que les deux œuvres soient issues de la même secte. L'*Alliance* affirme que les membres de son groupe comprenaient « des aveugles et ceux qui cherchent le chemin en tâtonnant pendant vingt ans... jusqu'à ce que (le Seigneur) établisse un Maître de Justice pour les conduire dans la voie de son cœur[60] ». Le style calme des *Actes de la Torah* et la parfaite maîtrise qu'a l'auteur des problèmes ayant engendré la scission de son groupe n'évoquent pas une telle période de troubles initiaux. La langue des *Actes* et les questions abordées par son auteur désignent visiblement une période située au moins cent ans *plus tard* que celle du Maître de Justice de l'*Alliance*. Schiffman ne réussit à fournir aucune preuve issue des manuscrits qui puisse justifier son utilisation de l'expression « la secte » pour décrire, tout d'un trait, des écrits aussi dissemblables.

Partant de la généralisation gratuite qu'il avait présentée auparavant en affirmant que les *Actes de la Torah* reflétaient les lois des Sadducéens, Schiffman inventa ensuite une nouvelle hypothèse pour expliquer l'origine des rouleaux : « Les tout premiers membres de la secte, expliquait-il, devaient être sadducéens » et comprenaient certains membres mécontents qui se séparèrent de leurs camarades sadducéens de Jérusalem pour protester contre « l'adoption des conceptions pharisiennes dans le... Temple, à l'époque des prêtres asmonéens ». Les polémiques des auteurs, déclarait Schiffman, « visaient leurs frères sadducéens qui restèrent dans le... Temple et acceptèrent l'ordre nouveau » : une découverte qui amenait Schiffman à réévaluer les anciennes théories sur les rouleaux. D'une part « si on doit la conserver, l'hypothèse essénienne dominante exige qu'on la réoriente radicalement ». D'autre part « l'idée que la collection de rouleaux n'est en aucun cas représentative d'une secte... doit également être abandonnée ». Par conséquent, concluait Schiffman, toute thèse sur l'origine sectaire des rouleaux devait « situer la toute première étape de l'histoire de la secte de Qumran (avant le Maître) comme une suite des querelles internes des prêtres » et également « tenir compte du point de vue sadducéen de ceux qui formaient la secte[61] ».

Schiffman était donc passé d'une seule loi des *Actes de la Torah* à une théorie générale sur les origines des rouleaux qui n'était liée de manière rationnelle ni à des preuves contenues dans les rouleaux, ni aux caractéristiques connues du site de Qumran*.

En dépit du fait que son interprétation négligeait entièrement la description faite par Josèphe des croyances des Sadducéens et des Pharisiens, et reposait sur un texte écrit dans la langue proto-rabbinique, Schiffman reçut apparemment des encouragements de la part d'un groupe de qumranologues réunis à Jérusalem en 1989-1990 pour étudier les rouleaux pendant un an à l'Institute of Advanced Studies de l'Université Hébraïque. Une version plus développée de ses conceptions parut dans un article de 1990, où il déclarait qu'une nouvelle génération de chercheurs (qui, on peut le supposer, l'incluait) n'était pas « nécessairement attachée aux théories originales [et] avait fait resurgir toutes sortes de questions sur les origines des textes[62] ». Néanmoins, au cours de sa discussion, il faisait maintes références à « la secte » qui, croyait-il, vivait à Khirbet Qumran.

En réalité, remplacer les Esséniens de Pline et Josèphe en postulant l'existence d'une autre « secte de Qumran » était depuis longtemps une stratégie commune à de nombreux chercheurs. Et, comme dans ses premiers articles, Schiffman n'offrait aucune preuve que la secte qu'il avait en tête avait véritablement vécu dans le désert de Juda, à Qumran. Tâchant de défendre une version désespé-

---

*Dans « Sadducees in the Dead Sea Scrolls ? » (Les Sadducéens dans les rouleaux de la mer Morte ?) (Z. Kapera [éd.], *Qumran Cave 4 - Special Report* [Cracovie, 1991], pp. 89, 90, 94), Philip Davies, de l'Université de Sheffield, examine le raisonnement de Schiffman. Il en conclut qu'il n'est pas « simplement difficile à *accepter* [mais]... même difficile à *comprendre* ». Davies précise qu'au lieu de réfuter mon argument en faveur des origines multiples des rouleaux, Schiffman « donne de bonnes raisons de défendre cette thèse » et ce, malheureusement, dans le cadre d'un exposé « au mieux contradictoire et au pire à la limite de l'absurdité ». Reconnaissant que mon explication de l'origine des rouleaux « rendait compte des [*Actes de la Torah*] plutôt mieux que toute autre », Davies concluait que « l'exploitation assez cavalière que fait Schiffman du *MMT* de la grotte 4 semble... ne présenter rien de plus que le chaos méthodologique ».

rément confuse et contradictoire de la doctrine de la secte de Qumran, Schiffman se trouvait pris entre la nécessité de reconnaître le caractère multiforme des rouleaux et celle de refuser les implications gênantes de cette réalité. Ainsi était-il loin de résoudre le dilemme dans lequel il avait, avec d'autres, enfermé la qumranologie, en montrant une incapacité manifeste à harmoniser les *Actes de la Torah* avec l'ancienne thèse de l'origine des rouleaux[63]. Avec le temps, John Strugnell dut lui-même s'apercevoir de l'existence de certains problèmes engendrés par ces tentatives, car en 1993, il revint sur son idée que le fameux Maître de Justice avait composé l'œuvre[64]. Quelques mois auparavant, le texte des *Actes de la Torah*, accompagné d'une traduction et de commentaires, fut finalement publié dans la série officielle des *Discoveries in the Judaean Desert*[65]. Le travail, tel qu'il apparaît à présent, est en grande partie réalisé par Qimron et, dans une moindre mesure, par J. Strugnell, avec des contributions de A. Yardeni (sur la paléographie) et de Y. Sussman (sur le droit juif). La principale contribution de Sussman à l'ouvrage consiste en une traduction anglaise mot à mot (pp. 179-99) de sa conférence de 1987 en hébreu examinée plus haut. Le livre contient diverses remarques utiles sur le texte hébreu, cependant il révèle également la vive détermination de Qimron à s'en tenir aux idées infondées examinées ci-dessus, et à les emmêler à de nouvelles explications. Si l'on s'en tient uniquement à l'idée maîtresse et surprenante de Qimron que le texte fut écrit par le Maître de Justice, voilà que l'auteur exprime tardivement des doutes : « Aussi agréablement surprenante qu'elle fût (*sic!*), il faut probablement modifier notre première description de *MMT* qui en faisait une lettre du Maître de Justice au méchant prêtre. Plutôt qu'une lettre personnelle, il s'agit probablement d'un traité sur certains points de la pratique juridique des Zadokites... un groupe qui s'est composé à partir de la communauté de Qumran ou de l'un de ses prédécesseurs... au moment où leur chef était probablement le Maître de Justice... » Les propositions gratuites de Qimron se poursuivent sans relâche tout au long de cet ouvrage, forçant Strugnell lui-même à donner un démenti dans lequel il rejette la plus fameuse d'entre elles (*ibid.*, pp. 203-6), et à ajouter que cet ouvrage « ne contient aucun chapitre sur la théologie et l'histoire des traditions de la section C » des *Actes de la Torah* (*ibid.*, p. 205). Après dix ans de promesses, ce travail est donc fondamentalement incomplet*.

L'embarras des qumranologues devant ce qui, dès la fin des années 1980, était devenu l'équivalent théorique d'un navire naufragé, se manifesta également dans une série de développements ultérieurs. En 1986, Emanuel Tov, de l'Université Hébraïque, avait déjà tenté de répondre à cet embarras en établissant une distinction entre ce qu'il appelait l'orthographe « de Qumran » et l'orthographe « non associé à Qumran[66] ». A son avis, les manuscrits « de Qumran » presentant une orthographe inhabituelle étaient écrits par des membres de la secte de Qumran, tandis que les autres « nombreux rouleaux » (d'après sa propre expression) furent « apportés de l'extérieur[67] ». Pourtant la moindre analyse réfute la théorie du professeur Tov : les rouleaux, selon ses propres données, n'ont pas de schémas orthographiques cohérents divisibles en deux catégories. En revanche, pratiquement chaque rouleau présente son propre schéma avec des degrés variables « d'aberration » par rapport à l'orthographe caractéristique qui, par la suite, devint l'orthographe standard de la Bible hébraïque. Tout ce que les variantes orthographiques démontrent et sont susceptibles de démontrer, c'est que, à l'instar des autres sociétés possédant une écriture avant l'âge des dictionnaires et des académies, en Palestine, au Ier siècle après J.-C., l'orthographe n'était pas encore entièrement normalisée. Bien sûr, les livres qui n'étaient pas jugés avoir un caractère sacré présentaient généralement davantage de permutations orthographiques.

Le professeur Tov avait clairement formulé son explication pour défendre le fond de l'ancienne hypothèse : si tous les rouleaux n'avaient pas pu être écrits à Qumran, comme il l'admettait, alors on

---

*Les efforts déployés par les qumranologues traditionnels pour contrôler l'accès aux *Actes de la Torah* prirent une tournure presque violente lorsque M. Qimron intenta un procès contre des chercheurs américains qui, de leur propre initiative, avaient décidé de publier ce texte. Pour une analyse de ces événements, voir l'Annexe II (pp. 395-400).

pouvait affirmer que beaucoup d'entre eux, au moins ceux qui présentaient les orthographes particulières et les idées les plus exotiques, y avaient été écrits, par la « secte de Qumran ». En 1993, Tov allait finalement suggérer que « la majorité » des rouleaux avait été apportée à Qumran et venait d'ailleurs[68]. Nous verrons plus loin (chapitre 9) comment un chercheur américain s'est, dès la fin des années 1980, rallié à cet effort de trouver un compromis entre les preuves contradictoires qui émergeaient constamment et l'ancienne thèse sur les origines des rouleaux à Qumran. Ici, nous devons nous pencher sur l'utilisation de cette idée, ainsi que de l'idée « sadducéenne », par trois autres chercheurs responsables de la publication d'un fragment de rouleau de grande importance, connu sous le titre de *Péan en l'honneur d'Alexandre Jannée*.

Début 1991, Tov fut nommé directeur du projet de publication par l'Autorité des Antiquités. Au printemps 1992, à la suite d'événements que nous examinerons en détail plus loin (au chapitre 10), il annonça le nom de nombreux nouveaux participants au projet. Il y avait à présent plus d'une cinquantaine d'éditeurs différents, également répartis entre des membres du corps enseignant universitaire et d'anciens et actuels élèves de certains d'entre eux (dont Tov). Cette composition reflétait la politique en vigueur à Harvard durant la décennie précédente. Parmi les étudiants, il y avait deux candidats au doctorat qui, avec l'assistance de la paléographe A. Yardeni, publièrent très rapidement une étude sur un nouveau texte de Qumran, provenant de la grotte 4, sous la référence 4Q448. Il s'agit principalement d'un fragment d'hymne précédé par son introduction :

Un chant de sainteté pour le Roi Jonathan et la communauté de ton peuple Israël (dispersée) aux quatre vents du ciel. Que la paix soit avec tous! Que ton nom soit béni dans ton royaume!

En ton amour j'exulte.....................
Le jour et jusqu'au soir......................
Etre proche de.................................

O rends-leur une visite de bénédiction......
Pour un jour de guerre......................
Vers Jonathan le Roi....................*

Quelques semaines avant la publication de ce fragment, un article du *Jerusalem Post* (24 avril 1992) révéla que le Dr Yardeni avait obtenu le privilège d'étudier le texte deux ans auparavant. Elle avait suffisamment progressé dans ses recherches pour comprendre qu'il s'agissait d'un fragment de poème liturgique à la gloire de « Jonathan le Roi ». Strugnell, qui signala ce texte aux étudiants, s'était au préalable totalement mépris sur sa signification : une erreur qui soulignait la nécessité de libérer les rouleaux de tout contrôle de monopole. L'article du *Post* insistait sur le fait que les mots « Jonathan le Roi » constituaient « la première référence à un personnage historique juif jamais trouvée dans les manuscrits de la mer Morte »**. C'était « une identification qui entraînerait de la part des chercheurs une vaste révision de l'histoire de la période, de l'identité de certains habitants de Qumran, ainsi que d'autres aspects... » H. Eshel , l'un des deux étudiants de doctorat à qui l'on avait donné le texte, aurait, toujours d'après cet article, établi que le « Jonathan » en question ne pouvait être autre qu'Alexandre Jannée (qui gouverna la Judée de 103 à 76 avant J.-C.). E. Eshel (l'autre étudiante, sa femme) et lui se joignirent au Dr Yardeni, formant ainsi leur propre comité de publication de ce texte. Or, les trois chercheurs déterminèrent, au cours de leur travail commun, que « ce rouleau ne pouvait pas avoir été écrit par la secte de la mer Morte, ni par des Pharisiens ».

Là où les éditeurs lirent « ville ['ir*] de sainteté », dans l'introduction, on peut également, d'après les traces des consonnes, lire « chant [*shir*] », etc., ce qui est clairement préférable. De même, là où ils lisent « dans ton amour je serai châtié [*etyaser*] », on peut également lire « ... j'exulte [*etyamer*] », ce qui est préférable. Les points dans la traduction ci-dessus indiquent les lacunes dans le texte.
**Il faut noter que, dès les années 1950, J. T. Milik, le spécialiste polonais, affirmait que plusieurs personnalités historiques, notamment la reine Salomé (Shelamzion), Jean Hyrcan et un certain « Yohanan » étaient mentionnés dans des fragments de rouleaux non publiés.

Certes, il s'agissait là d'une conclusion des plus intriguantes. Alexandre Jannée, entre autres crimes, avait massacré huit cents Juifs et leurs familles, pour se venger d'actions qu'ils avaient commises contre lui[69]. Un fragment du *Pesher Nahum* (Commentaire du Livre de Nahum), semble contenir le récit hostile d'une revanche prise par un souverain surnommé le « lionceau en colère » contre les « chercheurs des choses tranquilles » (littéralement, de la douceur) que l'on pense être les Pharisiens. Selon certains érudits, ce « lionceau en colère » serait Alexandre Jannée. Le *Pesher Nahum* étant attribué à la « secte de Qumran », il était clair aux yeux des éditeurs que cette « secte » était hostile à Alexandre Jannée, tout comme l'étaient les Pharisiens, si l'on en croit Josèphe. Il leur paraissait donc inconcevable que l'un de ces deux groupes eût composé un hymne en l'honneur de Jannée.

Au cours de ce raisonnement, les éditeurs du texte recontrèrent une grave énigme, à savoir : « Pourquoi la secte fondamentaliste vivant à Qumran (probablement des Esséniens), ennemis farouches du régime asmonéen de Jérusalem, écrirait-elle une prière pour le bien-être d'un roi asmonéen si cruel et obsédé par la guerre ? » (*Jerusalem Post*, 24 avril 1992.) Notons que cette formulation présentait deux hypothèses comme des faits : d'une part qu'une secte habitait à Qumran et d'autre part que cette secte avait composé les écrits trouvés dans les grottes. Une troisième notion, la nature essénienne de cette secte, était reconnue comme « probable ». En réalité, toutes ces idées n'étaient et ne sont que des théories, non étayées par des preuves. En essayant d'englober ces convictions dans leur explication de la présence de la prière parmi les rouleaux, H. et E. Eshel élaborèrent des raisonnements de plus en plus contradictoires*.

Selon l'explication présentée par les trois éditeurs dans le *Jerusalem Post*, puisque l'auteur présumé de ce texte ne pouvait être ni pharisien, ni essénien, « il appartenait au troisième grand grou-

---

*Le rôle du Dr Yardeni fut limité au déchiffrement paléographique du texte, ce qu'elle accomplit de manière plus que satisfaisante, comme elle a l'habitude de le faire pour tous ses travaux paléographiques.

pement idéologique de la nation juive de l'époque, les Sadducéens. Les Sadducéens et les Esséniens partageaient le même système de lois juives...plus strict que la Halakhah [lois rituelles et civiles rabbiniques] suivie par les Pharisiens... Le manuscrit fut sans doute amené à Qumran par un Sadducéen qui s'était joint à la secte et avait apporté sa bibliothèque avec lui ».

Nous pouvons observer ici comment les éditeurs, désireux de trouver une explication convaincante à leur texte gênant, élaborèrent une théorie peu solide sur une autre. En effet, le fragment ne contenait rien de distinctement sadducéen. Qui plus est, il y avait bien plus de trois groupements idéologiques parmi les Juifs de la période intertestamentaire. Enfin, nous l'avons déjà vu, ce n'est qu'à cause d'une seule loi d'inspiration sadducéenne, parmi un total de *vingt* trouvées dans les *Actes de la Torah*, que certains qumranologues commencèrent à soutenir que les « Esséniens de Qumran » étaient en fait des Sadducéens, ou que les deux groupes devaient partager le même système juridique.

Il n'y avait pas la moindre preuve qu'un Sadducéen ait apporté sa bibliothèque privée dans le prétendu site d'une « secte » de Khirbet Qumran. Cependant, la suggestion des éditeurs donnait l'impression qu'ils admettaient implicitement un aspect de la thèse selon laquelle les rouleaux proviendraient de Jérusalem. Nous verrons plus loin comment, avec l'aide de la presse, ils essayèrent de s'approprier cette option.

Après la parution de l'article du *Post*, les éditeurs publièrent une étude scientifique détaillée dans la revue trimestrielle hébraïque *Tarbiz*, dans laquelle ils éprouvaient davantage de difficulté à expliquer le phénomène auquel ils étaient confrontés[70]. Il n'était plus question d'une quelconque bibliothèque sadducéenne, ni d'un hypothétique Sadducéen qui se serait joint à la prétendue secte. En revanche, ils faisaient remarquer que le langage du poème était inhabituel et que la conception du monde exprimée « s'opposait à celle des habitants de Qumran, qui détestaient les Asmonéens » ; dans un élan d'honnêteté réconfortant, ils admettaient en outre que « rien ne prouvait » que le texte « ait été écrit par la communauté qui vivait à Qumran[71] ».

Cependant, une fois arrivés à cette conclusion, les auteurs virent probablement qu'elle pouvait induire une petite difficulté : elle impliquait inévitablement qu'il faudrait peut-être trouver des preuves concrètes pour démontrer que tous les autres manuscrits trouvés dans les grottes provenaient réellement d'une communauté particulière ayant vécu à Qumran. Avant la publication de cet article, les qumranologues de la vieille école n'avaient, en général, jamais éprouvé le besoin de chercher de telles preuves, et se contentaient de s'appuyer sur la solidité de leur hypothèse infaillible de la secte. Cette fois, les trois auteurs se trouvaient dans la délicate position de poser des questions cruciales sur la méthode, plus précisément sur celle d'un groupe de scientifiques occupés depuis quarante-cinq ans à construire des châteaux esséniens dans le désert.

Alors les auteurs tentèrent de faire une nouvelle déclaration plus nuancée : « Les textes de Qumran publiés *jusqu'à présent* sont des compositions écrites par les membres de la secte, *ou bien des compositions qui ne contredisent pas leurs opinions*[72] ». Pourtant, ils frôlèrent la contradiction en affirmant :

> nous pensons que *beaucoup de rouleaux* découverts à Qumran sont le fruit du travail d'un grand nombre de groupes juifs de la période du Second Temple, apportés fortuitement à Qumran par des membres de la secte, et que le fragment à l'étude... appartient apparemment à cette catégorie[73].

Il faut encore remarquer que de nombreuses opinions contenues dans les rouleaux se contredisent mutuellement et qu'aucune tendance sectaire ne relie de façon probante la grande majorité des textes. Cela dit, l'idée sous-jacente à l'argument des auteurs est assez claire : du moment que les opinions exposées dans la plupart des rouleaux n'allaient pas jusqu'à *contredire* ce que l'on estimait être les doctrines essentielles de « la secte » (les auteurs devaient entendre par là les doctrines trouvées en particulier dans la *Règle de la communauté*), alors la thèse de la secte de Qumran était à peu près sauve. Dès lors, on pouvait la nuancer facilement en affirmant que « la secte » devait sûrement posséder des livres autres que les siens, sans doute apportés « de l'extérieur », pour enrichir leurs propres lectures.

Evidemment, ce qui frappe le plus, dans cet argument plutôt artificiel, c'est la volonté de suggérer que de nombreux rouleaux et non pas simplement quelques-uns provenaient d'autres groupes juifs que ceux que l'on imaginait avoir vécu à Qumran. Cela constitue, bien entendu, un élément de base de la thèse selon laquelle les rouleaux proviendraient de Jérusalem. Dès 1980, je conclus ma première présentation de cette thèse en affirmant :

> [Les manuscrits] sont les vestiges d'une littérature témoignant d'une grande variété de pratiques, de croyances et d'opinions... emportés hors de Jérusalem avant ou pendant le siège... On peut parvenir à déterminer la nature de [leurs] concepts et pratiques... non pas en les limitant à une seule source, celle de la secte essénienne, mais en les séparant les uns des autres, au moyen d'une analyse interne, en une variété de courants spirituels qui semblent avoir marqué le judaïsme palestinien de la période intertestamentaire[74].

Nous aurions donc raison de conclure que les étudiants étaient arrivés, malgré eux, à une compréhension de la nature des rouleaux assez proche de l'hypothèse que j'avais émise en 1980. Cependant, ils ne l'admirent pas. Dans une note de leur article, ils citaient mon étude, mais seulement pour signaler qu'ils ne « partageaient pas » mon opinion lorsque j'affirmais que l'on devait se garder « de rattacher les manuscrits aux habitants de Khirbet Qumran ». Etant néanmoins arrivés à une perception dangereusement proche de la mienne par l'analyse approfondie du contenu des rouleaux (sans doute précisément de la façon que j'avais suggérée), les auteurs omirent de citer entièrement la conclusion principale de mon argument : je n'avais pas simplement dit que l'on devrait s'abstenir de « rattacher » les rouleaux à Khirbet Qumran. Plutôt, j'avais affirmé qu'il n'y avait pas de lien intrinsèque entre les textes et le site, que ceux-ci provenaient de bibliothèques de Jérusalem et que, avec l'aide des habitants de la région, ils furent cachés dans le désert de Juda avant et peut-être même pendant le siège romain de l'an 70.

Souvenons-nous qu'au moment où ils collaboraient pour écrire l'article, les deux auteurs étaient candidats au doctorat dans une université où plusieurs membres du corps enseignant étaient non seulement farouchement attachés à une théorie opposée à la mienne, mais encore responsables de la nomination de deux d'entre eux comme éditeurs de textes de Qumran[75].

Après avoir élaboré le plan de leur exposé, les auteurs recherchèrent le moyen de soumettre leurs opinions à l'attention d'un plus large public. Le *Jerusalem Post* leur en donna l'occasion avec un deuxième article qui, adoptant une ligne de défense favorisée par les qumranologues traditionnels les plus acharnés, rabaissait ma thèse à une vague supposition que les rouleaux furent apportés à Qumran « d'ailleurs », cette idée n'étant « partagée par aucun autre spécialiste réputé » (ce qui, apparemment, renvoie aux qumranologues traditionnels eux-mêmes). Puis venait le point culminant de l'article : « Un nombre croissant de spécialistes, dont l'éditeur des publications officielles des manuscrits de la mer Morte, le professeur Tov, de l'Université Hébraïque, pensent que certains rouleaux proviennent bien d'ailleurs et furent introduits par des personnes s'étant jointes à la secte. » Ensuite, sans grande surprise pour personne, l'article précisait que les trois auteurs pensaient que le nouveau fragment de rouleau « doit appartenir à cette catégorie ».

La qualité du travail et de l'argumentation contenue dans l'article de *Tarbiz* tendait à démontrer l'avis que j'avais exprimé à plusieurs reprises à la fin des années 1980, à savoir : le principe, inspiré par Harvard, qui consiste à faire appel aux services d'étudiants diplômés pour éditer et interpréter des rouleaux non encore publiés supprime l'option d'une concurrence internationale ouverte fondée sur le mérite, et constitue donc une pratique injuste, non seulement envers la communauté des chercheurs spécialistes des rouleaux, mais aussi envers le monde des lettres en général et les étudiants eux-mêmes. En prenant ce texte pour exemple représentatif, il est clair que les éditions « officielles » promises des textes de Qumran courent le risque de se retrouver trop étroitement liées à des interprétations destinées à soutenir la vieille thèse de la secte de Qumran, au lieu d'être simplement des éditions et des traductions des textes. De graves questions se posent concernant la qualité finale globale du travail à accomplir. Il y a des raisons d'être inquiet non seulement dans le domaine de l'histoire, mais aussi dans celui de l'interprétation textuelle en général.

Le texte en question peut être décrit comme un fragment unique contenant un hymne à la gloire d'Alexandre Jannée, mais aucune preuve n'indique que la copie que nous possédons à présent ait été écrite à un moment donné de la vie de l'auteur ou de celle du roi. Elle a pu être faite par le scribe plusieurs décennies après la mort de Jannée, en 78 avant J.-C.

Ce que le *Péan en l'honneur d'Alexandre Jannée* montre vraiment, tout comme le *Rouleau du Temple* et les *Actes de la Torah*, est la variété des idées contenues dans les manuscrits de la mer Morte. Alors qu'ils auraient dû essayer de comprendre cette diversité, les qumranologues dont nous avons parlé plus haut, se sont enfoncés dans le piège d'une suite d'arguments contradictoires et incohérents. Au chapitre 9, nous aurons l'occasion d'examiner d'autres arguments de ce genre. Cependant, abordons maintenant les rouleaux dans leur véritable diversité, en nous posant la question suivante: comment cette diversité influence-t-elle notre compréhension du judaïsme ancien et de sa relation avec le début du christianisme ?

CHAPITRE 8

Les rouleaux, le judaïsme et le christianisme

❖

Jetons notre regard sur l'ensemble des rouleaux connus aujourd'hui ; nous percevrons comment ils permettent de comprendre une période capitale de l'histoire du peuple juif. Chaque nouveau fragment étudié améliore notre perception de la mentalité qui régnait à l'époque du judaïsme intertestamentaire ; cela nous encourage à entreprendre de nouvelles approches et à intégrer davantage des domaines de connaissance jusqu'ici très compartimentés.

Prenons l'exemple notable du *Péan en l'honneur d'Alexandre Jannée*, écrit en hommage à un personnage historique. Cet hymne semble être l'œuvre d'un poète palestinien fier du règne de ce souverain et qui avait une certaine conception de l'unité globale de la nation juive, en Palestine, comme dans la diaspora disséminée qui existait déjà bien avant la destruction du Second Temple. Ce n'est qu'un petit fragment parmi les nombreux poèmes hébreux retrouvés dans les grottes et il ne présente pas de parti pris sectaire apparent. Il témoigne, comme d'autres, de la richesse lyrique de l'hébreu ancien jusqu'à la destruction du Second Temple, en l'an 70. Nous remarquons que la quasi-totalité de cette poésie ainsi que les trois quarts des textes en prose étaient composés en hébreu, ce qui réfute la thèse selon laquelle, au Ier siècle après J.-C., l'araméen était devenu la langue principale des Juifs de Palestine.

D'autres rouleaux contiennent également des compositions poétiques non sectaires, notamment le *Rouleau des Psaumes*, de la grotte 11, qui inclut des hymnes extra-canoniques exprimant parfois des idées hellénistiques[1], et les *Cantiques du sacrifice du sabbat* (voir plus haut, pp. 156–165)[2]. La grotte 1 renfermait des fragments d'au moins six de ces écrits poétiques[3] et la grotte 4 contenait encore plus de poèmes qui reflétaient différentes nuances d'expression religieuse[4], l'un des principaux étant la collection des Psaumes pseudépigraphiques[5].

Si l'on a associé l'important *Hodayot*, en dix-huit colonnes (« les Hymnes d'Action de Grâce »), aux Esséniens, c'est essentiellement parce qu'il fut trouvé parmi les sept premiers rouleaux de la grotte 1, en même temps que la *Règle de la communauté*. Des chercheurs ont évoqué certaines similitudes d'expression avec la *Règle*, mais ni les idées ni l'hébreu de l'*Hodayot* ne reflètent, dans l'ensemble, l'environnement particulier de ce premier texte ; d'autre part, l'*Hodayot* ne contient aucune opinion religieuse attribuée aux Esséniens dans les sources anciennes. L'hébreu dans lequel il est écrit est en continuité avec celui des psaumes bibliques tardifs, et les idées exprimées par ces deux groupes de textes découlent d'une seule et même source spirituelle, bien que dans l'*Hodayot* elles soient parfois développées de façon particulière. En effet, certains hymnes de cette collection décrivent les vicissitudes d'un personnage anonyme prophétique, ou du moins imbu de spiritualité, de l'époque intertestamentaire (ce qui a mené un grand nombre de chercheurs à attribuer ces hymnes au Maître de Justice lui-même). Or, nous savons maintenant, grâce à des écrits tels que les *Actes de la Torah* et d'autres textes qui étaient encore inconnus lorsque les premiers rouleaux furent découverts, qu'à l'époque, un nombre considérable de personnages de ce genre étaient actifs en Palestine, et aucune preuve certaine ne nous permet de faire légitimement le lien entre l'auteur de cette œuvre et l'un d'entre eux en particulier. Josèphe lui-même décrit plusieurs de ces personnages charismatiques, tel qu'Athrong (un certain « prophète égyptien »), Simon de Pérée, et d'autres encore (voir aussi plus loin, p. 264).

L'ensemble des phylactères de Qumran, bien que ne contenant que des versets du Pentateuque, constitue un élément précieux qui révèle l'origine multiple de la totalité des rouleaux. De même, le rouleau du Lévitique, d'écriture paléo-hébraïque, ainsi que d'autres fragments de rouleaux bibliques et para-bibliques de la même écriture sont la preuve que, aux IIe et Ier siècles avant J.-C., et même après, des Juifs palestiniens continuaient à utiliser l'écriture paléo-hébraïque[6]. Ces rouleaux, ainsi que de nombreux autres textes bibliques et fragments découverts dans les grottes, montrent qu'au moment où ils furent cachés, il n'y avait pas encore un seul et unique texte biblique faisant autorité, mais plutôt des versions différentes des mêmes textes qui circulaient en grand nombre chez les Juifs palestiniens. Certaines de ces versions étaient plus proches de la traduction (grecque) des Septante de la Bible, d'autres de la tradition samaritaine, et d'autres encore des textes consonantiques qui servaient de fondation aux éditions massorétiques traditionnelles des Écritures hébraïques qui se sont perpétuées chez les Juifs rabbiniques jusqu'à nos jours. Ces différentes versions mettent en évidence la grande diversité des Juifs palestiniens qui les utilisaient. S'il n'y avait eu qu'une seule secte, il faut le souligner, elle aurait jugé essentiel d'établir sa propre version de l'Écriture sainte. Les expositions publiques des rouleaux qui ont lieu depuis une dizaine d'années n'incluent pas de fragments bibliques et para-bibliques en grec, néanmoins de tels textes sont également des pièces importantes apportées au dossier des preuves concrètes sur la nature hétérogène de l'ensemble des découvertes des grottes de Qumran.

Comme l'a remarqué K. H. Rengstorf : « Cette collection de textes bibliques qui nous est parvenue si étrangement... prouve que, même durant l'ère pré-chrétienne, la transmission des textes sacrés dans le judaïsme allait de pair avec un travail critique sur ces textes. Malheureusement, l'importance de ce fait est rarement soulignée, et encore moins examinée, en rapport avec la thèse essénienne. En outre, ce fait ne serait pas bien adapté pour [la] défendre..., [car] par essence, les sectes religieuses ou les groupes religieux particuliers sont scrupuleusement attentifs à l'exactitude du texte de leurs Écritures saintes*. »

*Cf. K. H. Rengstorf, *Khirbet Qumran and the Problem of the Library of the Dead Sea Caves*, p. 11-12. Même un qumranologue aussi traditionnel que le professeur Eugene Ulrich fit remarquer, lors de son intervention au symposium sur les rouleaux à la Bibliothèque du Congrès (Washington, DC), en 1993, que les variantes des manuscrits bibliques trouvés dans les grottes montraient qu'ils

De même, les *citations* bibliques utilisées dans les textes non bibliques ne sont pas uniformes. Leur canonicité n'est pas toujours certaine, et c'est là une question susceptible d'avoir provoqué des débats entre les partis et les sectes durant toute la période intertestamentaire. Comme je l'ai déjà signalé, les Juifs n'adoptèrent définitivement les « Ecritures saintes » canoniques telles qu'elles sont connues aujourd'hui qu'au IIe siècle après J.-C.

Les calendriers témoignent aussi d'une grande variété de pratiques chez les Juifs de la période intertestamentaire. L'un d'eux[7] présente la méthode d'*intercalation*, c'est-à-dire d'harmonisation dans le calendrier des années lunaires et solaires, alors que d'autres semblent respecter les consignes de l'auteur du Livre des Jubilés qui insistait sur un calendrier strictement solaire. Les calendriers de Qumran font l'objet de recherches intensives et il faudra les étudier encore longtemps avant de pouvoir se hasarder à conclure que l'un ou l'autre d'entre eux est strictement « sectaire ». La plupart présentent un système de calcul des cycles annuels légèrement plus primitif que le système luni-solaire particulier finalement adopté par le judaïsme rabbinique[8].

Certains des écrits (ceux que l'on cite le plus souvent lorsqu'on attribue l'ensemble des rouleaux à une secte essénienne) reflètent les idées d'auteurs visiblement conscients de partager des antécédents communs d'opposition aux pouvoirs régnant à Jérusalem au IIe siècle avant J.-C. Comme nous l'avons vu, la *Règle de la communauté*[9] reflète une tendance radicale distincte à l'intérieur de ce groupe de textes, car elle met l'accent sur un mode apocalyptique d'initiation à la confrérie, des dichotomies spirituelles strictes, une interprétation hautement métaphorique des mystères de la Torah, et une discipline de pureté essentielle. Souvenons-nous que quelques autres rouleaux tels que les *Règles de la congrégation* (1QSa)[10], les *Bénédictions* (1QSb)[11], et le groupe de bénédictions connues sous le

---

provenaient de rédactions de textes bibliques anciennes, diverses et non uniformes. Ulrich n'en a pas dit autant, mais sa propre description laissait clairement entendre que ces textes bibliques avaient eu une histoire complexe et ne pouvaient pas représenter la tradition des textes bibliques d'une seule et unique petite secte.

nom de *4Q Berakhot*[12] sont peut-être apparentés à cette même tendance religieuse. Le professeur Joseph Baumgarten a montré que des textes de la grotte 4 apparentés à la *Règle de la communauté* de la grotte 1 reflètent en réalité de nombreuses différences avec celle-ci, en particulier dans le domaine des sanctions infligées pour les infractions aux règles du groupe. Bien sûr, cette découverte soulève encore davantage de questions sur la nature et les origines de ces textes[13].

Ce thème de la fraternité est moins apparent dans l'*Alliance de Damas*[14]. L'*Alliance*, qui montre une opposition farouche à un groupe connu sous le nom des « Fondateurs de la Clôture », reconnaît à la fois les modes urbains et non urbains de pratique religieuse caractérisée par l'observance des lois rituelles. Comme nous l'avons fait remarquer au chapitre 3, ce texte a été interpolé par un glossateur, lui-même disciple d'un groupe séparatiste de pureté formé, à l'origine, par un « Exposant de la Torah » qui conduisit à Damas les adeptes d'une « Nouvelle Alliance ». Il est fort possible que l'essentiel de cette œuvre ait été écrit par le « Maître de Justice » mentionné comme étant son personnage central.

D'autres textes se distinguent par leur interprétation midrashique des écrits bibliques, et par la façon dont leurs auteurs conçoivent le passé historique et la future « fin des temps ». La rhétorique de ces *peshers* se caractérise par des références et des allusions qui apparaissent dans leurs exégèses historiques et eschatologiques. Quelques-uns montrent un intérêt particulier pour un « Maître de Justice », qui pourrait être le même que celui associé à l'émigration vers Damas. Cependant, une fois de plus, les tendances radicales de la *Règle de la communauté* sont absentes de ce groupe qui comprend, outre le *pesher* d'Osée présenté dans les expositions récentes, celui d'Habaquq[15], d'Isaïe, de Nahum, de Sophonie, des Psaumes et peut-être de Michée, ainsi que d'autres écrits prophétiques[16]. Le *Rouleau de la guerre* n'appartient qu'indirectement à ce groupe de textes. En revanche, le *Florilège* et le *Testimonia* de la grotte 4[17] y sont étroitement associés et, tout comme les *pesharim* d'Isaïe et d'Habaquq, ils mentionnent un « Conseil de la Communauté* ». Toutefois, ces derniers textes ne parlent que d'un seul Messie descendant de David et non, contrairement à ce que croyaient les auteurs de la *Règle de la communauté*, de deux Messies descendant respectivement d'Aaron et de David. Personne n'est encore parvenu à expliquer de façon satisfaisante (si tant est que ce soit possible) la plupart des allusions historiques de ces textes, ainsi que celles de l'*Alliance de Damas*. Elles renvoient à des courants du judaïsme prétannaïtique ancien qui ne correspondent qu'en partie à la description que nous donne Josèphe des « philosophies » ou des « hérésies », c'est-à-dire celles des Sadducéens, des Esséniens célibataires ou non, des Pharisiens, de la « quatrième philosophie » apparentée, et d'autres tels que les Zélotes. Il ne faut pas oublier non plus que, dans sa description de ces groupes, Josèphe inclut Bannus, un ermite ascétique qui célébrait le baptême et « vivait dans le désert », comme Jean Baptiste. La *Tosephta* (Yadaim 2.20) mentionne les « Baigneurs de l'Aurore » qui critiquaient les Pharisiens parce que ceux-ci « invoquaient le Nom (du Seigneur) le matin, avant de s'être baignés », ce qui rappelle le « précepteur qui s'adressait à tous les fils de l'aurore » dont parle l'un des rouleaux récemment publiés. D'autres groupes de Juifs célébraient également le baptême, notamment celui auquel font allusion les oracles sibyllins, ainsi que les Hémérobaptistes, les Galiléens, les Masbuthéens, et les Nazaréens[18].

Parmi les écrits de doctrine divergente trouvés dans les grottes de Qumran, les *Actes de la Torah* sont l'une des œuvres les plus

---

* Il faut dire que dans le *Pesher d'Habaquq* (12.3-4) cette expression semble être une interpolation ultérieure : « Le Liban est le conseil de la communauté et les bêtes sont les simples de Juda, fervents adeptes de la Torah », un passage qui s'oppose directement au mouvement de la pensée. La phrase commence ainsi : « Son interprétation concerne le méchant prêtre qui devra payer pour ce qu'il a fait aux pauvres [vient ensuite l'interpolation citée plus haut] car le Seigneur le condamnera à l'extermination, de même que [ce méchant prêtre] a médité d'exterminer les pauvres. » L'emploi de cette glose explicative indique que l'on a adapté la terminologie du mouvement du *Yahad* au style d'interprétation biblique du *pesher*.

importantes. Comme nous l'avons vu (au chapitre 7), l'auteur s'exprime dans un hébreu proto-tannaïtique (similaire à celui du *Rouleau de cuivre*), ce qui indique que le texte fut écrit environ au début du Ier siècle après J.-C. Il proteste longuement contre la pureté rituelle stricte associée aux lois sacrificielles. Il défend une ou deux lois rituelles qui réapparaissent dans des textes rabbiniques ultérieurs comme des sujets de controverse entre les Sadducéens et les Pharisiens. Le ton est nettement moins polémique que celui de l'*Alliance de Damas* et des *peshers*. Aucun apocalyptisme mystique n'est exprimé dans cette œuvre qui semble représenter un courant sectaire évoquant certains aspects de la description des Pharisiens par Josèphe.

Le *Rouleau du Temple*[19] reflète une tendance indépendante qui lui est propre. Il partage quelques-unes des opinions défendues par l'auteur de l'*Alliance de Damas*, par exemple l'interdiction de la polygamie, du mariage entre un oncle et une nièce, et de la présence dans la Ville sainte d'un Israélite en état d'impureté sexuelle. Cependant son auteur, un personnage apparemment charismatique qui devait prétendre posséder des dons de prophétie, se trouve complètement en marge des traditions littéraires et doctrinales des auteurs des autres œuvres. Il possède une méthode particulière consistant à développer, réduire et corriger la Torah afin de mettre en avant une tendance polémique particulière que l'on ne retrouve dans aucun autre texte de Qumran.

Les rouleaux contiennent beaucoup de paraphrases rhétoriques des écrits bibliques ; cela donne l'impression qu'un grand nombre d'auteurs rivalisent pour étoffer et embellir les Ecritures saintes et surtout pour les rendre plus agréables et acceptables aux Juifs palestiniens qui, à ce moment-là, avaient subi, de gré ou de force, un processus d'hellénisation intense. Ces textes font partie des nombreuses œuvres découvertes dans les grottes de Qumran qui ne révèlent aucune tendance séparatiste : elles semblent plutôt être des fragments de littérature juive palestinienne populaire datant du Ier siècle avant J.-C. et des décennies qui précédèrent la Première Révolte. L'une d'elles, le *Livre d'Hénoch*, en araméen, a eu une influence considérable sur le style du Nouveau Testament et de la littérature patristique, beaucoup plus forte que celle des autres écrits des apocryphes et des pseudépigraphes[20].

Les fragments de rouleaux contiennent également de tels autres écrits : les Jubilés, le Testament de Lévi[21], mais aussi d'autres jusqu'alors inconnus. Parmi ces derniers se trouve l'*Apocryphe de la Genèse*, en araméen, qui présente une description embellie des événements de la vie de Noé et d'Abraham. Il faut souligner que la langue de ce texte est très similaire à celle du *Targum de Job* de la grotte 11 qui, comme l'*Apocryphe de la Genèse*, ne montre pas d'affinités sectaires. On a retrouvé un assez grand nombre de textes apocryphes et apocalyptiques dans les grottes 1, 2, 3, 4 et 6[22] : ils reflètent les opinions religieuses de nombreux auteurs individuels des IIe et Ier siècles avant J.-C., mais pratiquement aucun d'eux ne présente de trace d'essénisme. Il y a beaucoup d'autres textes de ce genre qui ne peuvent être attribués à aucune secte en particulier, par exemple un traité qui interprète la signification pour l'avenir des coups de tonnerre (un *brontologion*), ou des ouvrages qui tâchent d'établir un rapport entre les aspects physiques de l'homme et ses caractéristiques mentales et morales (textes physiognomoniques). Il y a des écrits qui traitent de magie et/ou de divination, des écrits visionnaires et pseudo-prophétiques, voire des « béatitudes » du même genre que celles du Nouveau Testament. Grâce aux événements de 1991 (voir le chapitre 10), beaucoup de ces derniers groupes de fragments ont pu être transcrits et interprétés par Michael Wise ; d'autres sont à l'étude dans différents centres de recherches qumraniennes en Europe, en Israël et aux Etats-Unis[23].

Nous comprenons donc que les rouleaux révèlent une grande variété de thèmes et de genres, des contenus souvent contradictoires et, dans une très large mesure, une absence de sectarisme ou d'hétérodoxie identifiables. C'est la raison pour laquelle, depuis quelques années, un nombre croissant de chercheurs ont commencé à parler non plus des idées de la « secte de Qumran », mais des courants du judaïsme ancien reflétés dans les manuscrits. D'autres érudits ne s'intéressent pas nécessairement au contenu des textes non bibliques, mais parfois uniquement à certaines de leurs caractéristiques, telles que la multiplicité des écritures et la grande variété de modèles orthographiques ; ils affirment à présent que, en réalité, « certains », « de nombreux », « de très nombreux », voire « la majorité » des rouleaux ne furent pas écrits à Khirbet Qumran. Désormais, les qumranologues qui ont commencé à prendre leurs distances vis-à-vis d'une partie des anciennes théories ne peuvent fonder leur réflexion que sur les concepts d'une secte ayant vécu à Qumran, de manuscrits cachés dans des grottes voisines, et d'un rapport indéfini entre ces deux notions. Dans la pensée de la plupart de ces auteurs, l'idée d'un *scriptorium* à Qumran n'est plus défendable, donc elle cesse d'être importante à leurs yeux.

En revanche, le concept d'une *bibliothèque* à Qumran, plutôt qu'un *scriptorium,* trouve un nouvel attrait ; cet ajustement permet encore de prétendre que le site fut occupé par une secte dont les membres n'écrivaient ou ne copiaient pas nécessairement des livres, mais du moins rassemblaient des écrits provenant de « l'extérieur », afin de les étudier dans leur prétendue retraite dans le désert. Il y a déjà longtemps, l'idée selon laquelle cette bibliothèque se trouvait en fait dans la grotte 4 se répandit. Néanmoins, l'enthousiasme retomba car cette hypothèse impliquait que les soidisant membres d'une secte préféraient étudier ou consulter les rouleaux dans une grotte, plutôt que dans l'un des beaux édifices en pierre de Khirbet Qumran. Depuis, en réaction à ces développements, on a commencé à rechercher une salle ayant pu servir de bibliothèque dans l'enceinte même de Qumran. Aucune preuve tangible ne confirme l'existence d'une telle pièce, mais le fait de pouvoir l'imaginer permet de s'accrocher à la théorie d'une secte qui vécut à Khirbet Qumran. Par contre, les qumranologues les plus fervents commencent maintenant à imaginer à Khirbet Qumran toute une série de salles et de chambres consacrées aux scribes et à la collecte des rouleaux, situées là où le père de Vaux plaçait une seule pièce qu'il baptisait *scriptorium**.

* Voir le dessin de ces salles présumées et des scribes et bibliothécaires qui y travaillaient, dans éd. A. Roitman, *A Day at Qumran : the Dead Sea Sect and its Scrolls*, The Israel Museum, Jérusalem, 1997, p. 61.

Cependant, alors que l'on commence à réaliser pleinement la signification des preuves archéologiques concrètes relatives au site (un sujet dont on n'a pu discuter ouvertement qu'à la fin des années 1980), on ne peut guère douter que ces derniers efforts seront, à leur tour, abandonnés peu à peu. Désormais, le site en lui-même n'a plus de pertinence pour le problème de l'identification de la plupart des manuscrits. Lorsque les chercheurs finiront par comprendre et admettre plus ouvertement que même le mouvement sectaire du *Yahad* peut s'expliquer sans cela, le discours sur les origines de Qumran s'éloignera du nirvana archéologique qui alimentait l'ancienne théorie, et se rapprochera d'une interprétation plus sobre de chaque texte dans son contexte juif palestinien. Peu à peu, la question de la relation de ces textes avec le judaïsme rabbinique naissant et les débuts du christianisme aux Iᵉʳ et IIᵉ siècles après J.-C. prendra toute sa valeur.

En se basant sur le vieux consensus selon lequel les textes provenaient d'une petite secte d'extrémistes située dans le désert, la plupart des spécialistes du judaïsme rabbinique n'ont pas jugé nécessaire de chercher des liens entre le judaïsme aux formes plus anciennes et celui des rabbins et, dans leurs recherches comme dans leur enseignement, ils ont négligé les rouleaux. Une fois que ceux qui se consacrent à l'histoire et aux croyances des maîtres tannaïtiques ne seront plus influencés par le paradigme sectaire, ils seront obligés d'admettre que les rouleaux, bien que fragmentaires, sont également le produit du judaïsme palestinien. Il leur faudra alors comparer le contenu de ces manuscrits avec les premières pratiques et croyances rabbiniques qui apparurent principalement dans le même pays, au cours du siècle qui suivit le désastre de l'an 70.

Il est clair que, lors des décennies qui suivirent ce désastre, il se produisit un changement radical à la fois dans l'hégémonie juive et dans la pensée religieuse et sociale. Le message sacerdotal avait toujours été que les Juifs pouvaient compter sur le Seigneur pour les sauver, dès lors qu'ils effectuaient fidèlement les sacrifices d'animaux, conformément aux préceptes bibliques ; lorsque, en l'an 70, cela ne se confirma pas, les prêtres perdirent toute crédibilité. Ensuite, leurs responsabilités réelles se limitèrent à l'accomplissement et à l'observance de certains rituels, tels que la bénédiction sacerdotale (Nombres 6.24-26) dans les synagogues, le « rachat » les premiers-nés de sexe masculin (Exode 13.13)[24], l'interdiction de fréquenter les endroits rituellement impurs (par exemple les cimetières), et d'épouser des divorcées. A la suite d'un accord apparemment conclu avec le gouvernement romain plusieurs décennies après la chute de Jérusalem, l'autorité juive fut représentée par un chef, le Patriarche palestinien, qui accorda des pouvoirs non seulement religieux, mais aussi législatifs et judiciaires, aux héritiers des Pharisiens, c'est-à-dire les rabbins ou, plus particulièrement, les Tannaïm.

En centrant ses valeurs sur des idéaux d'érudition et de piété, cette nouvelle élite au pouvoir développa un système de législation qui s'imposa bientôt non seulement en Palestine, mais encore dans toute la diaspora juive. Elle créa des écoles qui enseignaient la Loi selon son interprétation rabbinique en pleine évolution, et dans lesquelles on exposait et défendait les doctrines du judaïsme conte-nues dans les livres canonisés[25]. Ces écoles devinrent des centres essentiels dans lesquels la pensée juive se développa, et la loi rabbinique les déclara même plus sacrées que les synagogues. Certains maîtres tannaïtiques finirent par considérer que l'étude de la Loi était supérieure à tous les autres actes de piété et de culte combi-nés.

Pourtant, jusqu'en 1948, la littérature judaïque antérieure à l'époque des premiers textes rabbiniques (IIe siècle après J.-C.) ne semblait fournir aucune indication sur la façon dont avait commencé l'enseignement systématique de la Loi et des doctrines juives. La publication de la *Règle de la communauté* a enfin pu éclairer la question en révélant que la pieuse confrérie de pureté du *Yahad* suivait un programme d'enseignement en groupe de la Loi : « Il ne devrait pas manquer, dès que l'on trouve dix hommes (du *Yahad*), un homme qui enseigne la Torah jour et nuit... les *rabbim* s'appliqueront ensemble, durant un tiers de toutes les nuits de l'année, à lire dans le livre, à expliquer le droit et à accorder des bénédictions... » (colonne 6, lignes 7-8). L'enseignement de la loi en groupe commença, apparemment, dans le *Yahad* et dans des cercles pieux similaires. Peu à peu, cela conduisit à l'étude et à l'interprétation institutionnalisées de la Torah dans des édifices communautaires que les personnes parlant grec appelaient « synagogues » (*synagogé*, littéralement : assemblée)* et, par la suite, à l'établissement formel de maisons d'étude (*yeshibot*), durant la période tannaïtique, après que la classe rabbinique fut parvenue à imposer son rôle dominant dans la société juive palestinienne.

La systématisation des lois juives débuta également lors de la période intertestamentaire, mais, comme en témoignent l'*Alliance de Damas* et les *Actes de la Torah*, il ne s'agissait d'abord que d'un exercice limité concernant uniquement les adeptes des groupes et partis spécifiques. L'ancien code contenu dans l'*Alliance* n'admet pas de différences d'opinion en matière de loi ; les membres du groupe décrit dans les *Actes de la Torah* semblent également avoir une seule et même conception des pratiques rituelles. Cependant, avec l'ascension des Tannaïm au pouvoir, un *modus vivendi* plus souple fut mis en place. Les Tannaïm se fondèrent sur les modestes acquis de leurs prédécesseurs, qu'ils accrurent largement et, développement d'une importance capitale, ils permirent, à l'intérieur d'un seul corpus, l'expression de différentes opinions concernant les pratiques juridiques et rituelles. Ainsi, les Tannaïm découvrirent que les divisions qui avaient fait éclater le judaïsme intertestamentaire en plusieurs groupes opposés pouvaient être intégrées dans un *système commun*, phénomène qui conduisit au développement d'un nouveau mode de pluralisme dont la signification a, dans une large mesure, été ignorée.

L'échange dynamique d'idées diverses et parfois diamétralement opposées sur les lois et la société, dans les pages de la *Mishnah* et du *Tosephta*, en est la manifestation concrète. Cela permit aux Tannaïm d'éviter les rivalités sectaires et l'extrémisme idéologique auxquels le corps politique juif ne pouvait plus faire face après l'échec de la Seconde Révolte (132-135 après J.-C.)[26]. Les rouleaux

* Ce terme illustrait l'effort fourni pour trouver un équivalent à l'hébreu *bet hakenesset*, littéralement « maison de la congrégation, ou assemblée, (d'Israël) ».

sont clairement la preuve que le pluralisme doctrinal développé si remarquablement par les Juifs au IIe siècle de l'ère chrétienne (et auquel le gouvernement romain ne s'opposa pas) puisait ses sources dans une activité de jurisprudence beaucoup plus ancienne. De même, la découverte des *Cantiques du sacrifice du sabbat* a révélé que la littérature mystique (en particulier les ouvrages poétiques appelés *Hekhalot**) du judaïsme rabbinique avait également des antécédents dans la pensée juive du Second Temple[27]. On peut s'attendre à ce que l'intérêt pour les affinités entre le judaïsme rabbinique et les courants précédents augmente à mesure que les travaux d'exploration et de publication des rouleaux progresseront et que l'on pourra tourner des pages jusqu'ici négligées de l'ancienne littérature rabbinique, pour y puiser un nouveau savoir.

Tandis que les chercheurs ont eu tendance à négliger la relation entre les rouleaux et le judaïsme rabbinique, le rapport de ces textes avec le début du christianisme a souvent fait l'objet d'un grand intérêt. La grande majorité des chercheurs a trouvé des liens frappants entre des idées et des pratiques décrites dans les manuscrits et celles attribuées aux premiers Chrétiens dans le Nouveau Testament et dans d'autres sources[28].

Les similitudes avec les pratiques et les cérémonies du premier christianisme furent parmi les premières caractéristiques des rouleaux à susciter une vive attention. Le repas sacré était l'une des pratiques les plus importantes[29]. Dans deux des principaux rouleaux, à commencer par la *Règle de la communauté* (6.2-8), des passages décrivent en détail les repas en commun. On se souvient du passage qui indique que toutes les fois où dix hommes du Conseil du *Yahad* se trouvaient réunis pour un repas, ils prenaient place selon le rang qui leur était attribué. Le prêtre qui officiait devait bénir le pain et le vin avant que quiconque puisse manger. Un passage similaire apparaît dans ce que l'on a appelé la *Règle messianique*, d'un style apocalyptique plus prononcé. Dans ce texte, le Messie d'Israël lui-même est présent au repas, même si c'est toujours le prêtre qui bénit

*Voir le Glossaire.

le pain et le vin. Le Nouveau Testament décrit une scène similaire. D'après certains passages des trois Evangiles synoptiques et un passage des écrits de Paul (1 Co 11.23-26), Jésus, au repas de Pâques précédant sa crucifixion, prit du pain et du vin, les bénit et les distribua à ses disciples en leur disant : « Faites ceci en mémoire de moi, toutes les fois que vous vous réunirez[30]. » Dans les rouleaux, c'est le prêtre qui préside à un repas en commun (mais pas à la cérémonie de Pâques) et prononce les bénédictions, tandis que dans les Evangiles c'est Jésus (traité dans He 5-7 comme un personnage sacerdotal) qui préside à un repas pascal.

La similitude entre ces repas mérite que l'on s'y arrête, mais leurs différences sont tout aussi importantes. Les deux passages des textes hébraïques décrivent un repas ordonné suivant une hiérarchie stricte, alors que les passages du Nouveau Testament n'évoquent pas d'organisation de ce genre. Les deux rouleaux ne mentionnent pas le symbolisme liant le pain à la chair et le vin au sang, qui apparaît dans les passages du Nouveau Testament. D'autre part, on ne peut faire que des conjectures sur le degré de similitude entre les repas des frères de pureté tannaïtiques, les *haberim* ou amis, et ceux décrits dans la *Règle de la communauté* ; il n'existe, hélas, aucun texte rabbinique qui divulgue réellement la manière dont se déroulaient ces cérémonies.

Dans le Nouveau Testament, le baptême est un signe qui marque l'entrée dans la foi, une condition préalable et, dans certains passages, presque impérative pour obtenir le salut[31]. Dans la *Règle de la communauté*, il est dit que celui qui ne se repent pas se verra refuser l'entrée dans l'eau, ce qui fait peut-être référence au baptême (5.13). La plupart des spécialistes qui ont examiné les pratiques baptismales du groupe du *Yahad* se sont basés sur la description des Esséniens par Josèphe, ainsi que sur la présence de réservoirs à eau sur le site de Khirbet Qumran pour étayer leurs explications (des arguments dont le lecteur est peut-être, à présent, susceptible de reconnaître le manque de fondement[32]). A l'époque du premier rabbinisme et du début du christianisme les rituels baptismaux étaient répandus et il est difficile de réduire aux pratiques d'un seul groupe leurs manifestations dans la Palestine des quelques siècles avant et après J.-C.

L'un des nouveaux textes traduits par Michael Wise (4Q414) décrit sans doute une liturgie accompagnant une cérémonie baptismale, accréditant peut-être l'idée que le baptême était un rite important du groupe du *Yahad*[33]. Pourtant, il se pourrait aussi que la *Règle de la communauté* et ce texte nouvellement publié ne fassent référence à rien d'autre qu'aux lavements rituels qui se répandirent lors du premier judaïsme rabbinique et qui, sous une forme atténuée, continuent jusqu'à ce jour à être respectés par les Juifs pratiquants. Par conséquent, ces textes ne permettent pas de déterminer la place du baptême dans la vie du groupe du *Yahad*. On peut simplement dire que les premiers Chrétiens et le groupe du *Yahad* pratiquaient tous deux la lustration rituelle, une similitude peu marquante compte tenu de l'étendue de cette pratique. Dans la *Règle*, les pratiques liées aux « puretés » de la nourriture et de la boisson des *rabbim,* et les restrictions qu'elles comportent, ressemblent de manière frappante aux pratiques adoptées par les groupes de « l'amitié » de la première époque rabbinique. Signalons aussi toutefois que le repas rituel est mentionné dans l'Epître aux Colossiens, et que l'Epître de saint Paul aux Galates (1-2) aborde la question de savoir si les Juifs et les Chrétiens gentils peuvent manger ensemble, c'est-à-dire en respectant la pureté.

D'après les Actes des apôtres, les premiers Chrétiens vivaient ensemble, « et possédaient toutes choses en commun. Ils vendaient leurs terres et leurs biens, et les distribuaient à tous, selon le besoin que chacun en avait » (Ac 2.44-45). De la même manière, la *Règle* prescrivait à ceux qui entraient dans la communauté de placer leurs richesses dans un fonds commun utilisé par tous les membres de la communauté[34]. Une pratique aussi inhabituelle semblera sans doute trop singulière pour se retrouver par hasard dans deux groupes différents du judaïsme ancien. Cependant, en réalité, le partage communautaire des biens non seulement existait au sein de plusieurs groupes juifs différents, mais encore était considéré comme un idéal dans de nombreuses parties du monde hellénistique ancien, comme nous l'apprennent les associations amicales que des chercheurs ont récemment comparées aux pratiques et aux concepts de la *Règle de la communauté*. Ainsi, Philon, s'adressant à des lecteurs non juifs qui devaient apprécier les vertus qu'il évoquait, faisait l'éloge des Thérapeutes juifs d'Egypte parce qu'ils vendaient leurs biens et distribuaient leurs profits à ceux qui en avaient besoin ; en outre, il semble considérer le communalisme des Esséniens comme le plus louable de leurs traits[35].

En somme, nous savons relativement peu de chose sur les pratiques communes au premier christianisme et au groupe du *Yahad*, en dehors de celles que l'on peut attribuer au milieu culturel auquel appartenaient ces deux mouvements, ainsi que plusieurs autres. Ce fait nous empêche d'avancer l'idée d'un lien intrinsèque (c'est-à-dire direct) entre les deux groupes, ce qui ne signifie pas que les rouleaux, dans leur ensemble, ne nous apprennent rien sur le début du christianisme. Plusieurs d'entre eux éclairent des points importants des enseignements attribués à Jésus dans les Evangiles, ou des idées du Nouveau Testament. Un nombre considérable de rouleaux furent écrits seulement quelques décennies avant que le Nouveau Testament ne commence à prendre forme. Ces rouleaux tendent à partager avec les premiers textes chrétiens le même cadre culturel et historique et à exprimer beaucoup de préoccupations similaires. Cependant, le christianisme se distinguait significative-ment par les solutions qu'il proposait aux crises spirituelles de l'époque.

L'usage d'idées théologiques et de termes de même origine dans les rouleaux et le Nouveau Testament illustre le milieu commun. L'épithète « *le* Saint-Esprit » (quelque insaisissable que soit son sens précis) n'est utilisée comme désignation nominale que dans les rouleaux et le Nouveau Testament[36]. De même, l'expression « Fils de Lumière », désignant le peuple vertueux de Dieu, se retrouve à la fois dans certains rouleaux et dans l'un des Evangiles (Luc 16.8) ; en revanche, le terme correspondant des rouleaux, « Fils des Ténèbres », n'apparaît nulle part dans le Nouveau Testament. Outre l'appellation spécifique de « Fils de Lumière », le dualisme général de « la lumière et les ténèbres » apparaît dans plusieurs rouleaux et dans certains livres du Nouveau Testament, en particulier dans l'Evangile et les Epîtres de Jean[37]. (Cette imagerie est également très développée dans le Livre d'Isaïe de la Bible et elle était fort utilisée dans l'Antiquité.) Le terme « mystère » qui, dans certains rouleaux, désigne la vérité eschatologique cachée ou les déviations inexplicables de la bonté divine parfaite est utilisé par Paul pour décrire la manifestation du salut de Dieu par la personne de Jésus, une croyance qui ne pouvait être comprise que par certains fidèles[38]. Toutefois, le même terme était employé partout dans le monde hellénistique pour faire référence aux cultes religieux qui comportaient des rites secrets de passage.

Par ailleurs des traits communs aux rouleaux et au Nouveau Testament ont souvent éclairé ce dernier sur des points importants, notamment dans le domaine de l'interprétation biblique[39]. Si le Nouveau Testament ne présente rien de tel que les commentaires des Ecritures saintes (c'est-à-dire les *pesharim*), on y retrouve, comme dans les rouleaux, la même compréhension générale de la nature des écritures juives et le même recours aux prophéties bibliques. La façon dont les textes du Nouveau Testament (surtout les Evangiles) utilisent ces écritures représente depuis longtemps une énigme pour les chercheurs. Le Nouveau Testament cite fréquemment des passages hors contexte pour les appliquer à Jésus et à d'autres personnages comme s'il s'agissait de prophéties les concernant ; et lorsqu'on vérifie leur contexte biblique, on s'aperçoit qu'à l'origine ces passages n'avaient absolument aucun sens pour l'histoire chrétienne. Un exemple célèbre se trouve dans Matthieu 2.18 où, à propos de la naissance de Jésus et de la fuite en Egypte, il est dit que le « massacre des innocents » par Hérode accomplissait ce qui avait été dit par Jérémie (31.15) : « Une voix se fit entendre dans Rama… Rachel pleurait ses enfants ; elle refusait d'être réconfortée parce qu'ils n'étaient plus. » Or dans le contexte de Jérémie, la prophétie fait uniquement référence à l'exil à Babylone.

Cette pratique a conduit plus d'un lecteur à accuser les évangélistes d'avoir détourné le texte, voire de l'avoir délibérément tronqué. Dans les rouleaux, on s'aperçoit toutefois que les interprètes bibliques qui écrivirent les *pesharim* utilisaient le même procédé. Les auteurs de ces textes prenaient des extraits des prophètes, les sortaient de leur contexte et les appliquaient à des événements du passé ou de l'avenir immédiat qui, d'après eux, avaient une signification eschatologique. Ainsi, les auteurs du Nouveau Testament employaient une méthode d'argumentation et d'interprétation qui devait être bien connue d'au moins une partie de ses lecteurs juifs. Les premiers midrashistes* du judaïsme rabbinique allaient eux-mêmes s'inspirer de cette méthode qui devait être populaire non seulement auprès des membres du mouvement du *Yahad*, mais également chez de nombreux auteurs juifs de l'époque intertestamentaire, à l'exception des Sadducéens[40].

Dans la majorité des rouleaux et dans le Nouveau Testament, on trouve une croyance en un Dieu qui s'implique intimement dans les affaires humaines, punit ou récompense Son peuple, selon Sa volonté. (A l'opposé, les Sadducéens, d'après Josèphe, croyaient que Dieu se tenait à l'écart des événements de ce monde, mais aucun texte retrouvé à Qumran n'exprime cette croyance.) Néanmoins, entre Dieu et l'humanité, une myriade d'anges servaient d'intermédiaires. Les anges apparaissent dans beaucoup de rouleaux ; ils secourent les humains lors d'une bataille (le *Rouleau de la guerre*, colonnes 7, 11), guident leurs actions (seconde partie de la *Règle*) et rendent un culte à Dieu (les *Cantiques du sacrifice du sabbat*). Dans le Nouveau Testament, les anges possèdent également ce genre de fonctions. Dans l'Evangile selon saint Luc (chapitres 1 et 2), des anges annoncent la venue de Jésus et instruisent ses parents et d'autres personnes du déroulement des événements. Dans l'Apocalypse, des anges prient Dieu dans le temple céleste (chapitres 4-5) et transmettent aux impies les punitions que Dieu prononce à leur encontre (chapitres 8-10).

Les rouleaux ont contribué à éclairer certaines questions particulièrement énigmatiques concernant les anges dans le Nouveau Testament. Dans un passage de la Première Epître aux Corinthiens, Paul adjure les femmes qui prient de se couvrir la tête, « à cause des anges » (1 Co 11.10). On ne sait pas très bien ce qu'il entendait par là : par exemple si les anges étaient des parangons de modestie, ou

---

* Les maîtres rabbiniques du IIe au IVe siècles après J.-C. qui expliquaient ce qu'ils considéraient être la signification profonde des Ecritures (voir le Glossaire).

bien s'ils surveillaient d'en haut ; les rouleaux nous suggèrent peut-être une réponse. La *Règle messianique* stipule :

> Aucun homme qui est touché par un quelconque genre d'impureté humaine n'entrera dans l'assemblée de Dieu, ni aucun homme atteint d'impureté ne sera confirmé pour l'office au sein de la congrégation ; aucun homme atteint dans sa chair, ou handicapé de ses pieds ou de ses mains ; aucun boiteux, aveugle, sourd ou muet ; aucun homme atteint d'un défaut visible dans sa chair ; ni aucun homme qui trébuche et ne peut rester immobile au sein de la congrégation. Aucun de ceux-là n'entrera pour assurer l'office au sein de la congrégation des hommes du Nom, car les Anges de Sainteté sont avec leur congrégation. (1QSa 2.4-9.)

Le passage affirme que les anges sont présents toutes les fois que le conseil se réunit pour délibérer, et il sous-entend qu'ils sont offensés par toute manifestation de handicap physique. Si, d'après ce que l'on sait, les Chrétiens n'exclurent jamais de leurs assemblées les estropiés ni les aveugles, en revanche, selon Paul, le fait que les femmes ne se couvrent pas les cheveux avec un voile était inacceptable aux yeux des anges. Cette tenue était peut-être considérée audacieuse ; les humains pouvaient éventuellement la tolérer, mais les anges étaient apparemment jugés plus sensibles[41].

Il existe aussi une certaine similitude entre la doctrine des « Deux Esprits » que l'on trouve dans la *Règle* (colonne 3) et dans certains passages du Nouveau Testament. D'après la *Règle*, les âmes humaines sont guidées par deux êtres spirituels, ou anges : l'Esprit de Lumière tente de conduire l'humanité dans les voies de la vertu et gouverne les justes, tandis que l'Esprit des Ténèbres incite les gens à agir mal, et domine totalement les méchants. Dans le Nouveau Testament, Satan apparaît souvent comme un esprit qui induit les gens à faire le mal et tente d'inciter Jésus lui-même au péché (Mt 4.1-11). La Première Epître de Jean parle de l'Esprit de l'Antéchrist qui s'oppose au peuple de Dieu et cherche à le détourner du droit chemin. Cet Esprit est l'inverse de l'Esprit de Vérité ou Esprit de Dieu (4.1-6)[42].

D'après les premiers Chrétiens, la grande majorité des gens suivaient les voies du mal plutôt que celles de la vérité, une idée exprimée plus tôt par les auteurs de l'*Alliance de Damas*[43]. Il est fort probable que cette conclusion commune ne reflétait pas la moindre interdépendance doctrinale, mais provenait plutôt d'observations analogues sur la corruption de la société. Une telle corruption régnait particulièrement à la tête du sacerdoce et de l'aristocratie. Dans l'*Alliance de Damas* comme dans le Nouveau Testament on retrouve des critiques virulentes des autorités religieuses, notamment de la hiérarchie du Temple[44].

Néanmoins, il est important d'observer que les rouleaux n'indiquent nulle part de condamnation directe du culte sacrificiel en soi ; ils s'élèvent plutôt contre la corruption des prêtres dirigeants. Les prêtres sont des personnages centraux dans l'*Alliance de Damas* et dans la *Règle de la communauté*, quoique ce dernier ouvrage ne mentionne pas qu'ils effectuent des sacrifices. Les auteurs des autres rouleaux, tels que le *Rouleau du Temple* et les *Cantiques du sacrifice du sabbat*, considéraient les sacrifices comme indispensables. Aucun des rouleaux, donc aucun des groupes qu'ils représentent, ne paraît préconiser l'abolition du Temple ou du culte. Pourtant, il semble que ce soit précisément ce que prône le Nouveau Testament dans des passages comme les Actes 7.48-50. En fait, d'après la tradition des Evangiles, c'est parce que Jésus s'était opposé au Temple que les prêtres cherchèrent sa mort[45]. Selon l'Apocalypse 21.22, même dans la Jérusalem eschatologique il n'y a pas de Temple, car « le Seigneur tout-puissant et l'Agneau » (Jésus) en sont le Temple. Le judaïsme rabbinique, à l'inverse, prévoit le rétablissement final ou ultime du Temple dans une Jérusalem restaurée ; à cette fin, les Tannaïm prirent bien soin d'inclure les lois rituelles des sacrifices du Temple dans la législation rabbinique.

Il n'en reste pas moins que les premiers Chrétiens, comme les auteurs de certains rouleaux, cherchaient des solutions de rechange au système sacrificiel, afin de remédier au problème du péché humain. Les souffrances et la mort que Jésus subit pour autrui étaient l'une des réponses des premiers Chrétiens[46]. La Lettre aux Hébreux envisageait la mort de Jésus comme le sacrifice par excellence qui rendait tous les autres inutiles. On ne retrouve une idée de ce genre dans aucun des rouleaux qui ont survécu. En revanche, le concept qu'un homme vertueux puisse laver les péchés d'un autre par ses propres souffrances apparaît dans la *Règle de la communauté* (8.3-4), où il est dit que le Conseil du *Yahad* expie l'iniquité par «la pratique de la justice et en endurant les douleurs de l'affliction». La *Règle* et le Nouveau Testament ont tous deux recours à l'image du «Serviteur de Souffrances» tirée du Livre d'Isaïe (chapitres 52-53). Il subit l'affliction et la peine pour les péchés de son peuple. Tandis que la *Règle* interprète ce passage comme une expiation collective accomplie par quelques-uns pour les péchés des autres, certains des premiers Chrétiens y voyaient une référence au Messie. Le piétisme des premiers maîtres rabbiniques semble s'être développé comme une solution de rechange viable répondant à ce problème fondamental.

On a suggéré que l'un des rouleaux pouvait également faire référence à un Messie mis à mort (voir plus loin, chapitre 10)[47]. Si ce texte mentionne réellement un personnage messianique mis à mort, c'est la première référence de ce genre trouvée dans un écrit pré-chrétien. Dans la littérature pseudépigraphe et rabbinique plus tardive, le concept de la mort d'un messie est déjà bien implanté ; il n'est donc pas impossible de supposer que ses racines sont pré-chrétiennes*.

La figure messianique d'un seigneur de la guerre vengeur qui doit délivrer le peuple de Dieu de l'oppression des impies est incontestablement mieux attestée dans la littérature inter-testamentaire. Dans les rouleaux où l'on trouve un personnage messianique agissant comme sauveur, celui-ci apparaît souvent comme le « Prince de la Congrégation[48] ». Son rôle principal est de mener les soldats d'Israël à la bataille contre les nations et de rétablir sa gloire nationale. Le Nouveau Testament attribue à Jésus un rôle

---

* Voir 4 Esdras 7.28-29. Dans la littérature rabbinique, le Messie, fils de Joseph, se rend à Jérusalem où il est tué lors d'une bataille. Il est suivi par le Messie, fils de David, qui met à mort les rois des nations et rétablit la gloire de Juda. Voir, par exemple, le *Talmud Babylonien*, Sukkah 52a, et le Targum du Pseudo-Jonathan à l'Exode 40.11.

assez similaire, dépourvu toutefois d'implications nationalistes. Lors de son second avènement, Jésus est accompagné par les hôtes des cieux pour exécuter sa vengeance contre les ennemis du peuple de Dieu. L'Evangile selon Matthieu (chapitre 24) donne une idée du rôle de Jésus, lorsqu'il indique comment le « Fils de l'Homme » arrivera au pouvoir et à la gloire suprême à la fin du monde pour juger tous les peuples. De manière plus nette encore, l'Apocalypse (chapitre 19) décrit Jésus qui revient comme un guerrier sur un cheval blanc pour détruire « la grande bête » (Rome) et les rois de la terre. Comme on peut s'y attendre, il n'est pas dit que Jésus incite Israël à développer son hégémonie sur le monde, mais plutôt qu'il établit le règne des saints de Dieu sur les nations.

Le fait que, dans le Nouveau Testament, le peuple de Dieu ne participe nullement à la bataille finale constitue une différence importante entre la perspective chrétienne et celle du *Rouleau de la guerre*, du *Pesher d'Isaïe*, du *Pesher des Psaumes* et d'autres rouleaux. Au contraire, dans les textes chrétiens la vengeance de Dieu est accomplie par Lui et Ses anges[49]. En effet, ceci est sans doute l'une des différences les plus frappantes entre les idées du Nouveau Testament et celles que l'on trouve par intermittence dans les rouleaux. Fidèle à l'esprit du Livre des Proverbes qui disait : « Lorsque votre ennemi tombe, ne vous réjouissez pas » (24.17) et « Si votre ennemi a faim, donnez-lui du pain à manger » (25.22), le Nouveau Testament encourage à maintes reprises ses lecteurs non seulement à s'aimer les uns les autres, mais aussi à aimer et à aider leurs ennemis (voir notamment Mt 5.43-47). La même conception est aussi très souvent évoquée dans la littérature rabbinique*. Mais quand les rouleaux parlent des ennemis du Maître, des nations étrangères et des impies, ils n'ont aucune pitié pour ces derniers. La *Règle de la communauté* ordonne une « haine éternelle [éprouvée] en secret envers les hommes de perversion » (9.21-22) et de « haïr

---

*Cf., par exemple, le *Talmud Babylonien*, Sanhedrin 39b, « Les fruits même de Mes propres mains [i.e. les Egyptiens] se noient dans la mer [Rouge], et vous [Les Israélites], vous [oseriez] chanter des cantiques ? » Voir les nombreux passages cités dans la *Jewish Encyclopaedia* 5 (New York et Londres, 1904) p. 159.

tous les fils des ténèbres, chacun selon sa faute dans la vengeance de Dieu » (1.10-11). Pourtant, le Ben Sira (l'Ecclesiastique) intertestamentaire, dont on a retrouvé des fragments à Massada, recommande : « Pardonnez à votre prochain le mal qu'il vous a fait... » (28.2)[50]. Malgré le conseil donné par les interprètes des proverbes, on ne peut guère douter que les vicissitudes de l'Etat asmonéen finirent par susciter une certaine amertume parmi quelques-uns de ses habitants.

D'autres idées messianiques du Nouveau Testament pourraient également être annoncées dans les rouleaux. Un texte important (4Q246), écrit en araméen, fait apparaître un personnage appelé « le Fils de Dieu, Fils du Très Haut ». Bien que la première colonne de ce texte soit abîmée, ce qui rend l'identification incertaine, on a avancé de manière plausible que ce personnage n'était autre que le Messie[51]. Ce fragment apocalyptique est donc peut-être un précurseur important de la désignation de Jésus dans le Nouveau Testament comme le « Fils de Dieu ». Avant la publication de ce texte, l'idée que le Messie était fils de Dieu n'avait pas été attestée dans les textes juifs pré-chrétiens. On a souvent suggéré que cette idée ne s'inspirait pas du judaïsme, mais de l'idéologie gréco-romaine, selon laquelle les rois avaient été adoptés par les dieux. (On notera aussi l'apparition de termes similaires dans certains textes anciens du Proche-Orient.) Il se peut donc que ce rouleau apporte un antécédent juif à une idée que l'on a longtemps cru être une innovation hellénistico-chrétienne.

En outre, nous possédons à présent un texte (4Q521) qui, dès la première ligne, parle d'un Messie qui commande « le ciel et la terre », une image du Messie bien plus forte que celle habituellement trouvée dans les textes juifs de cette période[52]. Cette image rappelle assez bien un passage du Nouveau Testament dans lequel Jésus ordonne à un orage de s'arrêter. Ses disciples interloqués s'interrogent : « Quel est donc cet homme, à qui même le vent et la mer obéissent ? » (Mc 4.35-41). Le texte de Qumran semble également parler, vers la fin, d'un Messie qui ressuscite les morts au nom de Dieu. Ce passage peut se traduire ainsi :

[Les ci]eux et la terre prêteront l'oreille à Son Messie,

[La mer et tout c]e qui est en eux. Il ne se détournera pas du commandement des Saints.

Puisez du courage, vous tous qui cherchez le Seigneur, dans Son œuvre.

Ne trouverez-vous pas ainsi le Seigneur, vous tous qui portez l'espoir dans vos cœurs ?

Il est certain que le Seigneur s'adressera aux pieux et appellera les justes par leur nom.

Sur les pauvres Son esprit régnera ; les fidèles, il rétablira par Sa force.

Il honorera les pieux sur le trône du royaume éternel,

Il libérera les captifs, fera voir les aveugles, redressera ce[ux qui sont courbés].

Pour toujours je m'attacherai [à lui con]tre les [pu]issants, et croirai en sa charité.

E[t Sa] bon[té (demeurera) pour toujours. Son] saint [Messie] ne tardera pas [à venir].

Quant aux miracles qui n'ont [pas encore] eu lieu, le Seigneur [les] fera, lorsqu'il [c.-à-d. le Messie] [viendr]a ;

Alors il guérira les malades et ressuscitera les morts ; aux opprimés, il annoncera des bonnes nouvelles,

[...] il conduira les [sai]nts, il [le]s escortera [...][53].

Les actions messianiques décrites supposent donc des pouvoirs surnaturels tels ceux exercés par Jésus : d'après l'Evangile de Jean, il ressuscite son ami Lazare en expliquant : « Je suis la résurrection et la vie. Quiconque croit en moi, même s'il peut mourir, vivra à nouveau ; celui qui vit et croit en moi ne mourra jamais » (11.25-26). D'autre part, le thème de la résurrection physique des morts dans un âge messianique à venir, sans sous-entendus apocalyptiques extrémistes tels que l'on en rencontre dans certains autres rouleaux, constituait apparemment une innovation pharisienne chez les Juifs de la période intertestamentaire. Ensuite, ce thème prit une importance croissante également dans le judaïsme rabbinique. C'est l'un des points communs frappants entre le judaïsme rabbinique et le premier christianisme, une idée partagée qui s'est maintenue pendant des siècles, certains diraient même jusqu'à aujourd'hui. Quoi qu'il en soit, on ne peut légitimement pas considérer la conception exprimée dans le fragment de rouleau en question comme une doctrine « sectaire ».

Un autre rouleau intéressant permet sans doute d'éclairer le contexte dans lequel on peut comprendre un passage énigmatique de l'Epître aux Hébreux, du Nouveau Testament. Cette épître (5-7) compare le pontificat de Jésus à celui de Melchisédech, le prêtre-roi de la ville de Salem qui fut honoré par Abraham (Gn 14). L'auteur affirme qu'il a bien des choses à dire de Melchisédech qui sont difficiles à expliquer, car ses lecteurs sont « faibles d'oreille » (He 5.11). Néanmoins, il explique que Melchisédech était un prêtre appartenant à une lignée supérieure à celle des prêtres lévites, puisque même Abraham lui rendit hommage (7.1-6). De plus, Melchisédech demeurera prêtre à jamais, comme s'il était en un sens lui-même le fils de Dieu (7.3). Or une image similaire de ce personnage vénérable apparaît dans un fragment de rouleau de la grotte 11 de Qumran (dénommé le texte sur Melchisédech de la grotte 11)[54], d'après lequel Melchisédech est un esprit céleste chargé de juger les anges et qui, apparemment, joue un rôle semblable à celui de l'archange Michel*. C'est lui qui exige que le peuple de Dieu soit vengé, qui se bat contre Satan et les esprits sur lesquels il règne. Ce tableau de Melchisédech est à plusieurs égards différent de celui du Livre des Hébreux, qui insiste surtout sur sa qualité de prêtre. Toutefois, on retrouve dans les deux textes la même estime pour ce personnage ancien, ainsi qu'une certaine conception de son élévation à une position céleste supérieure. Le rouleau démontre que les conjectures sur Melchisédech n'étaient pas réservées aux cercles des premiers Chrétiens, mais étaient issues d'un environnement juif palestinien plus étendu.

---

* L'archange Michel apparaît abondamment dans Hénoch, la traduction des Septante du Deutéronome, les Testaments des Douze Patriarches, l'Apocalypse et ailleurs. Il occupe les diverses fonctions de patron des anges d'Israël, législateur, médiateur et il fait partie des sept anges qui, au moment du jugement dernier, exécuteront les ordres du Seigneur.

Ces exemples suffisent à suggérer à la fois l'ampleur et les limites de la contribution du judaïsme intertestamentaire à la naissance et au développement du christianisme[55]. Pourtant, on ne peut légitimement pas qualifier les rouleaux, dans leur totalité ou en partie, de documents « chrétiens », ni « judéo-chrétiens ». Cela équivaudrait à christianiser arbitrairement des manuscrits hébreux et araméens qui, selon l'ensemble des preuves réunies, ont été écrits puis cachés par de nombreux groupes juifs. Notons que les manuscrits ne mentionnent pas une seule fois le nom des personnages connus du Nouveau Testament : ni de Jésus, Marie ou Joseph, ni des apôtres, ni de toute autre personnalité liée au christianisme primitif.

Résumant de manière judicieuse les différences et les similitudes entre les rouleaux et les premiers écrits chrétiens, Klaus Berger, de Heidelberg, a souligné plusieurs traits saillants de ces deux littératures. Ce qui, d'après lui, manque dans les textes de Qumran est une « notion du royaume de Dieu… comparable à celle exprimée par Jésus… [Il y a] uniquement un royaume actuel dans le ciel, ou un royaume où ne prennent part que ceux qui offrent des hymnes ou sont Israélites ». Il ne trouve pas, dans l'ensemble des rouleaux, une orientation claire en faveur de personnages charismatiques. Il ne trouve aucun récit concernant des martyrs, et pratiquement aucun nom de personnalités religieuses ni de lieux où celles-ci réalisèrent leurs missions. L'accomplissement de miracles ou d'exorcismes apparaît uniquement dans le cas du patriarche Abraham qui, dans l'*Apocryphe de la Genèse*, pose sa main sur la tête du Pharaon pour le guérir ; et le concept d'une résurrection générale des morts à un certain moment, dans l'avenir, n'est jamais clairement affirmé dans les rouleaux. Ces caractéristiques contrastent, bien entendu, avec leurs contreparties du Nouveau Testament. Par ailleurs, on trouve aussi des similitudes importantes dans la classification des vertus et des vices (*paranesis*), les admonitions, les apocalypses, les descriptions visionnaires et celles d'une Jérusalem céleste, ainsi que dans le genre d'interprétations bibliques hors contexte que nous avons déjà signalé. Berger considère que les efforts visant à un changement spirituel au sein d'Israël, particulièrement caractéristiques de certains mouvements reflétés dans les rouleaux, représentent également un trait important des premiers textes chrétiens[56].

Les lettres de Paul circulaient certainement avant l'an 70 de l'ère chrétienne, mais il se peut qu'elles ne soient arrivées en Palestine que plus tard. D'autres documents chrétiens furent peut-être emportés de Jérusalem par certains croyants, avant le début du siège de 70. Eusèbe (*Histoire de l'Eglise*, III.5.3) nous raconte que des Chrétiens abandonnèrent Jérusalem avant cette date et s'enfuirent dans la ville de Pella. Si son récit est vrai, cela explique peut-être pourquoi on n'a retrouvé parmi les rouleaux aucun écrit clairement attribuable aux Chrétiens, à moins que ce groupe nouvellement formé en Palestine n'ait pas encore possédé sa propre littérature au moment où les rouleaux furent déposés dans les grottes*. Les parallélismes entre les rouleaux et le Nouveau Testament permettent toutefois de faire une remarque importante : ils témoignent sans équivoque possible du fait que diverses traditions chrétiennes attestées dans le Nouveau Testament étaient en harmonie avec le judaïsme ancien. Pourtant, bien avant la fin du Ier siècle après J.-C., cette foi en expansion s'était déplacée au-delà de son berceau palestinien pour pénétrer dans le monde gréco-romain. A la fin du IIe siècle, l'Eglise allait être formée de plus de gentils que de Juifs ; sa théologie comme sa pratique allaient de plus en plus refléter le milieu non juif.

* Plusieurs auteurs ont prétendu qu'un fragment grec de la grotte 7 (7Q5) provenait de l'Evangile de Marc; mais il comporte si peu de mots, et ceux-ci ont une signification si limitée (ex. le mot grec *kai* = « et »), que la plupart des spécialistes du Nouveau Testament sembleraient à présent rejeter fermement cette identification, expliquant qu'il pourrait aussi bien provenir de l'*Iliade* ou d'autres œuvres de la littérature grecque ancienne. Voir, plus récemment, B. Mayer (éd.), *Christen und Christliches in Qumran ?*, Eichstätter Studien, N.F. 32 (Regensburg, 1992) et le compte rendu de L. Stuckenbruck dans *The Qumran Chronicle* 2, n° 3 (juin 1993), pp. 195-197. La thèse de R. Eisenman, selon laquelle les rouleaux représentent un tout premier stade du christianisme juif, mérite aussi d'être mentionnée. (Voir, par exemple, *The Dead Sea Scrolls and the First Christians*, Rockport, Mass., 1996 ; *James, Brother of Jesus*, New York, 1997.) Cette idée souffre de la même faiblesse essentielle que l'ancienne hypothèse qumrano-essénienne en ce qu'elle avance une interprétation radicale de l'origine des rouleaux en extrapolant à partir du matériau trouvé dans relativement peu de textes.

CHAPITRE 9

Le parcours des idées nouvelles

❖

L es idées nouvelles, lorsqu'elles sont fondées, trouvent généralement le moyen de se faire connaître, en dépit de l'effort des partisans adverses pour les supprimer*. L'étude du *Rouleau de cuivre* et le châtiment injuste infligé à John Allegro (voir plus haut, pp. 139 sqq.) illustrent le phénomène courant de répression. Nous aurons encore l'occasion, dans les deux chapitres suivants, d'examiner le rôle qu'a eu ce phénomène dans la politique de Qumran, au travers d'exemples tels que la suppression d'articles et d'exposés contraires aux doctrines traditionnelles, le blocage de l'accès direct aux manuscrits, et même la remise en question des compétences scientifiques de certains savants. Mais, tout compte fait, la répression a des limites et, simultanément, les traditionalistes tentent d'appuyer coûte que coûte la théorie officielle sur une argumentation qui vise, sans succès, à remédier à ses erreurs. Si elle ne coïncide pas avec les faits, une telle argumentation contient de plus en plus de contradictions et, finalement, elle doit être considérée comme un raisonnement non pas scientifique, mais plutôt rhétorique. Nous avons déjà eu l'occasion d'être confrontés à de tels raisonnements confus concernant les rouleaux (voir le chapitre 7) ; nous allons en examiner d'autres. Nous allons également voir un effort grave de conséquences entrepris pour diminuer l'importance des manuscrits de la mer Morte : un effort à mi-chemin entre la répression et le raisonnement pseudo-scientifique. C'est à la lumière

---

*Pour ce qui suit, cf. les remarques de M. Foucault d'après qui la censure prend trois formes : « Affirmer que ça n'est pas permis, empêcher que ça soit dit, nier que ça existe.» *Histoire de la sexualité I : la volonté de savoir*, NRF, 1976, p. 111.

de ces deux tendances étroitement liées que nous aborderons, au chapitre 10, le problème de l'accès direct aux manuscrits.

Dès la fin des années 1980, plusieurs spécialistes remettaient en question les principes fondamentaux de la doctrine traditionnelle, se tournant vers des interprétations plus convaincantes et une identification de Khirbet Qumran en accord avec les preuves archéologiques. Cette évolution ne se produisit pas facilement et ne fut pas le fruit d'un effort commun ; elle commença dans les bureaux de chercheurs isolés qui, en examinant le problème sous tous ses aspects, se sentaient de moins en moins convaincus par les solutions officielles. Or, les doutes sur l'hypothèse officielle n'étaient pas un phénomène nouveau : ils existaient depuis la première décennie après la découverte des rouleaux. Nous avons déjà vu comment, à la fin des années 1950, K. H. Rengstorf, en Allemagne, ainsi que C. Roth et G. R. Driver, en Angleterre, avaient proposé leurs propres solutions, à certains égards meilleures, de l'énigme de Qumran. Certains écrivains prétendirent que les rouleaux étaient d'origine médiévale, une opinion indéfendable. Montrant plus de perspicacité, le Français Henri Del Medico, dans un livre publié en 1957, avait dénoncé avec force quelques-uns des raisonnements fallacieux suivis par l'équipe officielle et ses partisans[1]. Cependant, Del Medico proposait des solutions qui s'avérèrent aussi peu convaincantes que celles de l'équipe officielle. Il suggérait que les découvertes constituaient une *gueniza* de manuscrits usés et abîmés, analogue à celle de la synagogue palestinienne du Vieux Caire et sans rapport avec le site voisin. Il affirmait que l'existence même des Esséniens était une fiction. Il soutenait que Khirbet Qumran avait été un poste militaire sous le règne d'Alexandre Jannée, mais avait été abandonné durant celui d'Hérode et était pratiquement inoccupé pendant la période où la pseudo-secte était supposée y avoir vécu, à l'exception peut-être de quelques insurgés, pendant très peu de temps, au moment de la Première Révolte ; c'était surtout un site de cimetières adjacents, les uns à côté des autres, gardé par deux groupes séparés de Juifs, jusqu'à ce que les Romains s'en emparent.

Del Medico avait perçu avec justesse qu'une communauté ancienne de Juifs pratiquants, en particulier une communauté administrée par des prêtres (comme le décrit la *Règle de la communauté*), n'aurait pas accepté de s'installer si près d'un cimetière ; mais son insistance sur le fait que Khirbet Qumran n'était qu'un cimetière entre l'époque d'Hérode et l'occupation romaine pouvait difficilement retenir l'attention des spécialistes. De même, son opinion du caractère fictif des Esséniens était extrêmement problématique lorsqu'on la comparait aux descriptions anciennes, particulièrement celle de Josèphe, très détaillée. Son idée que les rouleaux cachés étaient une *gueniza* (un point de vue en réalité émis pour la première fois par Eliézer Sukenik, dès 1948) semblait de prime abord confirmée par sa description vivante de la nature des dégâts qu'ils avaient subis : dans certains cas, ils avaient été très endommagés, et avaient peut-être été entreposés parce qu'ils étaient abîmés ou avaient perdu leur utilité : une raison avancée par des sources juives anciennes pour expliquer l'existence des réserves de manuscrits. Néanmoins, d'autres auteurs soutenaient de manière convaincante que les dommages étaient presque entièrement dus aux conditions naturelles qui avaient œuvré pendant deux millénaires. Del Medico, de toute façon, avait proposé sa thèse avant la publication du *Rouleau de cuivre*, qui décrivait comment des rouleaux avaient été dissimulés à côté de trésors, et avant la découverte des manuscrits de Massada.

Cette nouvelle preuve, associée à la description donnée par Timothée des « nombreux livres » trouvés par des Juifs du VIIIe siècle dans une grotte près de Jéricho, fit grand tort à l'argument de Del Medico. Timothée ne précisait pas que les livres étaient déchirés, et l'idée que des manuscrits usés ou abîmés furent sélectionnés pour être enfouis dans des cachettes avec des trésors importants, ou que des réfugiés de Jérusalem emmenèrent de tels écrits avec eux à Massada, était invraisemblable. L'un des rouleaux trouvés au IIIe siècle avait même été utilisé comme base pour la sixième colonne de l'*Hexapla* d'Origène aux Psaumes. La contribution principale de Del Medico à l'étude des origines de Qumran reste sa proposition (extrêmement audacieuse pour la France, au plus fort de l'immense popularité de Dupont-Sommer) selon laquelle il n'y avait pas de lien intrinsèque prouvé entre Khirbet Qumran et les textes découverts dans les grottes. En outre, Del Medico fut le seul chercheur français à suggérer que des membres de la faction zélote avaient peut-être occupé Qumran pendant la guerre contre Rome, une opinion exprimée presque simultanément par Cecil Roth, à Oxford.

Les idées des deux chercheurs eurent sans aucun doute un impact sur Rengstorf, en Allemagne : celles de Del Medico parce qu'elles provoquèrent une tempête passagère, en particulier en France, mais aussi dans le reste de l'Europe, avant de faire l'objet des railleries de Dupont-Sommer et de l'équipe de Jérusalem, et celles de Roth en vertu de son renom d'historien des Juifs. Rengstorf fut apparemment satisfait de cette rupture temporaire du consensus entre les qumranologues, mais il comprit que la grande quantité de rouleaux découverts évoquait beaucoup plus une bibliothèque qu'une *gueniza* de textes mis au rebut. Le concept de Del Medico sur la séparation complète entre Khirbet Qumran et les manuscrits des grottes ne séduisait pas Rengstorf : on pouvait envisager un rapport si l'on supposait que les possesseurs de la bibliothèque auxquels il pensait (les prêtres du Temple) non seulement avaient apporté les rouleaux dans le désert, mais encore s'étaient en quelque sorte installés à Qumran. Roth avait souligné que le *Rouleau de la guerre* et quelques autres textes trahissaient un militantisme apocalyptique qui ne correspondait pas aux descriptions contemporaines des Esséniens, et il avait fait le lien entre ces textes et les activités militaires des Zélotes. Il en conclut que c'était ces derniers qui, au moins pendant la révolte, avaient occupé Khirbet Qumran et qu'ils y avaient été vaincus par les Romains.

Rengstorf ignorait complètement la nature militaire du site, mais les arguments de Roth ont très bien pu attirer son attention sur le fait que certains textes reflétaient un certain militantisme et d'autres non. Bref, les textes ne pouvaient pas former une collection homogène appartenant à une seule secte mais, selon l'opinion de Rengstorf, ils constituaient une bibliothèque hétérogène. La théorie qu'il développa était donc remarquablement indépendante de l'idée reçue et reposait essentiellement, comme je l'ai indiqué, sur son extraordinaire érudition dans le domaine du judaïsme hellénistique et des premières sources rabbiniques. Cependant, dans les polémiques qui suivirent, ses adversaires la mirent dans le même sac que les arguments de Del Medico, Roth et Driver, pour ensuite les rejeter en bloc comme des manigances invraisemblables de parvenus, sans tenir compte de la part de vérité que pouvaient contenir ces idées nouvelles.

Ce traitement découragea les quatre auteurs qui, au début des années 1960, cessèrent de défendre leurs raisonnements séparés. Lors des décennies suivantes, en raison de leur silence et de l'effort déployé par ceux qui contrôlaient officiellement les découvertes pour protéger les hypothèses traditionnelles, les éléments pertinents essentiels que l'on pouvait retenir de leurs théories furent en grande partie oubliés. La rupture du consensus s'avéra éphémère pour deux raisons. D'une part, les idées nouvelles proposées présentaient des faiblesses et des incohérences, et leurs adeptes n'étaient pas prêts à s'engager dans une interminable guerre de savants ; d'autre part, bon nombre des preuves n'étaient apparues que récemment ou n'avaient pas encore été dévoilées.

Ce dernier facteur affecta le développement de ma propre thèse sur l'origine des rouleaux à Jérusalem. Je n'ai commencé à pressentir l'importance des découvertes des manuscrits de Massada qu'après avoir lu et relu, pendant plusieurs mois, les explications de Yigael Yadin sur la présence à Massada d'une œuvre, les *Cantiques du sacrifice du sabbat*, que l'on connaissait déjà grâce à des copies trouvées dans les grottes de Qumran. De même, je n'ai commencé à trouver suspects les efforts du père de Vaux et de ses collègues pour nier l'authenticité du *Rouleau de cuivre* qu'après m'être aperçu de l'étrangeté de beaucoup de panneaux indicateurs placés sur le site de Khirbet Qumran. Autrement dit, ma théorie n'émergea pas de la fusion progressive de concepts individuels, mais se développa sporadiquement, à mesure que je comparais les affirmations de la thèse traditionnelle aux preuves qui s'amoncelaient. En 1970, je proposai une explication provisoire de ces preuves ; une décennie plus tard j'avais à la fois convenablement évalué les facteurs principaux et, tout aussi important, je m'étais armé de la volonté nécessaire pour surmonter les attaques qui, je le pressentais, suivraient la publication des résultats de mes recherches.

En dépit de l'attention que la presse[2] accorda à mon article sur les rouleaux paru en 1980*, la plupart des qumranologues accueillirent sa publication avec un silence mesuré. Personne ne s'aventura à soutenir publiquement ma thèse, et personne ne l'attaqua ouvertement. J'en conclus que l'on espérait que, si ce silence se prolongeait, cette nouvelle thèse disparaîtrait peut-être d'elle-même : une tactique en quelque sorte préférable à la riposte directe et que des qumranologues de la vieille garde avaient jadis appliquée avec succès. Toutefois, un certain nombre de spécialistes, historiens et philologues de par le monde m'envoyèrent des lettres d'encouragement qui me permirent, pendant quelques années, de nourrir l'espoir d'arriver à engager un débat sur le sujet.

L'année suivante, les événements prirent une tournure plus grave. Une version illustrée de mon article que j'avais envoyée à la revue française *Archéologia*, à sa demande, fut interdite par un ou plusieurs conseillers du magazine, certains d'eux proches de l'Académie des Inscriptions et Belles Lettres où le professeur Dupont-Sommer poursuivait ses activités. Le texte de l'article et les nombreuses illustrations qui l'accompagnaient « se perdirent » à Paris, disparition singulière sur laquelle l'éditeur de la revue n'allait jamais me fournir d'explication.

En réponse à de telles manœuvres, ma stratégie fut de laisser de côté mon travail sur les rouleaux pendant que j'achevais une version française détaillée de mon étude sur les Juifs de Rouen. Celle-ci parut au début de l'été 1985. Peu après, le mensuel *L'Histoire* publia un résumé de mon article de 1980 sur les rouleaux, n'hésitant pas à aborder le problème de ce que l'auteur du compte rendu qualifiait de « pan-essénisme » et révélant pour la première fois à un lectorat français averti les éléments fondamentaux de mon raisonnement sur l'origine des rouleaux à Jérusalem[3]. C'est alors

*Voir *Proceedings of the American Philosophical Society*, vol. 124 (1980), pp. 1-24. (Fondée au XVIIIe siècle par Benjamin Franklin, cette société traite dans ses publications de tous les domaines de la connaissance).

que les éditeurs des *Annales* s'intéressèrent à mes idées sur le sujet et m'invitèrent à publier un article spécifiquement destiné à la communauté internationale des chercheurs historiens[4]. Ceci permit enfin de rompre le long silence des qumranologues.

Dans les semaines qui suivirent la publication de l'article des *Annales*, j'appris qu'il suscitait un certain remous à la Sorbonne et dans d'autres cercles universitaires de Paris. Les étudiants, me dit-on, commençaient à interroger leurs professeurs, mais bien sûr les disciples de De Vaux et de Dupont-Sommer campaient sur leurs positions et ne voulaient pas en entendre parler. Début 1987, ils publièrent une très belle édition des écrits intertestamentaires dans la bibliothèque de La Pléiade*, en divisant tous les textes dont ils disposaient en deux catégories : d'une part les écrits apocryphes et pseudépigraphes tels qu'ils apparaissent dans des éditions antérieures de la Bible chrétienne, et d'autre part les écrits de la « secte de Qumran »[5]. Cependant, comme on avait retrouvé certains fragments des écrits apocryphes et pseudépigraphes parmi les rouleaux, ceux-ci, dans l'esprit des éditeurs, devinrent des écrits *esséniens*, même s'ils ne présentaient aucune affinité avec les doctrines esséniennes décrites dans les sources classiques. Les auteurs se gardèrent bien d'attirer l'attention de leurs lecteurs sur la thèse des origines des rouleaux à Jérusalem, pas plus qu'ils n'envisagèrent la possibilité que les membres de ladite secte aient possédé des livres autres que leurs propres écrits hétérodoxes. Les lecteurs français étaient donc involontairement amenés à assimiler la thèse essénienne, présentée sous la forme d'une traduction élégante qui gagna en autorité avec l'utilisation du terme « La Bible » en tête du titre. En même temps, le prestigieux Collège de France continuait de présenter sa série de conférences publiques sur l'histoire de la « secte de Qumran ».

La même année, dans une nouvelle édition de sa traduction des écrits de Qumran[6], le professeur Geza Vermes (autrefois traducteur en anglais des ouvrages de Dupont-Sommer sur les rouleaux) traita le problème de Qumran d'une façon similaire. L'introduction de

---

*Eds. A. Dupont-Sommer, M. Philonenko et autres, *La Bible. Ecrits intertestamentaires*, Paris, 1987.

cette œuvre continuait de présenter comme un fait établi l'existence d'une secte vivant en communauté à Qumran, tout en évitant de mentionner la plupart des problèmes importants et connus depuis longtemps que soulevait cette notion. Vermes s'abstint d'inclure dans ce livre une traduction du *Rouleau de cuivre*. Il en parlait tout de même dans un court appendice, en expliquant : « Il n'entre pas dans le cadre de ce livre, puisqu'il s'agit d'un document non religieux[7] » ; curieuse explication, dans la mesure où son introduction n'indiquait nulle intention de ne publier que les écrits religieux trouvés à Qumran, et que celle-ci était en grande partie consacrée à des questions historiques plutôt que strictement religieuses. En proposant une traduction de ce texte, il aurait permis aux lecteurs de juger par eux-mêmes de son importance, mais apparemment un tel projet ne l'enthousiasmait pas*.

Il est vrai qu'à ce moment-là quelques voix dissidentes commençaient à se faire entendre à Paris. En été 1987, dans *Etudes* (une revue catholique intellectuelle), Pierre Gibert, jésuite à l'esprit indépendant, attira l'attention sur mon approche des rouleaux. Comme M. C. Aziza dans *L'Histoire*, Gibert décrivait la thèse de Dupont-Sommer en termes de « pan-essénisme » et remettait en question les catégories de l'édition de La Pléiade[8]. En décembre, une critique de cet ouvrage dans *Le Monde* souleva à nouveau, quoique prudemment, la question de la conception de Dupont-Sommer sur les rouleaux, ancrant fermement l'expression « pan-essénisme » dans le vocabulaire français et faisant référence à l'approche diamétralement opposée des origines des rouleaux, présentée dans les *Annales*[9].

A l'époque, l'un des disciples de Dupont-Sommer à Paris était le professeur Ernest-Marie Laperrousaz, de la Sorbonne, rare survivant de l'équipe archéologique originelle de De Vaux, encore actif dans la recherche et auteur, entre autres, d'un ouvrage sérieux sur Khirbet Qumran. C'est lui qui rompit enfin la loi du silence et publia

---

* Dans les deux éditions les plus récentes de sa traduction des rouleaux (1995 et 1997), Vermes inclut finalement une traduction du *Rouleau de cuivre*, la plaçant à la fin de chaque édition sous le titre *Miscellanea* (Divers).

une réponse à mon article, pour défendre quasiment toutes les principales affirmations de ses prédécesseurs[10] : Khirbet Qumran était le meilleur site pour les Esséniens de Pline ; le *Rouleau de cuivre* n'avait aucun rapport avec la question de l'origine des autres textes ; les contradictions entre les doctrines des différents textes étaient dues au développement progressif de l'essénisme ; Josèphe parlait d'un second groupe d'Esséniens qui se mariaient ; la conquête romaine de Khirbet Qumran n'avait pu avoir lieu qu'en 68 avant l'ère chrétienne, pas plus tard ; les découvertes des manuscrits de Massada n'avaient aucune incidence directe sur l'étude des origines des rouleaux. A de telles affirmations, toutes destinées à défendre l'ancienne théorie, Laperrousaz ajoutait cependant deux arguments étroitement liés, visant directement à réfuter la thèse sur les origines à Jérusalem. D'abord, puisque Josèphe avait rapporté la découverte par les Romains d'importants trésors *à* Jérusalem après sa chute, il était peu probable que les Juifs aient caché des trésors ou des livres dans des lieux déserts. La description de Josèphe laissait entendre que les Juifs se sentaient plus à l'abri entre les murs de la capitale que nulle part ailleurs. Laperrousaz exprimait son autre argument comme suit :

> Nombreux sont, parmi les manuscrits de la mer Morte, ceux qui s'en prennent avec vigueur aux catégories en place à Jérusalem, aux prêtres et aux docteurs. Pour quelles raisons, pour quel masochisme, les gens de Jérusalem auraient-ils pris un tel soin de préserver de semblables textes qu'ils auraient eus en leur possession[11] ?

Après réflexion, aucun de ces arguments ne pouvait être convaincant. D'un côté Josèphe affirme expressément qu'au moment de l'arrivée de Jean de Gischala et des réfugiés galiléens aux portes de Jérusalem (c'est-à-dire plus d'un an et demi avant le siège), les anciens de la ville étaient pleinement conscients du sort qui les attendait. Il était clair qu'ils devaient se préparer au siège et pour cela prendre les mesures décrites dans le *Rouleau de cuivre*, même s'ils ne pouvaient pas cacher ainsi toutes les richesses de Jérusalem.

D'un autre côté, l'insistance de Laperrousaz sur le fait que les rouleaux ne méritaient pas qu'on les dissimule, car beaucoup d'entre eux exprimaient leur opposition aux détenteurs du pouvoir à Jérusalem, révélait un manque de compréhension assez troublant envers les groupes religieux et sociaux qui vivaient dans la capitale avant et pendant la Première Révolte. Les prêtres décidèrent peut-être de ne pas cacher d'écrits s'opposant à leur pouvoir, mais apparemment plusieurs *autres* groupes (surtout ceux qui s'opposaient aux prêtres) décidèrent de dissimuler ce type d'ouvrages. Nous ne devons pas non plus oublier que c'était les Zélotes qui contrôlaient le mont et les alentours du Temple lors de la révolte, et nous devons nous demander quelle sorte de livres ils auraient choisis de mettre hors de portée des Romains. De toute façon, un certain nombre de rouleaux trouvés dans les grottes témoignaient d'une opposition non pas aux prêtres *eux-mêmes*, mais à leur abus des privilèges ; tandis que d'autres textes ne manifestaient que de l'admiration pour les autorités sacerdotales. Je répondis au professeur Laperrousaz en suggérant que ses arguments ressemblaient à plusieurs tentatives antérieures menées dans différents domaines de la recherche pour sauvegarder des idées défaillantes auxquelles on est attaché[12]. (L'obsession d'un orphisme omniprésent et théorisé qui, dans la religion grecque, est une forme du culte de Bacchus ou de Dionysos ayant Orphée pour fondateur légendaire, est un autre exemple de ce phénomène[13].) J'exprimai aussi l'espoir que, « à la lumière de cette discussion et de ses antécédents, les continuateurs de l'œuvre de Dupont-Sommer et du père de Vaux seront favorables à la diffusion d'idées nouvelles sur les rouleaux, même si celles-ci s'opposent à leurs hypothèses communes de manière fondamentale[14] ».

Dans sa riposte à l'article des *Annales*, Laperrousaz ne traita pas du problème de la nature de Khirbet Qumran qui, depuis 1987, soulevait un intérêt considérable. Il aborda ce problème deux ans plus tard, dans un article intitulé « L'établissement de Qumran près de la mer Morte : forteresse ou couvent[15] ? » , dans lequel il affirmait que « depuis un certain temps une hypothèse, elle-même déjà ancienne, a été reprise et propagée avec un nouveau dynamisme, selon laquelle... Qumran... n'était pas un établissement religieux, mais un simple fort ». Se réfugiant à présent dans la tactique du silence sélectif, Laperrousaz n'indiquait pas, par une note en bas de page ni autrement, qui était responsable de cette reprise, privant ainsi les lecteurs de la possibilité de comparer ses déclarations à celles que j'avais faites dans l'article des *Annales* et ailleurs, sur l'identification de Khirbet Qumran. La même regrettable sélectivité envahissait la trame de l'article, dans lequel il ne mentionnait ni les diverses descriptions déjà publiées des preuves attestant de la violente bataille qui avait eu lieu sur ce site lors de sa prétendue occupation par les Esséniens, ni de la nature militaire de la tour (cf. chapitre 1).

En revanche, Laperrousaz répétait la thèse du père de Vaux selon laquelle l'installation d'un groupe d'Esséniens à Qumran *interrompit* l'utilisation du site en tant que forteresse avant et après leur occupation du lieu et, pour tenter de démontrer que cette thèse était plausible, il avait recours au fait bien connu que non seulement les forteresses, mais aussi les monastères de l'époque byzantine (à partir du IVe siècle après J.-C.) avaient des tours de garde. Cependant, Laperrousaz ne montrait pas de plans de ces structures dont les dimensions n'atteignaient jamais celles de la massive tour fortifiée de Qumran. La « fortification des monastères et même des églises »[16] que Laperrousaz évoquait est une caractéristique connue de cette sorte de bâtisses, souvent rendue nécessaire par la peur des maraudeurs, mais ce genre de « défense/fortification » était beaucoup plus modeste que celle de Khirbet Qumran. Pas un seul monastère du désert de Palestine et de la région environnante n'avait de réservoirs à eau aussi bien conçus et aussi complexes que ceux de Qumran (une réalité que n'abordait pas l'auteur) ; pas un seul ne témoignait d'une intense activité militaire dans le passé, et aucun n'avait été construit à un endroit si stratégique. Qui plus est, en dehors du fait qu'aucune preuve valable ne démontrait que des moines aient jamais vécu à Khirbet Qumran, rien dans les sources classiques pré-byzantines n'attestait que des ordres religieux organisés en groupes ou en communautés séparées (c'est-à-dire des cénobites), s'ils existaient déjà à cette époque, aient jamais vécu dans des forteresses. Par ailleurs, aucun visiteur sensé n'aurait pu raisonnablement affirmer que les habitants de Khirbet Qumran, au temps où le site était intact, « n'avaient que les palmiers pour seule compagnie », pour reprendre l'expression de Pline. Hélas, le caractère artificiel de l'explication de Laperrousaz, prétendant que Qumran avait d'abord été habité par des guerriers, ensuite par des Esséniens, puis à nouveau (après 68 de l'ère chrétienne) par des guerriers, ne dissuada pas d'autres qumranologues d'opter pour des explications du même acabit[17].

D ans ses commentaires sur Qumran, Laperrousaz évita de s'étendre sur la question délicate des textes de Massada. En revanche, le professeur Shemaryahu Talmon, de l'Université Hébraïque de Jérusalem, ne put l'éviter, car il était précisément chargé d'éditer les fragments de Massada qui n'avaient pas encore été publiés par Yigael Yadin. Il décida d'examiner d'abord un fragment d'environ huit lignes incomplètes, décrit comme provenant d'un « rouleau pseudépigraphe [en rapport] avec le Livre de Josué[18] ». En remerciant le Fonds pour la pérennité de la mémoire de Yigael Yadin de l'avoir autorisé à publier ce fragment, Talmon expliqua que celui-ci avait été découvert « dans une pièce proche de la "synagogue" où l'on avait trouvé une concentration de restes d'écrits, parmi lesquels un fragment que l'on pouvait certainement associer à la composition des *Cantiques du sacrifice du sabbat*, l'une des découvertes de Qumran, indiscutablement une création remarquable d'un auteur qui était l'un des membres de la communauté du *Yahad*[19] ».

Le professeur Talmon est l'un des nombreux qumranologues qui, aujourd'hui, évitent d'appeler « essénienne » la prétendue « secte de Qumran », préférant le terme *Yahad*, selon la désignation qui apparaît dans la *Règle de la communauté* et ailleurs dans les rouleaux. Il n'y a guère de doute que de tels textes furent composés par des individus appartenant à un ou plusieurs groupes de l'Unité, mais pour affirmer de façon convaincante que le terme est approprié et n'était utilisé que par une seule secte, il faudrait davantage de preuves. Il est très possible que, au sein de la société juive palestinienne du Ier siècle avant J.-C., avec ses nombreux partis, sectes, et courants politiques, l'appel à « l'unité avec le Seigneur » fut repris par plus d'une secte. Cependant, même si l'on suppose que tous les textes de Qumran utilisant le mot *yahad* proviennent d'une seule d'entre elles, ceux-ci ne forment qu'une petite fraction des nombreux écrits trouvés dans les grottes : une vingtaine de manuscrits parmi plus de six cents rouleaux non bibliques, plus quelques duplicatas (et, bien entendu, environ deux cent vingt textes bibliques). Sans arguments fondés sur de bonnes preuves, on ne peut pas attribuer les centaines de textes ne contenant pas le terme *yahad* à ce prétendu groupe unique, simplement parce qu'ils furent tous trouvés au même endroit. Or les *Cantiques du sacrifice du sabbat* ne mentionnent ni le *Yahad* ni d'autres termes pouvant mener logiquement à la conclusion que l'œuvre fut écrite par un Essénien ou par un membre d'un groupe du *Yahad*.

En partant du fait que l'on avait retrouvé le pseudépigraphe de Josué dans une pièce de Massada proche de l'endroit où se trouvait le *Sacrifice du sabbat*, Talmon s'engagea dans une description des particularités linguistiques du texte de Josué. Il trouvait que l'orthographe de deux mots courants dans le texte de Massada « rappelle une habitude particulière aux scribes de la communauté de Qumran[20] ». Il en concluait que « tout comme d'autres éléments découverts à Massada, notamment le fragment des *Cantiques du sacrifice du sabbat* et un fragment supposé provenir d'un rouleau du Livre des Jubilés, il est possible que le texte en question témoigne lui aussi de la présence de membres du *Yahad* de Qumran dans la forteresse de Massada à la veille de sa chute ». Ensuite, l'article répétait plusieurs fois cette conclusion, en soulignant qu'il s'agissait en l'occurrence d'une « possibilité », d'une « hypothèse », ou d'une « conjecture ».

Cependant, rien ne justifiait cette conjecture. Le pseudépigraphe de Josué ne contient aucune idée caractéristique de celles trouvées dans les textes qui, selon le professeur Talmon et d'autres, expriment les idées du *Yahad*. Ses quelques lignes lisibles décrivent simplement, dans le style du Livre de Josué, la fidélité du Seigneur qui se battit pour les Israélites jusqu'au moment de leur arrivée en

Terre promise et qui multiplia leur nombre*. En outre, les deux variantes orthographiques de ce petit fragment n'ont rien d'exceptionnel car on en rencontre beaucoup dans les rouleaux ; elles ne nous apprennent rien sur les idées ni sur les affiliations sectaires. Il est vrai qu'Emmanuel Tov avait déjà tenté d'avoir recours à l'orthographe pour défendre le fond de l'ancienne théorie de la secte de Qumran, mais, comme nous l'avons vu (voir plus haut, pp. 249-250), ses arguments restent faibles.

Toutefois, une autre qumranologue commençait, à l'époque, à appuyer la nouvelle distinction entre les textes « de Qumran » et ceux « qui venaient d'ailleurs ». En 1988, le professeur Carol Newsom publia plusieurs fragments de la grotte 4, provenant d'une œuvre conventionnellement (peut-être à tort) appelée *Les Psaumes de Josué*[21]. Elle proposait « plusieurs raisons de croire que l'œuvre n'avait pas été composée par la communauté de Qumran »[22], suggérant que c'était probablement « un texte de composition un peu plus ancienne, connu et utilisé au sein d'un courant plus large du judaïsme du Second Temple ». Au fur et à mesure que l'on prenait connaissance des textes de la grotte 4, le problème persistant qui défiait l'hypothèse traditionnelle grandissait ; deux ans plus tard, Newsom développa son idée première. « Une évaluation de la diversité des textes », affirmait-elle, avait « amené [les spécialistes de Qumran] à se rendre compte de l'importance de la différence entre les textes sectaires et non sectaires[23] ». C'est ici qu'elle admettait avoir auparavant affirmé sans preuve que les *Cantiques du sacrifice du sabbat* était un texte sectaire. Notons qu'elle continuait néanmoins à insister sur le fait que l'on avait encore de bonnes raisons « de supposer que les documents... des grottes... sont bien les restes de la bibliothèque de la secte décrite dans la *Serekh hayahad* (la *Règle de la communauté*)[24] ». C'était évidemment une autre

---

*On peut traduire approximativement comme suit les mots qui ont subsisté : [... qu]i est au-delà du Jour[dain]... les [firent] tomber av[ant...] jour... et ils étaient effrayés... vers le Nom du Plus Haut car ils voyaient... se battait pour son peuple contre leurs ennemis... ils ne... devant eux, car le Seigneur était avec eux; Il les bénissait et... ils finirent par réaliser qu'Il leur avait parlé; rien... au sol... Il les multipliait beaucoup. Le Seigneur...

façon de suggérer que la formulation qumrano-essénienne d'origine avait besoin d'être profondément modifiée, c'est-à-dire que de nombreux rouleaux n'avaient peut-être pas, au départ, été écrits par les membres d'une seule secte, mais qu'ils avaient fini par tous appartenir à une secte, et que l'on pouvait encore « supposer » que la secte qui les possédait était celle dont les idées étaient décrites dans la *Règle de la communauté*.

La petite faiblesse de la série d'affirmations de Newsom est qu'elle ne reposait sur aucune preuve externe ni interne. La *Règle de la communauté* n'indique nulle part qu'il est important pour la vie spirituelle de posséder de grandes bibliothèques. La caractéristique essentielle des parties non apocalyptiques de cette œuvre est qu'ils soulignent l'importance de la *midrash*, ou l'étude du sens profond de la Torah, en réunions de groupes présidées par des commentateurs de la Torah, toutes les trois nuits, tout au long de l'année (*Règle de la communauté*, colonne 6). Parmi les Juifs, n'importe quel groupe ancien organisé, et même n'importe quel individu très riche ou avide de connaissance, aurait pu posséder des bibliothèques contenant une partie, voire la plupart des œuvres trouvées à Qumran.

Newsom affirmait que le fait d'avoir retrouvé dans les grottes plusieurs copies de certains rouleaux était un signe probant qu'ils appartenaient au « *Yahad* de Qumran ». Pourtant, seules *quelques-unes* des œuvres trouvées en plusieurs exemplaires présentent certains aspects hétérodoxes, et seulement une *partie* de ces textes peuvent être associés, de par leur formulation, au groupe du *Yahad*. D'autres textes trouvés en plusieurs exemplaires ne témoignent d'aucun sectarisme, et Newsom n'a pu l'ignorer puisqu'elle les a inclus dans sa liste publiée des rouleaux trouvés en plusieurs exemplaires[25]. La découverte dans les grottes de plusieurs copies fragmentaires d'œuvres différentes ne signifie évidemment pas que celles-ci étaient d'inspiration sectaire, pas plus que les autres œuvres trouvées au même endroit (ce que prétendait Newsom dans son article). Cela renvoie plutôt à la relative popularité de certaines œuvres dans certaines fractions de la société palestinienne du début du Ier siècle après J.-C. D'ailleurs, quelques œuvres conservées en plusieurs exemplaires, telles que les calendriers, des commentaires bibliques, la *Règle de la communauté*, les *Cantiques du sacrifice du sabbat*, les *Actes de la Torah* et d'autres encore, pouvaient aussi provenir d'ateliers de scribes (dépendants ou non de bibliothèques), dont le contenu a pu être transporté dans les grottes en même temps que les rouleaux des bibliothèques.

Quoi qu'il en soit, le fait qu'il existe plusieurs copies de certaines œuvres ne confirme pas la thèse affirmant que les différents rouleaux entreposés appartenaient tous à une seule bibliothèque détenue par les adeptes des doctrines de la *Règle de la communauté* : nous avons vu, par exemple, que les *Actes de la Torah* (trouvés en six exemplaires) reflètent une mentalité sectaire entièrement différente de celle qui apparaît dans la *Règle*. La méthode de Newsom n'était qu'une nouvelle façon de défendre l'élément majeur de l'hypothèse originelle, cette fois-ci en essayant de démontrer, en substance, que sa construction particulière des preuves n'était pas complètement incroyable. Comme celle de Tov, sa proposition de distinguer deux catégories de rouleaux ne pouvait mener qu'à une nouvelle remise en question de l'ancienne thèse, bien que ces deux disciples des qumranologues de Harvard aient pris soin d'émailler leurs discussions d'innombrables références gratuites aux rouleaux soi-disant produits « à Qumran » et au style de vie particulier censé avoir été mené par ses occupants.

Or Talmon avait apparemment deviné tout cela et tenta d'en combattre les conséquences, très étrangement, en suggérant que même un fragment aussi anodin que le pseudépigraphe de Josué avait été apporté de Qumran à Massada par des membres du soi-disant groupe du *Yahad*. C'était, bien sûr, une façon de défendre l'explication, précédemment fournie par Yigael Yadin, de la présence à Massada des fragments de rouleaux « d'inspiration qumranienne » : des Esséniens les avaient apportés, après avoir échappé à l'assaut de Qumran par les Romains. Bien entendu, Talmon ne mentionna pas ma critique de l'explication de Yadin, ni mon opinion que les textes de Massada devaient provenir de Jérusalem. Il ne mentionna pas non plus ma critique de l'adhésion initiale de Newsom à l'explication de Yadin, ni qu'elle avait changé d'avis

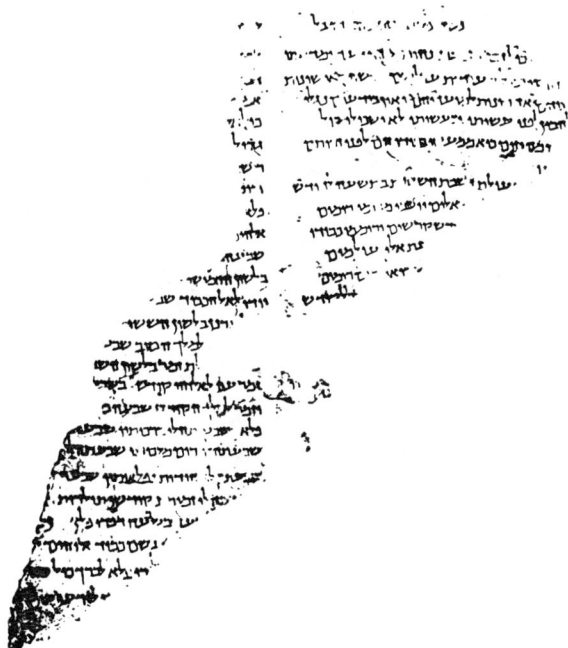

Planche 13
Fragment des *Cantiques du sacrifice du sabbat* découvert à Massada.
(Original de l'AAI.)

depuis cette critique : elle avait admis, souvenons-nous-en, que l'idée de Yadin évoquait « d'une certaine façon la théorie des épicycles introduite pour sauver la cosmologie ptoléméenne qui menaçait de s'effondrer face à des observations empiriques apparemment contradictoires... », affirmant au lieu de cela que « la présence des *Cantiques du sabbat* à Massada demande que l'on envisage la possibilité que le texte ait été connu et utilisé dans des cercles très distincts de la communauté de Qumran* ».

* « Sectually Explicit Literature », p. 182. Il est surprenant que Newsom ait admis cela sans faire référence à ma critique sur le sujet parue dans l'*American*

La nouvelle suggestion de Newsom, compte tenu du fait qu'elle avait étudié sous la direction de Cross et de Strugnell, n'était pas dépourvue d'intérêt, surtout après la suggestion de Tov, en 1986, que de nombreux rouleaux avaient été apportés à Qumran « de l'extérieur ». Une nouvelle façon de penser, dont d'autres qumra-nologues se faisaient l'écho, s'était imposée, et le professeur Talmon, toujours attaché à une méthode plus ancienne, s'était apparemment cru obligé de la combattre à tout prix. Il avait donc développé des explications en accord avec la position de Yadin sur l'origine des fragments de Massada, mais qui ne contenaient pas l'ombre d'une preuve convaincante.

Enfin, pour soutenir son idée que le pseudépigraphe de Josué trouvé à Massada y avait été apporté de Qumran, Talmon se tourna vers les soi-disant *Psaumes de Josué* de la grotte 4 qui, nous venons de le voir, avaient été confiés par Strugnell à Newsom. Cette dernière était maintenant convaincue qu'il y avait plusieurs raisons de penser que les *Psaumes de Josué* n'avaient pas été composés par la « communauté de Qumran » ; d'abord parce que les désigna-tions hébraïques du Seigneur apparaissant dans les fragments différaient de celles adoptées par les auteurs de certains autres rouleaux qui, d'après Newsom, étaient bien des membres de la prétendue secte de Qumran. Ensuite parce que le langage des fragments de Josué était, dans l'ensemble, très différent de celui adopté par le même groupe imaginaire. Négligeant les arguments de Newsom, Talmon imposait à ses lecteurs l'hypothèse suivante : comme le pseudépigraphe de Massada et le texte de Qumran étaient tous deux des développements littéraires du Livre de Josué, et comme l'un d'eux avait été trouvé à Qumran, on pouvait raisonna-blement supposer que l'autre *provenait du même endroit*. Puis il justifiait cette supposition en affirmant : « [La communauté du *Yahad*] considérait qu'elle se trouvait dans une situation analogue à celle des Israélites au temps de Josué. Mais, tandis que ces généra-

---

Scholar. Contrairement à sa réticence envers la thèse des origines des rouleaux à Jérusalem, lors de son adhésion originelle à l'identification sectaire des *Canti-ques*, dans le cas présent elle cherchait à réfuter cette thèse avant de reconnaître la difficulté inhérente à son explication antérieure de la découverte de Massada.

tions-là avaient conquis le territoire des nations de Canaan parmi lesquelles elles vivaient, les fils du *Yahad* étaient destinés à conquérir celle de leurs [propres] ennemis, le Méchant Prêtre et ses cohortes, au cours d'une lutte décrite dans la *Guerre des Fils de Lumière contre les Fils des Ténèbres*[26].» Pourtant, pas une seule ligne de la *Règle de la communauté* ni d'aucun autre texte mentionnant le *Yahad* ne cite, voire ne se réfère vaguement, au Livre de Josué.

Il est inutile d'insister sur le fait que le raisonnement artificiellement associatif de Talmon est loin d'être une analyse disciplinée. Pas la moindre caractéristique des pseudo-textes de Josué : ni le langage, ni la terminologie particulière, ni les idées ne pourraient objectivement justifier que l'on associe ces fragments à la vingtaine d'écrits qui se réfèrent à un *yahad*.

La remarque finale de Talmon dissipe tout doute sur les raisons qui le poussèrent à adopter une telle méthode vis-à-vis de ces textes : « Si cette supposition s'avérait juste, cela suffirait à faire pencher la balance en faveur du fait que les Psaumes de Josué et le pseudépigraphe de Josué provenant de Massada sont des écrits particuliers de la communauté de Qumran, et non pas des écrits de l'héritage commun d'Israël apportés à Qumran par ceux qui rejoignaient la secte[27]. »

En résumé, l'objectif principal de l'article était de préserver l'ancienne hypothèse des origines de Qumran, en remplaçant seulement le mot « Esséniens » par celui de *Yahad*, après qu'un nombre croissant de qumranologues eut jugé essentiel de la réviser. En outre, l'article visait à défendre l'explication de l'origine qumrano-essénienne des fragments de Massada qu'avait donnée le regretté Yigael Yadin, mais qui était maintenant pratiquement abandonnée par l'éditrice des *Cantiques du sabbat* (le texte à l'origine de cette explication). Une fois de plus, la reconnaissance de la complexité des textes entraînait des explications stériles, afin de protéger des idées sacro-saintes en voie d'extinction. Il est difficile de croire que Yigael Yadin aurait souhaité voir sa mémoire se perpétuer ainsi.

Nous devons à présent examiner quelques aspects supplémentaires des conclusions dans lesquelles, en 1990, Carol Newsom proposait que différents écrits trouvés dans les grottes de Qumran n'étaient pas forcément caractéristiques du groupe du *Yahad*, mais semblaient plutôt devoir être associés aux représentants d'un « courant plus large » du judaïsme intertestamentaire. Newsom, souvenons-nous, avait d'abord affirmé que l'on pouvait séparer les rouleaux en deux catégories : ceux qui appartenaient à « la secte » et ceux qui étaient « pré-qumraniens », se faisant ainsi l'écho d'une manière de penser particulièrement encouragée à Harvard, l'université dont elle était issue. Lorsqu'elle revint sur son identification sectaire des *Cantiques du sacrifice du sabbat*, elle suggéra que l'œuvre avait été apportée « de l'extérieur et datait probablement d'avant l'émergence de la communauté de Qumran[28] ». Ainsi, en 1990, elle s'était déjà libérée de l'idée que les *Cantiques* étaient sectaires, mais elle avait encore des difficultés à admettre que cette composition et d'autres, également de caractère non sectaire, pouvaient avoir été écrites *après* la naissance de la prétendue secte.

Newsom n'avançait aucune preuve solide pour étayer son opinion que de tels textes étaient « pré-qumraniens », mais on ne pouvait se méprendre sur l'origine de son point de vue : la conception fascinante, partagée par tous les qumranologues traditionnels, d'un tout nouveau mouvement ayant surgi au sein du judaïsme intertestamentaire, et qui rejetait les anciens modes de pensée et d'action. D'après cette conception, les membres d'une telle secte, guidés par le charismatique Maître de Justice, allèrent s'installer, comme des pionniers, dans l'imposant et serein désert de Juda, en apportant avec eux certains textes dont ils étaient les auteurs et qui remontaient à l'époque où leur « secte » n'existait pas encore. Il était difficile d'accepter que, lors de leur vie communautaire, les membres d'une secte de pureté aient activement cherché à mettre en sécurité des livres qui ne reflétaient pas les idées de leur mouvement. Puisque le leitmotiv et l'axiome fondamental de l'hypothèse qumrano-sectaire était que la secte suivait les conceptions exprimées dans la *Règle de la communauté*, une telle idée aurait perturbé la thèse d'une façon presque grotesque, car elle serait entrée en conflit direct avec la nature apparemment exclusive de la *Règle*. Toutefois, en définissant les écrits « extérieurs » comme des œuvres antérieures et « pré-qumraniennes », on pouvait atténuer la difficulté. En d'autres termes, la formulation de Newsom était un autre exemple de l'aberration consistant à adapter à tout prix les conclusions à l'ancienne hypothèse, au lieu de changer l'hypothèse en fonction des conclusions à mesure qu'elles apparaissaient.

C'est sous ce jour que nous devons examiner son traitement du problème posé par la thèse des origines des rouleaux à Jérusalem. Pour répondre à mon examen (dans l'article des *Annales*) de l'influence qu'eut l'ordre des découvertes sur l'hypothèse qumrano-essénienne, Newsom affirmait : « Ce n'est pas l'ordre des découvertes, mais la présence de copies multiples qui montre que les rouleaux ne sont pas simplement une collection de textes tout à fait fortuite[29]. » Bien qu'elle reconnaisse, au début de son article, qu'il paraissait « assez utile d'examiner les manuscrits sans a priori quant à leur relation avec les ruines de Khirbet Qumran », dans les pages suivantes elle finissait par évoquer « la communauté de Qumran » et posait la question de savoir comment les textes étaient lus « à Qumran ». La difficulté qu'elle éprouvait à mettre de côté de tels axiomes, malgré toute sa bonne volonté, apparaissait lorsqu'elle faisait référence à des « documents qui ont *manifestement* une origine qumranienne » et qu'elle insistait sur le fait qu'il y avait « de bonnes raisons de *présumer* que les documents retrouvés dans les... grottes... sont bien les vestiges de la bibliothèque de la secte décrite dans le *Serek hayahad* (*Règle de la communauté*)[30] ». Dans la mesure où (comme Newsom l'admettait avec hésitation) absolument rien dans les textes ne *démontrait* réellement qu'un seul rouleau provenait du site de Khirbet Qumran, la visée principale de ses observations était, une fois encore, de démontrer que cette prémisse de la qumranologie traditionnelle était *crédible*.

Ainsi, après avoir posé la question : « Que signifie qualifier un texte de "sectaire" ? » elle suggérait les trois réponses suivantes : que le texte « avait été écrit par un membre de la communauté de Qumran » ; que « c'était la façon dont un texte particulier était lu... peu importe qui était l'auteur » ; et que cela pouvait faire référence à

« une façon de décrire le contenu ou le point de vue rhétorique »,
bien que cette dernière catégorie « n'inclut peut-être pas tout ce qui
fut effectivement écrit par les membres de la communauté[31] ».
Newsom montrait ensuite comment on pouvait faire entrer différents
textes de Qumran dans l'une ou l'autre de ces catégories. Car, selon
les critères qu'elle avançait, on pouvait définir comme suffisamment
« sectaires » de nombreux textes de Qumran non ouvertement
hétérodoxes, simplement parce que les prétendus « membres de la
secte de Qumran » auraient peut-être trouvé les idées qu'ils exprimaient à leur goût ou correspondant à leurs propres tendances non
conformistes. Or, une telle approche était en accord avec un courant
important de la recherche littéraire moderne, illustré par l'œuvre de
Hans-Robert Jauss. « Dans une très large mesure, disait Newsom
en invoquant l'autorité de ce personnage, un texte se crée à travers le
procédé de lecture[32]. »

Newsom a le mérite d'avoir tenté d'appliquer aux études qumraniennes des considérations en vogue dans le domaine de la critique
littéraire moderne, une démarche peu courante dans la recherche sur
les rouleaux et, par conséquent, digne d'attention. Ses considérations pourraient effectivement être convaincantes si elles
s'appliquaient à des fragments littéraires anciens dont la provenance
est connue avec certitude. Une fois que l'on a démontré le contexte
historique d'une œuvre littéraire originale, on peut éventuellement
expliquer les déviations ou les incongruités qu'elle contient par
rapport à d'autres textes produits dans le même environnement
connu, en se référant à l'hypothétique vision du monde des lecteurs
contemporains, plutôt qu'à l'auteur de l'œuvre. Cependant, un tel
effort ne peut pas mener à des résultats fiables lorsque
l'environnement particulier d'un texte n'a pas encore été établi ;
dans ce cas, l'approche fondée sur la réaction du lecteur devient
purement et simplement une devinette, et les thèses favorites sur les
origines deviennent des tremplins de la « découverte », dans des
textes énigmatiques, d'indices sur la mentalité des lecteurs anciens.
Comme il fallait s'y attendre de la part d'une qumranologue traditionnelle, Newsom n'abordait pas la plupart des problèmes majeurs
de l'ancienne hypothèse : le *Rouleau de cuivre*, l'absence

d'autographes littéraires, ainsi que les autres anomalies et preuves passées en revue plus haut. L'effort de Newsom pour soutenir l'hypothèse en faisant arbitrairement appel à une tendance récente de l'herméneutique littéraire passait, de façon transparente, à côté des facteurs mêmes qui rendaient ses tentatives hors de propos.

Nous voyons donc qu'au début des années 1990, certains qumranologues traditionnels, ayant rompu le silence, cherchaient des moyens de réfuter la thèse des origines des rouleaux à Jérusalem et, du même coup, essayaient de résoudre ou d'expliquer la gamme toujours plus grande des problèmes qui minaient l'ancienne théorie. Au cours de ces tentatives, ils révélèrent qu'il y avait entre eux un désaccord croissant au sujet de la nature et des détails de la thèse qu'ils défendaient. Il devenait difficile de prétendre qu'il y avait un consensus sur les questions fondamentales concernant l'hypothèse de la secte de Qumran. Simultanément, quelques spécialistes commençaient à se rendre compte de la nécessité d'un dialogue accru avec leurs collègues non conformistes sur la question primordiale de l'origine et de la signification des manuscrits. D'autres, cependant, exprimaient toujours leur ressentiment par des réunions à huis clos et par des allusions sporadiques, dans la presse, aux auteurs d'idées inacceptables.

Entre-temps, le mécontentement grandissant à l'égard de l'analyse des *Actes de la Torah* (voir plus haut, pp. 227, 242) nourrissait une vague de ressentiment général qui avait commencé à se soulever au début des années 1980. Il devenait de plus en plus clair que le comité éditorial n'assumait pas ses responsabilités élémentaires. Le monopole exercé par ce comité semblait être tout-puissant, mais une concordance de circonstances commençait à le mettre en péril. Plusieurs chercheurs réclamaient la diffusion des photographies de tous les rouleaux de la mer Morte. La controverse qui se développait autour de la question de l'origine et de la signification des rouleaux recoupait progressivement le problème du contrôle effectué sur les manuscrits. Qu'un groupe de chercheurs, travaillant sous l'égide d'une « Autorité des Antiquités », essaie de contrôler l'accès aux rouleaux signifiait nécessairement qu'il tentait aussi de contrôler les idées émises sur l'origine et la signification de ces textes anciens. Ceci devint clair non seulement à la lumière des ouvrages tels que celui de La Pléiade, mais aussi lors des grandes expositions, de plus en plus fréquentes, consacrées aux rouleaux dans des musées d'Europe, d'Amérique et d'Israël. L'Autorité des Antiquités organisa ces manifestations et rédigea les catalogues et les panneaux qui les accompagnaient. Ceux-ci présentaient l'ancienne théorie de la « secte de Qumran » comme un fait, sans tenir compte des témoignages qui contredisaient cette théorie.

En fin de compte, le principe d'équité, fondamental dans la recherche, importait peu à ceux qui avaient réussi à pénétrer dans le cercle enchanté. La presse, quant à elle, se montra à la hauteur de sa vocation en dévoilant, dans des articles et des éditoriaux, la situation injuste qui prévalait, et en attirant l'attention du public sur les nouvelles interprétations des rouleaux. Cependant, au cours du processus qui mena à la libération de l'accès aux rouleaux (que nous examinerons en détail au chapitre suivant), les détenteurs du monopole continuèrent à faire leur possible pour garder le contrôle, en qualifiant les actions et les propos de leurs adversaires d'illégaux ou d'immoraux. Dans ces conditions, il était peut-être compréhensible, aussi incorrect que ce soit, que certains de ceux qui profitaient du monopole aient cherché, au moment où il sembla disparaître, à suggérer que les textes inédits n'étaient en réalité pas si précieux, ou à semer le doute sur la compétence de certaines personnes influentes dans leur libération.

Chose étrange, l'effort le plus marquant fut entrepris par un auteur qui n'était pas directement impliqué dans l'affaire. Dans un article publié en 1992 intitulé « Quelle est l'importance des manuscrits de la mer Morte ? »[33], Robert Alter, de l'Université de Californie, donnait à sa question éponyme des réponses négatives peu communes. Venant d'un critique littéraire respecté, ces réponses exigent notre attention*. En particulier, nous devons les examiner

---

*Les idées d'Alter sur les rouleaux ont eu une influence fâcheuse : dans le catalogue officiel des expositions américaines de 1993 consacrées aux rouleaux, la préface écrite par le révérend Timothy S. Healy, le regretté président de la New York Public Library (l'une des plus importantes bibliothèques du monde),

de près si nous souhaitons pouvoir affirmer, sans préjugé, la valeur, l'importance et la signification fondamentale qu'ont les rouleaux pour notre compréhension du développement du judaïsme et du christianisme.

Alter avançait que les rouleaux n'avaient presque aucune valeur littéraire et spirituelle, qu'ils n'établissaient aucun lien significatif entre la pensée biblique et celle du premier rabbinisme, que ses auteurs étaient physiquement isolés du centre politique des Juifs et que, par conséquent, les efforts des chercheurs pour libérer l'accès aux textes étaient mal avisés. En approfondissant cette diatribe, nous découvrirons l'effet négatif puissant qu'avait eu l'hypothèse de la secte sur certains membres influents des instituts de recherche, ainsi que sur beaucoup d'autres personnes qui estimaient devoir réfléchir sur le sens des découvertes des rouleaux. Il convient de nous demander en toute honnêteté si les critiques hostiles d'Alter étaient justifiées ; car si elles étaient fondées, cela aurait pour effet de dévaloriser les rouleaux, auquel cas les efforts entrepris pour les comprendre ne seraient plus qu'un simple exercice intellectuel.

Alter énonçait trois problèmes centraux à résoudre : « Qui a écrit ces manuscrits, que peuvent-ils nous apprendre, et surtout quelle est leur valeur intrinsèque en tant que production spirituelle ou littéraire[34] », ce qui révélait déjà son parti pris. Un historien spécialiste de la culture juive se serait d'abord préoccupé de savoir quelle valeur ont les rouleaux pour la compréhension de l'histoire et de la culture des Juifs et des premiers Chrétiens palestiniens, à l'époque où ils furent rédigés. Alter ne semblait pas se soucier de ce que les rouleaux pouvaient nous apprendre sur ces questions essentielles, ni même sur des questions telles que les conflits sociaux et religieux émergeant au sein de ces groupes, ni encore sur le degré d'instruction et la culture livresque dans la Palestine juive. Toutefois, s'il avait effectivement proposé une réponse objective basée sur

---

repreniat en grande partie le point de vue d'Alter, le citant avec enthousiasme. Cette préface contrastait vivement avec l'avant-propos du même catalogue, rédigé par le docteur James H. Billington, conservateur en chef de la Bibliothèque du Congrès, qui se gardait bien, à dessein, de prendre position sur le débat de plus en plus animé concernant les origines et la signification des rouleaux.

les critères qu'il avait énoncés, il se serait, en un sens, convenablement acquitté de ses engagements. Au lieu de cela, il passait sous silence la prépondérance de preuves sur les rouleaux et le site de Khirbet Qumran, ce qui lui permettait d'affirmer que les auteurs des rouleaux étaient marginaux et peu importants. Bien entendu, cette manière d'envisager les choses était le résultat logique de son adhésion à l'ancienne hypothèse qui, depuis le début, soulignait avec insistance l'isolement spirituel de la « secte de Qumran ».

Alter écarta mon interprétation des origines des rouleaux en prétendant que celle-ci se basait sur « deux allégations spéciales ». Il expliquait que premièrement j'insistais « sur les disparités idéologiques frappantes entre les textes, là où la continuité des perspectives et de la sensibilité, *quels qu'en soient les écarts accidentels*, est impressionnante[35] » (souligné par moi). Pourtant, au moment même où Alter écrivait son article, la nature des relations mutuelles entre les textes de Qumran que l'on peut à juste titre, par leur contenu, qualifier d'hétérodoxes ou de sectaires, faisait l'objet d'un débat acharné entre les chercheurs, notamment parmi certains des défenseurs les plus tenaces des anciennes théories sur les origines des rouleaux. En l'occurrence, la seule « allégation spéciale » est celle des qumranologues qui soutiennent que, en dépit de leurs différences spécifiques, tous les textes doivent être ramenés à un seul ensemble d'idées sectaires ; un effort qui aboutit, comme nous l'avons vu, à une parfaite confusion sur l'identification de la prétendue « secte » de la part de ces mêmes qumranologues. Défendant le point de vue du professeur Sussman, de l'Université Hébraïque, Alter affirmait que l'identification essénienne, dans sa forme modifiée de sous-secte sadducéenne, lui paraissait la plus plausible. Toutefois, s'il essayait de justifier cette préférence en ayant recours à toutes les preuves textuelles et archéologiques dont nous disposons actuellement, et pas uniquement à certaines d'entre elles, il serait forcé de se lancer dans des argumentations qui, aujourd'hui, paraîtraient forcément illogiques à la plupart des chercheurs. Ce n'est pas parce que Alter, suivant les traces de Sussman, avait choisi de les passer sous silence dans son article que les problèmes et les contradictions de ce genre d'identification disparurent. Quelle que soit la « continuité des perspectives et de la sensibilité » entre les rouleaux, on peut fort bien, d'un autre côté, la comprendre directement comme reflétant le fait élémentaire que tous les rouleaux furent composés par des Juifs palestiniens de l'époque intertestamentaire.

Venons-en à présent à la seconde de mes « allégations spéciales » selon Alter. D'après lui, « partant de l'absence de tout document issu des Pharisiens ou des premiers Chrétiens dans cette collection soi-disant éclectique de textes juifs, [Golb] est *forcé de conclure* que le judaïsme rabbinique et le christianisme n'existaient pas en tant que mouvements, ce qui *revient à laisser une prémisse initiale dicter une conclusion, malgré la présence de preuves qui la contredisent* » (souligné par moi). En réalité, cette objection apparente est entièrement caduque. En suggérant que l'absence d'Evangiles ou de fragments inspirés du premier rabbinisme dans les découvertes de Qumran indiquait probablement que le judaïsme rabbinique et le christianisme n'existaient pas encore en tant que mouvements avant la destruction du Second Temple, je soulevais une question qui, dans toute analyse intelligente, devait à l'évidence être posée à propos des manuscrits de Qumran. Alter déclarait que j'émettais cette possibilité « malgré la présence de preuves » qui la contredisaient, mais il ne faisait aucune allusion à la nature de ces preuves. Nous pouvons imaginer qu'il pensait sans doute aux traditions figurant dans les Evangiles et dans d'autres parties du Nouveau Testament à propos de Jésus, de ses disciples et des premiers croyants, ou aux maximes rabbiniques de la *Mishnah* et du *Tosephta* décrivant des esprits charismatiques qui vécurent avant la destruction du Second Temple, ou encore aux lois rabbiniques du IIe siècle après J.-C. parfois attribuées aux Pharisiens ; autrement dit, aux traditions figurant dans les textes littéraires et juridiques évoquant un âge de révélation, de piété ou de gloire. Si les affirmations contenues dans ces textes constituaient ce qu'Alter appelait des « preuves », c'est qu'il utilisait ce terme bien plus librement que ne le feraient aujourd'hui la plupart des spécialistes qui étudient le Nouveau Testament et la première littérature rabbinique.

Les rouleaux de Qumran furent déposés dans les grottes vers l'an 70 et, si ces écrits contemporains ne contiennent aucune référence aux Evangiles ni aux maximes rabbiniques (que les prétendus Esséniens auraient dû étudier, ne serait-ce que pour les réfuter), cela signifie que nous devons en tenir compte lorsque nous évaluons l'exactitude historique des traditions du premier rabbinisme et du début du christianisme. Les lettres de Paul, écrites plusieurs années avant 70, montrent bien les étapes *préliminaires* qui conduisirent au premier mouvement chrétien, mais l'influence de la destruction de Jérusalem, berceau des aspirations nationales juives, sur le développement de l'hégémonie rabbinique et sur la croissance du christianisme primitif en un mouvement à part entière doit être réexaminée à la lumière des conclusions livrées par les rouleaux.

L'ironie du sort voulut qu'Alter fasse ces remarques inexactes au moment même où, après avoir lu mes articles, divers qumranologues, et même certains membres des comités officiels de Jérusalem qu'Alter défendait si généreusement, finissaient peu à peu par admettre, parfois de mauvaise grâce, que la plupart sinon tous les textes de Qumran pouvaient venir « de l'extérieur ». Qui plus est, il poursuivait en livrant une attaque contre la valeur historique des rouleaux beaucoup plus inquiétante que sa défense de l'ancienne théorie essénienne, bien qu'elle en découlât directement.

Pour sonder la nature et l'esprit de cette attaque, nous devons nous rappeler que, dans mes études sur les rouleaux, j'avais indiqué qu'ils ne représentaient pas *tous* les écrits des Juifs, mais « *des écrits* du peuple juif ». C'est à mon sens l'explication la plus raisonnable de l'existence d'une cachette de manuscrits hébraïques copiés par au moins cinq cents scribes et contenant une grande diversité de thèmes, d'idées et de genres littéraires (et il faut garder à l'esprit qu'un nombre incalculable d'autres rouleaux furent sans doute complètement détruits dans les grottes avant les découvertes des vestiges fragmentaires faites au cours de ce siècle)[36]. En d'autres termes, nous sommes confrontés, dans ces textes, à un ensemble littéraire assez considérable, jusque-là en grande partie inconnu et qui datait d'une période de l'histoire juive dont nous ne soupçonnions pas la productivité littéraire. Auparavant, nous ne connaissions que le nombre relativement faible d'écrits des apocryphes et des pseudépigraphes, et il faut souligner que la plupart d'entre eux possèdent précisément les qualités qu'Alter trouve si odieuses et, dans sa généralisation des faits, si répandues parmi les rouleaux.

Une grande partie de ce nouvel ensemble littéraire date manifestement de la période asmonéenne, une époque où, d'après le regretté Menachem Stern :

La persécution menée par Antioche et la révolte maccabéenne conduisirent à l'indépendance spirituelle et matérielle de la nation juive en Judée et à l'extérieur. La foi juive monothéiste fut sauvée, ce qui eut des conséquences considérables pour le monde. Au IIe siècle [avant J.-C.]... après des siècles de soumission aux pouvoirs impériaux, un Etat juif indépendant s'était constitué sous l'autorité des Asmonéens et, se développant peu à peu dans toute la Palestine, avait accédé à un statut et une reconnaissance internationaux. Du point de vue national et religieux, la Palestine devint « la Grande Judée », un fait qui a profondément marqué le caractère religieux, culturel et ethnique du pays pendant une longue période. L'existence de l'Etat asmonéen fut également accompagnée d'un... intense développement religieux et d'un renforcement du judaïsme dans les pays de la Diaspora[37].

Bon nombre des rouleaux de la mer Morte reflètent ce développement. D'autre part, le reste de cette nouvelle littérature date de l'instauration de la domination romaine en Palestine, entre 63 avant J.-C. et la destruction de Jérusalem, lorsque des événements tout aussi graves et importants secouèrent le peuple juif.

Nous pouvons donc parler d'une nouvelle source de connaissance riche et inattendue datant de ces deux périodes, dont certains textes font référence à des événements et des personnalités du judaïsme palestinien jusque-là inconnus. Il est normal, voire essentiel, d'étudier ces textes, afin de mieux comprendre l'histoire et la culture de l'époque où ils furent écrits. Pourtant, Alter semble manifester à l'égard de cette histoire un manque d'enthousiasme singulier. Dans l'un des passages les plus remarquables de son essai, il déclare :

> La fascination populaire exercée par les rouleaux... a perduré pendant plus de quarante ans, et les espoirs démesurés que ces bouts de parchemins conduisent à une grande révélation trahissent l'une des grandes illusions modernes : si seulement nous parvenions à mettre la main sur la substance matérielle du passé, si seulement nous pouvions épuiser le contenu de ces morceaux de temps enfouis, nous pourrions accéder à un ultime secret des origines, comprendre d'une façon nouvelle et éclairante comment nous en sommes venus à être ce que nous sommes[38].

Je crois qu'il serait difficile de trouver des spécialistes des manuscrits (qui, d'après Alter, semblent partager les « illusions modernes » avec d'autres personnes à l'extérieur de leur tour d'ivoire) qui nourrissent le fantasme de révéler « un ultime secret des origines ». En exprimant un sentiment proche du dédain pour les chercheurs qui tentent de reconstruire des aspects de l'histoire à partir de bouts de parchemins, Alter semble souhaiter se rallier au point de vue auquel il avait prétendu être opposé sans équivoque dans plusieurs essais sur les valeurs en jeu dans la lecture des œuvres littéraires, c'est-à-dire à une forme d'antirationalisme vulgarisé qui a accompagné la récente percée du discours « poststructuraliste » dans la critique littéraire pratiquée par certains universitaires américains. Or cet antirationalisme se caractérise précisément par une confusion délibérée entre la recherche d'une vision du monde plus ample et plus exacte, et les tentatives totalitaires visant à saisir « un ultime secret des origines ». Malheureusement, en proposant cet argument, Alter adoptait la démarche délibérément confuse de ses adversaires. Il mentionnait avec mépris le désir de comprendre « d'une façon nouvelle et éclairante comment nous en sommes venus à être ce que nous sommes » (ce qui est l'objectif principal de la recherche historique), mais il poursuivait en tentant de jouer lui-même le rôle de l'historien. Les auteurs de ces nombreux manuscrits, affirmait-il, « ont quitté la

ville grouillante pour aller dans un désert parsemé de rochers » ;
« l'air qu'ils respiraient était empli de mots hypnotiques qui les
isolaient des vents changeants de l'histoire » ; les « membres de la
secte... fuirent leur résidence de la mer Morte en 68 après J.-C. »,
alors qu'à cette époque « les chrétiens primitifs (notamment Paul)
ainsi que les premiers rabbins avaient déjà franchi des étapes décisives vers la création de nouveaux systèmes de doctrines et de
pratiques religieuses, issus des textes et des idées de la Bible
hébraïque[39] ».

Comme nous l'avons remarqué, l'archéologie de Qumran n'a
encore apporté aucune preuve que le site ait été habité par les membres d'une secte, ni que les gens qui y vivaient écrivirent des livres
et s'enfuirent du site en 68 après J.-C. De plus, on n'a jamais rien
trouvé dans les rouleaux prouvant que leurs auteurs étaient isolés de
la dynamique de l'histoire ; l'idée selon laquelle, avant l'an 70, des
personnages rabbiniques ou certains des premiers Chrétiens franchi-
rent, *en groupe*, les étapes décisives qu'Alter leur attribue, fait
l'objet d'un vaste débat parmi les chercheurs des deux religions. En
outre, suggérer que les idées du judaïsme rabbinique ou du premier
christianisme se sont développées directement à partir des livres de
la Bible hébraïque sans avoir été modifiées ni influencées par les
écrits intertestamentaires des Juifs revient à mettre plusieurs siècles
entre parenthèses et à rechercher une « vérité ultime sur les origines », sans tenir compte des preuves fournies par les textes.

Les spécialistes ont démontré qu'il y avait de nombreux parallèles entre les idées du Nouveau Testament et celles que l'on trouve
dans les rouleaux. Pratiquement toute l'eschatologie rabbinique
découle des idées figurant dans la littérature *intertestamentaire*, et pas
dans la Bible. Il est absurde de suggérer que les Maccabées, Ben
Sira (l'Ecclésiastique), la Sagesse de Salomon et d'autres écrits juifs
de la période intertestamentaire n'ont eu aucune influence sur les
Juifs des Ier et IIe siècles. Les seuls prototypes du discours juridique
caractéristique de la *Mishnah* et du *Tosephta* (c'est-à-dire des
œuvres fondamentales des premiers rabbins) se trouvent, sous
forme de fragments, dans les rouleaux de la mer Morte. Les premiers commentaires pré-midrashiques sur des livres considérés

comme saints sont également ceux découverts dans les grottes. En réalité, il est impossible d'accorder la moindre justification objective à la conclusion surprenante de l'article d'Alter.

Isoler les rouleaux sur le plateau désertique de Qumran contribuerait à amoindrir leur importance et, du coup, celle de toute la littérature intertestamentaire. Certes, Pline l'Ancien indique qu'un groupe d'Esséniens célibataires vivait au-dessus d'Engaddi *après* la destruction du Second Temple de Jérusalem ; les prédécesseurs d'Alter prétendaient que ce site était Qumran, mais lui-même acceptait l'idée que le prétendu groupe sectaire se soit enfui du site en 68 de l'ère chrétienne, *avant* la destruction. Comme nous l'avons signalé, les chercheurs, pour contourner cette difficulté, ont essayé de modifier le texte de Pline en omettant la référence à la destruction de Jérusalem, mais sans cette habile correction, leur identification s'écroule.

De façon similaire, Alter essayait de concilier des preuves archéologiques gênantes avec son histoire de qumrano-esséno-sadducéens isolés. Il assurait à ses lecteurs que les mille deux cents tombes qui jouxtent Khirbet Qumran étaient celles des Esséniens qui y avaient vécu, environ deux cents en même temps, pendant une période couvrant à peu près cinq ou six générations. Mais il n'expliquait pas le mystère de l'alignement régulier des tombes, ni pourquoi elles ne portaient aucune marque de stratification, ni pourquoi elles étaient si proche du lieu d'habitation[40]. Les preuves archéologiques indiquent que ces tombes ne pouvaient pas avoir appartenu aux Esséniens, mais Alter passait tout cela sous silence, révélant ainsi son désir impérieux de maintenir les rouleaux dans un lieu isolé. Le même démenti de la recherche était malheureusement manifeste dans le fait que, après avoir parlé du « petit nombre » des « Fils de Lumière », Alter omettait d'expliquer comment son idée était compatible avec la gigantesque cérémonie d'initiation envisagée dans la *Règle de la communauté* qui appelait les initiés à se mettre en rangs par « milliers, centaines et dizaines ».

Fermement attaché à l'hypothèse que les rouleaux avaient été écrits et copiés par une secte habitant à Khirbet Qumran, dans le désert, Alter n'était pas tendre à l'égard des membres de cette secte.

Ils représentaient pour lui « une impasse et non une source féconde du judaïsme ou du christianisme ». Le « sol rocailleux » sur lequel ils vivaient « surplombait, littéralement et spirituellement, une mer de sel gris ardoise[41] ». Il alimentait sa rhétorique en insistant sur l'imagerie étrange du *Rouleau de la guerre* et de quelques autres textes, et en soulignant par contraste des passages particulièrement marquants de la littérature biblique dont il est spécialiste. Ce qu'il ne notait pas, mais qu'aurait dû observer toute personne qui étudie la Bible, c'est que bon nombre des livres dont l'ensemble forme ce que l'on appelle la Bible ont longtemps été des écrits séparés appartenant à une masse bien plus importante d'œuvres littéraires qui circulaient précisément au cours de la période intertestamentaire pour laquelle il semble avoir un si profond dédain.

Cependant, cette réticence est révélatrice, car elle nous permet de comprendre la rhétorique d'Alter. Derrière son aversion pour la paléographie, derrière son anti-historicisme déclaré, nous pouvons déceler l'influence d'un conflit universitaire très éloigné de celui sur les rouleaux auquel sont confrontés les centres d'études hébraïques. En effet, la préoccupation première de son essai consistait à préserver la compréhension traditionnelle du canon littéraire (reposant sur l'étude des structures thématiques et formelles des grands textes communément reconnus comme tels) de l'influence des derniers héritiers du programme post-structuraliste, les « nouveaux historiens », qui obéissent à un idéal consistant à démontrer que les œuvres littéraires sont, avant tout, le reflet des idéologies dominantes des sociétés et des époques où elles sont apparues. S'il convient de rejeter l'extrémisme qui consiste à amoindrir la valeur de la créativité individuelle et de l'art qu'elle engendre, il est aussi déraisonnable de nier l'intérêt d'aborder les œuvres littéraires d'un point de vue historique. C'est un but louable (dont il faut rendre justice à Alter) que de reconnaître la complexité littéraire et la profondeur spirituelle de l'héritage constitué par la Bible. Mais, dans le cadre d'une recherche critique, il convient de ne pas la traiter comme si elle était fixée depuis l'origine dans un canon littéraire déterminé, de main de maître, par une force transcendant l'histoire.

Les dirigeants juifs de l'Antiquité sélectionnèrent, parmi une importante quantité de textes littéraires accumulés au fil du temps, les écrits qui leur paraissaient sacrés. Mais, comme nous l'indiquent les déclarations des premiers rabbins, au IIe siècle après J.-C. ils discutaient encore pour déterminer s'il fallait considérer comme tels certains livres (par exemple le Cantique des Cantiques ou l'Ecclésiaste)[42]. En revanche, les rouleaux forment des collections de textes fortuites. Ils comprennent davantage de déchets, mais aussi de nombreux passages de poésie remarquable et de prose attrayante qu'Alter se garde de citer.

A l'inverse, si la Bible est le fruit d'une sélection minutieuse et délibérée, si elle inclut bon nombre d'écrits exceptionnels appartenant à la culture hébraïque antique, on y trouve également des écrits qui possèdent sûrement moins de « valeur intrinsèque » qu'Alter ne leur en prête. Il y a par exemple les longues énumérations de sacrifices d'animaux et d'encens brûlé du Pentateuque et les listes interminables de noms dans les Chroniques. Entre les deux, une œuvre comme Esther contient une histoire divertissante assez peu raffinée qui justifie un acte de vengeance, et dans laquelle une femme juive vit en concubine dans le harem du roi païen (!) Ahasuerus. Il est bien possible qu'Esther soit une substitution malheureuse, mais politiquement nécessaire, du Premier Livre des Maccabées majestueux, mais supprimé (qui nous est parvenu en grec, mais était, à l'origine, une œuvre hébraïque), avec son message de victoire ultime sur la domination étrangère, atteinte grâce à une foi religieuse inébranlable.

Si l'on considère le Livre d'Esther indépendamment de la mystique de sa canonisation, il apparaît clairement que, en dehors des questions de politique universitaire, les velléités d'Alter d'amoindrir l'importance des rouleaux reposaient d'une part sur une confusion naïve entre les valeurs poétique et morales, et d'autre part sur une apparente insensibilité à l'intérêt que les textes littéraires peuvent présenter pour notre compréhension non seulement de l'histoire littéraire, mais de l'histoire au sens large. Si les rouleaux étaient ces produits inférieurs qu'Alter rejette, il resterait vrai que des ouvrages « secondaires », même mal écrits, sont susceptibles de receler une grande valeur en fournissant des indications sur des courants importants d'idées et de goûts. Nombreux sont ceux qui considèrent que les textes de Nag Hammadi et les manuscrits stoïques découverts dans la bibliothèque privée d'une villa à Herculanum appartiennent à cette catégorie ; pourtant ils ne font pas l'objet d'une dénigrement littéraire moderne.

Dans le cas d'Alter, la confusion est tellement élémentaire que ses motifs en deviennent presque évidents. Outre la question de la « valeur intrinsèque » des rouleaux, il semblait déconcerté par leurs *implications*, notamment par le « sentiment menaçant du péché » qu'il détecta dans plusieurs des textes publiés. (J'insiste sur « plusieurs », car la plupart des rouleaux ne présentent nullement ce point de vue.) Il préférait bannir ce péché menaçant de la « ville grouillante » de Jérusalem et l'exiler dans le « rocher du désert ». Mais que l'on ramène le péché et la menace dans la ville, et l'interaction entre le judaïsme intertestamentaire et les divers courants de pensée hellénistiques et orientaux, annoncée par certains écrits canoniques, devient un phénomène des plus séduisants. Le judaïsme intertestamentaire n'était pas ce que l'on pourrait aujourd'hui considérer comme « pur » : mais nous devons nous méfier du mythe de la pureté aussi bien que de celui de l'origine.

Apparemment peu disposé à accepter cette autre possibilité, Alter était forcé de séparer les auteurs des textes de Qumran de l'ensemble plus large des Juifs palestiniens. Ces renégats étaient alors stigmatisés, accusés d' « utiliser le pastiche littéraire et la fulmination apocalyptique pour alimenter l'illusion qu'ils vivaient encore au cœur de la destinée biblique... *qu'ils continuaient à écrire la Bible* » (souligné par moi)[43]. Malgré cette accusation, il reste que tout ce qui est apocalyptique n'est pas de la fulmination, et que ni l'ensemble, ni la plupart des textes de Qumran ne sont des pastiches, comme le prétend Alter. Quant aux mots soulignés, les Juifs des Ier et IIe siècles avant J.-C. ne connaissaient probablement même pas le mot « Bible », ni son équivalent en hébreu. La « Bible » en tant que telle n'existait pas encore, elle était en train de se constituer lentement. Quelques-uns des textes canoniques tardifs, comme Daniel, ressemblent fort à certains écrits de la période intertestamentaire et il est très difficile de saisir les critères littéraires qui permettent aux critiques de les distinguer les uns des autres. D'après ses propres critères de jugement, Alter ne serait-il pas forcé de reconnaître que le Livre de Daniel renferme bon nombre de « fulminations apocalyptiques » ?

N'ayant pas traité, à l'évidence, de cette question, Alter aggravait son erreur en prétendant que les Pharisiens étaient, à la même époque, « en train de construire un nouvel édifice sur les fondements de la Bible ». Fermant les yeux sur l'ensemble de la période intertestamentaire de l'histoire juive, il faisait là une supposition gratuite pour laquelle il n'existe aucune preuve dans une quelconque source antérieure à 70 de l'ère chrétienne, ni dans la littérature intertestamentaire, ni chez Josèphe, ni ailleurs. Cependant, pour étayer son point de vue, il citait une affirmation de Shemaryahu Talmon, de l'Université Hébraïque, selon laquelle, à la différence des auteurs des textes de Qumran, les premières personnalités rabbiniques « envisageaient l'ère biblique comme un chapitre clos et leur propre époque comme étant profondément différente » de la période antérieure[44].

Ensuite, Alter utilisait ce soi-disant fait historique, dépourvu de tout support textuel probant, pour opposer une opinion qu'il attribuait aux « Pharisiens » à une autre censée avoir été soutenue par la prétendue secte du désert dont il avait entrepris de défendre l'existence. La démarche d'Alter et de Talmon consistait à comparer des idées trouvées dans des manuscrits écrits par des Juifs au cours d'une période de trois cents ans, antérieure à 70 de l'ère chrétienne, avec d'autres idées n'apparaissant que dans les textes de l'époque post-tannaïtique (les IIIe et IVe siècles après J.-C.), et ils s'arrangeaient de manière à ce que ces textes paraissent contemporains, ce qui n'est guère un exemple de recherche consciencieuse. Or on n'a jamais déterminé si, au cours du siècle et demi compris entre la révolte asmonéenne et la mort d'Hérode le Grand, il existait un groupe unique qui constitua ce que Talmon appelait « la communauté juive dominante », et les rouleaux n'ont fait qu'intensifier la querelle scientifique sur cette question[45].

S'il existe des textes de cette époque qui font allusion à la recherche d'un « nouvel édifice » construit sur des fondements bibliques, ce sont précisément ceux des grottes de Qumran qui sont la base de la théorie qu'Alter a choisi d'adopter. Le principal d'entre eux, la *Règle de la communauté*, rejette l'argent comme une souillure spirituelle, encourage les groupes de pureté de style communautaire, recourt à une utilisation métaphorique et créative de l'anthropomorphisme biblique et des sacrifices animaux, et pour la première fois, à notre connaissance, appelle à la création de groupes organisés et systématiques consacrés à l'étude des significations « cachées » de la Torah. L'*Alliance de Damas* exprime, entre autres idées, celle que la polygamie est immorale, un interdit apparemment jamais promulgué par les Pharisiens, les Sadducéens, ni les premiers rabbins. Tels sont précisément de nouveaux édifices construits sur des fondements bibliques. Il n'existe aucun document révélant que les Pharisiens recherchaient ce type d'édifices nouveaux. Si la direction spirituelle et juridique du peuple juif avait échu aux Tannaïm après la destruction du Temple, c'était dans une large mesure parce que les prêtres avaient soudain perdu leur pouvoir. L'ancien édifice traditionnel s'écroula en l'an 70, et pas avant ; d'après ce que nous savons, ce n'est qu'à la suite de cela que les premiers dirigeants rabbiniques apparurent en tant que tels. Certes, les Tannaïm élevèrent un nouvel édifice durable, mais pas avant que les conditions politiques ne les contraignent à le faire, et seulement après que d'autres groupes, comme ceux qui apparaissent dans les rouleaux, eurent eux-mêmes commencé à viser le même objectif.

D'un autre côté, si un certain nombre d'auteurs des rouleaux ont cherché refuge dans une vision apocalyptique, ce n'est pas parce qu'ils étaient des « fulminateurs », comme le suggère Alter, mais parce qu'ils avaient cherché et, d'après eux, échoué à trouver une réponse plus satisfaisante à la question que tant de gens se posaient : pourquoi le juste continue-t-il à souffrir et l'impie à prospérer dans un monde gouverné par un Dieu unique et vrai ? Les Pharisiens et les Tannaïm ne proposèrent pas non plus de réponse véritablement satisfaisante à cette question. Quelque chose de bon, assuraient-ils, sera réservé au juste dans un monde à venir, et cette idée se développa, à son tour, dans la doctrine de la résurrection physique des morts. Nous n'avons pas à prendre parti dans un tel débat. Cette question a agité les Juifs et les Chrétiens pendant des siècles et elle continue à le faire. L'une des nombreuses choses que nous apprennent les rouleaux est la manière dont les auteurs juifs de l'Antiquité rivalisaient pour fournir des réponses nouvelles et imaginatives à ce problème, ainsi qu'à d'autres questions profondément troublantes. En fin de compte, que ce genre de littérature ne soit pas du goût d'Alter ne diminue guère son importance pour l'histoire de la pensée et de la spiritualité juives, ni pour celle de l'acceptation d'une grande partie de cette pensée et de cette spiritualité dans le monde occidental. Le cas Alter démontre l'influence que l'ancienne théorie pouvait avoir sur des personnes qui, à l'origine, n'avaient rien à voir avec une telle hypothèse, perpétuant une interprétation erronée de l'esprit juif ancien. Cette fausse traduction, faite par une coterie d'érudits, avait été transformée en un système puissant dont même les penseurs de premier ordre ne pouvaient s'extraire. De plus, un système de prise de pouvoir avait été mis en place afin d'assurer sa propagation, par le contrôle de l'accès aux textes sur lesquels la théorie était construite. Nous aborderons au chapitre suivant les questions soulevées par ce système.

CHAPITRE 10

Les jeux de pouvoir et l'effondrement du monopole des rouleaux

❖

L es efforts visant à libérer les rouleaux, ainsi que les événements concomitants, constituèrent un épisode significatif dans la sociologie de la connaissance. Ils présentent un exemple vivant qui montre comment les efforts des communautés scientifiques échouent lorsqu'elles essaient de contrôler les idées. Ils mettent en relief le lien entre les rapports de force au niveau de la recherche scientifique et l'étude plus générale de la conception et de la décadence des théories scientifiques.

Ce qui est arrivé s'est produit à l'étranger et, jusqu'à présent, est resté généralement ignoré en France. Cependant l'impact de ces événements ne manquera pas de se faire progressivement sentir lorsque les étudiants des universités seront mieux informés des nouvelles directions prises dans l'interprétation des manuscrits. Celles-ci ne resteraient que des murmures enfouis si les manuscrits n'avaient été libérés du système imposé par l'autorité qui les maintenait prisonniers. A travers ce chapitre, qui narre les événements tels qu'ils se sont déroulés les uns après les autres, j'espère encourager, en dépit de la résistance institutionnelle bien établie, davantage de réflexion franche au sujet des idées anciennes et qui persistent sur les manuscrits, ainsi qu'une recherche nouvelle et intense sur leur signification historique.

En 1985, je reçus une lettre du Dr Zdzislaw J. Kapera, de l'Université Jagiellonienne à Cracovie, qui m'interrogeait sur le problème grandissant des origines des rouleaux et sur mon rôle dans sa révélation au public. Ensuite, nous entretînmes une correspondance dont naquit l'idée d'une conférence indépendante consacrée à cette question. Elle se tint finalement durant l'été 1987, sous les auspices de l'Académie des Sciences polonaise, à Mogilany, près de Cracovie. Cette rencontre fut la première réunion européenne où j'eus l'occasion d'exposer directement le détail des questions concernant l'origine des rouleaux. Le public était principalement constitué de qumranologues traditionnels d'Europe de l'Est et de l'Ouest, et des Etats-Unis ; pourtant le ton de la conférence fut remarquablement cordial. Nous convînmes de nous retrouver tous les deux ans afin de poursuivre le dialogue. Pour la première fois depuis 1970, cette conférence me fit entrevoir qu'un débat universitaire objectif sur l'origine des rouleaux était encore possible.

A cette époque, Hershel Shanks, de la *Biblical Archaeology Review*, avait entamé une campagne pour arracher les rouleaux non encore publiés des mains de leurs détenteurs dont plusieurs, après trente ans, n'avaient pas encore publié les textes qui leur avaient été confiés. Déjà auparavant, le professeur Geza Vermes, d'Oxford, avait déclaré que cette situation constituait pour la recherche le scandale du siècle. En 1987 il déclara que si sa traduction anglaise des rouleaux n'incluait pas encore tous les textes, « ce n'est pas de ma faute, mais à cause du laisser-aller qu'ont manifesté, depuis le début des années 1950, les responsables de la publication des nombreux fragments retrouvés dans le grotte 4 de Qumran[1] ». Le professeur Robert Eisenman, de California State University, adepte de l'idée que les rouleaux venaient des premiers judéo-chrétiens, avait alors également lancé sa propre campagne en faveur du libre accès aux textes. En 1989, l'Autorité des Antiquités d'Israël (AAI) avait instauré un « comité de surveillance des rouleaux », apparemment destiné à superviser le comité éditorial et à encourager ses membres à publier leur travail en temps voulu.

Dans un communiqué de presse du 26 juin 1989 venant de Jérusalem, Nicolas B. Tatro, de l'Associated Press, décrivit l'interview qu'il avait réalisée sur ce sujet avec le général Amir Drori, de l'AAI. D'après Tatro, Drori « disait avoir mis en place un programme exigeant la rédaction de rapports d'activité annuels [sur la publication des rouleaux], et avoir obtenu des chercheurs l'engagement de publier toutes leurs découvertes d'ici sept ans ».

Le communiqué indiquait que les responsables du projet de publication étaient, à ce moment-là, au nombre de vingt. Tatro poursuivait : « Pour accélérer le processus, il [Drori] affirme que l'on a incité les chercheurs à partager l'ensemble du travail avec des étudiants et d'autres chercheurs et qu'un programme d'études spécial a été mis en place à l'Université Hébraïque ... à l'intention des principaux spécialistes de la Bible. Par ailleurs, une bourse de 350 000 dollars a été obtenue d'une filiale de la fondation Wolfson*. "Pour la première fois, nous avons un plan, et si quelqu'un n'achève pas son travail à temps, nous serons en droit de remettre les rouleaux à quelqu'un d'autre", a dit Drori, l'ancien commandant des troupes au Liban pendant l'invasion israélienne de 1982-1985. »

Outre la mention d'une généreuse bourse de recherche offerte par une fondation caritative britannique qui, à l'époque, semblait constituer un développement approprié, un autre élément important ressortait de ce compte rendu. C'était la volonté remarquable manifesté par Drori de défendre la décision visant à fermer les portes à certains chercheurs, sous prétexte que, pour citer l'article de Tatro, leur accorder « le libre accès [aux rouleaux] était injuste pour ceux qui avaient "consacré leur vie" à cette recherche ». Bien entendu ceci contredisait le fait que, au moment de l'interview, au moins sept nouveaux chercheurs, dont certains n'avaient pratiquement aucune expérience dans la recherche sur les rouleaux, avaient été introduits dans l'équipe. (Auparavant, à la fin des années 1980, l'équipe de base ne comptait pas plus de cinq ou six membres, et il ne faut pas oublier qu'environ sept de leurs étudiants travaillaient sur les rouleaux pour leur thèse : c'est cet arrangement auquel Drori faisait allusion en expliquant que « l'on avait incité les chercheurs à partager l'ensemble du travail avec des étudiants et d'autres chercheurs ».) Qui plus est, le nombre de participants au projet allait finir par pratiquement tripler ; parmi les nouveaux, certains avaient déjà fait des recherches poussées sur les rouleaux, d'autres étaient

*Le financement en question a été accordé à l'AAI. Le manque de clarté de cette phrase est étonnant de la part d'un journaliste.

novices, et tous furent choisis par le comité de publication et le comité de surveillance.

Egalement (paraît-il), et contrairement aux propos de Drori, un nombre croissant de membres des deux comités commençait à suggérer que le libre accès aux manuscrits accordé à des chercheurs indépendants aboutirait à de moins bonnes éditions des textes. En été 1989, il devenait évident que de telles explications servaient simplement de paravent pour dissimuler le but essentiel des deux comités : contrôler l'étude des rouleaux et, par conséquent, déterminer l'issue du débat sur leur origine et leur signification. En un mot, le monopole intellectuel exercé par le premier groupe éditorial sous la direction du père de Vaux et ses successeurs était reconduit et amplifié.

Il y avait là les éléments d'un scandale naissant. Lors de la deuxième conférence en Pologne (septembre 1989), nous examinâmes le problème dans le détail et, malgré les protestations formulées par l'un des membres du comité de surveillance, nous votâmes une résolution exigeant que les clichés de tous les textes inédits soient publiés avant les délais prévus. C'était la première résolution de ce genre débattue par une assemblée de spécialistes des rouleaux et, si elle fut acceptée, c'était uniquement parce que la conférence n'était pas, comme de coutume, dirigée par des qumranologues soucieux de préserver la sacro-sainte hypothèse ancienne.

Deux mois plus tard (en novembre 1989), Ephraim Isaac, directeur de l'Institut des Etudes Sémitiques, à Princeton, eut l'intuition que des changements étaient possibles. Il organisa un symposium avec la participation de John Strugnell et Eugene Ulrich, du comité officiel de publication des rouleaux, ainsi que de plusieurs autres chercheurs, dont moi-même. L'intérêt général manifesté pour les rouleaux était au plus haut et le symposium attira un vaste public. Les journaux publièrent des comptes rendus et des éditoriaux sur les problèmes soulevés[2] : un tel retard dans la publication des textes de la grotte 4 avait-il une raison légitime ? La réponse de Strugnell et Ulrich, selon laquelle la publication de ces fragments difficiles posait de nombreux problèmes et que d'autres manuscrits inédits attendaient depuis bien plus longtemps, était-elle convaincante ou déloyale ? Pouvait-il y avoir quelque vérité dans les propos que j'avais tenus au colloque en affirmant que la *réticence* à publier les manuscrits inédits était due au fait que les idées qu'ils contenaient pourraient détruire la thèse traditionnelle selon laquelle ces textes provenaient d'une secte vivant près des rives de la mer Morte ?

Cette conférence et les échos qu'elle eut dans la presse révélèrent au grand public deux problèmes intimement mêlés : la politique qumranienne et l'interprétation de l'origine et de la nature des manuscrits. Le petit groupe exerçant sa suzeraineté continuait à ne montrer les rouleaux qu'à ceux qui partageaient son interprétation, comme cela s'était passé avec les *Actes de la Torah*. Comme leurs retards étaient de plus en plus critiqués, les responsables cherchèrent à calmer les choses en intégrant de nouveaux participants, mais ceux-ci étaient toujours des collègues et des disciples sur lesquels ils pouvaient compter pour suivre la voie adoptée. Ceux dont les idées irritaient ou gênaient les membres des comités officiels étaient tenus à l'écart.

Dans une lettre adressée au *Washington Post* le 17 décembre 1989 en réponse à un éditorial du 20 novembre qui tentait de justifier les retards de publication, j'insistais sur ces manœuvres de plus en plus évidentes. Je faisais remarquer que dans le choix des éditeurs, dont le nombre augmentait (ils étaient à présent vingt-cinq), on veillait encore à exclure les chercheurs qui travaillaient dans certaines institutions. De plus, quelques membres de l'équipe originale avaient attribué des textes à leurs propres étudiants qui s'en servaient comme sujets de thèse, et ceci posait un problème élémentaire de propriété de la recherche : devait-on confier l'édition de manuscrits qui n'avaient jamais été publiés à des étudiants de troisième cycle relativement inexpérimentés, plutôt qu'à des chercheurs dont les compétences avaient été démontrées par des travaux publiés ? Pendant ce temps, les dissidents qui s'écartaient de l'interprétation courante n'étaient pas autorisés à examiner les manuscrits.

Le *Post* avait parlé de la publication tardive des papyrus grecs d'Egypte, sans mentionner que personne n'avait exprimé de revendications à ce sujet. La portée des rouleaux était différente de celle des papyrus. Les manuscrits de la mer Morte mettaient en jeu un point crucial : notre compréhension du premier judaïsme et des débuts du christianisme. Le public manifestait donc un profond intérêt légitime pour l'issue du problème. Le *Post* s'était associé à la crainte de voir naître des « éditions pirates de qualité inférieure », cependant il ne justifiait pas l'implication de cet argument : l'équipe « officielle » aurait des compétences scientifiques supérieures. Ce qui était nécessaire en réalité, écrivais-je, c'était le développement de la *concurrence* : en effet, pour le plus grand profit de la recherche, bon nombre de rouleaux avaient déjà fait l'objet de plusieurs éditions. L'affirmation du *Post* que les rouleaux étaient « illisibles et réduits à l'état de milliers de lambeaux noircis » était, suggérais-je, grandement exagérée ; c'était vrai pour certains fragments, mais c'était faux pour la grande majorité de ces textes « dont on [avait] légitimement attendu la publication, qui aurait [déjà] dû avoir lieu, sans excuses possibles ».

Par la suite, Eugene Ulrich, de l'Université de Notre-Dame et membre de l'équipe chargée de la publication, s'appuya sur le thème de la compétence pour justifier les actions du comité : « Personne, non personne n'arrivera jamais au même degré de concentration que celui atteint par un bon éditeur. Personne ne parviendra jamais à faire correctement ce que l'éditeur n'a pas réussi à faire. La grande majorité de ceux qui utiliseront ces éditions, y compris la plupart des professeurs d'université et des étudiants du troisième cycle, est à peine capable de rendre un jugement compétent sur des interprétations délicates. Si cela semble arrogant, je le regrette, mais c'est vrai » (*Jerusalem Post*, 2 mars 1990). Ce qu'Ulrich ne disait pas, c'était que le « bon éditeur d'un manuscrit » auquel il pensait n'était pas forcément l'un des nombreux spécialistes de manuscrits hébraïques. C'était plutôt quelqu'un qui avait étudié les rouleaux de la mer Morte, mais n'avait pas nécessairement une connaissance approfondie d'autres genres de manuscrits hébraïques ; c'était surtout quelqu'un qui s'était introduit dans la fraternité des qumranologues de la vieille école en travaillant sous la direction des chercheurs ayant un accès privilégié aux rouleaux, et qui avait écrit une thèse approuvant les doctrines fondamentales de la théorie de la secte de Qumran.

Comme nous l'avons vu, déjà à ce moment-là un certain nombre de qumranologues avaient commencé à suggérer d'apporter une nuance à la théorie : plusieurs textes retrouvés dans les grottes n'avaient peut-être pas été composés à Qumran ; ils avaient plutôt été « apportés de l'extérieur ». Et John Strugnell, qui était toujours l'éditeur officiel des *Actes de la Torah*, affirmait que, avec le concours d'Elisha Qimron, il achevait un commentaire de six cents pages sur ce court texte. Puis, dans une diatribe alarmante, il s'en prit au judaïsme (*Haaretz*, 9 novembre 1990) :

> Je pense que le judaïsme est une religion raciste, quelque chose de très primitif. Ce qui me gêne dans le judaïsme, c'est l'existence même des Juifs en tant que groupe, en tant que membres de la religion juive. Les lois du Sabbat fournissent de formidables excuses pour justifier la paresse. Lorsque j'observe en détail la loi juive, y compris ce qui porte sur le sexe, je pense « C'est amusant, mais ce n'est pas de la religion ». Ces gens agissent conformément à ce que j'appellerais du folklore.

Après une légère hésitation, ses pairs rétrogradèrent Strugnell à un rang inférieur dans la hiérarchie qumranienne (il occupait la fonction de directeur des publications au sein du comité éditorial officiel). Son invective, qu'il ne renia jamais par la suite, entraîna dans la presse une nouvelle série d'articles plaidant en faveur du libre accès aux manuscrits.

Cependant d'autres chercheurs s'interposèrent pour préserver l'ancienne hypothèse. Une conférence internationale sur les rouleaux se tint à Madrid en février 1991 et l'on prit soin d'en exclure les dissidents et ceux qui critiquaient la politique éditoriale. Ayant publié divers articles « hérétiques » soulignant la futilité de l'approche traditionnelle des textes, il allait de soi que je faisais partie du lot des exclus. Plusieurs participants à la conférence tentèrent de défendre la thèse qumrano-essénienne et de contrer les objections que j'avais soulevées, mais, bien entendu, je n'étais pas là pour leur répondre. Les organisateurs firent leur possible pour donner une aura de majesté à l'approche traditionnelle, en assurant même la présence de la reine d'Espagne qui remit la plus haute distinction du pays à Frank Cross, de Harvard, chef de file de l'ancienne hypothèse.

Malgré les efforts persistants pour masquer le problème, rétrospectivement il est évident que, à cette époque, le rapport de force entre les « admis » et les « exclus » était en train de se déplacer. Entre-temps, la *Biblical Archaeology Review* continuait à insister sur la libération de l'accès aux rouleaux, afin qu'ils soient évalués par la totalité des chercheurs. Puis, à partir de l'été 1991, un certain nombre de personnalités ayant des liens institutionnels et intellectuels avec les autorités régnant sur les manuscrits, entreprirent une série de manœuvres qu'elles-mêmes doivent reconnaître comme des bévues. Ces erreurs reflétaient la position de plus en plus délicate dans laquelle se trouvaient ces autorités.

Le 24 juin, le *Times* de Londres annonça que le Oxford Centre for Postgraduate Hebrew Studies avait pris des dispositions pour recevoir une série complète de clichés des rouleaux de l'AAI à Jérusalem ; le Centre devait ouvrir une « Salle de Qumran » et le professeur Vermes fut nommé « directeur des nouvelles archives »*. Vermes disait espérer « que les éditeurs d'aujourd'hui visiteront le Centre d'Oxford pour donner des conférences et pour discuter des textes non publiés... *Mais le protocole universitaire sera toujours en vigueur et l'on ne pourra accéder à ce genre de matériel qu'avec l'autorisation de son éditeur désigné* » (souligné par moi).

Les directeurs du Centre et du Forum corrigèrent plus tard la formulation du journaliste du *Times* en disant que « le Dr Vermes n'aurait jamais utilisé l'expression "protocole universitaire" pour désigner la *contrainte* imposée au Centre dans le cadre d'une stipulation contractuelle établie par l'administration de Jérusalem »[3]. On apprenait ainsi qu'un contrat avait été conclu entre le Centre

---

* On sait à présent que le poste n'est pas celui de directeur des archives, mais de directeur de l'Oxford Forum for Qumran Research. Voir ce que disent sur ce sujet Ph. Alexander et G. Vermes dans *The Qumran Chronicle*, vol. 2, n°3 (juin 1993), pp. 153-154. Dans les pages qui suivent, le lecteur devra garder à l'esprit la différence entre l'Oxford Centre for Postgraduate Hebrew Studies (Centre d'Oxford) et l'Oxford Forum for Qumran Research (Forum d'Oxford) qui fut créé par le Centre.

d'Oxford et l'AAI stipulant, entre autres, qu'après être entré en possession des clichés des rouleaux, le Centre ne pourrait pas autoriser les chercheurs indépendants à les étudier librement. Toutefois, les directeurs omirent d'expliquer la raison pour laquelle ils avaient accepté de signer un contrat aussi restrictif.

Je lus cette déclaration lors d'un séjour à Cambridge, où j'étudiais les manuscrits de la *gueniza* du Caire conservés dans la bibliothèque de l'université. Chaque jour, tous les manuscrits que je demandais, quels qu'ils fussent, étaient apportés à ma table avec courtoisie et empressement, selon la procédure normale appliquée depuis fort longtemps, en Angleterre, par les bibliothèques institutionnelles qui détiennent des manuscrits. Dans le même esprit (et c'est une pratique commune dans les études historiques et littéraires), les chercheurs qui s'intéressent aux manuscrits de la *gueniza* sont toujours heureux de participer à des colloques leur permettant d'analyser et de discuter des interprétations des textes difficiles. Le libre accès aux manuscrits et les débats ouverts sur leur contenu sont des caractéristiques courantes des sciences humaines en Angleterre, comme en France et ailleurs en Europe de l'ouest.

J'eus le sentiment que la déclaration du Centre d'Oxford représentait pour ces valeurs traditionnelles un défi auquel il fallait répondre. J'écrivis au *Times* (10 juillet) que cette action constituait « une surprenante dérogation aux pratiques universitaires appliquées en Angleterre, où les chercheurs bénéficient... d'un accès libre et libéral aux manuscrits anciens... [qui] seul garantit une libre interaction des idées et empêche qu'un groupe particulier de chercheurs n'exerce sur elles un monopole ». En expliquant mon point de vue sur la censure maintenue par les comités responsables des rouleaux, j'exprimais mes regrets qu'en Angleterre, « bien connue pour son ouverture d'esprit dans le domaine de la recherche..., on ait consenti à adopter cette politique nuisible à la connaissance et aux idées ». J'avançais, enfin, qu'étant donné les circonstances, le Centre d'Oxford n'aurait pas dû accepter les clichés.

En réponse à mon « attaque contre le Centre d'Oxford » (une affirmation qui ne faisait aucun cas du problème que j'avais soulevé), Alan Crown, l'administrateur du projet, écrivit dans le *Times* qu'il lui semblait évident que « tôt ou tard, l'accès libre [serait] autorisé » et il précisait : « notre intention était de nous préparer à cette échéance en réunissant tous les instruments de travail et les copies de rouleaux.... » Il ajoutait, à ma grande surprise, que l'AAI *« avait accepté de nous fournir une série de clichés en échange de notre intervention pour la subvention du programme de recherche et de publication qui a dû être arrêté en raison de son manque de fonds »* (16 juillet, souligné par moi). C'était là une excuse que les membres des deux comités officiels n'avaient pas encore utilisée dans leurs déclarations publiques justifiant le monopole ; comme nous l'avons vu, ils prétendaient uniquement avoir inclus de nouveaux chercheurs dans le projet, en vue de publier les textes dans les délais fixés. Jusqu'à présent aucune lettre adressée à moi, ni (à ma connaissance) à d'autres chercheurs n'avait mentionné un besoin d'argent urgent pour renflouer le projet de publication, ni indiqué que nos institutions recevraient des séries de clichés de rouleaux contre d'importantes contributions à un fonds de recherche qumranienne.

Donc, grâce à la lettre du professeur Crown, le public découvrit que le Centre d'Oxford avait réuni une certaine somme d'argent en échange de laquelle il avait reçu une série de clichés des rouleaux. Cet arrangement permit à l'AAI, par l'intermédiaire des comités de publication et de supervision, d'allouer des fonds à ceux qu'ils avaient invités à participer à l'édition des manuscrits. Des chercheurs, ou des étudiants, ou peut-être les deux, commencèrent à recevoir des bourses pour participer au projet. Apparemment, les chargés de publications ne souhaitaient pas, à cette époque, divulguer le nom des bénéficiaires de ces subventions[4].

Une autre lettre parut aussi dans le *Times* du 16 juillet. Elle était de Geza Vermes, directeur ou directeur désigné* du Forum

---

* Il existe une certaine confusion quant au titre précis de Vermes à cette époque. Dans leur article du *Qumran Chronicle* (voir plus haut, p. 332), Alexander et Vermes affirmaient d'abord (p. 154) : « En juin 1991, Vermes était directeur du Forum d'Oxford... » (et non pas « directeur désigné des archives », comme l'avait auparavant indiqué le *Times*). Pourtant, deux pages plus loin, en essayant de réfuter mes critiques, ils disaient : « La nomination de Vermes comme

d'Oxford pour la Recherche sur les Rouleaux qui, jusque-là, comme tant d'autres chercheurs, s'était vu refuser l'accès aux rouleaux. Vermes expliquait que ses précédentes critiques visant les retards de publication n'avaient pas empêché le comité israélien de l'inviter « *à prendre en charge le matériel inédit se rapportant à la* Règle de la communauté, *l'un des plus importants documents de la secte* » (souligné par moi). Cette invitation adressée au professeur Vermes n'avait pas été divulguée dans le premier article du *Times* du 24 juin. (On apprit plus tard que cette proposition fut faite à Vermes par Emanuel Tov, le nouveau directeur des publications du comité éditorial chargé des rouleaux, à la suite de la « visite [de ce dernier] à Oxford, au début de 1991 »)[5]. La concession faite à Vermes fut révélée au même moment que l'annonce par Alan Crown du transfert d'argent à l'AAI à Jérusalem, un arrangement qui n'avait pas non plus été évoqué dans le premier article. Dans une interview, Vermes reconnaissait qu'on lui avait accordé l'accès à certains rouleaux inédits en contrepartie des fonds réunis. Il disait textuellement : « C'est ce qui s'est passé, comme une sorte de ramification de l'opération[6]. »

Après que j'eus critiqué ce procédé[7], Philip Alexander et Vermes répondirent dans *The Qumran Chronicle* que Vermes « n'avait joué aucun rôle » dans « l'intervention du Centre concernant le Projet de Qumran » (c'est-à-dire dans la réunion des fonds) et que je confondais le rôle du Centre avec l'invitation faite à Vermes de publier le matériau de la grotte 4 relatif à la *Règle de la communauté*[8]. Ils prétendaient que Vermes n'avait pas « officiellement annoncé » ses nouvelles responsabilités éditoriales à George Hill, journaliste du *Times*, parce que sa « nomination officielle en tant que chargé de publication... n'était pas parvenue avant le 23 juin 1991, plusieurs jours après l'interview accordée au *Times* ». Pourtant, Vermes donna une conférence de presse le 24 juin, le *lendemain* du jour où il

---

directeur [du Forum], décidée en novembre 1990, prit en réalité effet le jour qui suivit sa démission de sa chaire des études juives à l'Université d'Oxford, le 30 septembre 1991. » Les dates et les titres semblent jouer aux chaises musicales.

reçut sa nomination officielle et, curieusement, l'article du *Times* qui suivit (25 juin) ne mentionna pas non plus cette nomination.

Alexander et Vermes fournirent alors une nouvelle raison pour expliquer cette réticence apparente : « Le communiqué de presse principal, présentant un aspect spectaculaire, concernait la cérémonie d'inauguration de la Salle de Qumran, qui s'est déroulée le 1er juillet 1991 en présence d'une assemblée distinguée. » Cependant, ils ne précisèrent pas si ce communiqué de presse lui-même avait mentionné la nomination au poste éditorial ; à ma connaissance, aucune information sur ce sujet n'apparut dans la presse avant la déclaration contenue dans la lettre que Vermes envoya au *Times* le 16 juillet, en réponse à la mienne.

Toutefois, en s'appuyant sur des arguments nullement convaincants qu'ils avaient réunis à ce sujet, Alexander et Vermes aboutirent à la conclusion que j'étais l'auteur de deux « sérieuses allégations » qui « ne reposaient sur aucune preuve et... [étaient] absolument fausses ». Ces « allégations », d'après eux, étaient « que Vermes avait pour ainsi dire acheté une part dans les rouleaux, puis avait essayé de dissimuler ce fait ». Or je n'ai jamais affirmé ni même suggéré que Vermes avait « acheté » une part dans les rouleaux. Le Dr Vermes est un excellent chercheur et, comme les autres, il aurait dû avoir accès aux rouleaux bien avant 1991. Mais les circonstances révèlent que, en dépit des réclamations qu'il fit pendant de nombreuses années, Vermes n'a pu bénéficier des largesses de l'AAI qu'après que le Centre eut offert de fournir à l'AAI une subvention de 350 000 dollars issue des fonds d'une filiale de la Fondation Wolfson. Dans la critique que j'écrivis pour la *Qumran Chronicle*, je citais le témoignage du Dr Vermes tel qu'il apparut dans la presse, selon lequel sa nomination en tant que chargé de publication de fragments de rouleaux inédits eut lieu en contrepartie de la subvention fournie par le Centre d'Oxford et, d'après les propres termes de Vermes, « comme une sorte de ramification de l'opération » (*Chicago Tribune*, 11 novembre 1991).

Néanmoins, dans leur réponse, Alexander et Vermes affirmèrent que la citation du *Tribune* était « trompeuse » et que Vermes avait, en réalité, « dit au journaliste que le financement des archives, et non pas son recrutement comme chargé de publication, était "une sorte de ramification" de l'opération dans laquelle le Centre avait servi d'intermédiaire entre la fondation anonyme et l'AAI ».

Or cette nouvelle explication nous laisse perplexe, pour plusieurs raisons. Dans la lettre qu'il écrivit au *Times* le 16 juillet 1991, le Dr Crown, comme nous l'avons dit plus haut, avait reconnu que, à la demande du Centre d'Oxford, l'AAI avait accepté de fournir une série de clichés au Centre « en échange de notre intervention dans la subvention ». Nous ne pouvons comprendre l'intérêt du Centre dans le financement du projet de publication de l'AAI que s'il repose sur un accord explicite par lequel l'AAI fournirait au Centre les clichés des rouleaux en échange d'une contrepartie financière. Quelle institution culturelle accepterait de réunir de l'argent au bénéfice des activités d'une autre institution d'un pays lointain sans exiger expressément quelque avantage en retour ? Il est difficile d'interpréter cela comme une simple « ramification de l'opération ». Si ce que j'avais dit sur une question d'une telle importance avait amené Vermes et Alexander à affirmer que j'exprimais de « sérieuses allégations », pourquoi ne trouve-t-on nulle mention d'une lettre de Vermes au *Chicago Tribune* pour réfuter ce que le journal avait imprimé ? Aucune lettre de ce type ne fut jamais publiée.

Bref, aucune information écrite n'appuyait le nouvel argument des auteurs, en tout cas rien n'avait été rendu public. Si, à l'issue des différentes conférences de presse tenues par le Centre et/ou par le professeur Vermes en sa qualité de directeur ou de directeur désigné du Forum nouvellement créé, pas un mot n'avait été imprimé concernant les nouvelles fonctions éditoriales de Vermes, on imagine difficilement que c'était parce qu'il voulait « dissimuler » ce fait, comme je l'en avais soi-disant accusé ; c'était simplement parce que personne n'avait particulièrement envie d'insister sur ce point, du moins avant la publication de ma lettre au *Times*.

La déclaration faite par le général Drori en 1989, omettant de divulguer l'accord passé avec l'AAI pour l'envoi des clichés de rouleaux au Centre d'Oxford contre la subvention de 350 000 dollars obtenue par le Centre pour le compte de l'AAI, n'était pas moins remarquable. Comme les autres, la déclaration de Drori cachait bien plus de choses qu'elle n'en révélait, et l'absence d'informations pertinentes sur le transfert des clichés au Centre d'Oxford dans les articles du *Times* qui suivirent n'en devenait que plus embarrassante.

Ajoutons que, en 1989, certaines personnes ne figurant pas parmi les acteurs principaux de cet accord malheureux étaient déjà au moins vaguement au courant. Par exemple, une remarque discrète apparut dans la *Biblical Archaeology Review* selon laquelle un « ensemble de clichés de textes inédits sera bientôt déposé au Centre d'études hébraïques de l'Université d'Oxford, conformément à un accord fournissant des fonds pour la recherche »[9]. Une phrase sibylline fort étrange pour une revue connue pour sa sincérité dans la lutte contre le monopole des rouleaux.

L'ensemble des événements laissait donc apparaître le mode de pensée profondément gênant, presque byzantin, adopté par les autorités chargées des rouleaux.

Il faut noter qu'à peu près à l'époque où s'ébruitèrent ces événements, un autre donateur manifesta une générosité analogue à l'égard de la recherche qumranienne. En septembre 1991, le Dr Manfred R. Lehmann, qui avait publié quelques articles sur les rouleaux et possédait sa propre fondation philanthropique, rapporta les faits suivants : « Grâce à mon étroite collaboration avec le professeur Qimron (notre Fondation subventionne, par l'intermédiaire du professeur Qimron, la publication d'une nouvelle version améliorée du *Rouleau du Temple*), j'ai en ma possession le texte intégral du *MMT*. En raison de l'intérêt croissant porté à ce rouleau... il me semble approprié de soumettre au public, avant la publication du texte intégral, certains extraits de ce rouleau qui illustrent son importance[10]. » Suivaient alors un aperçu du contenu des *Actes de la Torah*, une photographie et des extraits de ce dernier ainsi qu'une analyse de son intérêt.

Pourtant, personne ne mit publiquement en cause la nature de ce remarquable *modus vivendi*, basé sur un échange d'argent contre le privilège d'étudier des manuscrits anciens. Fin 1994, l'AAI n'avait toujours donné aucune explication à cela ni à aucun des autres arrangements surprenants décrits plus haut.

Néanmoins d'autres événements étaient sur le point d'entraîner un tournant dans la lutte en faveur du libre accès aux rouleaux. En septembre 1991, deux chercheurs de Cincinnati, le professeur Ben-Zion Wacholder, du Hebrew Union College, et Martin Abegg, son étudiant à l'époque, publièrent le premier fac-similé de 118 pages de ce qu'ils décrivirent comme une version informatisée de textes de Qumran encore inédits. Leur édition reposait sur une concordance des textes diffusée en privée dont la plupart des chercheurs n'avaient pu disposer[11]. Puis, à la fin du mois, le regretté William Moffett, alors directeur de la bibliothèque Huntington, à Pasadena, provoqua un drame en annonçant que la Huntington mettrait à la disposition de tous les chercheurs la série complète des négatifs des rouleaux qui se trouvait là par hasard[12].

Ces négatifs avaient été donnés à la bibliothèque au début des années 1980 par Elizabeth Bechtel qui avait contribué de manière philanthropique à la création du Centre pour les anciens manuscrits bibliques de Claremont College. Mme Bechtel et J. A. Sanders, le vice-président du nouveau centre, avaient incité le Département des Antiquités d'Israël (l'ancienne appellation de l'Autorité des Antiquités) à effectuer des copies photographiques des rouleaux pour les conserver en sûreté hors du pays, c'est-à-dire au Centre. Robert Schlosser qui, au début, agissait pour le compte de Sanders, s'était rendu à Jérusalem au cours de l'été 1980 et avait réalisé des négatifs 5 x 7 aux infrarouges de la plupart des fragments du Rockefeller. Entre-temps, Mme Bechtel s'était brouillée avec Sanders qui souhaitait l'exclure du conseil d'administration du Centre, et Schlosser finit par réaliser les photographies pour le compte de cette dernière. Elle avait ensuite maintenu son accord pour que le Centre reçoive une série de négatifs, mais avait aussi demandé à Schlosser qu'il lui réserve les originaux. Ce qu'il avait fait (et, du même coup, il fit plusieurs duplicatas) puis, après quelques négociations avec la Huntington, en 1983, Mme Bechtel avait officiellement fourni une série de clichés à la bibliothèque, en consentant à offrir la somme de

90 000 dollars pour que les négatifs soient conservés en sécurité dans une chambre froide. Ils y restèrent jusqu'en 1991 et furent complétés, en 1984 et 1985, par de nouveaux clichés de fragments (environ 10% du total) que Schlosser n'avait pas réussi à prendre plus tôt. La bibliothèque Huntington en arriva donc à posséder une série de négatifs plus complète que le Centre de Claremont. En outre, il paraît que Sanders ne s'était pas rendu compte que Mme Bechtel avait gardé pour elle une série complète de négatifs qui comprenaient non seulement des textes publiés, mais encore tous les textes inédits de la grotte 4*.

Le Dr Moffett décida de diffuser les négatifs à la suite de deux événements : Eugene Ulrich, de Notre-Dame, écrivit à la Huntington pour lui demander de « rendre » toute la série de photos au Centre de Claremont ; d'autre part, presque simultanément, Moffett prit connaissance de l'échange de correspondance publié dans le *Times* deux mois plus tôt entre le Centre d'Oxford et moi-même[13]. Sa décision se comprend donc à la fois comme une affirmation politique concernant les droits des bibliothèques et comme une déclaration morale reposant sur un principe intellectuel.

Les personnes liées aux comités chargés des rouleaux n'apprécièrent manifestement pas ces développements et des protestations indignées ne tardèrent pas à suivre. Emile Puech, désormais membre de l'équipe officielle et professeur à l'Ecole Biblique, expliqua que la publication de Wacholder-Abegg constituait « une violation du droit international », et James VanderKam, de Notre-Dame, affirma de façon encore moins équivoque : « Il s'agit, semble-t-il, d'un ultime stratagème mis en place par certaines personnes qui ont le sentiment de ne pas avoir accès aux rouleaux » (*New York Times*, 5 septembre 1991). J. A. Sanders déclara : « Nous sommes fort déçus par la Huntington » (*New York Times*, 22 septembre 1991). Magen Broshi, conservateur du Sanctuaire du

---

* Je remercie Robert Schlosser de m'avoir éclairci sur un grand nombre de détails, au cours d'une conversation téléphonique du 14 mars 1993. Je n'ai pas réussi, jusqu'à présent, à déterminer à quel moment les directeurs du Centre de Claremont apprirent que la collection de la Huntington comprenait des négatifs de textes inédits ainsi que de textes publiés.

Livre à Jérusalem, annonça publiquement que « au lieu d'obtenir de bonnes choses, nous serons inondés par des productions de troisième, de quatrième et de cinquième catégories ». Amir Drori, de l'AAI, justifia sa politique de porte close en prétendant que des « interprétations définitives », émanant des quarante éditeurs choisis qui travaillaient alors pour le comité éditorial, allaient bientôt se matérialiser[14]. D'après Frank Cross, de Harvard, cette action « impliquait le vol d'un travail de recherche » (*New York Times*, 22 septembre 1991). Nous noterons avec surprise que, contrairement à la défense passionnée qu'il avait faite plus tôt de la politique du comité, et apparemment en contradiction avec la teneur de sa lettre à la Huntington, Eugene Ulrich protestait à présent que « ces dernières années, notre comité a pris des mesures pour ouvrir l'accès aux rouleaux » (*Chicago Tribune*, 22 septembre 1991), une allusion mystérieuse, semble-t-il, aux quarante experts choisis. Il est également regrettable qu'Alan Crown, du Centre d'Oxford, qui avait justifié l'acquisition des clichés par le Centre en disant que cela s'était fait dans l'espoir et l'attente que les rouleaux soient bientôt mis à la disposition de tous les chercheurs (*The Times*, 16 juillet 1991), ait ensuite exprimé sa « colère face à la diffusion des photographies par la Huntington » (*New York Times*, 27 septembre 1991).

A ce moment-là, Jérusalem eut apparemment écho de la correspondance du *Times* et de la décision de la Huntington. Le conservateur Broshi, membre du comité de surveillance, déclara dans une interview que j'étais « un argumentateur révoltant, un polémiste, un fauteur de trouble entêté » qui avait « répandu ses obscénités dans le monde entier... Quand parviendrons-nous à nous [en] débarrasser ? Quand il mourra » (*Haaretz*, 4 octobre 1991). Entre-temps, bien que n'étant pas connu comme expert en manuscrits hébraïques, Broshi était devenu l'un des éditeurs « officiels » des rouleaux.

Peu après, les directeurs de l'AAI commencèrent à revenir sur leurs menaces (voir le *New York Times*, 23 septembre 1991) d'attaquer la Huntington en justice. Au contraire, on put lire qu'ils « avaient invité les acteurs de cette amère controverse à une réunion à Jérusalem, le 4 décembre, pour tenter de négocier un compromis » (*New York Times*, 27 septembre 1991). Ceux qui étaient exclus du sanctuaire de la recherche sur les rouleaux commencèrent à penser que cela signifiait probablement enfin que les membres du comité de surveillance étaient disposés à entamer avec eux une discussion sur les possibilités d'étudier les rouleaux, mais le bruit se répandit rapidement que cette invitation était réservée exclusivement aux représentants du petit nombre d'institutions (notamment le Hebrew Union College, Claremont et le Centre d'Oxford) qui possédaient des copies de rouleaux.

Cependant, cet effort restrictif fut fortement ébranlé en octobre 1991, lorsque Michael Bar-Zohar, alors chef du comité d'éducation à la Kenesset, déclara, contre le gré du comité de surveillance, qu'il recommanderait la mise à disposition des textes à tous les chercheurs qui souhaitaient les étudier. Les autorités chargées des rouleaux annulèrent la réunion prévue, mais elles continuèrent à affirmer que le droit de mettre au point et de publier les textes appartenait toujours aux chargés de publication désignés. Elles concédèrent que, dorénavant, les rouleaux seraient accessibles, mais à condition que les citations se limitent à des « extraits ». L'accès serait réservé « à la recherche personnelle et non pas à la production d'une édition des textes », et le droit de produire des éditions des textes devait uniquement revenir à ceux à qui le comité avait octroyé cette distinction (*New York Times*, 28 octobre 1991).

Cependant, un nouveau choc força bientôt le comité à modifier son attitude. Ce fut l'annonce, le 20 novembre 1991, de la publication en deux volumes de fac-similés photographiques en noir et blanc de tous les fragments de manuscrits de la grotte 4 jusque-là restés secrets. La publication, dirigée par Robert Eisenman et James Robinson, était réalisée par la Biblical Archaeology Society[15]. Ensuite Emanuel Tov, directeur des publications du comité éditorial, annonça qu'il n'y aurait plus d'opposition en justice à ce que l'on utilise librement les manuscrits[16]. Pourtant, même cette déclaration officielle allait, par la suite, faire l'objet d'une exégèse tortueuse.

La déclaration de Tov, faite lors d'une séance spéciale (le 25 novembre 1991) de la réunion annuelle de la Society of Biblical

Literature, à Kansas City, fut reprise, entre autres, par trois grands journaux américains. Tous trois indiquèrent que le point principal de la déclaration était que tous les chercheurs qui étudiaient les textes étaient désormais libres de les publier intégralement s'ils le voulaient[17]. L'un des articles signalait que Tov avait également dit que son « équipe internationale allait accélérer ses efforts pour réaliser des éditions érudites... plutôt que des traductions et des interprétations préliminaires » ; la conférence au cours de laquelle cette déclaration fut faite « ressemblait parfois davantage à une cérémonie concluant un accord de paix » (*New York Times*, 27 novembre). Le professeur Helmut Koester, alors président de la Société, aurait déclaré : « Ceci est un moment historique, un moment que chacun d'entre nous aurait voulu voir arriver plus tôt[18]. »

Au cours de cette réunion, James VanderKam lut une « Déclaration sur l'accès au matériel écrit ancien », rédigée par le comité de recherche et de publication de la Société, qui fut approuvée par les membres présents. Cette déclaration indiquait clairement la position libérale à laquelle le comité était parvenu concernant l'accès aux textes. Elle mettait l'accent sur les points suivants :

> Ceux qui possèdent ou contrôlent du matériel écrit ancien doivent permettre à tous les chercheurs d'y avoir accès. Si l'état du matériel écrit exige que cet accès soit limité, des mesures doivent être prises pour en faire une reproduction en fac-similé qui sera accessible à tous les chercheurs. Bien que les propriétaires du matériel ou ceux qui le contrôlent puissent choisir d'autoriser un chercheur ou, de préférence, une équipe de chercheurs, à préparer une édition officielle de tout matériel écrit ancien, une telle autorisation ne doit ni empêcher d'autres chercheurs d'avoir accès au matériel écrit, ni faire obstacle à ce que d'autres chercheurs publient leurs propres études, traductions ou éditions du matériel écrit...

Le comité insistait que la déclaration devait être diffusée « aussi largement que possible ». Ainsi, la voix du petit groupe de chercheurs réunis dans un village près de Cracovie en 1989 s'était enfin fait entendre, pour aboutir à une politique d'action constructive basée sur un principe moral élémentaire.

Le 28 novembre, j'écrivis de Jérusalem au général Drori pour lui demander de voir les textes des rouleaux, afin de procéder à un examen paléographique. La réponse fut que l'on m'autoriserait à voir des « photographies » des manuscrits. Or, comme je l'écrivais en retour à Drori le 12 décembre, pour mener une étude paléographique, l'utilisation des photographies de manuscrits est beaucoup moins efficace que celle des manuscrits eux-mêmes. Le 17 décembre, je reçus une réponse qui, du moins le croyais-je à l'époque, déterminait enfin la libération des manuscrits : je pourrais désormais disposer des manuscrits pour les étudier, à condition d'indiquer à l'avance les numéros d'inventaire des pièces que je désirais.

Mais l'histoire ne devait pas s'arrêter là. Malgré l'impression donnée au public que les rouleaux étaient à présent disponibles, il apparut, au cours de l'hiver 1992, que les deux comités, en accord avec l'AAI, poursuivaient toujours leurs efforts pour garder le contrôle de la publication des textes de Qumran : ironiquement, ils utilisaient à présent des moyens de pression moraux. Cela commença dans les pages d'un bulletin de recherche sur les études araméennes. Dans un article intitulé « Les questions éthiques, une déclaration de principe », Steven A. Kaufman déclarait que : (a) les reconstitutions de Wacholder et Abegg étaient « faites de manière faussement astucieuses » et « totalement dépourvues de valeur scientifique » ; (b) les photographies de la Huntington avaient été « obtenues de façon illicite » et il était injuste de les diffuser, car des chercheurs avaient peiné pendant « des dizaines de milliers d'heures » pour réunir des petits fragments afin de former des unités plus compréhensibles : « publier leur travail sans leur permission, c'est du vol pur et simple! » ; (c) l'AAI avait le droit d'attribuer des manuscrits lui appartenant à des chercheurs individuels pour qu'ils les publient, tout comme les bibliothèques le faisaient. Puisque la majorité des chercheurs « réclamant l'accès aux rouleaux » n'avait « jamais eu affaire à des antiquités originales », on pouvait « excuser leur enthousiasme », alors que des institutions telles que les bibliothèques, les musées et les directeurs de revues étaient censées « en savoir davantage ». Par conséquent, concluait Kaufman, il conviendrait de réserver la publication des rouleaux « là où elle appartient, à ceux à qui les textes ont été confiés » par l'AAI[19].

Chacune de ces affirmations était malencontreuse et douteuse. Utilisées avec les photographies récemment publiées, les transcriptions de Wacholder et Abegg, malgré leur caractère provisoire, n'étaient nullement dépourvues de valeur scientifique et rien ne permettait d'indiquer que les clichés de la Huntington avaient été obtenus illicitement ou abusivement, sauf peut-être si les critères de jugement étaient que pratiquement tous les manuscrits se trouvant dans les bibliothèques du monde auraient été originellement acquis dans des circonstances suspectes. La reconstitution de textes fragmentaires, un procédé couramment employé dans les études sur la *gueniza* et les papyrus, ne garantit pas de droits de publication à certains, à l'exclusion des autres. En outre, nous pouvons avancer le même argument pour montrer que les actuels chargés de publication des rouleaux (qui, pour la plupart, ne sont pas ceux qui, à l'origine, ont reconstitué les fragments) sont, en l'absence d'autorisation explicite de la part des premiers éditeurs, en train de leur voler leur travail en acceptant des photographies de fragments reconstitués comme base des éditions qu'ils préparent. Les bibliothèques n'ont généralement pas le genre de politique restrictive que Kaufman leur attribue, excepté, par exemple, dans le cas d'un chercheur spécifique qui, en étudiant un manuscrit accessible à tout le monde, fait une découverte unique, lui conférant le droit moral de se réserver la première publication du texte dans des délais raisonnables. Cette condition ne s'applique nullement aux éditeurs des textes de Qumran qui, de toute évidence, s'étaient vu offrir leurs postes éditoriaux par l'AAI pour de simples raisons politiques*. Lorsque Kaufman

---

* Voir la question tranchante posée par le professeur James Robinson (*The Qumran Chronicle*, vol. 2, n° 3, juin 1993, p. 143) : « Pourquoi ces jeunes chercheurs [qui acceptèrent d'entrer dans le groupe éditorial officiel], profitant des leçons évidentes offertes par la génération précédente, n'assument-ils leurs responsabilités éthiques vis-à-vis de leurs collègues exclus, au lieu de les exclure

suggère que la plupart des chercheurs sont totalement ignorants dans le domaine des manuscrits, cela ressemble étonnamment à la déclaration faite auparavant par Eugene Ulrich (voir page 330). Ces deux affirmations étaient bizarrement contradictoires avec le fait alarmant que, parmi la soixantaine d'éditeurs privilégiés (ce chiffre était atteint dans les trois mois avant la déclaration de Kaufman), un grand nombre n'avait aucune expérience préalable dans la publication de manuscrits anciens. Le plus triste était que, pour comprendre l'argument spécieux de Kaufman, il ne fallait pas oublier que lui-même venait d'être sélectionné par l'AAI, un élément qu'il ne révélait pas aux lecteurs de son article.

Geza Vermes, un autre éditeur nouvellement recruté, tenta également de renforcer la crédibilité de la démarche adoptée par l'AAI. Comme nous l'avons vu, le Dr Vermes avait auparavant joué un rôle essentiel en révélant les arrangements du Centre d'Oxford. Il nous faut à présent examiner cet épisode de plus près.

Au printemps 1992 (c'est-à-dire plusieurs mois après que l'Autorité eut annoncé son changement de politique), Vermes expliqua dans le *Journal of Jewish Studies* que « grâce à la générosité d'une société caritative britannique anonyme, le Centre d'Oxford... a pu acquérir une collection de 3 300 planches photographiques représentant tous les manuscrits du désert de Juda se trouvant au Sanctuaire du Livre et au Rockefeller Museum, à Jérusalem[20] ». Une manière de parler suggérant fortement que la contribution de la société caritative avait servi à payer la reproduction photographique des rouleaux, puis à les faire parvenir au Centre d'Oxford. Toutefois, la somme évoquée de 350 000 dollars représentait au moins cent fois ce qui était nécessaire pour faire des duplicatas photographiques des manuscrits, et l'essentiel de son usage n'avait rien à voir avec les photographies.

Conformément à la réticence précédemment affichée par le général Drori et le professeur Crown, le professeur Vermes évita malheureusement d'indiquer ce que nous avons déjà pu observer :

---

encore davantage pour faire avancer leur propre carrière aux dépens du reste de la communauté universitaire ? »

(a) que l'AAI avait accepté de fournir au Centre d'Oxford des photographies de rouleaux uniquement après avoir reçu la garantie d'une importante compensation financière ; (b) qu'une « ramification » de l'accord fut la décision de nommer Vermes lui-même éditeur officiel de certains fragments de rouleaux inédits ; (c) que l'AAI utilisait les fonds obtenus pour donner des bourses à des chercheurs individuels, afin de faciliter la réalisation d'éditions et de commentaires des rouleaux sous son égide (ce qui était précisément le seul élément, à l'exclusion de tous les autres, souligné dans l'interview de Drori à l'Associated Press, en juin 1989). Nous sommes donc obligés de constater l'absence de déclaration publique franche de l'AAI ou du Centre d'Oxford décrivant ouvertement les détails de ces transactions, ce qui nous contraint à reconstituer les faits réels à partir d'allusions et d'aveux apparus sporadiquement dans diverses publications.

Cette tâche n'est pas facilitée par les remarques du professeur Vermes immédiatement après celles du *Journal of Jewish Studies* citées plus haut. Renvoyant le lecteur à sa précédente « explication des événements dans une perspective historique » (l'explication parue en novembre 1991)[21], il affirma que « la levée par l'Autorité des Antiquités d'Israël de l'interdiction d'accès aux documents inédits, d'abord annoncée le 25 septembre puis conclue définitive-ment le 27 octobre 1991 *coïncidait par bonheur* avec la création par les administrateurs du Centre d'Oxford d'un Forum pour la Recher-che qumranienne... » (souligné par moi)*.

Malheureusement, cette affirmation ne correspondait pas aux faits établis et connus publiquement. Comme nous l'avons vu, l'annonce parue le 24 juin 1991 dans le *Times* indiquait que les activités du Centre en matière de recherche sur les rouleaux com-menceraient officiellement en *juillet*, c'est-à-dire au moment où la bataille pour le libre accès aux rouleaux faisait rage et quatre mois *avant* que l'accès soit autorisé. Le même jour, Vermes fit une déclaration dans le même esprit, et celle-ci fut ensuite rapportée non

---

*L'expression soulignée fut ensuite défendue par Alexander et Vermes. (Voir note à la page suivante.)

seulement dans le *Times*, mais également à la télévision, le 4 juillet, dans l'émission « Newsnight » de la BBC. Dans sa lettre au *Times* du 16 juillet, il disait aussi qu'il avait été nommé directeur « d'un nouveau forum pour la recherche qumranienne », une nomination qui, inutile de le dire, avait donc eu lieu plus de *trois mois* avant que l'AAI annonce son changement de politique. Et, comme nous l'avons fait remarquer plus haut, Philip Alexander (président désigné du Centre d'Oxford) et Vermes lui-même affirmèrent ensuite que la décision de nommer Vermes directeur du Forum avait été prise dès novembre 1990, l'année qui suivit l'annonce par le général Drori de la subvention de 350 000 dollars, obtenue par l'intermédiaire du Centre d'Oxford. A l'époque, il était impossible que Vermes ignore l'arrangement financier ayant facilité le transfert des photographies, une opération qui se trouvait au cœur même de la création du Forum. Nous sommes donc forcés d'en conclure que Vermes accepta cet accord privilégié, en dépit de ses anciennes critiques contre le monopole des rouleaux*.

---

*A la p. 156 de leur réponse dans *The Qumran Chronicle*, Alexander et Vermes affirment : « Les faits liés à cette question sont [que] le Forum d'Oxford... vit le jour le 1ᵉʳ octobre 1991, ce qui coïncida par bonheur avec la levée de l'interdiction pesant sur les documents inédits... La nomination de Vermes comme directeur du Forum, décidée en novembre 1990, a pris effet en réalité le lendemain de sa démission, le 30 septembre 1991, de sa chaire des études hébraïques à l'Université d'Oxford ». Pourtant, grâce aux propos d'Alexander et de Vermes eux-mêmes, nous savons que la nomination du dernier comme directeur du Forum fut décidée dès novembre 1990 ; c'est donc avant cette date, et non pas plus tard, que la décision fut prise de créer le Forum. Quant au moment précis où le Forum a commencé à fonctionner, George Hill, le journaliste du *Times*, écrivit très clairement le 24 juin 1991 : « Le mois prochain, l'Angleterre va devenir un centre de recherche internationale sur les rouleaux. Un centre d'étude doit s'ouvrir à Oxford, réalisant une nouvelle étape de ce que les chercheurs espèrent être une ère de plus grande liberté dans ce domaine. » Le centre serait doté d'une « Salle de Qumran » abritant les nouvelles archives photographiques des rouleaux. Des propos similaires apparurent également dans le *Times* du 1ᵉʳ juillet 1991. Par la suite, Alexander et Vermes avancèrent toutefois un fait nouveau : la véritable nomination de Vermes comme directeur du Forum « prit effet » le 1ᵉʳ octobre, le lendemain de sa démission de la chaire qu'il occupait à Oxford. Jusque-là, il était, techniquement parlant, simplement « directeur-désigné » (le terme utilisé par Hill, mais pas par Vermes

L'explication du Dr Crown dans sa lettre au *Times* du 16 juillet 1991, selon laquelle cet arrangement était seulement une mesure provisoire adoptée dans l'espoir que l'accès aux rouleaux soit rapidement ouvert à tous les chercheurs (une explication ensuite reprise par Alexander et Vermes) se trouve viciée par une autre manifestation inquiétante : le colère du Dr Crown lorsqu'il apprit que la Huntington avait décidé d'accorder librement l'accès aux textes (voir plus haut, p. 341). Si le but du Centre d'Oxford avait été de rendre les textes disponibles à tous les chercheurs, Crown aurait dû se réjouir du choix de la Huntington.

Par conséquent, il est difficile de comprendre les propos du professeur Vermes concernant l'heureuse coïncidence[22].

S i nous examinons « l'explication des événements dans une perspective historique », fournie par Vermes et qui parut dans le supplément du *Times* du 8 novembre 1991, consacré à l'enseignement supérieur, nous sommes confrontés à un nouveau problème. Comme les déclarations précédentes, cette explication omettait les événements les plus significatifs. Tandis qu'il mentionnait divers faits ayant eu lieu avant juin et après août 1991, il passait sous silence la période cruciale entre les deux : pas un mot sur les déclarations faites fin juin et début juillet au sujet des arrangements d'Oxford, pas un mot sur les faits indiqués dans l'annonce qui donna lieu à la correspondance publiée dans la presse entre les dirigeants du Centre d'Oxford et moi-même. Et, bien entendu, nous ne trouvons aucune mention de cette correspondance, axée sur mes *objections* aux procédures approuvées par le Centre d'Oxford, ni du rôle qu'avait joué cet échange dans la décision prise par la Hunting-

---

lui-même dans sa lettre du 16 juillet). Alexander et Vermes brouillent les lecteurs en raccordant à dessein les deux expressions « vit le jour » et « prit effet », puis en rapprochant les deux concepts entremêlés du changement de statut de Vermes, censé dater du 1er octobre. En dépit du verbiage qui fait écran, il est clair que le Forum d'Oxford et le poste de Vermes furent créés par les administrateurs du Centre d'Oxford bien avant le changement de statut de Vermes.

ton d'accorder le libre accès aux photographies des rouleaux, à des
fins de recherche.

Pourtant, curieusement, Vermes reconnaissait bien dans cet
article que « le protectionnisme ou "le syndicalisme scientifique
restrictif" est incompatible avec la liberté universitaire ». Et, en
soulignant qu' « aucun conservateur de bibliothèque anglaise ou
américaine digne de ce nom possédant des manuscrits ne refuserait
d'accorder à un chercheur l'accès à un document inédit, simplement
parce qu'un autre chercheur est en train de le publier », il paraphra-
sait mes critiques de la politique du Centre d'Oxford, telles que je les
avais exprimées dans ma lettre au *Times*. Les propos de Vermes,
écrits seulement *après* que l'AAI eut annoncé la demi-libération des
textes, le 27 octobre, et pas avant, contredisaient directement la
position prise par lui-même et le Centre dans la correspondance du
Times publiée trois mois plus tôt, défendant les principaux arguments de l'AAI et des qumranologues traditionnels en faveur de la
limitation de l'accès aux textes.

L'article qui donna lieu à notre correspondance, publié le 24 juin
dans le *Times*, évoquait l'espoir de Vermes de voir les chargés de
publication officiels venir à Oxford pour y donner des conférences et
faisait clairement apparaître que l'accès aux rouleaux ne s'obtiendrait
qu'avec leur permission (« en dernier ressort, les éditeurs souhai-
tant jouer aux empêcheurs de tourner en rond pourront continuer à le
faire »). Donc, tandis que les éditeurs officiels *donneraient* les
conférences, les autres chercheurs n'ayant pas eu accès aux textes
spécifiques sur lesquels devaient porter les allocutions resteraient de
simples auditeurs. Les éditeurs officiels pourraient, s'ils le déci-
daient, partager leurs textes avec des collègues moins privilégiés,
mais il était clair que, lors des réunions prévues, la situation serait
inégale. En termes simples, le Centre d'Oxford avait entamé avec
l'AAI une collaboration ayant pour conséquence pratique le refus
arbitraire de l'accès aux textes. Ce refus pouvait s'appliquer aux
chercheurs dont les conceptions fondamentales de l'origine et de la
signification des rouleaux risquaient d'être en contradiction avec
celles des membres des deux comités officiels, ou à d'autres cher-

cheurs, pour toute raison que les éditeurs « officiels » pourraient souhaiter mettre en avant.

Tout en prétendant avoir le prestige d'un centre de recherche indépendant et de premier rang en Europe, en pratique, le Forum d'Oxford apparut comme une institution en grande partie vouée à préserver certaines variantes de l'ancienne théorie « essénienne », plus incroyable que jamais. Cela se traduisait par un effort incessant de la part des organisateurs du Forum pour avoir le beurre et l'argent du beurre : acquérir l'envergure convenant aux établissements universitaires distingués qui défendent la liberté de la recherche et de la discussion scientifique, tout en poursuivant tranquillement un programme idéologique.

C'est dans ce contexte qu'Alan Crown, dans sa réponse à ma lettre au *Times*, donna des garanties que « plusieurs signes étaient apparus indiquant que notre foi dans l'ouverture à venir de la recherche sur les rouleaux est justifiée. Le 1ᵉʳ juillet, lors de l'inauguration de notre salle [des rouleaux] de Qumran, le professeur Emanuel Tov, directeur des publications, et le professeur Geza Vermes, d'Oxford, donnèrent des conférences publiques à une importante assemblée de chercheurs sur du matériel inédit qu'ils préparaient ». Cela ne fit que confirmer l'affirmation du *Times* selon laquelle les éditeurs *officiels* des textes donneraient désormais des conférences pour exposer leurs conclusions à d'autres personnes moins favorisées. Encore une fois, le Dr Crown ne mentionnait pas un fait important : Vermes et Tov partageaient la conception traditionnelle selon laquelle les rouleaux provenaient entièrement ou partiellement d'une secte censée avoir vécu à Khirbet Qumran. Même après la concession qu'avait été forcée de faire l'AAI (en raison des actions menées à l'étranger) en stipulant que l'on cesserait d'empêcher d'étudier librement les rouleaux, et après que Vermes eut, à la suite de cela, reconnu la nécessité générale du libre accès aux manuscrits anciens, la politique du Forum ne changea pas fondamentalement. On eût cherché en vain des propos du directeur affirmant que le Forum d'Oxford inviterait des chercheurs de bonne foi qui travaillaient sur les textes de Qumran à donner des conférences, sans tenir compte de leur point de vue sur les questions fondamentales de l'origine des rouleaux, ni de leur rôle dans la lutte pour la libération de l'accès aux textes.

En réalité, un fait nouveau suggéra bientôt que les choses se passaient autrement. La déclaration de Vermes parut dans le *Times* au moment même où le *New York Times* publiait un article sur un fragment de rouleau récemment déchiffré par le professeur Michael Wise (8 novembre 1991). Le professeur Robert Eisenman, de la California State University, qui travaillait en collaboration avec lui, avait conclu que les six lignes abîmées du fragment contenaient une référence à la mort d'un personnage messianique par « transpercements ». D'après une des traductions possibles, la ligne essentielle du fragment signifiait « Et ils donneront la mort au Prince de la Congrégation », que l'on pouvait interpréter comme évoquant un personnage messianique. En la rapprochant de certains autres nouveaux textes de rouleaux, cette ligne pouvait sans doute permettre de mieux comprendre la pensée messianique des Juifs, juste avant la naissance du christianisme. Conscient des déclarations de plusieurs qumranologues, selon lesquelles les textes qui venaient d'être rendus disponibles ne présenteraient rien de nouveau, Eisenman avait décidé de prendre les devants et d'annoncer publiquement son interprétation de ce texte. Après la parution de comptes rendus sur ce sujet en Angleterre, Vermes organisa une séance spéciale, dans le cadre de son séminaire, dont les conclusions furent publiées dans le numéro de sa revue où parurent ses propos remarquables sur la chronologie des événements. Dans cet article, il annonçait : « une séance spéciale s'est tenue le 20 décembre [1991] en présence d'experts des universités d'Oxford, Cambridge, Londres et Reading », afin d'examiner ce texte « qui a récemment acquis une notoriété internationale ».

Comme nous pouvions nous y attendre, l'article de Vermes critiquait l'interprétation de Wise et Eisenman, prétendant que la ligne essentielle devait se traduire par « Le Prince de la Congrégation lui donnera la mort ». Après quoi, il affirmait triomphalement que les participants du séminaire avaient appuyé ce point de vue qu'il partageait avec son assistant. De fait, un nouveau communiqué de l'Associated Press, publié après une interview avec Vermes[23], déclarait que plusieurs chercheurs des quatre universités ci-dessus mentionnées « avaient conclu que le fragment n'évoquait pas un chef tué, mais un Messie triomphant »... Dans la mesure où l'article du professeur Vermes et de son associé était de nature scientifique, avec des notes en bas de pages et des citations de plusieurs textes de Qumran, les journalistes pouvaient fort bien en conclure que l'interprétation de Wise et Eisenman avait été réfutée. Cette « réfutation » fit même le titre d'un article de la revue de vulgarisation *Biblical Archaeology Review* de juillet 1992, annonçant : « Le texte du Messie transpercé : une interprétation disparaît. »

Il convient de noter qu'au moment où le groupe d'Oxford prétendait réfuter leur interprétation, ni Wise ni Eisenman n'avaient encore publié un article scientifique sur ce sujet ; ils avaient seulement fait un compte rendu préliminaire d'un texte encore inédit. Sautant sur l'occasion, Vermes écrivit : « Puisque Eisenman et Wise n'ont pas encore publié leur théorie dans une revue scientifique, et que les médias ont repris leurs déclarations sans arguments pour les étayer, le présent article... ne sera pas polémique [mais]... cherchera à comprendre ce fragment gravement tronqué, dans son contexte qumranien plus large. »

La logique de cette décision pouvait, à la réflexion, paraître curieuse à ceux qui ignoraient les luttes de chapelle de la politique qumranienne. Pourquoi, compte tenu de la recommandation de fraternité scientifique exprimée par Vermes dans sa lettre au *Times* du 16 juillet, le Centre d'Oxford n'invita-t-il pas simplement Eisenman et/ou Wise à présenter une version détaillée de leur thèse à la conférence du 20 décembre ? Et pourquoi Eisenman et Wise ne furent-ils pas invités à présenter leur interprétation dans le numéro de la revue qui publiait la critique de Vermes ? (Rappelons que Vermes est le rédacteur en chef de cette revue.) Après tout, Wise et Eisenman avaient bien été les premiers à divulguer l'importance du texte, poussant Eugene Ulrich, de Notre-Dame, à annoncer que « ce même texte fut examiné en mars dernier lors d'un séminaire fermé réunissant des chercheurs officiels chargés des rouleaux » (*New York Times*, 8 novembre 1991). Les chercheurs « officiels » avaient alors perçu l'importance du texte, mais avaient gardé cela secret jusqu'à ce que le professeur Wise le déchiffre de son côté. L'article de Vermes ne mentionnait nulle part la contribution de Wise et Eisenman qui avaient attiré l'attention du public sur ce texte.

Comme dans un jeu sans règles où l'on ne joue que pour gagner, ce que ce procédé visait, en réalité, c'était de retirer à Wise et Eisenman l'initiative concernant ce texte. Bien que ce fussent eux qui avaient perçu son importance, Vermes monta la question en épingle, puis en fit le sujet de sa propre recherche. En outre, malgré son démenti, la réfutation de Vermes était bien de nature polémique. Il développait en détail ses propres observations, mais n'offrait pas l'occasion de s'exprimer à ceux dont il souhaitait réfuter les arguments, ce qui permettait de suggérer qu'ils n'avaient rien à proposer.

Malgré son mépris de la façon dont Eisenman avait utilisé la presse populaire, Vermes avait auparavant eu recours au même stratagème pour promouvoir sa défense de l'hypothèse essénienne traditionnelle. A cette occasion, il avait communiqué de nouveaux résultats, alors inédits, fournis par des spécialistes suisses de la datation au radiocarbone. D'après le *Times* du 24 juin 1991, le professeur Vermes, « dans un geste scientifique théâtral, souhaite annoncer... les résultats de récents tests de datation au carbone 14 *. pratiqués sur des documents essentiels de la collection ». Derrière ce geste, il y avait sa volonté et celle de nombreux autres qumrano-logues d'affirmer que la grande majorité des rouleaux remontait à l'époque pré-chrétienne, par opposition à l'idée défendue par d'autres chercheurs qu'un nombre important de ces textes pouvait dater du début du Ier siècle après J.-C. « Les techniques modernes de carbone 14, nous disait-on dans le même article, pourraient répondre à la question avec un degré de certitude important. Le pari consiste à penser que, lorsque les résultats des tests seront annon-cés..., la thèse conventionnelle l'emportera. »

Le jour même, Vermes annonça les résultats des tests et, d'après lui, ils confirmaient l'idée que « la plupart des... rouleaux datent des deux derniers siècles avant J.-C. ». Le compte rendu de cette

*Pour une description du procédé de radiocarbone 14, voir Annexe III (pp. 401 sqq.).

annonce dans le *Times* continuait en insistant sur le fait que Vermes « et ses collègues paléographes sont heureux de voir que, dans presque tous les cas, la science a corroboré leurs estimations de datation ». Suivait ensuite une très nette prise de position en faveur des idées de Vermes : « *La datation ferme* des rouleaux à l'ère pré-chrétienne mettra un terme aux spéculations d'après lesquelles ils reflètent des conflits au sein de l'église primitive. *La communauté essénienne qui écrivit les textes* semble plutôt avoir été l'un des nombreux participants du milieu intellectuel où Jésus de Nazareth apporta certaines idées nouvelles et radicales » (souligné par moi).

A cela, toutefois, s'ajoutait l'affirmation que « d'après [les] nouvelles datations au radiocarbone de huit documents, les plus récents [des rouleaux] furent probablement écrits *pendant la vie du Christ et des apôtres...* » (souligné par moi). Bref, dans la mesure où l'on pouvait considérer qu'ils étaient exacts, les tests au radiocarbone 14 *n'avaient pas* permis de dater fermement les rouleaux à l'ère pré-chrétienne, en revanche ils avaient montré que certains d'entre eux dataient de l'ère pré-chrétienne et d'autres pas.

Les conclusions scientifiques sur lesquelles s'appuyaient manifestement les déclarations de Vermes à la presse furent publiées ultérieurement[24]. Les résultats se présentaient sous forme de tableaux assez clairs, mais ils ne faisaient que révéler l'absence de fondement solide aux trois affirmations centrales présentées dans ces déclarations : ils ne prouvaient pas que l'on pouvait « dater fermement les rouleaux à l'ère pré-chrétienne », ni que « la science » avait « corroboré » les estimations paléographiques de datations des divers rouleaux, ni que les textes avaient été « écrits » par une « communauté essénienne ». (Voir les détails plus loin, Annexe III.)

D ans une déclaration accompagnant les exemplaires de cette étude des analyses au radiocarbone qui furent distribués le 6 novembre 1991 (c'est-à-dire avant la publication), l'AAI affirma : les « fragments de rouleaux qui viennent d'être mis à la disposition des chercheurs seront disponibles simultanément à Oxford et à Jérusalem[25] ». Mais ensuite, comme nous l'avons vu, le 20 novembre, des photographies des rouleaux de la grotte 4 jusque-là gardées en réserve furent publiées et, le 25 novembre, le Dr Tov fit sa fameuse déclaration indiquant que tous les chercheurs auraient accès aux manuscrits sans restriction. Pourtant, aucune déclaration écrite officielle de l'AAI ne vint appuyer les propos de Tov, et l'AAI n'allait jamais en fournir. En revanche, quelques mois plus tard, Tov publia dans le *Journal of Jewish Studies* de Vermes une liste précisant les attributions des rouleaux aux membres de son équipe éditoriale (qui à cette époque comptait environ soixante personnes), ainsi que les noms de ces membres, sans pour autant mentionner son annonce faite à la réunion de la Society of Biblical Literature[26]. C'est la raison pour laquelle je lui demandai, début décembre 1992, de m'envoyer la déclaration qu'il avait lue, car je souhaitais l'inclure dans un débat sur l'éthique des publications de manuscrits, prévu dans le cadre de la conférence internationale sur les rouleaux qui devait se tenir à New York plus tard dans le mois*. Mais cette requête me fut refusée. Tov répondit qu'il n'avait trouvé qu'un exemplaire écrit à la main de sa déclaration et qu'il ne pensait pas que cela valait la peine de m'envoyer ce texte « que l'on devait situer dans le cadre du débat alors houleux sur le problème du libre accès aux rouleaux[27] ». De plus, il affirma que différents problèmes entraient également en ligne de compte :

> principalement l'honnêteté dans la recherche et le fait de citer sans autorisation et de manière inappropriée des transcriptions aussi bien inédites que publiées, ainsi que des discussions scientifiques, qui sont la propriété intellectuelle des chercheurs ayant effectué le travail et qui voient à présent leur travail imprimé sans mention de leur nom ou cité de manière incorrecte.

Les propos de Tov impliquaient que si les membres de son équipe distribuaient des transcriptions des textes qui leur étaient

---

*Voir le compte rendu de ce débat dans M. Wise et autres, *Methods of Investigation of the Dead Sea Scrolls and the Khirbet Qumran Site* (New York, 1994), pp. 455-495. Rapport et débat sur la datation au radiocarbone 14, *ibid.*, pp. 441-453.

assignés ou présentaient ces textes lors de réunions scientifiques, cela leur donnait certains droits moraux ou légaux d'être les premiers à publier ces textes, même s'il s'agissait de textes qui leur étaient simplement attribués, et non pas confiés à la suite d'une découverte qu'ils auraient réalisée. Ce point de vue représentait apparemment un revirement par rapport aux déclarations du professeur Tov citées dans les articles de presse de novembre 1991. Je lui répondis le 22 décembre 1992, en soulignant que les propos cités signifiaient en réalité que :

> vous ne pensiez pas vraiment ce que vous avez affirmé lors de la réunion... Ce sentiment est en outre renforcé par le fait que dans... le *Journal of Jewish Studies*... vous avez publié une liste de tous les participants du projet de Jérusalem, avec leur attribution de manuscrits, mais vous vous êtes abstenu de faire allusion à vos propos précédemment tenus à Kansas City et cités dans la presse. En publiant cette liste sans publier con- jointement la déclaration en question, vous ne pouvez que donner l'impression que vous tâchez à présent d'atténuer cette déclaration et d'affirmer, au nom des bénéficiaires, un droit de publication prioritaire.

Tov répondit le mois suivant (17 janvier 1993) que « les membres de l'équipe internationale, avec le soutien de l'AAI deman- dent simplement à leurs collègues de ne pas » éditer les textes de fragments de rouleaux *in extenso*, mais de se limiter à des citations. Puis il ajoutait que certains membres « de l'équipe internationale sont plus libéraux que d'autres » et pouvaient effectivement estimer que les rouleaux étaient accessibles à tous les chercheurs qui sou- haitaient les étudier et les publier, s'ils le jugeaient bon. Tov précisait ensuite que son point de vue n'avait pas changé depuis novembre 1991 ; il maintenait chacun de ses propos de Kansas City et insistait sur le fait qu'il existait « un nouvel esprit d'ouverture ». Il poursuivait en disant que l'on demandait simplement aux collè- gues de « s'abstenir de publier des éditions intégrales des textes (par opposition aux études portant sur les textes et aux citations de ceux-ci) ». Il affirmait que c'était le point de vue exprimé dans son allocution « qui fut correctement citée par le *Religious Studies News* n° 7, du 1er janvier 1992…, mais pas par le *New York Times* du 27 novembre 1991 ». Il n'avait pas écrit au *Times* pour rectifier ses propos « car si je devais m'attarder sur tous les articles des journaux qui racontent n'importe quoi à propos des rouleaux, je ne serais plus en mesure de faire mon travail de directeur des publications ».

Ainsi, en janvier 1993, Tov prétendait que, lors de la réunion de Kansas City, il avait pris une position précise en affirmant que les chercheurs indépendants devraient s'abstenir de publier le texte des fragments de rouleaux, et qu'il n'était pas revenu sur cette position. L'article du *Religious Studies News*, qu'il avait joint à sa lettre, semblait effectivement traduire ce point de vue ; il expliquait que l'AAI possédait

> la totalité des droits de reproduction des rouleaux [et] avait pris des dispositions pour autoriser l'accès libre aux photographies… Au départ, ce libre accès était accordé, à condition que les utilisateurs se déclarent prêts à se limiter à citer des extraits des photos, mais s'abstiennent de réaliser des éditions des textes. Par la suite, l'[AAI] franchit un nouveau pas et abandonna toutes les restrictions imposées à la publication, *tout en continuant d'espérer que la contrainte morale conduira aux mêmes résultats*[28].

Cette description des propos de Tov contredisait manifestement ce qu'écrivirent le *New York Times* et d'autres journaux immédiatement après sa déclaration. Intrigué par cette différence, j'écrivis à E. H. Lovering, Jr., directeur du *Religious Studies News*, pour lui demander des informations supplémentaires sur la réunion de Kansas City. Il finit par retrouver un enregistrement de la séance qu'il fit transcrire et qu'il m'envoya. D'après la transcription de son allocution, Tov affirmait que l'AAI

> était intervenue à deux reprises. D'abord elle avait décidé d'accorder le libre accès à toutes les images photographiques des rouleaux… A ce stade, on attendait des utilisateurs… qu'ils

signent une déclaration stipulant que le contenu des textes pourrait être cité dans toutes les publications éventuelles, mais qu'ils n'éditeraient pas [intégralement] ces textes. Dans un deuxième temps, l'AAI s'aperçut que cette exigence n'était pas pratique et, deux semaines après la première [annonce], elle autorisa les institutions qui possédaient les photographies à ne pas exiger cette déclaration. (Cette deuxième [décision] n'a pas encore été rendue publique.) On estima et l'on continue à estimer que la contrainte morale est, à notre époque, la seule approche possible. C'est-à-dire que quiconque demande à avoir accès à l'une ou à toutes les photographies en obtiendra l'autorisation de plein droit, sans aucune limitation, en Israël et dans les instituts étrangers [29].

Tov continuait en disant, toujours selon la transcription, qu'il « reconnaissait que l'AAI ne pouvait faire autrement que de changer de politique » et qu'il était « entièrement d'accord avec ce changement. A l'évidence, poursuivait-il, nombre de mes collègues qui ont travaillé à la publication des textes pour le compte de l'équipe internationale ont des sentiments mitigés. L'avenir seul nous dira si ces récentes mesures sont bonnes ou mauvaises pour la recherche ».

Comme nous l'avons vu, selon l'article du *Religious Studies News*, Tov avait affirmé que l'AAI, en abandonnant toutes les restrictions institutionnelles à la publication, continuait « d'espérer que la contrainte morale *conduira au même résultat* » (souligné par moi). En effet, les propos de Tov enregistrés sont ambigus, mais cette ambiguïté ne permet guère une telle interprétation de ses remarques. Nulle part dans son discours Tov n'exprimait de désaccord vis-à-vis de la « Déclaration sur l'accès au matériel écrit ancien » établie par la Society of Biblical Literature et lue quelques minutes auparavant, lors de la même réunion, stipulant spécifiquement que l'autorisation de préparer des éditions officielles des textes accordée aux équipes de chercheurs ne devait pas « *faire obstacle à ce que d'autres chercheurs publient leurs propres études, traductions ou éditions du matériel écrit* » (souligné par moi). Si Tov savait que l'AAI n'était pas d'accord avec cette déclaration de principe, ou s'il l'avait lui-même désapprouvée, il eût été de son devoir de le signaler clairement, sans ambiguïté. Au lieu de quoi, ses propos sur la contrainte morale comme « seule approche possible » étaient suivis par une seule phrase explicative, suggérant que l'expression visant la contrainte morale concernait davantage l'Autorité des Antiquités et sa restriction de l'accès aux rouleaux, que les chercheurs individuels et leur lutte pour y avoir accès.

Telle était également l'implication des remarques positives et conciliantes que formulèrent les autres participants du colloque de Kansas City. Les professeurs Helmut Koester et Beverly Gaventa soulignèrent l'importance de la déclaration de la Société sur l'accès aux rouleaux et Koester ajouta que le professeur Tov « et les autorités de l'Etat d'Israël avaient décidé de s'associer à la politique que nous instaurons à présent[30] ». Le professeur James VanderKam lut à haute voix la déclaration. Après les remarques de Tov, le Dr Ulrich félicita l'esprit d'ouverture et de franchise qui se manifestait : le procédé de publication, disait-il, « ne doit pas être fondé sur la colère... [mais] sur des valeurs scientifiques : ... la confiance, l'harmonie et la coopération[31] ». J. A. Sanders, du Centre de Claremont, affirma : « Nous sommes très heureux de ces développements[32]. » Le Dr Abegg souligna « les grands événements auxquels nous assistons ce soir » et indiqua son intention et celle du professeur Wacholder de poursuivre la publication de la version informatisée des rouleaux qu'ils avaient déjà commencée[33]. Le dernier intervenant fut le Dr Moffett, de la bibliothèque Huntington, qui décrivit le rôle joué par cette institution dans la libération de l'accès aux textes, et conclut en disant : « Ma position était que, si on libérait les rouleaux, on libérait les chercheurs. C'est effectivement, je crois, ce qui s'est produit[34]. »

Les comptes rendus parus dans la presse à la suite de cette réunion reprirent donc le sens général de toutes les déclarations. Par la suite, aucun des intervenants ne mentionna la moindre parole de Tov en désaccord avec les propos des autres participants. Cependant, il est tout à fait possible que la déclaration de Tov au sujet de la

contrainte morale, formulée presque en passant, ait été volontairement ambiguë.

Il semble que, pour toutes ces raisons, juste après la publication
des comptes rendus dans la presse, la déclaration de Tov fut modifiée ou atténuée de telle sorte qu'elle prit, dans les pages du
Religious Studies News, un sens différent de celui transmis à la
réunion de la Society of Biblical Literature. Selon ce sens différent,
l'AAI continuait « d'espérer que la contrainte morale conduira[it]
aux *mêmes résultats* », c'est-à-dire à *restreindre la publication des
rouleaux*. Toutefois, puisque ni Tov, ni Koester, ni la Society of
Biblical Literature ne publièrent et, apparemment, ne firent aucun
effort pour publier un démenti dans la presse, et puisque le numéro
du *Religious Studies News* n'eut aucun écho dans les médias, le
public intéressé continua à croire, en se fondant sur les déclarations
parues dans la presse américaine et attribuées à Tov, au président de
la Société et à d'autres, que les rouleaux étaient devenus entièrement
accessibles à tous les chercheurs à des fins de publication et de
recherche, sans risques de représailles ni de stigmates. La requête
que j'adressai à la Société pour qu'elle fasse une déclaration publique clarifiant cette question fut accueillie par un silence délibéré.

*E*t les vieilles habitudes tenaces semblèrent reprendre le dessus.
Fin mai 1994, un groupe d'archéologues et de spécialistes
traditionnels des rouleaux se réunit à Jérusalem pour s'interroger sur
Qumran. Le journaliste du *Jerusalem Post* qui assista à la réunion
parla ensuite de la « mystérieuse communauté de Qumran ». Au
cours de cet entretien, on se hasarda à proposer plusieurs stratégies
exégétiques pour maintenir l'ancienne thèse. Un participant affirma
que, dans l'Antiquité, les soldats « mangeaient dans des assiettes
spéciales que l'on ne trouve pas à Qumran ». E. Tov demanda
quelles preuves avait-on « que Qumran était un monastère abritant
une communauté exclusivement masculine », ce à quoi M. Broshi
répondit que la préparation et le service des repas étaient entièrement
regroupés dans une cuisine et une salle à manger. En réponse à la
suggestion que seules quelques vingtaines de personnes à la fois
avaient vécu à Qumran, Sh. Talmon aurait dit : « S'il n'y avait que

cinquante personnes, d'où viennent toutes les tombes ? » Il répéta
sa suggestion antérieure : Qumran n'était qu'une retraite temporaire
pour les membres de « la secte » qui, pour des raisons spirituelles,
y étaient venus depuis les « campements » ordinaires où ils résidaient en permanence (allusion aux « campements » de l'*Alliance
de Damas*). J. VanderKam dit alors que les explications de Talmon
rendaient « le nombre important de tombes encore plus inexplicable,
dans la mesure où [les membres de la secte] ne pouvaient pas y avoir
terminé leur vie ». Talmon riposta que « la longévité n'était pas ce
qu'elle est aujourd'hui » (*Jerusalem Post*, 27 mai 1994). Personne
ne se risqua à faire remarquer le fait de plus en plus évident qu'il
était temps d'abandonner un mythe auquel on s'accrochait depuis un
demi-siècle.

Mettons de côté, désormais, la confusion engendrée par les
efforts menés pour imposer une théorie ancienne en conflit
avec elle-même. Examinons plutôt les conclusions fondamentales
que l'on peut tirer des preuves concrètes dont nous disposons, une
fois que la doctrine de « l'essénisme qumranien » est écartée.
Grâce à la libération des manuscrits et grâce aux témoignages
textuels et archéologiques qui sont accessibles aujourd'hui, et en
tenant compte des opinions exprimées et des enquêtes sérieuses
réalisées par des générations de savants, nous pouvons voir que les
manuscrits dans leur ensemble, et le site même de Khirbet Qumran,
forment les bases d'un chapitre important de l'histoire du peuple juif
au point culminant de sa lutte contre l'Empire romain. Les rouleaux,
pris dans des bibliothèques de Jérusalem et des collections personnelles à un moment crucial, puis cachés dans de nombreux endroits
du désert, sont les vestiges, par bonheur retrouvés, d'une réserve de
trésors spirituels de ce peuple. Ils forment le patrimoine des Juifs
palestiniens de l'époque intertestamentaire et représentent les divers
partis, sectes et divisions qui, comme l'ont perçu un nombre croissant de chercheurs, constituent la source créative d'une multitude
d'idées spirituelles et sociales. Avant la découverte des rouleaux,
nous n'étions pas en mesure d'aboutir à une conclusion aussi
formelle sur les Juifs de l'époque intertestamentaire. Une grande

partie de leur littérature nous manque encore et nous avons peu de chance de pouvoir un jour saisir toute l'ampleur du pouvoir créatif de ce peuple pendant le règne des Asmonéens et de leurs successeurs. Nous ignorons combien d'ouvrages de la littérature juive ancienne cachés dans les grottes voisines de Khirbet Qumran et ailleurs dans le désert de Juda disparurent totalement, et si d'autres restent à découvrir. Quant aux rouleaux qui ont été sauvés, aussi faible soit leur nombre, ils nous invitent à une réflexion historique de plus en plus poussée.

Aujourd'hui, nous nous apercevons que, pour arriver à comprendre les concepts et les pratiques évoqués dans ces textes, il n'est pas nécessaire de les faire entrer de force dans un carcan sectaire, celui de l'essénisme ou d'un quelconque autre groupe. Il faut au contraire examiner d'abord individuellement les idées qu'ils contiennent, en analysant avec soin leur contenu, puis extrapoler un peu et replacer ces idées dans les divers courants spirituels qui caractérisaient le judaïsme palestinien de l'époque intertestamentaire. Il y a soixante ans, on commençait à percevoir la diversité des courants spirituels du judaïsme pré-rabbinique[35]. Mais, paradoxalement, la découverte des rouleaux et la création de l'hypothèse qumrano-essénienne eut pour effet de mettre ce champ d'intérêt entre parenthèses, et ce de plus en plus à mesure que le pan-qumranisme gagnait du terrain. En réalité, les rouleaux révèlent les détails précieux d'un tableau plus vaste qui, bien avant leur découverte, avait été envisagé par ceux qui étudiaient Flavius Josèphe, les écrits intertestamentaires et la littérature rabbinique.

Pendant les deux siècles qui précédèrent la destruction du Second Temple, un grand nombre d'auteurs hébreux étaient profondément concernés par les thèmes eschatologiques et messianiques. Les rouleaux ont été écrits un siècle et plus avant l'époque des premiers maîtres rabbiniques qui, à la suite de la destruction du Temple et de la révolte de Bar Kokhba, façonnèrent le judaïsme ; ils reflètent donc des aspects de la pensée religieuse et sociale souvent différents du judaïsme rabbinique. On retrouve également des échos de cette pensée dans certains des textes rassemblés plus tard dans les apocryphes et les pseudépigraphes, eux-mêmes issus du judaïsme intertestamentaire au cours des deux siècles qui précédèrent la guerre contre Rome. Mais, grâce à la publication d'un nombre croissant de rouleaux, il a été possible de découvrir que le judaïsme de cette période était un phénomène bien plus complexe, plus dense et plus subtil qu'on ne l'avait jamais cru. Les rouleaux sont empreints du riche patrimoine littéraire que possédait le peuple juif à la période de crise qui précéda et annonça les débuts du christianisme.

De ce point de vue, les rouleaux brossent un portrait des facteurs spirituels sous-jacents à l'origine des événements qui conduisirent à la Première Révolte. On y observe l'évolution torturée de la pensée juive, depuis ses premières bases dans la religion mosaïque, jusqu'à de nouvelles valeurs religieuses et sociales. Cette évolution fut accomplie par des luttes opposant divers groupes et divers individus. La dynamique d'un échange d'idées vigoureux et souvent angoissé, suscita dans la Palestine juive intertestamentaire un climat de ferveur et de zèle qui, finalement, mena à l'opposition militante contre la domination romaine. L'angoisse régnait probablement dans toutes les régions de Palestine où les Juifs étaient fortement implantés. Cependant, c'est à Jérusalem, la capitale politique et religieuse, qu'elle s'exprima avec la plus grande intensité.

Les Romains savaient que Jérusalem serait leur principale difficulté. Ce n'était pas seulement parce qu'elle représentait l'administration politique des Juifs ; ils percevaient que, dans sa détermination d'exister, la ville continuait à adresser aux nations païennes le message qu'un jour viendrait où les épées de Rome elles-mêmes, qui avaient conquis une si grande partie du monde, serviraient à forger des socs de charrue, et où toute l'humanité accourrait vers le Temple du Seigneur, à Jérusalem (Isaïe 2.2-4 ; Michée 4.1-4).

Les Juifs, quant à eux, craignaient que les Romains entreprennent de détruire le Temple, témoin matériel de leur idéal religieux et politique. Ils espéraient qu'en cachant ces textes jusqu'à ce que la terreur ait cessé, ils sauveraient les paroles vivantes qui exprimaient les croyances et les aspirations auxquelles ils étaient attachés depuis des siècles, et qu'un temps viendrait où le message du judaïsme aux nations du monde serait à nouveau entendu.

La dissimulation des écrits des Juifs à l'époque de la Première Révolte apparaît donc comme un acte historique réalisé en désespoir de cause, grâce auquel les Ecritures saintes hébraïques et bien d'autres écrits des Juifs palestiniens auraient une chance de survivre.

En pensant à ces secrets enfermés dans les grottes de Qumran pendant tant de siècles, ne pouvons-nous pas nous interroger, comme des voyageurs contemplant un horizon lointain : lorsque le Temple brûla et que le sang coula dans les rues de Jérusalem, quel témoin de ces scènes aurait pu imaginer qu'une religion nouvelle, née parmi les Juifs dans une relative obscurité, adopterait ces Ecritures saintes puis continuerait à fleurir et influencerait profondément la pensée du monde occidental ? Qui aurait pu croire que les Juifs eux-mêmes, battus par les Romains dans toute la Palestine, émergeraient à nouveau avec un regain de créativité spirituelle, porteurs d'une puissante culture rationnelle ?

Épilogue

❖

Au cours des années 1990-1991, mes collègues de l'Université de Chicago et moi-même mettions au point les détails de la conférence internationale sur les rouleaux mentionnée plus haut. Nous décidâmes qu'elle ne serait pas seulement consacrée à l'interprétation des textes, mais aussi à l'archéologie de Khirbet Qumran et à l'utilisation des techniques scientifiques dans l'étude des rouleaux. Dans la proposition officielle adressée à la New York Academy of Sciences, nous avions indiqué que les qumranologues se divisaient de plus en plus nettement en deux tendances interprétatives : « l'une, comprenant la majorité des qumranologues, soutenait la thèse traditionnelle sur les découvertes qui émaneraient d'une petite secte ... habitant Khirbet Qumran, et l'autre préconisait de nouvelles interprétations des textes et de la nature du site de Qumran ». Nous faisions remarquer que les chercheurs étaient également divisés par la question de la publication des textes et des preuves archéologiques : certains, quoique représentant une minorité, souhaitaient maintenir le système dans lequel les rouleaux et le matériel étaient répartis, afin d'en faire des études exclusives, tandis que d'autres réclamaient « un procédé plus équitable qui pourrait donner aux chercheurs un accès plus large » aux textes. Par conséquent, on pouvait parler « d'une crise actuelle des études qumraniennes touchant à la fois la méthode et l'interprétation ... qui ne présente aucun signe de résorption, mais promet au contraire de devenir de plus en plus grave ». Nous souhaitions organiser cette conférence « pour réfléchir à ces questions et proposer des solutions ».

La conférence de New York se tint finalement en décembre 1992 et réussit à amener des chercheurs ayant des conceptions diamétralement opposées à examiner ensemble les manuscrits et le site de Khirbet Qumran. Personne ne fut exclu et personne ne fut invité en raison de ses affinités avec la communauté des qumranologues traditionnels ; les exposés sur l'archéologie et la datation au radio-carbone côtoyaient les études sur les textes mêmes, donnant ainsi à la conférence un caractère unique qui garantissait l'objectivité scientifique.

Parmi les exposés présentés, l'analyse textuelle du Dr Matthias Klinghardt, de l'Université d'Augsbourg, et l'examen par le Dr Pauline Donceel-Voûte (Université Catholique de Louvain) de l'archéologie de Qumran furent particulièrement remarqués*. Ces études, ainsi que d'autres présentées à ce colloque, représentaient un progrès considérable (sinon ce que le *New York Times* du 22 décembre 1992 appelait « une division croissante parmi les cher-cheurs ») en ce qui concerne l'application de l'étude des rouleaux à l'histoire générale du judaïsme intertestamentaire. Klinghardt proposa une nouvelle interprétation de la *Règle de la communauté* et montra que, dans ce texte, les ordonnances liées aux questions d'initiation, de cotisation réglée par les membres, de discipline des réunions, de repas en commun et de pénalités étaient « fort proches des lois similaires de l'époque régissant les associations privées [de] l'Egypte hellénistique, la Grèce et Rome ». Ces analogies repla-çaient la *Règle* dans un contexte plus large, révélant que « le statut juridique et l'organisation du *Yahad*, tout comme les groupes évoqués dans [certains] autres rouleaux ... et les premières congré-gations chrétiennes » étaient « fondamentalement identiques, indiquant que le *Yahad* était une communauté synagogale ». Klin-ghardt concluait que bon nombre des prétendues particularités du groupe du *Yahad*, telles que la pureté, l'orientation sacerdotale et le fait de s'autodéfinir comme une unité spécifique « semblent typi-

*Voir R. Donceel et P. Donceel-Voûte, « The Archeology of Khirbet Qumran », et M. Klinghardt, « The Manual of Discipline in the Light of Statutes of Hellenistic Associations », dans éd. M. Wise, N. Golb et autres, *Methods of Investigation of the Dead Sea Scrolls and the Khirbet Qumran Site*, Annals of the New York Academy of Sciences, vol. 722, New York, 1994, pp. 1-38 et 251-270.

ques de ce genre d'associations ». Or, le rapport entre les idées de la *Règle* sur l'organisation sociale et celles des sociétés hellénistiques avait déjà été envisagé par le professeur Moshe Weinfeld dans une étude importante*. Mais l'analyse indépendante de Klinghardt rejetait pour la première fois la conception strictement sectaire de la *Règle* et, en revanche, mettait l'accent sur l'importance de ce texte pour comprendre la façon dont l'idée même et la création de la synagogue apparurent dans la Judée antique.

La communication du Dr Pauline Donceel-Voûte marquait une nouvelle étape dans la dimension archéologique des études qumraniennes. S'intéressant essentiellement au soi-disant *scriptorium* de Khirbet Qumran, elle montrait que les prétendues « tables » de cette pièce étaient en réalité des morceaux de bancs qui avaient été fixés aux murs. Elle recensait tous les vestiges archéologiques disponibles et en concluait que les chances que cette pièce ait réellement été un *scriptorium* étaient nulles. Par contre, il s'agissait d'un type de *triclinium* ou de *cœnaculum*, c'est-à-dire une pièce réservée aux repas ou aux banquets privés. De plus, les morceaux de poteries et autres objets manufacturés retrouvés à Khirbet Qumran, souvent d'excellente qualité, étaient caractéristiques de la Judée romaine et non pas atypiques ; l'élégance d'un grand nombre des objets découverts militait contre la thèse d'une secte ascétique ayant vécu sur le site. Ces observations étaient particulièrement frappantes compte tenu du fait que l'Ecole Biblique avait demandé à Donceel-Voûte et à son mari, le professeur Robert Donceel (eux-mêmes enseignants à Louvain et associés à l'Ecole Biblique), de poursuivre officiellement le travail du père de Vaux sur Khirbet Qumran en préparant ses notes posthumes pour l'édition. Bien entendu, leurs conclusions contredisaient directement les idées de De Vaux, le chercheur le plus renommé de l'Ecole Biblique, et soulignaient la futilité de persister à considérer le site comme la demeure d'une secte et le lieu d'origine des manuscrits trouvés dans les grottes.

*Voir M. Weinfeld, *The Organizational Pattern and the Penal Code of the Qumran Sect*, Frieburg et Göttingen, 1986.

Encouragés sans doute par ces développements, certains archéologues israéliens recommencèrent à s'intéresser au problème de Khirbet Qumran. Au départ il se produisit un événement inattendu. En 1994, alors que j'étais en train de conclure la version américaine de cet ouvrage, une équipe, sous la conduite du Dr Yizhar Hirschfeld, de l'Université Hébraïque, fouillait un site peu connu, à environ 3,2 km au nord de Césarée, non loin de la côte méditerranéenne. Ce site, connu sous le nom de Horvat 'Eleq («Ruine des sangsues»), est l'un des différents groupes de constructions antiques qui occupent les hauteurs imposantes du Ramat Hanadiv, d'où l'on jouit d'une vue panoramique de la plaine de Sharon jusqu'aux collines de Samarie. Les quatre campagnes de fouilles se déroulèrent à mon insu, néanmoins elles allaient apporter des preuves supplémentaires sur la nature séculière et non religieuse de Khirbet Qumran.

L'équipe découvrit une «place fortifiée» typique (en grec, *chorion*), semblable à celles mentionnées par Josèphe et les auteurs des Livres des Maccabées. Josèphe écrit, entre autre, qu'Alexandre Jannée mettait ses troupes en garnison dans de tels endroits (*Antiquités* 17.290). Dans son rapport sur les fouilles d'Horvat 'Eleq, Hirschfeld souligne que «durant la conquête de la Judée, les Asmonéens construisirent des douzaines de forteresses dans tout le pays [dont] le rôle était, avant tout, de défendre les villages contre d'éventuelles invasions ennemies», mais aussi de maintenir «le contrôle sur la région, la sécurité des routes et des transports, et l'ordre public* ».

Les principaux éléments dégagés par les fouilles du site sont les vestiges d'une «énorme tour fortifiée» dont les murs extérieurs

---

*Voir Y. Hirschfeld, « The Early Roman Bath and Fortress at Ramat Hanadiv near Caesarea », *Journal of Roman Archaeology*. Supplementary Series, Number 14 : *The Roman and Byzantine Near East : Some Recent Archaeological Research*, Ann Arbor, Mich., 1995, pp. 28-54; cette citation se trouve p. 51. En ce qui concerne l'occupation juive des forteresses d'Hérode, Hirschfeld se réfère à l'ouvrage de A. Schalit, *Le roi Hérode, portrait d'un souverain*, Jérusalem, 1964, pp. 166-70 (hébreu). Sur la question de l'identification de Khirbet Qumran, voir l'article de Hirschfeld à paraître dans le *Journal of Near Eastern Studies*, vol. 57 (juillet 1998).

ont plus d'un mètre d'épaisseur, et d'un ensemble d'habitations à l'est de celle-ci. Un autre ensemble, au nord de la tour, a été fouillé en été 1997. La forteresse était clairement destinée à protéger toute la hauteur, où l'on a déjà dégagé une source, un aqueduc, un bassin, des bains et un *columbarium* (ou pigeonnier). Cette bâtisse faisait partie d'un groupe de places fortes construites pour défendre la frontière nord de la Judée hérodienne qui, de Césarée, s'étendait vers Sha'ar Ha'amaquim (« Porte des Vallées ») au nord-est, où l'on avait découvert une autre forteresse quelques années auparavant.

Bien que le rapport initial du Dr Hirschfeld ne signalât pas les similitudes architecturales frappantes entre Horvat 'Eleq et Khirbet Qumran, le 15 novembre 1995 il m'adressa un message révélateur dans lequel il affirmait :

La ressemblance archéologique entre les deux sites est indéniable. Tous deux ont une tour fortifiée pourvue de salles en sous-sol et d'un mur de façade en pierre (*proteichisma*), ainsi que des habitations à proximité... à Qumran il y avait aussi, de chaque côté de la tour, des ensembles d'habitations... L'étude comparative des découvertes archéologiques démontre que Ramat Hanadiv et Qumran n'étaient pas les seuls forts de campagne de Palestine... ils s'ajoutent à une série de forteresses similaires de la période du Second Temple découvertes dans le pays, comme celles d''En et-Turabeh près de Qumran, Engaddi, 'Arad, 'Aroer, les collines d'Hébron et, au nord de la Palestine, à Sha'ar Ha'amaqim et Horvat Geffen.

C'est au professeur Israel Shatzman, de l'Université Hébraïque, que nous devons cette appellation de « forts de campagne » pour ces forteresses, et la description de leur emploi. Dans un important ouvrage historique sur les armées asmonéennes et hérodiennes publié en 1991*, il a jeté les bases d'une meilleure compréhension des tactiques militaires et des ressources employées en Palestine

*Voir I. Shatzman, *The Armies of the Hasmoneans and Herod*, Tübingen, 1991.

juive à l'époque de ces souverains. Le mur de façade en pierre était, selon le Dr Hirschfeld, un « élément courant des fortifications hellénistiques », et il décrit celui qui entoure la tour de Horvat 'Eleq comme

> un mur bas, mais très solide... qui ceint la tour fortifiée. La partie externe était construite en gros blocs de pierre grossièrement polis ; ses angles étaient renforcés par des blocs taillés, tandis que l'intérieur était constitué d'une masse dense de pierres brutes de différentes tailles.

On retrouve cette même caractéristique à Khirbet Qumran, à la base de la rampe de pierre qui s'élève à un angle de la tour (voir plus haut, planche 2-a, p. 22). En observant le site, on remarque que cette rampe ne commence pas à même le sol, mais sur le *proteichisma*, à environ 0,60 mètre de haut, et s'élève en diagonale afin de consolider la tour, un tel appui supplémentaire ayant été jugé nécessaire vers la fin du Ier siècle avant J.-C. Les ensembles d'habitations voisins ont visiblement servi de garnison pour les soldats.

La ressemblance remarquable entre les deux sites et les particularités militaires de chacun d'eux devraient, dans des circonstances normales, avoir raison une bonne fois pour toutes de la thèse de base de la qumranologie traditionnelle, selon laquelle une communauté de pieux membres d'une secte vivait à Khirbet Qumran avant et pendant la Première Révolte. La totalité des preuves découvertes sur le site (cf. le chapitre 1) indique que le lieu faisait partie d'un ensemble de forteresses de Judée servant de garnison à des soldats juifs, et qu'il a joué un rôle dans la Révolte. Par contre, jusqu'à ce jour, aucune preuve n'atteste qu'il y ait un quelconque lien intrinsèque entre la forteresse et les manuscrits découverts dans les grottes.

Quant au lieu d'habitation des Esséniens de Pline, « parmi les palmiers » et « au-dessous » duquel se trouvait Engaddi, le Dr Hirschfeld, en janvier 1998, a entrepris des fouilles dans un site situé précisément sur un escarpement dans les collines au-dessus d'Engaddi. Jusqu'à présent, il y a trouvé les restes d'une vingtaine de chambres rectangulaires ordinaires, chacune juste assez grande

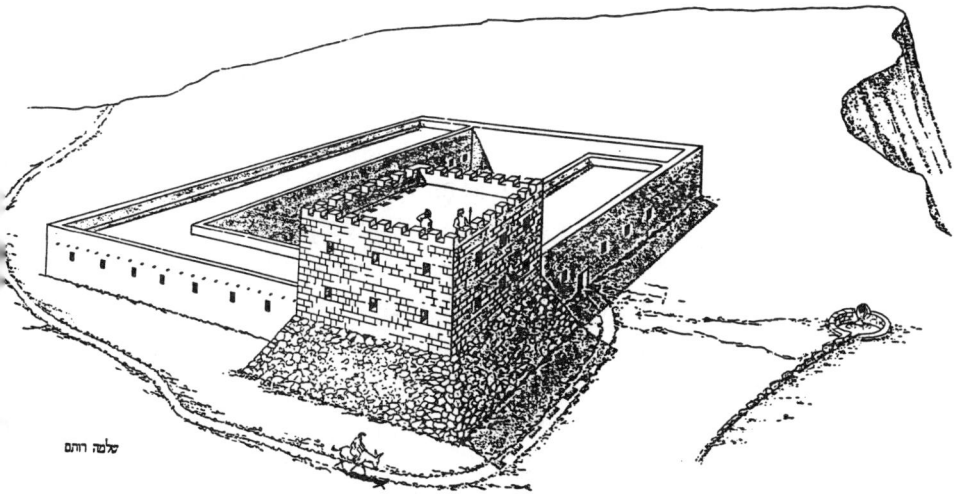

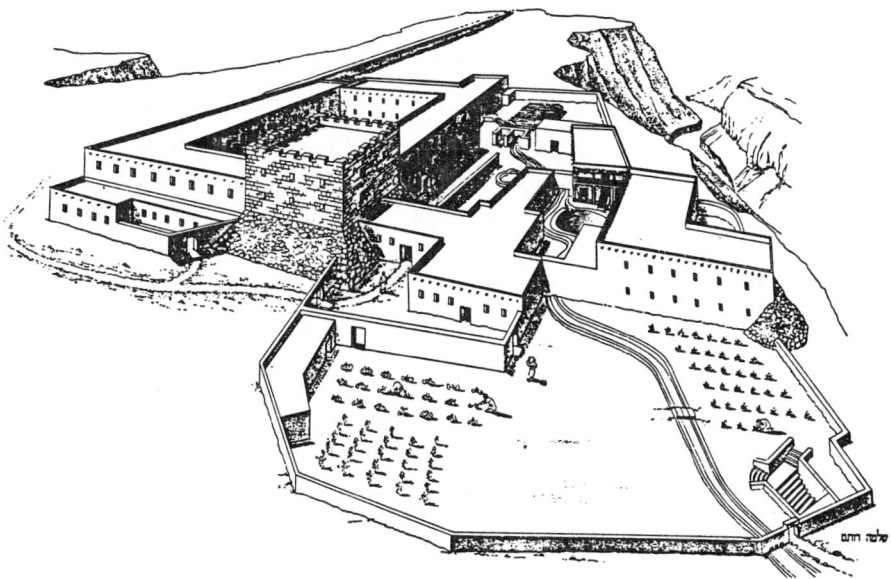

Planche 14
Les deux étapes principales dans le développement de la forteresse de
Khirbet Qumran, d'après Y. Hirschfeld : (a) étape asmonéenne ;
(b) étape hérodienne avec des installations agricoles importantes.

pour une personne, ce qui évoque la vie monastique des Esséniens décrits par Pline. Les fouilles ont permis de découvrir des poteries datant d'une période entre 70 et 100 après J.-C., montrant que le site était effectivement habité à la période où Pline rédigea son texte, c'est-à-dire à un moment où Jérusalem avait été réduite en « un monceau de cendres » (voir plus haut, p. 19). On a également trouvé des pièces d'argent datant, semble-t-il, du Ier siècle, mais à ce jour la datation de ces pièces n'a pas été précisée dans les comptes rendus publiés. De toute façon, comme l'a souligné le Dr Hirschfeld dans sa déclaration à la presse (qui, comme nous pouvions nous y attendre, a provoqué des réactions indignées de la part des qumranologues les plus acharnés, tout en recevant l'appui de certains autres chercheurs), le site correspond beaucoup mieux que Khirbet Qumran au texte de Pline dans son sens littéral*.

Pourtant, rien ne permet d'espérer un prochain changement radical dans la pensée des qumranologues traditionnels sur la question fondamentale de l'origine des rouleaux. Le drame scientifique qui se déroule depuis un demi-siècle a déjà eu plus d'un rebondissement ; les péripéties se succèdent inexorablement et le dénouement se fait douloureusement attendre. Il met en scène un conflit qui oppose les défenseurs d'une sacro-sainte doctrine conformiste et de ses auteurs vénérés, aux chercheurs qui sont déterminés à tenir compte des nouvelles preuves qui contredisent, donc menacent, cette doctrine.

Ce conflit n'a pas grand-chose à voir avec les notions éphémères qui, depuis la fin de la Seconde Guerre mondiale, s'imposent les unes après les autres dans le domaine de l'interprétation textuelle ; il porte plutôt sur les valeurs fondamentales associées à la recherche de la vérité sur le passé. En toile de fond se pose la question de comprendre si l'intensification du débat sur ces fragments antiques doit être considérée comme un phénomène isolé et obscur, en raison de son essence hébraïque, ou si au contraire elle est symptomatique de

---

*Voir le rapport préliminaire sur cette découverte significative dans *Haaretz* du 26 janvier 1998, et les bulletins de Reuters et de l'Associated Press du même jour.

l'état de la recherche scientifique à l'approche du troisième millé-naire. Cette question est primordiale, c'est la raison pour laquelle cela vaut la peine de passer en revue le déroulement des étapes marquantes qui ont précédé celle que nous vivons actuellement.

Le premier épisode concerne les principaux événements qui suivirent immédiatement la découverte des manuscrits : la lecture et la transcription rudimentaire des sept premiers rouleaux découverts, ainsi que le classement et le déchiffrement progressif des dizaines de milliers de fragments confiés au musée Rockefeller au début des années 1950. Parallèlement à cette activité, les chercheurs essaient, par tâtonnements, de trouver une explication historique convaincante de ces découvertes. L'explication prend initialement la forme d'une thèse que l'on avance par écrit presque immédiatement après l'avoir conçue et qui, ensuite, est adoptée et défendue par certains écrivains influents de plusieurs pays, avec une rapidité fulgurante, des dizaines d'années avant que la totalité des textes ne soit publiée. Les fouilles du site de Khirbet Qumran sont une conséquence de la diffusion de cette thèse et, quelques mois à peine après le début de la campagne, on déclare que le site fut le lieu de résidence d'une secte qui écrivit les manuscrits découverts. Ce premier épisode s'achève vers le milieu des années 1950, marquant le début d'une nouvelle étape de l'évolution des hypothèses sur l'origine des rouleaux.

Le deuxième épisode est presque entièrement marqué par les prestations de l'équipe d'éditeurs et de traducteurs du père de Vaux qui, du début des années 1950 jusqu'au décès de ce dernier, en 1971, prépare et fait publier par Oxford University Press quatre volumes des textes du musée Rockefeller. Ces éditions et traduc-tions, soigneusement annotées de commentaires savants, donnent du poids à l'opinion partagée par tous les éditeurs et rappelée avec insistance dans les pages de ces volumes, selon laquelle une secte essénienne aurait écrit et copié des rouleaux à Khirbet Qumran, puis les aurait cachés dans les grottes. Simultanément, on construit sur un terrain du musée d'Israël un splendide édifice (1965-1967) pour abriter l'exposition permanente des sept premiers rouleaux décou-verts ; ceux-ci y sont décrits comme étant les écrits d'une secte. Dans le même esprit, après 1967, des panneaux officiels sont placés parmi les ruines de Khirbet Qumran, pour indiquer que le site est le siège de cette secte. L'assentiment général ainsi exprimé transforme la thèse en vérité pour des centaines d'érudits et d'écrivains populaires, si bien que la thèse de la secte de Qumran est traitée comme un fait acquis dans les encyclopédies, les manuels et les livres d'histoire de l'Antiquité et des religions. Les critiques isolées sont sommairement rejetées par le groupe au pouvoir ; bien avant la mort de De Vaux, l'effervescence générale finit par gagner la grande majorité des lecteurs, qui adhère à cette thèse.

Le troisième épisode du drame voit le déclin de l'image d'infaillibilité des monopolistes. Il s'ouvre sur la nomination, en 1971, du père Pierre Benoît, en tant que nouveau directeur chargé de superviser la publication des textes. Il s'ensuit un ralentissement de la publication, bien que les membres de l'équipe commencent à avoir une connaissance de plus en plus étendue du contenu des rouleaux. Certains membres disparaissent complètement de la scène, tandis que d'autres commencent à partager leur tâche avec des étudiants de troisième cycle dont ils supervisent la thèse, basée sur ces fragments jusqu'alors inaccessibles. Le père Benoît ne fait rien pour mettre fin à cette pratique ; au contraire, avant sa mort, en 1987, il passe la direction du projet de publication à John Strugnell, l'un de ces éditeurs qui, sans jamais avoir produit le moindre volume intégral des textes leur ayant été attribués, confient quelques manuscrits à leurs étudiants. De plus en plus critiqué pour le retard pris sur le calendrier des publications, Strugnell finit par élargir l'équipe officielle, en intégrant quelques qumranologues traditionnels de plus et en réattribuant certains textes à de nouveaux membres, tout en prenant des mesures pour protéger le monopole de l'équipe. Le transfert à Jérusalem de fonds collectés en Angleterre entraîne l'admission d'un qumranologue d'Oxford au sein de l'équipe éditoriale officielle. De nouvelles critiques de la thèse dominante se font entendre. Quelques érudits s'enhardissent et proposent des changements dans les axiomes de la qumranologie concernant l'identité du site de Khirbet Qumran et l'authenticité du *Rouleau de cuivre*, le contenu doctrinal des manuscrits, ainsi que d'autres questions fondamentales. L'Autorité des Antiquités d'Israël nomme un Comité de surveillance des rouleaux pour superviser le calendrier des publications, provoquant les protestations de Strugnell. Suite à des déclarations antisémites de la part de ce dernier, un nouveau directeur des publications, Emanuel Tov, est désigné. Ce dernier admet de nouveaux membres dans le groupe, mais, en même temps, il prend des mesures pour consolider le monopole établi. La crédibilité du groupe dominant, même si elle met du temps à s'effriter, donne lieu à un tollé général dans la presse, ce qui aboutit à la libération des textes, en 1991, et au repli stratégique des monopolistes, typiquement illustré par la conférence de Kansas City, en novembre de la même année (voir pp. 342 sqq.).

Le quatrième épisode, le dernier en date, est la conséquence inévitable des trois précédents. Il est marqué par les conflits d'idées qui agitent le monde de la recherche sur les rouleaux et lui insufflent une énergie intellectuelle nouvelle. Cet épisode se caractérise par l'effondrement progressif des idées établies et la recherche de nouveaux concepts sur l'origine et la signification des rouleaux. Il va sans dire que, durant ce processus, les qumranologues traditionnels continuent à intervenir dans le débat pour proclamer avec persistance la validité de l'ancienne thèse*, alors que certaines

---

*En France, deux exemples récents des efforts visant à défendre cette doctrine sont les ouvrages de E. Puech, *La Croyance des Esséniens en la vie future : immortalité, résurrection, vie éternelle ?* vol. I et II, Paris 1993, et de F. Schmidt, *La Pensée du Temple. De Jérusalem à Qoumran*, Paris 1994. Ces auteurs prennent l'identification religieuse de Khirbet Qumran comme argent comptant, sans tenir compte de la grande majorité des preuves archéologiques contraires. Chacun emploie les textes dont il traite de façon arbitraire, présupposant leur origine ou leur utilisation à Khirbet Qumran en dépit des preuves toujours plus grandes de leur nature éclectique et de leur provenance de bibliothèques dans un centre important d'activités spirituelles et intellectuelles. La tentative du professeur Schmidt d'associer les idées du *Rouleau du Temple* (voir plus haut, pp. 207 sqq.) à celles de la *Règle de la communauté* ne peut convaincre que les qumranologues traditionnels les plus acharnés. De son côté, fidèle aux idées de ses prédécesseurs, le père Puech tente de forcer virtuellement toutes les idées des rouleaux concernant la vie future à rentrer dans un seul système de doctrines isolées qui, selon lui, auraient évolué chez les Esséniens à travers les siècles. Malheureusement, il n'explique pas pourquoi il choisit ce chemin panqumraniste, au lieu d'explorer les croyances sur la vie future dans le contexte du judaïsme intertestamentaire pris dans son ensemble. Le seul mérite apparent de ce

personnes tentent d'harmoniser des opinions discordantes, grâce à des compromis innovateurs.

A ce stade du drame, ces derniers éléments coexistent très naturellement, contribuant ainsi à la dynamique du débat. Malgré tout, la quête de la vérité sur les rouleaux ne se déroule pas encore dans les meilleures conditions possibles. Ainsi, nous observons maintenant que le premier effort réel fourni, en 1980 (voir plus haut, p. 152), pour combattre le rejet par les éditeurs officiels de l'authenticité du *Rouleau de cuivre*, commence à porter ses fruits et que la majorité des spécialistes penche à présent en faveur de celle-ci. Pourtant, nous constatons que les instigateurs de ce changement sont des chercheurs imprégnés de la qumranologie traditionnelle et apparemment incapables de se démarquer de la plupart des croyances et des opinions de ses artisans principaux, malgré le courage et l'indépendance dont ils ont fait preuve en rompant avec au moins un des principes fondamentaux du folklore de cette discipline. Ce revirement se produit donc sans que tous les tenants du nouveau point de vue ne parviennent à assumer complètement les implications de leur découverte. On avance toutes sortes d'explications : la soi-disant communauté qumrano-essénienne aurait, en réalité, été riche plutôt que fidèle à l'idéal de pauvreté religieuse ; ou alors les Juifs opposés aux prêtres du Temple auraient confié leur dîme obligatoire aux Esséniens de Qumran pour la mettre à l'abri ; ou cette même communauté, au lieu de payer ses contributions au Temple, les aurait cachées dans le désert ; ou bien les fabuleux trésors décrits dans le rouleau, quelle qu'en soit la provenance, n'auraient jamais atteint le Temple, ils auraient été détournés en chemin et cachés par des prêtres en raison de la Première Révolte ; ou encore, ce même détournement aurait eu lieu entre les Première et Deuxième Révoltes et, par conséquent, le document en question ne peut avoir aucun lien ni avec les autres écrits trouvés dans les grottes, ni avec la prétendue communauté de Qumran ; ou enfin, indépendamment de son authenticité, il est inutile de chercher à connaître la source précise du

---

silence si troublant pour une question aussi fondamentale est de poursuivre la tradition établie par le père de Vaux et ses collègues qumranologues.

rouleau, tant il est évident qu'elle n'a rien à voir avec la dissimulation des manuscrits dans les grottes ou qu'elle n'est pas forcément liée au problème de l'origine des autres rouleaux.

Jamais, au cours des dernières recherches, l'authenticité récemment reconnue de ce document (découverte, pour ainsi dire, avec tant de spontanéité) et le fait qu'il mentionne la présence de rouleaux parmi les trésors cachés n'ont incité ces chercheurs à comparer leurs preuves avec d'autres faits parlants, maintenant connus, concernant le site de Khirbet Qumran et le contenu des manuscrits des grottes. Au contraire, en traitant le *Rouleau de cuivre* comme un phénomène isolé, ils évitent d'aborder la question, plus délicate, de l'origine des centaines de fragments d'écrits trouvés dans les grottes. Cela dit, le Symposium International sur le *Rouleau de cuivre*, tenu en septembre 1996, à Manchester (à l'occasion du quarantième anniversaire du déroulement du manuscrit dans cette même ville), malgré le manque de franchise manifesté dans son organisation, eut pour résultat que 70 % des participants penchaient, en fin de compte, pour l'authenticité de ce document précieux, et 60 % estimaient que ce texte provenait du Temple de Jérusalem.

Cela contraste remarquablement avec les résultats des dispositions prises avant les conférences qui eurent lieu, également en Angleterre, en été 1995. Dès septembre 1994, le Dr F. Garcia Martinez, secrétaire général de l'Organisation Internationale pour les Etudes de Qumran, avait convié plusieurs chercheurs à participer à un colloque, en précisant qu'il s'articulerait autour du thème « les textes législatifs et la communauté de Qumran ». Par ce titre, l'organisme en question affichait son attachement à l'idée de l'existence d'une communauté religieuse, basée à Khirbet Qumran, en quelque sorte responsable de l'écriture, de la copie et/ou du rassemblement des écrits trouvés dans les grottes. Il s'agit là, bien entendu, d'une conviction ou d'une prémisse héritée de la qumranologie traditionnelle, qui n'a jamais été prouvée, mais qui est acceptée comme allant de soi. C'est ce qui s'appelle une pétition de principe. En substituant seulement les mots « textes de la communauté de Qumran » par « textes du désert de Juda », les organisateurs du colloque auraient aisément évité de prendre parti sur le problème des origines des manuscrits ; mais tel n'était apparemment pas leur souhait, puisqu'ils ont délibérément choisi d'introduire un élément de rhétorique partisane dans le thème du colloque.

Cette décision regrettable était accompagnée d'une autre : celle d'inviter deux qumranologues nommés, quelques années auparavant par le cartel des rouleaux, éditeurs officiels de la *Règle de la communauté* et de l'*Alliance de Damas*, respectivement, à tenir le rôle de conférenciers « principaux », tandis que d'autres intervenants furent contraints de ne présenter qu'un bref exposé, sans débat possible. Les petits résumés des allocutions, distribués lors du colloque, révélèrent en effet une nouvelle façon de concevoir les fragments de certains manuscrits issus des grottes, et une libre discussion aurait sûrement permis d'éclairer d'un jour nouveau la question générale des origines des rouleaux. Qui plus est, les deux « principaux conférenciers », contrairement aux autres, faisaient également partie du programme général de la conférence de l'Organisation Internationale pour l'Etude de l'Ancien Testament qui, simultanément, se tenait à Cambridge. Ce qui démontrait aux centaines de participants que l'hypothèse qumrano-essénienne se portait à merveille, une opinion que le secrétaire général de l'Organisation Internationale pour les Etudes de Qumran persistait à défendre.

Aux Etats-Unis, les organisateurs responsables du choix des conférenciers des réunions annuelles de la Society of Biblical Literature, persistent à exercer un contrôle similaire. Ainsi, au cours des rencontres de Chicago, en 1994, le comité organisa une table ronde sur les *Actes de la Torah* (voir plus haut, p. 211 sqq.) avec des intervenants qui, tous, se ralliaient à la théorie que cette œuvre appartenait, malgré tout, à la « communauté de Qumran ». Comme pour consolider la vraisemblance de la doctrine, le seul exposé concernant Khirbet Qumran fut donné par un archéologue qui professait une foi inébranlable dans la théorie sectaire. Aucun chercheur susceptible de proposer une opinion différente sur l'utilisation du site ne fut invité, et aucun débat libre sur ce point ne fut autorisé. Le déroulement de ce colloque jette un doute sur l'objectivité scientifique du comité organisateur dont tous les membres sont apparemment unis dans leur soutien de la thèse qumrano-essénienne.

Dans le même esprit, la série de vidéos de la Biblical Archaeology Society sur les manuscrits de la mer Morte présentait cette thèse sur un plateau d'argent : la publicité annonçait, fin 1995, « six heures de pur plaisir pédagogique ». On aurait, entre autres, la satisfaction d'apprendre pourquoi les « Esséniens de Qumran décidèrent de quitter un pays qu'ils jugeaient corrompu et malsain pour aller vivre en communauté sur les rives de la mer Morte ».

Cependant, à Jérusalem, à côté de la protection habituelle de la thèse traditionnelle, on pouvait observer une curiosité prudente de la part de quelques-uns, et une certaine bienveillance chez d'autres, à l'égard de l'émergence d'idées nouvelles sur l'origine des rouleaux. Malgré cela, la protection de la thèse d'origine, par l'omission pure et simple des théories opposées, continue à l'emporter. Cette subjectivité s'est manifestée lors des dernières expositions sur les rouleaux organisées par l'Autorité des Antiquités : l'une au Vatican, en été et en automne 1994, et deux autres au Musée d'Israël, au printemps 1995 et en été 1997. L'exposition italienne suivait de près le plan des expositions américaines antérieures, dont le catalogue fut réédité pour l'occasion. En revanche, celle du Musée d'Israël en 1995 témoignait d'intéressants changements, comme si des parties adverses avaient contribué à sa conception. Au musée et à travers la ville, des banderoles annonçaient pompeusement au public, pour l'attirer, « le mystère de Qumran », tandis qu'à l'entrée de l'exposition une grande affiche promettait de passer en revue les « méthodes de recherche » en cours sur les rouleaux.

Malheureusement, les descriptions des manuscrits et du site de Qumran étaient identiques à celles des expositions précédentes, ne révélant, paradoxalement, ni les nouvelles méthodes de recherche, ni le moindre caractère mystifiant ou ambigu des conclusions traditionnelles. Le message, on ne peut plus dogmatique, de l'exposition était qu'une secte avait écrit les rouleaux, qu'il s'agissait sûrement des Esséniens et qu'ils étaient installés à Khirbet Qumran. Pour permettre aux visiteurs de se représenter ce postulat sans fatiguer leur imagination, deux mannequins grandeur nature, vêtus de capes, étaient censés représenter des scribes, assis à un bureau semblable aux tables soi-disant trouvées dans le prétendu _scriptorium_ de Qumran. Pis, une description de la découverte des rouleaux contenait une erreur particulièrement gênante pour un musée de renom, en soutenant que certains manuscrits avaient été trouvés _à Khirbet Qumran même*_. La présentation vidéo qui accompagnait l'exposition soutenait à nouveau la position officielle.

Lors de la préparation de l'exposition, l'Autorité des Antiquités prit une autre mesure pour soutenir la thèse traditionnelle, en finançant un projet destiné à déterminer l'ADN des rouleaux (ce qu'il faut comparer avec les revendications scientifiques antérieures concernant les datations au carbone 14, voir l'Annexe III, pp. 401 sqq.). Un groupe de collègues de l'Université Hébraïque devait collaborer avec le Dr Scott Woodward, de l'Université Brigham Young aux Etats-Unis, pour isoler trois gènes de cinquante fragments de rouleaux différents, tâche qu'ils espéraient terminer, d'après un rapport détaillé sur le sujet paru dans le _New York Times_ en mars 1995, avant l'été de cette année-là. Selon ce rapport, le projet avait un but bien particulier : « La possibilité d'identifier des animaux précis et les troupeaux dont ils provenaient [pouvait] renseigner les chercheurs d'aujourd'hui sur leurs localisations approximatives et celles des scribes qui les gardaient. » Le compte rendu insistait sur le fait que les données rassemblées pourraient apporter

> un renseignement de première importance permettant de déterminer si les anciennes communautés d'Esséniens du désert écrivirent _l'ensemble ou seulement quelques-uns_ des rouleaux, et si les ouvrages reflètent les coutumes et les pensées propres à un groupe relativement isolé de scribes, ou celles de scribes

---

* Voir ma critique dans _Haaretz_ du 14 avril 1995. Deux ans plus tard, le Dr A. Roitman, conservateur du Sanctuaire du Livre, corrigea de façon détournée cette erreur révélatrice de son équipe lorsqu'il déclara : « Il faut se rappeler que l'on n'a jamais trouvé aucun rouleau à Khirbet [Qumran]. » Voir _Haaretz_ du 13 octobre 1997.

d'époques et de lieux différents *dont les œuvres furent finale-ment collectées à Qumran**.

En accord avec la politique de l'Autorité des Antiquités en matière d'exposition, cette affirmation s'appuyait sur l'hypothèse non vérifiée que les membres d'une secte essénienne avaient, à un moment donné, vécu à Khirbet Qumran, qu'ils avaient soit *écrit* eux-mêmes les différents manuscrits dissimulés par la suite dans les grottes (une position défendue au Sanctuaire du Livre et sur les panneaux explicatifs placés à Khirbet Qumran par l'Autorité des Antiquités), soit simplement *rassemblé* beaucoup, voire la plupart des manuscrits de provenances diverses, ce que défend le professeur Emanuel Tov, directeur du cartel des publications des rouleaux (voir plus haut, pp. 250, 342 sqq., 356 sqq.). Le rapport du *New York Times* ne mentionnait pas la possibilité que le test puisse contredire ces deux thèses si les cinquante fragments analysés faisaient sim-plement apparaître une complète disparité d'origines des troupeaux. L'été puis l'automne 1995 passèrent sans que l'Autorité des Anti-quités ne souffle mot des résultats de ces tests.

Depuis, le Dr Woodward a regagné son université après avoir, semble-t-il, observé précisément une disparité génétique flagrante, mais les ans ont passé et aucun résultat définitif de ces analyses microscopiques minutieuses n'a été communiqué, malgré l'espoir exprimé en mars 1995. Lorsque la totale disparité des résultats génétiques apparaîtra noir sur blanc dans des rapports qui seront communiqués au public, cela discréditera, une fois de plus, l'idée d'une production littéraire et d'une intense activité de copiage à Khirbet Qumran, et privera ainsi la thèse des origines qumraniennes de l'un de ses principaux fondements. Cependant, au lieu de divul-guer les résultats des tests d'ADN, l'Autorité des Antiquités jugea bon d'annoncer la découverte de quatre nouvelles grottes, situées à un peu moins de 200 mètres au nord de Khirbet Qumran, décrites dans le communiqué de presse * diffusé ultérieurement, comme

---

*Voir *The New York Times*, rubrique « Science Times », 28 mars 1995 (article de Philip J. Hilts ; souligné par moi).
*Voir, par exemple, *Chicago Tribune*, 19 décembre 1995.

étant « le village... autrefois habité par la secte des Esséniens, que beaucoup estiment être les auteurs des rouleaux ». Cependant, ces grottes ne révélèrent rien.

En Israël, malgré les obstacles évidents, l'opposition à la théorie traditionnelle, ainsi qu'aux tentatives des responsables de l'Autorité des Antiquités et du Sanctuaire du Livre pour l'imposer, augmente. Pendant des années, on m'a empêché de donner, sur ces sujets apparemment particulièrement sensibles, des conférences publiques aux étudiants et aux membres des facultés des universités israéliennes ; mais en automne 1991 j'ai enfin eu la possibilité de m'exprimer officiellement sur ce thème à l'Université de Tel-Aviv, puis à l'Université Hébraïque, peu après l'ouverture officielle de l'exposition de 1995. La conférence à l'Université Hébraïque, qui eut lieu après la publication des photographies de tous les rouleaux et à la suite des révélations sur leur contenu et sur le nombre de scribes ayant pris part à leur rédaction, se distingua par le débat raisonné qui suivit mes observations, témoignant d'une volonté nouvelle de reconsidérer les explications courantes des origines qumraniennes à la lumière de l'actuelle accumulation de preuves. Notons que le quotidien hébreu *Haaretz* joue un rôle majeur dans la remise en question de la théorie traditionnelle, en particulier grâce aux articles perspicaces du journaliste Avi Katzman.

Il est très difficile, voire douloureux, pour les étudiants israéliens à qui l'on enseigne depuis l'enfance les mythes habituels sur Qumran, de faire face et de réfléchir à la réalité, nouvelle pour eux, de ces preuves, mais certains y parviennent et l'on commence à entendre leurs interrogations. Au moment où des recherches archéologiques confirment plus précisément le rôle véritable de Khirbet Qumran durant l'Antiquité, le grand public aussi découvre l'absence de consensus entre les spécialistes israéliens sur l'identification de cet ensemble de pierres. En effet, les auteurs chargés d'informer le public des progrès des études sur Qumran n'ont pas manqué de constater les changements. En 1995, l'un d'eux indiquait : « Près de cinquante ans après la découvertes des premiers rouleaux, il n'y a toujours pas de consensus sur l'identité de la communauté de Qumran, le caractère des édifices du site, la nature des croyances de ceux qui ont écrit les rouleaux, ni leurs liens, si tant est qu'il y en ait, avec le christianisme.» Un autre observateur écrivait audacieusement : « Les érudits pensaient, à l'origine, que les manuscrits de la mer Morte, avec leurs références fascinantes à l'avènement imminent d'un messie, illustraient les principes étranges d'une secte marginale d'ascètes juifs connus sous le nom d'Esséniens. Mais à présent les experts pensent que les textes, qui comprennent des fragments de codes juridiques, d'oracles et d'autres genres littéraires, reflètent des croyances très répandues dans le judaïsme du Ier siècle. La Terre sainte du temps de Jésus, comme le montrent les rouleaux, abondait en ferveur apocalyptique*. »

Ecartant inflexiblement ces doutes croissants sur l'hypothèse traditionnelle, les organisateurs d'une nouvelle exposition sur les manuscrits au Musée d'Israël, conçue pour compléter le congrès célébrant le cinquantième anniversaire de la découverte des rouleaux (en été 1997), penchèrent pour la défense passionnée de la théorie qumrano-essénienne. A cette occasion, chaque vitrine du couloir d'entrée du Sanctuaire du Livre présentait des éléments destinés à amener les visiteurs à adhérer à la théorie dans son incarnation la plus extrême, le contre-argument étant systématiquement passé sous silence. Pas la moindre mention du *Rouleau de cuivre* ; rien sur la variété des textes des phylactères ; silence total sur les cinq cents scribes des manuscrits ; nulle référence aux doctrines conflictuelles figurant dans les textes ; pas un mot sur les nouvelles voix des archéologues opposés à l'idée que Khirbet Qumran fut un sanctuaire religieux. Même le cadran solaire découvert, en 1954, à Qumran était décrit comme un cadran « essénien », incitant les visiteurs à croire que seule une secte pieuse aurait possédé un tel instrument. Et l'on était impressionné par la présentation, dans la vive lumière du Sanctuaire, d'un *ostracon* (ou texte écrit sur un tesson de poterie) découvert hors des murs de Khirbet Qumran, sur lequel, d'après les

*Pour la première citation, voir Roberta L. Harris, *The World of the Bible*, New York, 1995, p.124 ; pour la seconde, voir John Elson, dans le *Time* du 18 décembre 1995, p. 70.

muséologues, figurait le mot *yahad* (« unité »), c'est-à-dire le fameux « groupe de l'Unité » de la *Règle de la communauté*. Cela constituait, selon les organisateurs, « la première preuve archéologique en faveur de la thèse traditionnelle des chercheurs qui pensent qu'il existe une relation entre le site de Qumran et les manuscrits découverts dans les grottes voisines ». A la suite du bulletin d'information du Musée d'Israël du 13 avril 1997, la presse mondiale présenta cet *ostracon* comme une découverte sensationnelle, l'accompagnant d'une photographie pas très nette ; cette nouvelle « découverte » fut ensuite reçue triomphalement par certains des qumranologues les plus traditionnels. C'est alors que le journaliste israélien Avi Katzman publia, dans le quotidien *Haaretz* du 18 juillet, un article avec une photographie plus claire de l'objet en question, montrant, à l'endroit crucial, un mot qui ne ressemblait guère à celui avancé par le Musée*. (Voir planche 15.) Et le sujet

*En été 1997 E. Eshel et F. M. Cross publièrent une photo de l'*ostracon*, avec la même lecture erronée (*Israel Exploration Journal* 47, n°s 1-2, 1997, pp. 17-28, « Ostraca from Khirbet Qumran »). La transcription du mot crucial faite par le Dr Eshel est fausse: la première consonne n'est pas *yod* (y) (ce qui serait essentiel dans la lecture du mot *yahad*), mais clairement *nun* (n) ; voir planche 15. Inexplicablement, Mme Eshel a ajouté un trait vertical à gauche, alors qu'elle a omis de reproduire le trait horizontal au bas de la consonne. La deuxième consonne n'est pas non plus le *het* (h) du mot *yahad*, mais simplement *aleph* dont nous n'avons pas moins de cinq exemples dans l'*ostracon*. Mme Eshel écrit (p. 25) que la lecture du mot *yahad* était en premier lieu « celle suggérée par le Dr Hanan Eshel », dont nous avons noté plus haut (pp. 37, 250 sqq.) le travail entrepris auparavant pour soutenir et développer la doctrine pan-qumraniste. Jusqu'à présent, l'affaire de l'*ostracon* n'a jamais été divulguée dans la presse européenne ni américaine, malgré l'article du 18 juillet du *Haaretz*, et sa suite publiée le 15 août dans lequel M. Katzman décrit l'opposition du Dr Ada Yardeni, paléographe renommée, à l'effort paléographique du Dr Eshel. Voir maintenant l'article de Mme Yardeni paru en mars 1998 dans *Israel Exploration Journal*, vol. 47, n°s 3-4. La transcription a également été rejetée par le professeur J. Naveh, éminent épigraphiste de l'Université Hébraïque de Jérusalem (voir *Haaretz* du 18 juillet 1997) et par le professeur F. H. Cryer, de l'Université de Copenhague, dans son article « The Qumran Conveyance : A Reply to F. M. Cross and E. Eshel », *Scandinavian Journal of the Old Testament*, vol. 11, n° 2 (1997), pp. 232 sq. En ce qui concerne « la première preuve archéologique en faveur de la thèse traditionnelle », cf. F. M. Cross et E. Eshel dans éd. A. Roitman, *A Day at Qumran : the Dead Sea Sect and its Scrolls*, The Israel

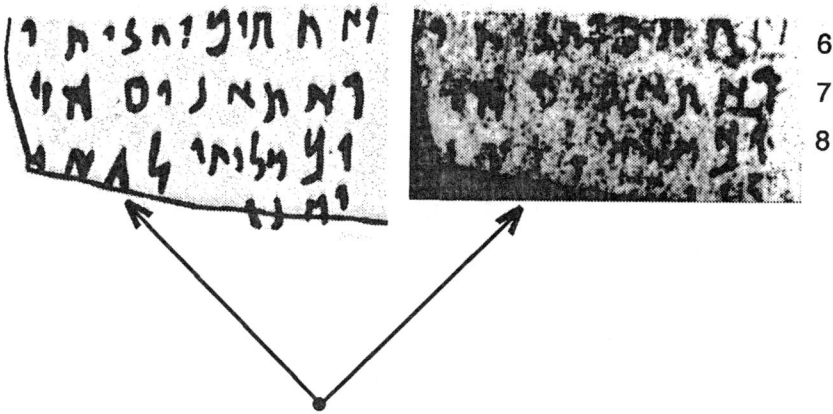

Planche 15

Une partie du texte de l'*ostracon* trouvé récemment à Khirbet
Qumran (photographie de droite), avec la transcription du Dr E. Eshel
(photographie de gauche). La consonne y (*yod*) du mot censé être
yahad dans la transcription ne paraît pas dans l'*ostracon* original, où
l'on trouve la consonne n (*nun*). (Voir flèches.)

suscita un nouvel embarras scientifique. Cependant, malgré les
critiques émises par les paléographes réunis au congrès du cinquantième anniversaire, et malgré les requêtes faites auprès du directeur
du musée afin que l'on enlève l'*ostracon* du mur du Sanctuaire du
Livre, le tesson est toujours à la même place, avec une indication
trompeuse qui continue à induire en erreur le grand public.

A insi nous constatons les efforts fournis par nombre de ses
adeptes pour réaffirmer les dogmes traditionnels de la qumranologie. Mais ces efforts n'ont pas abouti à rendre crédible leur

---

Museum, Jérusalem, 1997, p. 40 : « La première découverte de Khirbet Qumran
démontrant une liaison entre ce site et les rouleaux ». Etant donné l'absence du
mot *yahad* sur l'*ostracon*, la phrase citée devient une admission qu'aucune preuve
archéologique trouvée à Khirbet Qumran ne permet d'établir un lien intrinsèque
entre le site et les manuscrits trouvés dans les grottes.

thèse bien-aimée sur l'origine des rouleaux ; et plus personne ne peut empêcher le public d'assister à l'évolution des recherches, qui résulte de l'accumulation croissante de lourdes preuves contraires, ainsi que d'une analyse critique portant sur les origines de cette thèse et sur son succès. La croissance exponentielle des variantes et des nuances de la thèse, introduites pour préserver son essence, n'a servi qu'à mieux la réduire à néant *, tandis que les experts s'acheminent lentement vers une nouvelle évaluation des textes.

Mon but principal en écrivant ces pages a été d'encourager la quête de certains phénomènes historiques complexes qui se cachent derrière les mots des manuscrits. Pouvons-nous désormais, après les derniers rebondissements, affirmer connaître « la vérité » sur les origines des rouleaux de la mer Morte ? Ma réponse est la suivante : jusqu'à ce jour, les érudits n'ont avancé que des hypothèses qui, par essence, ne peuvent pas être confirmées avec certitude. Nous ne pouvons que continuer à rechercher la vérité, en espérant que l'analyse logique de la totalité des preuves pertinentes conduira à une explication aussi vraisemblable que possible. Dans la recherche historique, comme en droit civil, une telle explication devrait être déterminée par le critère de la prépondérance des preuves, condition *sine qua non* du raisonnement par induction sans laquelle l'étude de l'histoire ne serait qu'une farce intellectuelle et serait indigne d'une discipline scientifique.

Cicéron dit : « Pour l'historien, la première loi est de ne jamais avoir l'audace de proférer de contrevérité. La seconde est de ne rien taire de ce qui est vrai. En outre, ses écrits doivent être exempts de partialité et de malveillance. » Ce sont des règles difficiles à suivre, d'autant plus que, dans le domaine de la recherche historique, il est parfois compliqué de distinguer le vrai du faux, le partial de l'objectif. Cependant, nous essayons de les appliquer et si, finalement, cet ouvrage sur les rouleaux réussit à inciter la poursuite du débat et une recherche plus intensive sur les textes, voire un dis-

---

*Voir Th. Kuhn, *The Structure of Scientific Revolutions*, Chicago, 2ᵉ éd., 1970, p. 71 : « La prolifération des variantes d'une théorie est un symptôme très fréquent de crise ».

cours plus élevé sur le sens de ces manuscrits anciens, j'aurai plus qu'atteint les objectifs que je m'étais fixés au départ.

Soyons attentifs à la suite des événements ; et, comme les maîtres rabbiniques d'antan auraient pu le dire, que la raison pourfende la montagne.

Planche 16
Escarpements à l'ouest de Khirbet Qumran, avec quelques-unes des grottes contenant des manuscrits.

ANNEXE I

Les lois rituelles des Actes de la Torah

❖

J'ai discuté plus haut (voir pp. 211-249) les *Actes de la Torah*, en m'efforçant de placer ce texte remarquable dans son véritable cadre historique. Pour ceux qui s'intéressent à l'histoire de la loi rituelle juive (la *halakhah*), j'ajoute ici la liste des lois qui paraissent, de manière fragmentaire, dans les *Actes*. Elles sont les suivantes :

1. Les céréales cultivées par les gentils sont interdites dans l'enceinte du Temple.
2. Il faut décourager les gentils ou leur interdire d'apporter des sacrifices, car ceux-ci contiennent et provoquent l'impureté, et les dispositions religieuses de ce genre de fidèles sont suspectes.
3. Les prêtres du Temple ne doivent pas permettre que l'on conserve les sacrifices de remerciements entiers pendant la nuit ; au contraire, ils doivent veiller à ce que les morceaux acceptables comme nourriture soient consommés le jour même où a lieu le sacrifice animal.
4. Ceux qui participent à la préparation des cendres de la génisse rouge (voir Nb 19.2 et sqq.) doivent ensuite s'assurer qu'ils se purifient « avant le coucher du soleil, afin que le pur puisse répandre [les eaux purifiantes] sur l'impur ».
5. Toutes les lois de la Torah concernant les « camps » des Israélites dans le désert s'appliquent par analogie à Jérusalem, les sanctuaires remplaçant le « tabernacle de la Tente de la Rencontre » de Moïse (Ex 33.32) ; l'abattage

d'animaux pour la consommation personnelle et l'action de brûler les graisses des offrandes sacrificielles doivent être réalisés dans la stricte observance de ces lois.

6. Comme dans la Torah (Lv 22.28), il ne faut pas abattre le même jour un animal et sa progéniture.

7. Ceux qui ont des déficiences sexuelles, ainsi que les Ammonites, les Moabites et les enfants illégitimes ne sont pas autorisés à se mélanger aux autres dans l'enceinte du Temple ; et les aveugles et les sourds, incapables de comprendre comment appliquer les lois de pureté et de sainteté ne sont, d'après la loi, pas autorisés à pénétrer dans les enceintes du Temple « bien qu'ils viennent à la pureté du Temple* ».

8. Verser des liquides d'un récipient pur dans un récipient impur entraîne la remontée de l'impureté en amont et la profanation du premier récipient.

9. Il ne faut pas introduire de chiens dans Jérusalem, sans quoi ils emporteront des os d'animaux ayant encore de la chair sacrificielle.

10. Le « premier fruit », ou la récolte de la quatrième année, des arbres nouvellement plantés dans la terre d'Israël appartient aux prêtres, tout comme la dîme de tous les moutons et de tout le bétail.

11. Contrairement au laxisme prévalant sur ce sujet aux alentours du Temple, ceux qui se rétablissent de maladies de la peau doivent être exclus de Jérusalem et ne pas participer à la consommation des parts d'offrandes allouées avant d'avoir achevé une période de purification de huit jours (Lv 14).

12. L'impureté peut se transmettre par le contact avec un os (humain) de la même façon que par le contact avec un mort.

---

* L'auteur veut dire que les aveugles et les sourds s'obstinent à se rendre aux alentours du Temple même s'ils n'en ont pas le droit.

13. La « courtisanerie » est profanatrice pour les hommes (qui sont « saints »), et pour les prêtres (qui sont « très saints ») ; et leur règle de conduite doit être gouvernée par le principe d'interdiction de mélange des genres qui s'applique aux vêtements et au labour des champs (Lv 19.19 ; Dt 22.9-11). Les prêtres ne doivent donc pas, par analogie, se marier à des membres de familles qui n'appartiennent pas au sacerdoce.

Les Actes de la Torah et le recours aux autorités juridiques

❖

A la fin des années 1980, la version clandestine des *Actes de la Torah* continuait d'être diffusée, et un nombre croissant de scientifiques découvrait l'importance du texte. En été 1989, les participants de la deuxième conférence polonaise sur les rouleaux décidèrent que la réunion de 1991 serait consacrée aux *Actes*. Durant l'année universitaire 1989-1990, le professeur H. Peter Rueger, de Tübingen, en prépara une version dactylographiée. En juin 1990, j'en reçus une copie, lors d'une conférence que j'avais été convié à donner dans cette université.

Fin 1990, en accord avec l'objectif de la troisième conférence polonaise et après avoir attendu en vain la publication officielle des *Actes de la Torah* promise par les éditeurs, le Dr Z. J. Kapera, l'organisateur, distribua une version imprimée du texte clandestin et une traduction à l'intention des participants prévus à la conférence. Une copie de la brochure polonaise fut dûment envoyée à Hershel Shanks, propriétaire de la *Biblical Archaeology Review*, qui avait assisté à la seconde conférence en tant qu'observateur. Les mois suivants, Shanks continua à demander avec insistance, dans les pages de sa revue, l'édition de toutes les photographies des manuscrits non encore publiés. Comme nous l'avons indiqué plus haut (voir le chapitre 10), une édition en deux volumes des photographies des rouleaux, préparée par Robert Eisenman et James Robinson et financée par Shanks, parut en novembre 1991. Elle contenait un « avant-propos » de Shanks. Cet avant-propos incluait des photographies de plusieurs éléments illustrant le rôle de Shanks dans l'effort mené pour libérer l'accès aux rouleaux, ainsi qu'une copie du texte des *Actes de la Torah*, sans traduction. Quelques remarques concernant la question complexe de l'à-propos du geste chevaleresque de Shanks me semblent indiquées.

D'un côté, sa publication des *Actes de la Torah* surprit même les deux éditeurs de ces volumes, car la version clandestine avait déjà été largement diffusée et, comme je l'ai mentionné plus haut, une autre édition rudimentaire avait déjà été diffusée en Allemagne. Avec la publication, dans l'édition de fac-similés d'Eisenman et Robinson, de véritables photographies des *Actes de la Torah*, et la parution, peu auparavant, d'études préliminaires du texte, plus rien désormais n'empêchait les spécialistes de vérifier la véracité des déclarations des deux éditeurs et de leurs collaborateurs : ils disposaient de toutes les ressources nécessaires pour étudier ces fragments de manuscrits, et pouvaient enfin, s'ils le souhaitaient, publier leurs propres éditions indépendantes du texte.

D'un autre côté, il est important de noter que, quelques mois plus tôt, le général Drori, de l'Autorité des Antiquités, avait adressé une lettre d'avertissement à Kapera (datée du 12 mars 1991), l'exhortant à renoncer à toute nouvelle distribution de l'édition et de la traduction préliminaire des *Actes de la Torah* en sa possession. Drori prétendait dans sa lettre que Kapera aurait dû demander à l'Autorité la permission de distribuer ce texte (qui lui aurait été refusée, comme le laisse deviner la politique persistante de Drori). La lettre signalait que d'autres mesures seraient prises si Kapera n'accédait pas à la demande de Drori. Au vu de l'inégalité évidente de ressources entre un organisme gouvernemental et un chercheur polonais isolé, Kapera sentit qu'il n'avait pas le choix et devait obtempérer.

Quelle que soit la sagesse de la décision de Shanks, qui ouvrait une boîte de Pandore de problèmes juridiques et éthiques centrés sur la traduction et la restitution de manuscrits anciens, c'est apparemment cet état des choses en Pologne qui l'incita à imprimer, dans l'avant-propos de l'ouvrage d'Eisenman et Robinson, sur une seule page, le texte des *Actes de la Torah*. Car, après tout, il s'agissait d'une tentative manifeste entreprise par une autorité gouvernementale pour empêcher l'accès direct au contenu d'un manuscrit ancien, une politique qui, précisément, avait tant indigné Shanks par le passé et dont, dès 1991, une bonne partie de la presse américaine souhaitait l'abandon. N'oublions pas non plus que les chercheurs qui bénéficiaient d'un accès privilégié à cette œuvre avaient pendant des années imposé au public une interprétation des plus étranges de son contenu, tout en s'abstenant de le publier. La seule tentative publique de la part d'un spécialiste indépendant pour mettre fin à cette parodie de recherche libre, faite sans l'appui d'aucun groupe officiel, avait été réprimée par des menaces d'action punitive et, finalement, par l'interruption de la distribution de la brochure.

Cependant, à la suite de l'initiative prise par Shanks, l'Autorité des Antiquités ne s'associa pas officiellement à une manœuvre juridique. En revanche, le 14 janvier 1992, Elisha Qimron, membre de l'équipe officielle d'éditeurs, engagea des poursuites, auprès du tribunal de Jérusalem, contre Shanks, James Robinson, et Robert Eisenman et réclama des dommages et intérêts de plus de 200 000 dollars. Cette somme était censée couvrir le manque à gagner présent et futur, les dommages causés à sa réputation universitaire, et le préjudice personnel subi dans le cadre de la propriété littéraire de la transcription du texte que prétendait détenir Qimron : c'était sa « création », pour laquelle il avait peiné durant une décennie entière. Au cours d'une contre-attaque intentée auprès du tribunal fédéral de Philadelphie, Shanks affirma qu'un chercheur ne pouvait pas avoir la propriété littéraire d'un texte ancien. Durant l'examen juridique, les accrochages tactiques et le procès qui suivirent, les *Actes de la Torah* (sous le nom de *MMT*) bénéficièrent d'une publicité considérable, mais de nature à masquer leur importance historique.

La tâche essentielle du juge Dalia Dorner, du tribunal régional de Jérusalem, consistait à déterminer si les transcriptions de manuscrits réalisées par des chercheurs, impliquant la restitution de mots manquants et le raccord de fragments disparates en vue de reconstituer des ensembles plus importants, constituaient une « création » originale qui tombait sous la loi de la propriété littéraire et intellectuelle. Lors d'une déposition faite à Philadelphie avant le procès, on demanda à John Strugnell, qui avait accordé à Qimron le droit d'utiliser sa transcription des *Actes de la Torah*, s'il pensait que ce genre de travail constituait réellement une « création » originale. Il répondit qu'étaient impliqués des actes de « reconstruction ». Lorsque je fus appelé à témoigner comme expert pour la défense d'Eisenman, les avocats de Qimron me posèrent la même question. Je répondis que n'importe quel spécialiste en manuscrits qui, dans une conférence, définirait son travail de reconstruction comme un acte de création se ferait huer et chasser par ses pairs. Cependant, la même question reçut la réponse inverse de la part de ceux qui témoignèrent en faveur de Qimron : le conservateur Broshi, du Sanctuaire du Livre, et le professeur Jacob Sussman, de l'Université Hébraïque, qui, comme nous l'avons vu, avait participé avec Qimron à l'explication des *Actes de la Torah*.

Favorisant la réponse de ces deux derniers témoins, le juge Dorner trancha en faveur de Qimron, le 30 mars 1993. Citant la plainte de Qimron qui, à la suite de la publication des *Actes* par Shanks, avait éprouvé des « angoisses physiques et morales », le juge lui accorda une somme d'environ 50 000 dollars, censée inclure une compensation pour les « dommages réels non prouvés » et les frais d'avocats. Elle défendit explicitement l'affirmation quelque peu délirante de Qimron que le Maître de Justice en personne avait composé les *Actes de la Torah* ; elle accepta la déclaration douteuse d'après laquelle il s'était engagé dans « la recherche et le déchiffrement [du manuscrit] pendant onze ans » ; et elle affirma, sans preuve et sans tenir compte de mon témoignage, que Qimron avait « découvert que la langue [du rouleau] était plus ancienne que celle de la *Mishnah* », rendant par conséquent des jugements légaux sur des questions non résolues et débattues par des spécialistes de textes anciens. Enfin, elle prononça une ordonnance interdisant d'autres publications du « texte composite » des *Actes de la Torah**.

*Voir le rapport de A. F. Landau, *Jerusalem Post*, 9 avril 1993. Sur le procès et le jugement, voir aussi les articles du *Jerusalem Post*, 2, 3 et 5 février 1993; le *New York Times*, 7 février et 31 mars 1993; et, en particulier, B. W. W. Dombrowski, « A Miscarriage of Justice in Jerusalem », *The Qumran Chronicle* 2, n° 3, juin 1993, pp.139-140. Les avocats du plaignant

Avant le procès, les avocats de Qimron écrivirent à Eisenman et Wise puis, plus tard, à Wacholder et Abegg, pour les avertir qu'ils ne devaient s'engager dans aucune autre publication de manuscrits du *MMT*. Ces lettres prétendaient implicitement que Qimron, ayant travaillé à une édition de ces fragments, détenait à présent des droits sur les manuscrits eux-mêmes, par conséquent qu'aucun autre chercheur n'aurait le droit de publier une édition séparée de ces manuscrits sans son autorisation. Révélant franchement la position retranchée des comités éditoriaux et laissant entrevoir leurs intentions, Emanuel Tov salua la décision du juge en affirmant : « Cela créera un précédent pour l'avenir. [Ce jugement] justifie le travail de notre équipe et j'espère que maintenant ceux qui projettent encore d'utiliser abusivement le matériel appartenant à notre groupe réfléchiront à deux fois. » (Voir le *New York Times* du 31 mars 1993.)

Fin avril 1993, après avoir dûment pris note du danger potentiel que représentait la décision de Dorner pour l'ensemble de la recherche sur les manuscrits, l'avocat d'Eisenman, Amos Hausner (le fils du regretté Gideon Hausner, procureur au procès Eichmann) fit appel auprès de la Cour Suprême d'Israël où, entre-temps, le juge Dorner avait été nommée. Peu après, les avocats de Shanks demandèrent un recours en appel séparé. Le 31 juillet, les professeurs Wacholder et Abegg déposèrent une requête auprès du Tribunal Fédéral de Philadelphie pour obtenir un jugement déclaratoire stipulant que Qimron ne pouvait avoir aucun droit sur une partie quelconque des manuscrits de la mer Morte.

Un article du *Chicago Tribune*, évoquant les réactions suscitées par cette dernière démarche juridique, indiquait que, selon James Gardner, directeur adjoint de l'American Historical Association, ce débat « a des implications qui dépassent largement le cadre des études bibliques », car « par tradition, les chercheurs peuvent avoir recours aux travaux de leurs prédécesseurs, conformément à la notion juridique de bon usage, permettant d'utiliser, dans certaines

---

étaient Yitzhak Molcho, Ya'acov Meltzer, et Yael Langer ; ceux des accusés étaient Dov Frimer et Yosef Gelman (représentant Shanks, Robinson et la Biblical Archaeology Society), et Amos Hausner (représentant Eisenman).

limites, du matériel dont les droits sont réservés. Mais les tribunaux ont réduit la définition du bon usage et étendu celle de la propriété littéraire. Les historiens et les biographes dont le travail dépend de matériel comme par exemple des mémoires publiées, se sentent déjà menacés, et cette tendance risque d'empirer si un chercheur réussit à revendiquer l'exclusivité d'un document historique majeur tel que l'un des rouleaux de la mer Morte ». Puis l'article citait Bill Ziobro, secrétaire-trésorier de l'American Philological Association : « La vitalité de la vie scientifique dépend de la capacité qu'a un chercheur d'affirmer librement son approbation ou sa désapprobation à l'égard de ceux qui l'ont précédés. C'est ainsi que progressent la vie de l'esprit et la condition humaine. » (Ron Grossman, *Chicago Tribune*, 2 août 1993.)

Au moment où j'écris ce livre, l'appel déposé à Jérusalem et la requête faite auprès de la Cour américaine sont encore en instance.

Paléographie, radiocarbone et datation des rouleaux

❖

L orsqu'ils analysèrent des fragments des manuscrits de la mer Morte au radiocarbone (voir plus haut, pp. 354-355), les scientifiques de l'Institut für Mittelenergiephysik de Zurich n'avaient manifestement pas, au départ, de parti pris sur les origines des manuscrits ni sur leur datation paléographique. Cependant, en rapportant leurs résultats *, ils omirent, de leur propre initiative ou sur instructions, de respecter une obligation scientifique fondamentale : celle de confier la tâche de comparaison avec les datations paléographiques à des chercheurs n'ayant ni participé aux analyses, ni des convictions personnelles sur la datation des rouleaux. Evi-

---

*Voir W. Wölfli et autres, « Radiocarbon Dating of the Dead Sea Scrolls », 'Atiqot 20, juillet 1991, pp. 27-31. L'analyse au radiocarbone 14 est un procédé permettant de déterminer l'âge approximatif de certains matériaux, y compris le parchemin et autres surfaces accueillant les écrits anciens. L'échantillon (dans le cas des fragments de rouleaux, un morceau du parchemin ou du papyrus à tester) est nettoyé puis chauffé dans une atmosphère d'oxygène; pendant cette opération tout le carbone de l'échantillon se transforme en bioxyde de carbone, lequel est ensuite réduit à l'état de graphite. Puis le matériau est introduit dans un spectromètre accélérateur de masse qui détermine un rapport isotope $14C/13C$ et l'âge radiocarbonique de l'échantillon. On convertit ensuite la datation radiocarbonique en datation historique, en utilisant un étalonnage obtenu à partir des mesures prises sur les cernes des arbres. D'après les spécialistes de cette technique, ce procédé peut finir, après deux analyses indépendantes ou davantage, par fournir des datations historiques dont la marge d'incertitude ne dépasse pas vingt-cinq ou trente ans; si la datation radiocarbonique obtenue est, mettons, 1900, la datation historique correspondante se situera environ entre 10 et 70 après J.-C., dans les meilleures conditions. Cependant, les variations réelles de datations historiques possibles peuvent être de cent ans ou plus.

demment, de nombreux spécialistes des rouleaux, partisans ou non de l'hypothèse essénienne, auraient souhaité évaluer les résultats indépendamment, en particulier pour vérifier l'exactitude des spéculations antérieures sur l'âge de ces textes.

La paléographie des rouleaux, notamment l'examen de la forme de chaque lettre pour déterminer l'époque à laquelle les textes ont été copiés, n'est ni une science exacte, ni même un art compliqué, puisqu'il n'existe, parmi les rouleaux, aucun manuscrit daté pouvant servir de base de comparaison. On peut discerner, dans les textes, une progression graduelle de formes de consonnes apparemment plus anciennes à des formes apparemment plus récentes, mais, comme les experts en manuscrits le savent, moins les écritures sont carrées, c'est-à-dire plus elles sont cursives, ou arrondies, plus le processus de datation approximative devient difficile. Même des textes écrits en caractères hébreux/araméens carrés, qui sont des spécimens paléographiques plus faciles à étudier, ne peuvent et ne doivent être datés qu'avec une précision de plus ou moins cent ans, non seulement en raison de l'absence de textes datés, mais encore parce que chaque scribe a une écriture personnelle. Quelques chercheurs ont tenté d'utiliser certains documents datés, rédigés en Palestine à des périodes plus anciennes et plus tardives, pour estimer les dates auxquelles des fragments particuliers trouvés à Qumran ont été copiés par leurs scribes, mais cette méthode s'est avérée, au mieux, extrêmement conjecturale. Il n'y a pas de documents datés connus de la période des rouleaux de Qumran.

Même dans le cas des manuscrits, beaucoup plus nombreux, de la *gueniza* du Caire, il est hasardeux et aléatoire de se baser uniquement sur des considérations paléographiques pour déterminer, avec une précision de plus de soixante-quinze ou cent ans, l'époque de la rédaction des textes non datés, alors que ces manuscrits peuvent être comparés à une *grande quantité* de textes datés. Dans de tels cas, la datation ne peut se faire de façon plus précise que si l'on peut déterminer que l'écriture est celle d'un écrivain ou d'un scribe particulier, connu par des documents datés, ou si certaines preuves évidentes (par exemple des noms ou des événements mentionnés dans le texte) établissent des limites historiques précises.

La difficulté de dater les textes de la *gueniza* à vingt-cinq ou même cinquante ans près peut être illustrée par l'anecdote suivante. Il y a une vingtaine d'années, l'Oriental Institute reçut la visite du regretté professeur S. A. Birnbaum, de l'Université de Londres, qui travaillait dans le domaine de la paléographie hébraïque et qui avait consacré des années à l'étude des écritures des rouleaux et des manuscrits hébraïques médiévaux. A la suite de son allocution, je l'invitai dans mon bureau pour discuter de certains problèmes posés par les méthodes paléographiques. Au cours de la conversation, je lui montrai une grosse pile de photos des manuscrits de la *gueniza* sur lesquels je travaillais, et lui confiai ma frustration devant le manque de manuel détaillé permettant de faciliter la datation des différents textes. « Et pourtant, dis-je, même les textes datés montrent combien il est difficile d'établir des dates pour ceux, beaucoup plus nombreux, qui ne sont pas datés : il n'y a pas, dans les textes datés, de progression linéaire évidente entre des écritures prétendues anciennes et d'autres soi-disant tardives. » Nous discutâmes de ce point, puis je l'invitai à faire une expérience : je proposai de sélectionner une douzaine de photos de textes datés, de cacher les dates, puis de soumettre les photos, une à une, à son évaluation paléographique. Ensuite, nous aurions enlevé les caches et fait un graphique illustrant la précision, ou l'imprécision, de ses estimations paléographiques. Birnbaum refusa de se prêter à l'expérience, considérant que les résultats ne pourraient pas être satisfaisants. L'expérience aurait été intéressante, mais il fut sage de refuser ma proposition.

Depuis lors, grâce à la quantité accrue de textes de la *gueniza* qu'ils ont étudiés, notamment un nombre relativement élevé de documents datés, les spécialistes sont devenus mieux en mesure de déterminer l'âge approximatif de plusieurs documents non datés de ce trésor. Cependant, la datation des écritures uniques ou inconnues de la *gueniza* reste un défi difficile à relever, sauf dans les rares cas où les textes contiennent d'excellentes preuves (par exemple des allusions à des événements historiques connus). Cette démarche n'est facilitée que par les textes documentaires ou les rares manuscrits littéraires portant des dates, en particulier lorsque ces derniers contiennent un colophon * .

Comme je l'ai signalé, les rouleaux de Qumran ne sont que des copies *non datées* d'écrits littéraires effectuées par des scribes. Ils ne présentent pas de colophons et sont au moins mille ans plus anciens que les manuscrits de la *gueniza*. Comme ils remontent plus loin dans le temps et n'offrent que cinq ou six cents exemples d'écritures hébraïques répartis sur plus de trois siècles, ils se prêtent encore moins à une datation précise que les textes de la *gueniza* qui, également étendus sur trois siècles, contiennent plus de trois mille écritures différentes. Cependant, le nombre relativement faible d'écritures des manuscrits de la mer Morte n'empêcha pas certains spécialistes de proposer des datations avec des limites très précises, aussi courtes que vingt-cinq ans pour certains fragments.

Le travail paléographique le plus connu sur les rouleaux est celui du professeur Frank M. Cross qui proposa des dates étonnamment précises pour de nombreux textes. Celles-ci furent ensuite approuvées par ses collègues, ses étudiants et beaucoup d'autres auteurs. Auparavant, Nahman Avigad, de l'Université Hébraïque, avait établi une paléographie un peu plus prudente des textes, avec des estimations de périodes bien plus larges que celles de Cross, mais concernant un nombre plus limité de textes * * . Les deux auteurs étaient d'accord sur un point : la détermination générale que certaines écritures étaient « asmonéennes », c'est-à-dire remontaient à la période des souverains asmonéens (de 167 à 37 avant J.-C.) et d'autres « hérodiennes », datant de la période d'Hérode le Grand, de son successeur Archelaus et des Romains qui gouvernèrent la Palestine jusqu'à la destruction du Second Temple (37 avant J.-C.- 70 après J.-C.). Cependant, aucune étude paléographique exhaus-

---

*Voir le Glossaire, p. 412.
* *Voir F. M. Cross, « The Development of the Jewish Scripts », dans éd. G. E. Wright, *The Bible and the Ancient Near East. Essays in Honour of William Foxwell Albright*, Garden City, N.Y., 1961, pp. 133-202 ; N. Avigad, « The Paleography of the Dead Sea Scrolls and Related Documents », éd. C. Rabin et Y. Yadin, *Aspects of the Dead Sea Scrolls (= Scripta Hierosolymitana IV)*, Jérusalem, 1958, pp. 56-87.

tive n'a été faite pour les quelque cinq cents écritures représentées dans les fragments de rouleaux. Et je dois souligner que les datations avancées pour les textes de Qumran ne peuvent, en l'absence de documents datés, être considérées que comme des suppositions éclairées.

Or, parmi les auteurs de l'étude décrivant les résultats de l'analyse au radiocarbone de Zurich, il y avait non seulement les scientifiques qui l'avaient faite, mais aussi deux chefs de file de la qumranologie traditionnelle : Strugnell, d'Harvard, et Broshi, du Sanctuaire du Livre. Dès le début, tous deux avaient fermement soutenu l'attribution des manuscrits à la secte des Esséniens ; qui plus est, ils avaient approuvé les datations paléographiques spécifiques de Cross, et ils tentèrent d'utiliser l'étude en question pour appuyer cette approche. C'est ainsi que, presque au début de l'article, les lecteurs étaient informés que « l'histoire des écritures hébraïques peut être déterminée en détail, et les paléographes sont en mesure de déterminer des dates à cinquante, voire vingt-cinq ans près », une déclaration fort douteuse soutenue, à la fin de l'article, par la conclusion que « notre recherche a mis à l'épreuve aussi bien la méthode du radiocarbone que la paléographie ; apparemment, les deux disciplines sont fiables ». Rien, pas même une lecture superficielle de l'article, ne permet d'aboutir à une telle conclusion. En revanche, l'examen minutieux des données ne fait qu'augmenter les doutes sur l'exactitude des résultats fournis par la méthode de datation au carbone 14 et sur la fiabilité de la méthode paléographique de datation dans un cadre temporel restreint développée par Cross.

Au total, quatorze textes hébreux anciens furent analysés : huit de Qumran, deux de Massada et quatre d'autres localités, ces derniers n'ayant rien à voir avec la datation des fragments de Qumran et de Massada *. Les scientifiques de Zurich qui procédèrent à l'analyse au radiocarbone sur de tout petits morceaux des parchemins déclarèrent que, pour les textes de Massada, il y avait 68 % de

---

*Voir W. Wölfli et autres, « Radiocarbon Dating of the Dead Sea Scrolls », *'Atiqot* 20, juillet 1991, pp. 27-31.

chance que l'un des deux soit de la période comprise entre 169 et 93 avant J.-C., alors que la datation *paléographique* généralement acceptée était entre 30 ans et 1 an avant J.-C. Les datations de l'autre texte de Massada ne présentaient pas un écart aussi important, mais la datation paléographique (30 à 1 avant J.-C.) ne correspondait qu'au premier tiers de la datation au carbone 14 (33 avant J.-C.-74 après J.-C.). Tout ce que l'on pouvait dire sur cette sorte de « corroboration » était que les datations au carbone 14 ne réfutaient pas entièrement celles proposées par la paléographie. Néanmoins il faut souligner que si les deux fragments de Massada analysés dataient « paléographiquement » de la même période (entre 30 et 1 avant J.-C.) leurs datations au carbone 14 différaient radicalement l'une de l'autre.

Les huit analyses de fragments de Qumran produirent des résultats similaires à ceux obtenus pour les deux textes de Massada : les datations au carbone 14 (entre 21 avant J.-C. et 61 après J.-C.) et paléographiques (entre 50 avant J.-C. et 70 après J.-C.) ne concordaient vraiment que pour un seul des manuscrits analysés, le *Rouleau de l'action de grâce*. Aucun autre texte de Qumran n'obtint ce niveau de corroboration. Pour deux des fragments, il n'y avait pas le moindre rapport entre les datations paléographiques et celles du carbone 14 ; pour quatre autres fragments, le chevauchement était insignifiant, la plus grande part du taux de probabilité défini par l'analyse au carbone 14 étant hors du champ paléographique présumé. Dans le cas d'un des huit fragments, la correspondance entre le taux de probabilité défini au carbone 14 et le champ paléographique présumé était presque nulle. Aussi ne pouvait-on arriver qu'aux conclusions suivantes : dans quelques cas, les données fournies par le radiocarbone n'avaient aucun rapport avec les conjectures paléographiques correspondantes ; dans plusieurs cas, le rapport était faible, et dans un cas seulement (celui de l'*Apocryphe de la Genèse*), les données se recoupaient : il faut préciser que, alors, l'hypothèse paléographique (d'Avigad) couvrait un champ particulièrement étendu de cent vingt ans.

Si les analyses prouvaient quoi que se soit, c'était bien que, contrairement à ce qu'avait laissé supposer le communiqué de presse

du professeur Vermes (voir pp. 354-355), les datations paléographiques relativement précises des rouleaux, avancées plus tôt par
Frank Cross et ses collègues, n'étaient, dans une grande mesure,
que des suppositions essentiellement infondées. Dans le même
communiqué, Vermes déclarait que la datation au carbone 14
prouvait que « la plupart des... rouleaux datent des deux derniers
siècles avant l'ère chrétienne ». Cette affirmation reposait sur des
analyses effectuées sur seulement *dix* manuscrits parmi plus de huit
cents existants, et seuls six de ces dix manuscrits dataient de la
période pré-chrétienne ; ceci ne constitue pas le genre de données
susceptibles d'étayer une telle affirmation. A la lumière des 68 pour
cent de probabilité du radiocarbone, la seule conclusion que de telles
données permettaient de tirer était qu'elles confirmaient, d'une
manière générale, l'opinion juste et communément partagée selon
laquelle les rouleaux ne sont pas des manuscrits médiévaux, mais
des textes plus anciens, datant globalement de la période comprise
entre le IIIe siècle avant J.-C. et le Ier siècle après J.-C. Si nous
acceptons la validité de l'analyse au radiocarbone (qui, nous le
verrons, ne fait pas entièrement autorité), la conclusion possible est
que les datations au carbone 14 des rouleaux n'étaient correctes qu'à
environ un siècle ou un siècle et demi près, sûrement pas à moins.
Ces données* ne fournissaient pas la moindre « preuve » ni
« validation » des hypothèses paléographiques, si l'on associe de

*Voir le schéma publié par G. Bonani et autres dans *'Atiqot* 20 (1991),
p. 31. Des dix rouleaux de Qumran analysés, les quatre le plus souvent considérés comme sectaires : l'*Hodayot*, l'*Apocryphe de la Genèse*, le *Rouleau du
Temple*, et les *Cantiques du sacrifice du sabbat*, ont tous des échelles d'âge
calibrées qui s'étendent sur le Ier siècle après J.-C. H. Shanks, dans un article
intitulé « Carbon-14 Tests Substantiate Scroll Dates », dans la *Biblical
Archaeology Review* (nov.-déc. 1991, p. 70-71), a publié un schéma basé sur
celui de Bonani et ses collègues, et pourtant il affirme : « En général, les
analyses au C[14] semblent valider en grande partie la datation paléographique. »
L'auteur ne précise pas qui sont les experts ou statisticiens consultés avant
d'émettre cette opinion catégorique. Voir aussi le débat sur les résultats du radiocarbone dans éds. M. Wise, N. Golb et autres, *Methods of Investigation of the
Dead Sea Scrolls and the Khirbet Qumran Site* (New York, 1994), pp. 448-453.

tels termes à la notion de cadre temporel de vingt-cinq ans développée par Cross.

Ce qu'il y a de plus insolite dans le communiqué de presse de Vermes sur la datation au carbone 14, c'est peut-être sa façon d'y mêler l'hypothèse qumrano-essénienne. Déjà, en avril de la même année, le conservateur Broshi avait affirmé avec assurance que « l'analyse [au radiocarbone], effectuée dans un laboratoire de Zurich pour mettre fin à une controverse scientifique, paraît confirmer les convictions de la plupart des experts, à savoir que ces textes sont le produit des Esséniens, une secte juive * ». C'est ce même thème que Vermes se risquait à reprendre, plus subtilement, trois mois plus tard, après que le Centre d'Oxford eut formalisé son accord avec l'Autorité des Antiquités et reçu des photographies des rouleaux. Pourtant, quand l'article contenant les données de l'analyse au radiocarbone fut publié, quelques mois plus tard, il n'offrait aucune preuve de l'origine essénienne des rouleaux, ni aucune explication sur la façon dont la datation au carbone 14 pouvait étayer cette thèse, et ce malgré la présence inacceptable, parmi les auteurs de l'article, de deux personnages aussi tendancieux que Broshi et John Strugnell.

La différence la plus marquante présentée par les analyses au radiocarbone est celle observée pour le *Testament de Kohath*, l'un des textes pseudépigraphes de Qumran que l'on interprète comme des admonestations prononcées par des ancêtres de la tribu de Lévi. La datation paléographique avancée pour ce manuscrit était de 100-75 avant J.-C. (la période d'Alexandre Jannée). Dans ce cas, l'analyse au radiocarbone donna deux datations : l'une de 388-353 avant J.-C., et l'autre, plus probable, d'environ 310-240 avant J.-C. Les auteurs de l'étude au radiocarbone admirent une différence « de l'ordre de 200 ans » et déclarèrent qu'ils « ne pouvaient fournir d'explication simple pour justifier cet écart ». Mais au lieu d'admettre que cette découverte pouvait jeter un doute sur la datation paléographique attribuée à ce manuscrit, ils déclarèrent : « Il n'y a *aucun doute* sur la datation paléographique (fin de la dynastie

*Article diffusé par l'Associated Press le 1er avril 1991.

asmonéenne) » (souligné par moi). Par contre, le texte du *Testament* indiquait une date pendant la période *hérodienne* (37 avant J.-C.-70 après J.-C.), durant laquelle des individus « d'origines mixtes », comme ceux mentionnés dans le texte (issus de la lignée judéo-iduménienne d'Hérode), contrôlaient effectivement le Temple.

En affirmant qu'il n'y avait « pas d'explication simple », les auteurs reconnaissaient qu'ils n'avaient pas atteint le but prétendu des analyses au radiocarbone des rouleaux, annoncé dans les communiqués de presse antérieurs et dans l'article de Zurich : il s'agissait de déterminer si la méthode scientifique en question *confirmait ou non* les datations paléographiques conjecturales. L'effort considérable fourni par les scientifiques de Zurich pour justifier cet écart manifeste jette un doute sur l'objectivité scientifique des analyses. En effet, ils suggérèrent une possible contamination chimique, après être allés jusqu'à tester deux échantillons du manuscrit de Kohath, « prélevés à des moments différents », sur lesquels ils se crurent obligés de procéder à des examens microscopiques spéciaux (pp. 30-31).

Pis encore, les auteurs de l'article affirmaient que « dans neuf cas... sur dix, *en tenant compte du fait que, statistiquement, jusqu'à trois dates peuvent s'écarter de la réalité par plus d'un écart type*, il y a une bonne concordance entre les datations paléographiques et celles obtenues au carbone 14 » (p. 29, souligné par moi). En se référant à ces trois datations aberrantes, les auteurs ne précisaient ni qui déterminait une telle tolérance statistique, ni sur quoi ils se fondaient pour qualifier les résultats des autres analyses (à l'exception de celle effectuée sur le *Rouleau de l'action de grâce*) de « bonne concordance entre les deux types de datation ». On aurait peut-être pu employer des termes aussi positifs si l'on s'était contenté d'examiner, par ces analyses, la justesse de la croyance générale, à savoir que les manuscrits auraient été écrits sur une période de trois ou quatre cents ans, terminant au plus tard en 70 de l'ère chrétienne. Mais on ne pouvait légitimement faire cette déclaration si, comme l'article lui-même l'indiquait, le but de ces analyses était de vérifier les méthodes suivies par certains paléographes spécialistes des rouleaux, notamment Cross et ses disciples, pour préciser des périodes de temps si restreintes.

L'article, accompagné des déclarations faites, avant sa publication, par Broshi et Vermes sur la signification des analyses, laissait voir clairement que lorsqu'elle avait commandé ces analyses, l'Autorité des Antiquités avait pour but principal de légitimer scientifiquement les méthodes des qumranologues traditionnels, ainsi que leur adhésion à la vieille hypothèse essénienne. La décision d'inclure deux membres de l'équipe « officielle » (Broshi et Strugnell) parmi les spécialistes chargés de vérifier la datation rendait d'autant plus manifestes le manque d'objectivité et, surtout, les intérêts idéologiques directement en jeu dans cet épisode malheureux. Le protocole universitaire et scientifique exigeait une commission objective de chercheurs, comprenant des spécialistes ayant des domaines de connaissance différents, mais apparentés, afin d'évaluer indépendamment les résultats des analyses au radiocarbone. De plus, il était indispensable de faire un *contrôle* : avant de procéder aux analyses au radiocarbone, il fallait demander à un groupe de spécialistes travaillant sur les rouleaux, sans tenir compte de leurs opinions sur les origines des manuscrits retrouvés dans les grottes, de faire une évaluation indépendante des datations paléographiques précédentes, puis il fallait, anonymement, comparer ces évaluations avec les résultats de l'analyse au radiocarbone. Il est surprenant que, à la lumière des prétentions initiales concernant les résultats et de leurs différences avec les résultats réels publiés ultérieurement, aucune commission scientifique, de l'Académie des Sciences d'Israël ou d'une autre institution, n'ait encore été nommée à Jérusalem pour examiner l'inacceptable et embarrassante combinaison d'incidents qui contribuèrent à cet étrange épisode de l'étude des rouleaux.

Glossaire

❖

Aaroniens, prêtres aaroniens : Descendants mâles de Aaron, frère de Moïse. Selon le Pentateuque, seuls les descendants de Aaron héritaient du titre de *kohen*, prêtre du rituel juif.

Age de fer II : Terme archéologique qui s'applique, en Palestine, à l'époque comprise entre le début du royaume unifié (vers 1000 avant J.-C.) et l'exil babylonien (en 586 avant J.-C.), qui correspond approximativement à la période du Premier Temple (voir *infra*).

« Ailes » : Niveau intermédiaire de pureté pratiqué par les néophytes déterminés à entrer dans une société d'amitié tannaïtique (voir *haburah*).

Apocalyptique : Genre littéraire, et les croyances qui y sont associées, prétendant révéler l'avenir, notamment la « fin des temps », à travers des visions ou des rêves et des interprétations symboliques transmis le plus souvent par un ange. On qualifie aussi d'apocalyptisme la perspective du passage cataclysmique de ce monde à un nouvel ordre que Dieu lui-même doit instaurer. Voir aussi eschatologie.

Apocryphes : Ouvrages juifs, écrits approximativement entre 150 avant J.-C. et 100 après J.-C., inclus dans les textes des *Septante* (voir *infra*), mais jamais reconnus comme canoniques par les juifs rabbiniques. Voir pseudépigraphes.

Araméen : Langue sémitique du nord-ouest du Proche-Orient, très répandue dès le IXe siècle avant J.-C. jusqu'à l'avènement de l'islam (et encore parlée de nos jours dans certaines zones reculées). C'était l'une des langues les plus courantes, avec l'hébreu et le grec, chez les Juifs durant les siècles où les manuscrits de la mer Morte furent rédigés. Voir syriaque.

Asmonéen : Titre donné à la dynastie juive qui commença à exercer le pouvoir en Judée à partir de la Révolte des Maccabées (env. 167 avant J.-C.), et régna jusqu'à la conquête romaine (67 avant J.-C.). On les appelle aussi « Maccabées » (voir plus loin). La dynastie asmonéenne comprend Judas Maccabée, Jonathan, Simon, Jean Hyrcan, Aristobule Ier, Alexandre Jannée, Salomé-Alexandra, Hyrcan II, Aristobule II.

Assidéens : Voir *Hassidim*.

Autographe : Texte écrit de la main de son auteur, à la différence d'un texte copié par un scribe.

Bar Kokhba : Chef juif, considéré par ses partisans comme le Messie, qui dirigea une révolte échouée contre les Romains en 132-135 après J.-C. Il apparaît dans les manuscrits de l'époque sous le nom de Siméon bar Koséba.

Bélial : L'esprit du mal dans la littérature intertestamentaire, en général équivalent à Satan.

Boéthusiens : Nom donné dans la littérature rabbinique à une secte juive opposée aux Pharisiens. Ils ont parfois été identifiés à un groupe de Sadducéens, et pourraient avoir partagé certaines de leurs croyances. Selon une thèse récente, les termes hébreux *bytwsyn, bytysyn,* traditionnellement traduits par « Boéthusiens », seraient en réalité des formes légèrement altérées de *byt 'ysin,* « maison [« école » ou « communauté »] d'Esséniens ».

Canon, canonisation : Le canon, en ce qui concerne la foi juive, se réfère aux ouvrages bibliques reconnus par les Juifs comme étant d'inspiration divine et faisant autorité (c'est-à-dire faisant partie intégrante de la Bible hébraïque). La canonisation est le processus par lequel certains ouvrages arrivaient finalement à s'imposer comme sacrés tandis que d'autres étaient exclus.

Captivité babylonienne : Période de la destruction du Premier Temple et de l'exil des Judéens en Babylonie, entre 597 (chute du roi Joachaz) et 538 avant J.-C.

Carte de Madaba : Carte de Palestine du VIe siècle après J.-C., représentée en mosaïque sur le sol d'une église byzantine de l'ancienne ville de Madaba, située au centre-ouest de la Jordanie actuelle. Elle présente d'importants détails sur la géographie de la Palestine romaine et byzantine.

Cénobite : Moine qui, à l'instar de Saint Pacôme (voir *infra*), vit avec d'autres frères dans un monastère ou une communauté religieuse fermée, à la différence de la vie en solitaire antonine ou stylitique pratiquée par les disciples de Saint Antoine le Grand (IIIe siècle après J.-C.) et de Saint Siméon le Stylite (Ve siècle après J.-C.).

Codex (plur., **codices**) **:** Ensemble de pages manuscrites cousues pour former un livre. Le codex se généralisa au début de l'ère chrétienne, jusqu'à supplanter le rouleau (voir *infra*).

Colophon : Inscription, habituellement à la fin d'un manuscrit, indiquant le titre de l'œuvre, le nom de l'auteur, la date et le lieu de la rédaction, et parfois d'autres informations.

Désert de Juda : Basses steppes de Judée, à l'ouest de la mer Morte et à l'est de la région montagneuse du centre.

Ecriture paléo-hébraïque : Forme d'alphabet utilisé en Palestine durant l'Antiquité. Certains des plus anciens manuscrits de la mer Morte sont rédigés dans cette écriture, tout comme l'est le Tétragramme (voir *infra*) dans d'autres rouleaux, en signe de respect. Elle fut peu à peu remplacée par l'écriture dite araméenne carrée, toujours utilisée de nos jours dans les textes hébreux.

Eléphantine : Ile de Haute-Egypte, proche d'Assouan, où se trouvait une colonie militaire judéenne, au Ve siècle avant J.-C. On y découvrit une quarantaine de lettres en araméen, écrites par ou destinées aux habitants de la colonie.

Eschatologie : Branche de la littérature et de la foi religieuses ayant trait à des aspects de la vie après la mort, tels le jugement dernier, la résurrection des corps, l'immortalité de l'âme, etc.

Esséniens : Sous-ensemble religieux juif décrit au Ier siècle après J.-C. par Flavius Josèphe, Philon, et Pline l'Ancien, caractérisé par son mode de vie communautaire, son ascétisme et sa conception du destin et de l'immortalité.

Evangiles synoptiques : Les trois premiers Evangiles (Matthieu, Marc et Luc), appelés ainsi en raison de la similarité de leur contenu, de leur formulation et de leur ordre.

Exégèse : Interprétation (dans l'Antiquité ou de nos jours) de textes, notamment d'écrits religieux et particulièrement des Ecritures bibliques juives et chrétiennes.

Flavius Josèphe : Historien juif, issu d'une famille de prêtres, né vers l'an 37 et mort après 95. Général chargé de la défense de la Galilée durant la Première Révolte, il fut fait prisonnier après s'être rendu à Vespasien, puis fut libéré pour avoir prédit avec justesse que celui-ci deviendrait empereur. On lui donna une maison et une pension à Rome, où il écrivit sur les Juifs pour satisfaire la curiosité de son public gréco-romain, en s'inspirant de ses propres expériences et des écrits de ses prédécesseurs.

Fraternités de pureté : Groupes, répandus dans tout le monde gréco-romain, qui se séparaient du reste de la société et faisaient vœu de vivre selon des règles strictes de pureté rituelle (voir *infra*). Le groupe du *Yahad*, mentionné dans certains manuscrits de la mer Morte, en était une.

Glose : Passage introduit en marge ou entre les lignes d'un texte, le plus souvent par un glossateur, c'est-à-dire une personne autre que l'auteur. Durant l'Antiquité et le Moyen Age, les gloses étaient souvent incorporées aux phrases ou paragraphes qu'elles commentaient, dans les copies ou éditions ultérieures de ces textes. Aussi ne peut-on les en extraire qu'au moyen d'une analyse textuelle, en examinant, par exemple, la logique et le déroulement des idées exprimées.

Gnosticisme : Forme de pensée religieuse très répandue dans l'empire romain et adoptée sous diverses formes par certains hérétiques juifs et chrétiens. Tirant son nom du mot grec signifiant « connaissance », son enseignement devait permettre d'accéder à une connaissance secrète de Dieu, et se caractérisait surtout par un strict « dualisme », insistant sur le fait que le monde et la matière étaient mauvais, tandis que seul l'esprit pouvait être bon. Cette croyance conduisit certains gnostiques à un ascétisme extrême et d'autres à la licence morale.

Grande Révolte : Voir Première Révolte.

Gueniza : (« réserve », en hébreu) Endroit choisi, le plus souvent dans une synagogue, pour entreposer des textes détériorés par l'usage, mais qui ne peuvent pas être détruits en raison de leur caractère sacré. La plus célèbre *gueniza* médiévale fut découverte dans la synagogue de Foustat, ou Vieux Caire ; voir Manuscrits de la *gueniza* du Caire.

Haber, Haburah : Le *haber* (« ami », en hébreu) était membre à part entière d'une *haburah* (« société d'amitié », en hébreu), les fraternités de pureté (voir *supra*) de la période tannaïtique.

Halakhah (adj. **halakhique**) : Termes désignant aussi bien les lois rituelles et civiles rabbiniques (respect du sabbat, dîme, contrats, etc.), que les textes qui s'y rapportent (par opposition aux textes *haggadiques*, qui concernent la théologie et la dévotion).

Hassidim, Assidéens : « Les Pieux », secte de Juifs opposés à l'adoption par d'autres Juifs de certains aspects de la culture grecque, avant qu'Antiochus Epiphane ne déclenche les persécutions (167 avant J.-C.). Cette secte continua d'exister à l'époque de la dynastie asmonéenne.

Hekhalot : Ouvrages mystiques juifs, apparemment écrits aux premiers siècles après la destruction du Second Temple, qui se caractérisent par la description de « palais » ou « châteaux » (en hébreu, *hekhalot*) auxquels ceux qui sont dignes de contempler le « Chariot Divin » de Dieu (*merkabah*), décrit dans le livre d'Ezéchiel, auront accès lors de leurs visions mystiques.

Hellénistique : Terme se référant au mélange des cultures grecque et proche-orientales qui commença à se répandre après les conquêtes d'Alexandre le Grand, vers 332 avant J.-C.

Hénoch : D'après la Genèse 5.21-23, héros antédiluvien qui, en raison de sa piété, fut mené au Paradis sans mourir. Par la suite, il devint le sujet de nombreuses légendes, et le personnage principal du livre d'Hénoch, dans lequel il relate ce qu'il apprit au cours de ses visites au Ciel.

Hérésiographes : Erudits religieux qui se spécialisaient dans l'étude des hérésies, notamment afin de les réfuter. Ils collectionnaient souvent les œuvres hérétiques et rédigeaient des descriptions détaillées des sectes et de leurs croyances.

Hétérodoxie : Entorse à ce que l'on pense être la croyance normative communément acceptée d'une religion. En ce qui concerne le judaïsme intertestamentaire, « l'orthodoxie » (c'est-à-dire les croyances normatives) est difficile à définir, du fait des fluctuations doctrinales du judaïsme de l'époque.

Iduméens : Habitants d'Idumée (Edom, dans la Bible) qui, durant la période intertestamentaire, occupaient un vaste territoire, à l'est et au sud de la mer Morte.

Intercalation : Addition d'un mois à l'année lunaire, afin qu'elle se rapproche de la durée de l'année solaire. L'année lunaire est de 354 jours, plus courte de 11 jours que l'année solaire. Ainsi, deux fois tous les sept ans, les rabbins intercalaient un mois à la fin de l'année, de façon à ce que les différentes fêtes religieuses continuent à tomber à la bonne saison.

Intertestamentaire : Période comprise approximativement entre la fin des temps décrits dans les derniers livres de la Bible hébraïque et l'avènement du Nouveau Testament.

Judaïsme rabbinique : Forme de judaïsme dominante à partir du IIe siècle après J.-C. ; il adopta divers enseignements des rabbins (« les maîtres » ou « les grands ») ou *hakhamîm* (« les sages ») qu'il imposa à la pensée et aux pratiques juives. Le judaïsme rabbinique est l'héritier du pharisianisme ; comme les Pharisiens, les Juifs rabbiniques reconnaissaient la validité de la tradition orale, croyaient aux anges, aux esprits et à la résurrection des morts.

Karaïsme : Branche du judaïsme qui apparut vers l'an 800 de notre ère, en réaction au judaïsme rabbinique (voir *supra*), et qui atteignit son apogée en nombre d'adeptes et en influence, au début du Moyen Age. Les Karaïtes rejetaient les enseignements des rabbins et certains éléments du judaïsme contemporain qu'ils considéraient mystiques ou magiques, leur préférant ce qu'ils estimaient être une pratique et une croyance plus conservatrice, basée directement sur la Bible.

Khirbeh : Mot arabe signifiant ruine ou place détruite, d'où Khirbet Qumran : « Ruine de Qumran ».

Laura : Monastère constitué de chambres séparées ou de huttes où vivaient les premiers moines chrétiens qui se rassemblaient pour les repas et la prière.

Lévites : Membres de la tribu israélite de Lévi (l'une des antiques douze tribus d'Israël) ou leurs descendants. Les Lévites étaient responsables de l'entretien du Temple et des sacrifices. C'est à cette tribu qu'appartenaient les prêtres aaroniens.

Maccabées : Nom souvent donné aux Asmonéens (voir *supra*), la dynastie juive qui régna sur la Judée d'environ 164 à 67 avant J.-C. Ce terme vient du nom du premier chef de la révolte contre Antiochus IV Epiphane, Judas Maccabée.

Manuscrits de la *gueniza* du Caire : Contenu écrit de la réserve de la synagogue palestinienne des Juifs de la cité médiévale de Foustat (Vieux Caire, Egypte), comprenant des lettres, des documents juridiques et autres, ainsi que des textes littéraires dont beaucoup contiennent des dates et des références historiques que l'on peut situer dans le temps. Voir *gueniza*.

Massada : Importante forteresse juive située immédiatement à l'ouest de la mer Morte et au sud d'Engaddi. C'est là qu'eut lieu l'ultime bataille de la Première Révolte qui se termina par le suicide collectif, en 74 après J.-C., de 960 réfugiés juifs qui avaient fui Jérusalem.

Massorétique : Appartenant à la Massora, ou « tradition ». En général, ce terme se réfère à un ensemble de traditions textuelles du début du Moyen Age concernant la façon correcte de lire la Bible hébraïque, ainsi qu'à différentes versions de celle-ci basées sur ces traditions. Le texte massorétique *tibérien* (c.-à-d. rédigé à Tibériade) est le plus répandu depuis l'époque médiévale.

Midrash (pl. **midrashim** ; mot hébreu signifiant « explication approfondie ») **:** Méthode d'interprétation biblique rabbinique selon laquelle on cite un passage des Ecritures pour en dégager une ou plusieurs significations morales ou spirituelles. Les *midrashistes* recouraient à toutes sortes de techniques, tels les allégories, les jeux de mots et la *guematria* (attribution de valeurs numériques aux mots), afin de déterminer le sens d'un texte. Il y a deux sortes de *midrashim* : ceux de la *halakhah*, qui commentent essentiellement les lois bibliques, et ceux de la *haggadah*, qui interprètent surtout les aspects théologiques et relatifs à la piété du texte biblique.

Mishnah : Texte juridique fondamental du judaïsme rabbinique primitif (voir *tannaïtique*). La *Mishnah*, terminée vers le début du IIIe

siècle, contient des ordonnances sur divers sujets, tels le mariage, l'observance du sabbat, les sacrifices, les purifications rituelles, le droit civil, etc. Voir aussi *Tosephta*.

Nahal : Ruisseau ou rivière saisonniers ainsi que son lit ; voir oued.

Origène : (environ 185-235) L'un des premiers exégètes et théologiens chrétiens, remarquable en raison de ses nombreux écrits érudits.

Ostracon (pl. **ostraca**) : Morceau de poterie antique sur lequel sont inscrits un ou plusieurs noms ou messages.

Oued (mot arabe) : Cours d'eau saisonnier ainsi que son lit, le plus souvent dans une gorge ; en hébreu, *nahal* (voir *supra*).

Pacômianisme : Forme de monachisme pratiquée dans le désert par des moines qui vivaient ensemble, tels les cénobites (voir *supra*), dans des monastères ou des communautés isolées dans le désert. Du nom de Saint Pacôme (environ 292-348), fondateur du mouvement.

Pentateuque : Les cinq Livres de Moïse: la Genèse, l'Exode, le Lévitique, les Nombres, le Deutéronome. Voir *Torah*.

Période du Premier Temple (env. 950 à 586 avant J.-C.) : Période de l'histoire israélite qui s'étend de la construction du Temple de Salomon jusqu'à sa destruction par les envahisseurs babyloniens.

Période du Second Temple (env. 520 avant J.-C. à 70 après J.-C.) : Période comprise entre la reconstruction du Temple et la victoire des Romains sur les Juifs, au cours de la Première Révolte.

Pesher (en hébreu, « interprétation ») : Dans les rouleaux, le terme « pesher » s'applique surtout à une méthode d'interprétation des textes prophétiques qui établit un rapport entre les versets considérés et les événements du passé récent ou du futur proche de leurs auteurs.

Pharisiens : L'un des principaux groupes juifs décrits par Josèphe et d'autres sources antiques. Du temps de Josèphe, c'était le mouvement le plus important et le plus populaire. Les Pharisiens se caractérisaient par leur « libre » interprétation de la Bible, leur attachement à la tradition orale, leur croyance aux anges et aux autres êtres spirituels, en la coopération du libre arbitre et de la divine Providence, et à la résurrection des morts.

Philon d'Alexandrie : Exégète, philosophe et historien juif, né vers 20 avant J.-C., à Alexandrie, en Egypte, et mort après l'an 40 après J.-C. Ses écrits sont une source d'informations importante sur la vie et la pensée de la haute société juive, en particulier dans la diaspora romaine.

Phylactères (mot d'origine grecque ; en hébreu, *tefillin*) : Capsules contenant des versets du Pentateuque et portées par les Juifs pratiquants suivant à la lettre le précepte : « Tu attacheras ces mots à ta main comme un signe, sur ton front comme un bandeau » (Dt 6.8).

Pline l'Ancien (environ 23-79 après J.-C.) : Naturaliste, historien et homme d'Etat romain qui écrivit sur la Palestine antique et décrivit une colonie d'Esséniens, dans un lieu à l'ouest des rives de la mer Morte, et « au-dessous » duquel se trouvait Engaddi.

Poimandrès : Premier traité du *Corpus hermeticum*. C'est un document proto-gnostique, datant probablement du IIe siècle, dans lequel un demi-dieu du nom de Poimandrès (« berger des Hommes ») révèle la création du monde, l'union de l'esprit et de la matière après la Chute, et les méthodes de Rédemption.

Première Révolte : Rébellion juive contre la domination romaine qui commença en l'an 66 après J.-C. et culmina en l'an 70, par la destruction de Jérusalem et du Temple. La prise de la forteresse juive de Massada par les Romains, en 74, mit fin à la guerre.

Prêtres : Voir Aaroniens.

Pseudépigraphes : Textes écrits sous un faux nom. Ce terme se réfère habituellement aux premiers ouvrages juifs et chrétiens écrits sous le nom de grands personnages bibliques, qui proposaient souvent une élaboration imaginaire des histoires bibliques ou prétendaient révéler le futur, et qui font partie des écrits apocryphes des *Septante* (voir *supra*).

Pureté, « la pureté » : Vêtements, nourritures et boissons rituellement purs (voir pureté rituelle) ; dans le cas de la *Règle de la communauté*, on pense que ce terme se réfère à la nourriture sacrée consommée au cours des repas rituels par le groupe du *Yahad*. Voir *Yahad*.

Pureté rituelle : Dans le cas des Juifs, il s'agit de l'état particulier de propreté requis de ceux qui observent les lois du Pentateuque concernant le pur et l'impur, et qui participent à différentes cérémonies religieuses. La pureté rituelle implique à la fois que l'on évite certaines personnes (par exemple, les lépreux), certains éléments (par exemple, les cadavres) ou animaux (par exemple, les souris), considérés comme corrompant, et que l'on procède à certaines ablutions et autres rituels purificateurs après tout contact avec ceux-ci.

Qumran : Plaine désertique à l'ouest de la mer Morte où se situent Khirbet Qumran et l'oued Qumran.

Rouleau : Manuscrit de parchemin, de papyrus ou d'une autre matière, formé de feuilles (parfois une centaine) cousues ou attachées l'une à côté de l'autre, afin de faciliter l'enroulement du texte. A l'époque biblique, le mot hébreu *sefer* ne désignait pas un *codex* (voir *supra*), mais un rouleau, qui précéda celui-ci dans le monde méditerranéen.

Sadducéens : L'une des principales sectes juives de l'Antiquité, d'après Flavius Josèphe et d'autres sources anciennes. Elle se caractérisait surtout par son interprétation « littérale » de la Bible et par son refus des traditions orales, des anges, des esprits, de la divine Providence, et de la résurrection des morts. Les Sadducéens étaient liés à l'aristocratie juive et aux pouvoirs du Temple. Ils furent progressivement réduits à une minorité, peu après la chute du Second Temple, en l'an 70.

Sacerdotal : Se réfère au Temple ou à la prêtrise.

Sadocites : Voir Zadokites.

Samaritains : Habitants de la région de Samarie, en Palestine, qui ne furent pas exilés en Babylonie avec les Judéens. Ils ne croyaient en la sainteté que du Pentateuque, parmi tous les textes sacrés de la Bible hébraïque. Leur centre était Néapolis (Naplouse/Sichem), et ils offraient leurs sacrifices non pas sur le mont du Temple, mais sur le mont Garizim. Aujourd'hui il n'en reste que quelques centaines.

Scriptorium : Salle où l'on copiait les textes, en particulier dans les monastères médiévaux.

Secte : Groupe religieux dissident, adhérant à un ensemble de croyances et de pratiques particulières, différentes de celles de la majorité.

Septante : Antique traduction grecque des Ecritures juives, mais qui comprend aussi des écrits dits apocryphes et pseudépigraphes en vigueur chez les Juifs d'Alexandrie.

Sicaires : Les « porteurs de dagues » ou « assassins », commandés par Ménahem ben Jaïr, Eléazar ben Jaïr et Simon bar Giora. Ils tinrent un rôle essentiel dans la Première Révolte contre la domination romaine. La question de savoir s'ils faisaient ou non partie des Zélotes reste à trancher.

Simon Maccabée : Jeune frère de Judas et de Jonathan qui prit la tête de la révolte à la mort de ce dernier (142-135 avant J.-C.). Durant son règne, la Judée obtint son indépendance politique de l'empire séleucide et fut dispensée du tribut.

Stratigraphie : Méthode employée par les archéologues pour dater les objets trouvés sur les sites en fonction de la formation des différentes couches de terre, roches, etc.

Syriaque : Dialecte de la langue araméenne (voir *supra*) dont l'usage se répandit en Syrie et en Mésopotamie à partir de l'Antiquité préchrétienne, jusqu'à ce que l'arabe le supplante. Il est encore employé de nos jours par certaines Eglises chrétiennes orientales et par les habitants mandéens du sud de l'Iraq.

Talmud (babylonien, palestinien) : Corpus légal du judaïsme rabbinique (voir *supra*), comprenant la *Mishnah* (voir *supra*) hébraïque et des commentaire juridiques, c'est-à-dire la *Guemara* araméenne. Le Talmud babylonien, qui imposa finalement sa suprématie, est formé par la *Mishnah* et par des commentaires de professeurs rabbiniques, principalement babyloniens ; le Talmud palestinien (ou de Jérusalem) est constitué de la *Mishnah* et de commentaires, principalement par des professeurs rabbiniques palestiniens.

Tannaïtique : Se réfère aux Tannaïm (Tannaïtes), ou premières générations de professeurs rabbiniques. On estime généralement que la période tannaïtique du judaïsme rabbinique s'étend de 70 à environ 220, époque traditionnelle de la compilation de la *Mishnah*. Voir aussi *Tosephta*.

Targum (en hébreu, « traduction ») : N'importe laquelle des nombreuses traductions araméennes des livres de la Bible hébraïque. « Le Targum » se réfère habituellement au Targum du Pentateuque par un traducteur nommé Onqelos.

Tefillin : Voir phylactères.

Sanctuaire du Livre : Edifice du Musée d'Israël à Jérusalem où sont conservés et exposés certains manuscrits de la mer Morte.

Terminus a quo (ante quem) : La plus ancienne date possible pour un manuscrit, événement, etc.

Terminus ad quem (post quem) : La date au-delà de laquelle un événement, etc., ne peut pas être arrivé.

Tétragramme : L'équivalent en hébreu des quatre consonnes YHWH, qui dans de nombreux passages de la Bible représentent le nom du Seigneur trop sacré pour être prononcé. C'est la raison pour laquelle dans les manuscrits médiévaux ce mot était vocalisé avec les voyelles du mot hébreu *adonai*, une épithète signifiant « Dieu ».

Titus : Général romain, fils de Vespasien (voir *infra*), qui dirigea le siège de Jérusalem pendant la Première Révolte. Plus tard, il succéda à son père comme empereur (79-81 après J.-C.).

Torah (en hébreu, « la loi » ou « l'enseignement ») : Désigne en particulier les cinq premiers livres de la Bible, également connus sous le nom de Pentateuque (voir *supra*) ou Cinq Livres de Moïse, à qui ils sont traditionnellement attribués. Chez les rabbins, ce terme prit le sens plus général de loi juive, orale comme écrite.

Tosephta : Littéralement, « l'Addition » à la *Mishnah*. Importante collection de lois et d'avis juridiques et rituels du judaïsme rabbinique ancien (jusqu'au III° siècle après J.-C.), très similaire par son style et son contenu à la *Mishnah* (voir *supra*). Les rabbins accordaient moins d'autorité aux décisions juridiques du *Tosephta* qu'à celles de la *Mishnah*, bien qu'elles soient tout aussi importantes historiquement l'une que l'autre et dérivent du même ensemble d'idées juridiques et sociales.

Unicum : Pièce unique, en particulier un texte dont il n'existe qu'un seul manuscrit, qui n'est pas nécessairement un autographe.

Vespasien : Général romain qui fut envoyé en Palestine pour réprimer la Première Révolte. Il parvint à conquérir la Galilée et une grande partie de la Judée, mais, forcé de retourner à Rome pour assumer le rôle d'empereur (69-79 après J.-C.), il confia à son fils Titus la charge de prendre Jérusalem.

Yahad (en hébreu, « unité ») : Terme apparaissant dans plusieurs manuscrits de la mer Morte pour désigner une fraternité de pureté (voir *supra*) particulière.

Zadokites (Sadocites) : Descendants de Sadoc dont étaient issus les grands prêtres de Judée depuis l'époque du roi Salomon. Antiochus Epiphane les destitua en échange d'un pot-de-vin. Les Asmonéens qui, plus tard, assumèrent la grande prêtrise, n'étaient pas de la lignée des Sadocites et donc, de l'avis de certains, n'étaient pas qualifiés pour remplir cet office.

Zélotes : Groupe de Juifs religieux militants, décrit par Josèphe, qui furent les principaux instigateurs de la Première Révolte. Josèphe semble les considérer comme un groupe bien précis qui émergea durant l'insurrection ; cependant, certains éléments suggèrent que le terme (qui à l'origine signifie « appliquant zélé de la Loi de Dieu ») était peut-être couramment employé, avant et même après la Révolte, pour qualifier tous ceux qui s'opposaient violemment à la domination romaine. Voir sicaires.

Zoroastre (ou Zarathoustra) : Chef religieux perse qui vécut vers 600 avant J.-C. (?). Il fonda le zoroastrisme, religion dont la croyance fondamentale est la lutte éternelle entre le bien et le mal, ou la vérité et le mensonge.

Notes

❖

Chapitre 1

Le plateau de Qumran

1. G. Dalman, *Palästina Jahrbuch des Deutschen evangelischen Instituts für Altertumswissenschaft des heiligen Landes* 10 (1914), pp. 9-10 ; et M. Avi-Yonah, *Map of Roman Palestine*, 2ᵉ éd., Jérusalem, 1940, section cartes.

2. Cf. Flavius Josèphe, *Antiquités judaïques*, livre 18, paragraphe 20, trad. G. Mathieu et L. Hermann, sous la direction de Théodore Reinach, tome IV, édition Leroux, Paris, 1900-1932 ; Philon d'Alexandrie, *Quod omnis probus liber sit*, traité 28, paragraphe 75, trad. Roger Arnaldez, édition du Cerf, 1974.

3. Décrit en détail par Flavius Josèphe, *Guerre des Juifs*, livre 2.122-161, trad. R. Harmand, sous la dir. de Th. Reinach, tome V, éd. Leroux ; Philon d'Alexandrie, *Quod omnis probus liber sit*, traité 28, paragraphes 75 à 91 ; *idem*, *Hypothetica*, 11.1-18, trad. F. H. Colson, Loeb Classical Library, vol. 9, Cambridge Mass., 1941, pp. 436-443.

4. Josèphe, *Antiquités judaïques*, livre 18.19, trad. G. Mathieu et L. Hermann, éd. Leroux ; Philon, *Hypothetica*, 11.8.

5. Philon d'Alexandrie, *Quod omnis probus liber sit*, traité 28, paragraphes 77-78 .

6. Philon, *Quod omnis probus liber sit*, 28.79 ; Josèphe, *Antiquités judaïques*, livre 18.21.

7. *Antiquités judaïques*, livre 18.18-22.

8. *Guerre des Juifs*, livre 2.154-155, trad. R. Harmand, éd. Leroux.

9. *Ibid.*, 2.121.

10. *Hypothetica*, 11.14.

11. *Guerre des Juifs*, 2.161-162.

12. *Antiquités judaïques*, 18.19.

13. *Quod omnis probus liber sit*, traité 28.75.

14. *Guerre des Juifs*, 2.128, 148.

15. G. Lankester Harding, dans *Palestine Exploration Quarterly*, 84, 1952, p. 104.

16. *Ibid.*, p.105.

17. R. de Vaux, *L'Archéologie et les manuscrits de la mer Morte*, Londres, 1961, p. 28 et suiv.

18. *Ibid*, p. 28.
19. F. M. Cross, *The Ancient Library of Qumran and Modern Biblical Studies*, Londres, 1958, p. 45.
20. *Ibid.*, p. 6.
21. Voir S. Ilan et D. Amit, « Le Système d'eau à Qumran » (hébreu), *Teba' wa'ares* 24, 1982, pp.118-122 ; B. G. Wood, « To Dip or to Sprinkle ? The Qumran Cisterns in Perpective », *Bulletin of the American Schools of Oriental Research* 256, 1984, pp. 45-60.
22. R. de Vaux, *L'Archéologie*, pp. 4-5 ; cf. ses premières descriptions, *Revue biblique* 60, 1953, pp. 83-106 (première saison) ; *ibid.*, 61, 1954, pp. 208 sqq (deuxième saison) ; et *ibid.*, 63, 1956, pp. 533-577 (troisième, quatrième et cinquième campagnes).
23. *Dictionnaire archéologique de la Bible*, Jérusalem et Paris, 1970, p. 170 (article de A. Negev).
24. R. de Vaux, *L'Archéologie*, p. 33.
25. Voir N. C. Debevoise, *A Political History of Parthia*, Chicago, 1938, pp. 109 sqq.
26. *Ibid.*, pp.15 sqq.
27. *Ibid.*, p. 20.
28. A propos du siège de Jérusalem, voir en particulier Jonathan Price, *Jerusalem Under Siege*, Leiden, 1992.
29. Josèphe, *Guerre des Juifs*, 4.477, trad. R. Harmand, tome VI, éd. Leroux.
30. R. de Vaux, *L'Archéologie*, pp. 29-33.
31. *Ibid.*, p. 15.
32. Josèphe, *Guerre des Juifs*, 5.50-277 ; cf. Price, *Jerusalem Under Siege*, pp. 127-144.
33. Josèphe, *Guerre des Juifs*, 5.69.
34. R. de Vaux, *L'Archéologie*, pp. 33 sqq.
35. Cross, *Ancient Library*, p. 47.
36. R. de Vaux, *Revue biblique* 61, 1954, p. 234. A propos des sicaires et de leurs activités durant la Première Révolte, voir Josèphe, *Guerre des Juifs*, 4.400-405, 410-419, et *passim*.
37. Philon d'Alexandrie, *Quod omnis probus liber sit, op. cit.*, paragraphe 78 ; trad. J. Moffatt, *Encyclopaedia of Religion and Ethics*, 5, New York, 1912, p. 396.
38. Josèphe, *Guerre des Juifs*, 2.125, *op. cit.*
39. Cf. Pline l'Ancien, *Histoire naturelle*, livre 5, 15.73 ; trad. M. Ajasson de Grandsagne, éd. C. L. F. Panckoucke, tome 4, Paris, 1829, p. 61.
40. Voir Ch. S. Clermont-Ganneau, *Archaeological Researches in Palestine during the Years 1873-1874*, vol. 2, Londres, 1896, pp. 14-16.
41. Voir de Vaux, *L'Archéologie*, pp. 37 et suiv., 45 et suiv., 69, 81, 96 et suiv.
42. R. de Vaux, *L'Archéologie*, pp. 96-97 ; idem, *Archaeology and the Dead Sea Scrolls*, Oxford, 1972, p. 128 et suiv.
43. Josèphe, *Guerre des Juifs*, 8.160-161.

44. Pline l'Ancien, *Histoire naturelle* (plus haut, note 39), p. 61 (souligné par moi).

45. Josèphe, *Guerre des Juifs*, 5.145.

46. R. de Vaux, *L'Archéologie*, p. 103 ; idem, *Archaeology and the Dead Sea Scrolls*, p.133.

47. Pline l'Ancien, *Histoire naturelle*, livre 5, 14.69 et 15.72, pp. 272-275.

48. *Ibid.*, pp. 98-99.

49. Voir Josèphe, *Guerre des Juifs*, 1.267, trad. R. Harmand, tome V, éd. Leroux.

50. Je remercie encore infiniment le professeur Eph'al pour ce calcul. Voir l'article d'Ehud Netzer sur Hérodium, *Biblical Archaeology Review*, juillet/août 1988, pp. 18-33, qui donne les dimensions des deux grandes citernes. Netzer affirme que la troisième citerne (pas encore complètement dégagée) « paraît être beaucoup plus petite ».

51. Netzer, *ibid.*, p. 23.

52. Cf. de Vaux, *L'Archéologie*, pp. 40 sqq., 51 et suiv., 79 ; et *ibid*, planche XV, XXII, XXIX.

53. R. de Vaux, *L'Archéologie*, pp. 8-9.

54. *Ibid*, p. 8.

55. Voir le plan de De Vaux, *ibid.*, planche 39, locus n° 4 , et comparer les plans de la synagogue de Massada, dans Y. Yadin, *Masada, Herod's Fortress and the Zealots' Last Stand*, Londres, 1966, pp. 181-185.

56. Voir de Vaux, *L'Archéologie*, p. 8.

57. R. de Vaux, *Archaeology*, pp. 23, 81.

58. Cf., par exemple, F. M. Cross, *Ancient Library*, p. 49 (selon lui, la fonction de cette pièce est « claire et d'importance ») ; G. Vermes, *Discovery in the Judean Desert*, New York, Paris, Rome, 1956, p. 14 (« On a découvert un *scriptorium* à l'étage supérieur ») ; C. Fritsch, *Qumran Community*, p. 5 (« Il s'agit très probablement du *scriptorium* où les scribes de la communauté copiaient les manuscrits »).

59. Dupont-Sommer, *Les écrits esséniens découverts près de la mer Morte*, Payot, 1980 (4ᵉ édition), p. 76-77.

60. Cf. en particulier B. M. Metzger, « The Furniture of the Scriptorium at Qumran », *Revue de Qumran* 1, 1959, pp. 509-515 ; *idem*, « When did the Scribes Begin to Use Writing Desks ? », *Akten des XI internationalen Byzantinisten-Kongress 1958*, 1960, pp. 355-362 ; et, en défense de sa propre hypothèse, de Vaux, *op. cit.*, pp. 30 et suiv.

61. J. C. Greenfield, *Journal of Near Eastern Studies* 35, 1976, p. 288 ; il répéta et développa plus longuement cette opinion au cours de sa conférence au Onzième Congrès Mondial des Etudes Juives, le 29 juin 1993, à Jérusalem

62. Voir A. K. Bowman et autres, *Vindolanda : The Latin Writing Tablets*, Londres, 1984.

63. Voir de Vaux, *L'Archéologie*, p. 80 ; *Archaeology and the Dead Sea Scrolls*, p. 103.

64. R. de Vaux, *L'Archéologie*, p. 80 (souligné par moi).

65. Pour les illustrations des *ostraca* de Qumran et Massada, cf., par exemple, de Vaux, *L'Archéologie*, planche XV, b ; Y. Yadin, *The Excavation at Masada, 1963-64 : Preliminary Report*, Jérusalem, 1965, planche 19, c et d.

66. Voir de Vaux, *L'Archéologie*, p. 12 sqq.

67. Voir G. Vermes, *The Dead Sea Scrolls : Qumran in Perspective*, Londres, 1981, p. 12.

68. R. de Vaux, *L'Archéologie*, p. 12 sqq.

69. Cf. K. Preisendanz, *Papyrusfunde und Papyrusforschung*, Leipzig, 1933, p. 113.

70. Voir P. Benoît, J. T. Milik, R. de Vaux et autres, *Les Grottes de Murabba'at*. Texte (Discoveries in the Judaean Desert II, Oxford, 1961), p. 31 et note 4. Pour les poteries d'En Ghuweir, cf. les photographies, *Eretz-Israel* 10, 1971, planches 49-50.

71. R. de Vaux, *Archaeology and the Dead Sea Scrolls*, p. 33 ; cf. *ibid.*, pp. 54-55, note 1. Pour les poteries de Jéricho, voir J. L. Kelso et D.C. Baramki, *Excavations at the New Testament Jericho and Khirbet en-Nitla*, Annual of the American Schools of Archaeology 29-30, 1955, p. 26 et planche 23, n° A115 ; et pour celles de Quailba, voir *Annual of the Department of Antiquities of Jordan*, vol. 4 et 5, 1960, p. 116 : « Les découvertes les plus intéressantes sont un encrier et un pot cylindrique, tout à fait comparables à des objets similaires trouvés à Qumran » (affirmation de Farah S. Ma'ayeh).

72. R. de Vaux, *L'Archéologie*, p. 102.

73. R. de Vaux, *Archaeology and the Dead Sea Scrolls*, p. 135, note 3.

74. *Ibid.*, pp. 89-90.

75. Voir P. Bar-Adon, *Hadashot Arkheologiot*, Jérusalem, avril 1968, pp. 24-28 ; avril 1969, pp. 29-30 ; *idem*, « Another Settlement of the Judaean Desert Sect at En Ghuweir on the Dead Sea », *Eretz Israel* 10, 1971, 72-89.

76. R. de Vaux, *Archaeology and the Dead Sea Scrolls*, p. 89.

77. Voir M. Broshi, et autres éd., *Megillot midbar yehudah – arba'im shenot mehqar*, Jérusalem, 1992, p. 62.

78. Voir le plan du cimetière de S. Tsemel, *Revue de Qumran* 75, déc. 1969 ; et de A. Strobel, *Zeitschrift des deutschen Palästina-Vereins* 88, 1972, p. 79, planche 4.

79. Voir N. Haas et H. Nathan, « Anthropological Survey of Human Skeletal Remains from Qumran », *Revue de Qumran* 6, 1968, pp. 345-352.

80. C. Roth, *The Historical Background of the Dead Sea Scrolls*, Oxford, 1958 ; G. R. Driver, *The Judaean Scrolls : The Problem and a Solution*, Oxford, 1965.

81. Josèphe, *Antiquités judaïques*, 13.180-183, trad. J. Weill, tome III, éd. Leroux.

82. *Ibid.*, 8. 397. Cf. *Jewish Encyclopaedia*, article « Machaerus », 8, New York et Londres, 1904, p. 245. Aux confins de l'actuel royaume hachémite de Jordanie, une équipe italienne est en train de dégager Machéronte par étapes. Quant aux poteries retrouvées sur le site, voir maintenant S. Loffreda, *La Ceramica di Macheronte et dell'Herodion* (90 a.c.-135 d.c.), Jérusalem, 1996.

83. Josèphe, *Guerre des Juifs*, 7.163-209, trad. R. Harmand, tome VI.

84. Voir L. du Puy de Podio, *Les Pigeons-Messagers dans l'art militaire*, Paris, 1872.

85. Voir la section appropriée de la carte de Madaba telle que décrite, par exemple, par Ze'ev Vilnai, *Eretz Yisrael bitemunot uv'mapot 'atiqot*, Jérusalem, 1961, p. 68.

86. Voir en particulier professeur Menashe Harel, « The Route of Salt, Sugar and Balsam Caravans in the Judaean Desert », *Geojournal* 2.6, 1978, pp. 549-556.

87. Harel, *ibid.*, p. 550 (souligné par moi).

88. *Ibid.*, pp. 554-556 ; cf. Josèphe, *Guerre des Juifs*, 4.479-480. Harel suppose que Sodome se trouvait à l'extrême sud de la mer Morte et que la mer était approximativement des mêmes taille et forme que maintenant. J. Rugerson, *Atlas of the Bible*, New York, 1985, affirme au contraire : « Aux deux tiers de la côte est, en direction du sud, une bande de terre avance dans la mer Morte. On l'appelle el-Lisan (la langue). Il est remarquable qu'au nord de cette avancée la profondeur de la mer est d'environ 400 m, alors qu'elle n'est qu'à peu près de 6 m au sud » (p. 194). Rugerson suppose que « à l'époque biblique, l'étendue située au sud de la langue n'était pas immergée et que les villes de la plaine, dont Sodome, se trouvaient à l'est de cette zone ». Il n'y a apparemment encore aucune preuve décisive confirmant l'une ou l'autre thèse sur cette portion australe de la mer Morte.

Chapitre 2

Les manuscrits des Juifs

1. J. Mann, *The Jews in Egypt and Palestine under the Fatimid Caliphs*, 2 vol., Oxford, 1920-1922 ; E. Ashtor (Strauss), *Histoire des Juifs d'Egypte et de Syrie sous le règne des Mameluke* (hébreu), vol. 1-2, Jérusalem, 1944-1951, vol. 3, Jérusalem, 1970 ; S. D. Goitein, *A Mediterranean Society*, 6 vol., Berkeley et Los Angeles, 1967-1995.

2. Voir mes études, « New Light on the Persecution of French Jews at the Time of the First Crusade », *Proceedings of the American Academy for Jewish Research* 24, 1966, pp. 1-63 ; « Le toponyme hébraïque MNYW et son identification avec Monieux (Vaucluse) », *Revue internationale*

d'onomastique 20, 1968, pp. 241-54 ; et « Monieux », *Proceedings of the American Philosophical Society* 63, fév. 1969, pp. 67-94.

3. André Dupont-Sommer, *Les écrits esséniens découverts près de la mer Morte*, Payot, 1960.
4. *Ibid.*, p. 25.
5. *Ibid.*, p. 80.
6. *Ibid.*, p. 80.
7. P. Benoît, J. T. Milik, R. de Vaux et autres, *Les Grottes de Murabba'at*, Texte et Planches, Discoveries in the Judaean Desert 2, Oxford, 1961.
8. Voir en particulier Y. Yadin, *Bar Kokhba* (Londres et Jérusalem, 1971) ; et N. Lewis, Y. Yadin et J. C. Greenfield, éd., *The Documents from the Bar Kokhba Period in the Cave of the Letters*, Jérusalem, 1989.
9. *Archaeology and the Dead Sea Scrolls*, p. 104 ; souligné par moi.
10. *Bulletin of the American Schools of Oriental Research* 135, oct. 1954, p. 29.
11. Voir *Règle de la communauté*, 6.20-22.
12. F. M. Cross, *The Ancient Library of Qumran and Modern Biblical Studies*, New York, 1958, p. 90.
13. Y. Yadin, *The Message of the Scrolls*, New York, 1962, p. 161.
14. Philon d'Alexandrie, *Quod omnis probus liber sit*, traité 28, paragraphe 75 ; Josèphe, *Antiquités judaïques*, 18.21.
15. Dupont-Sommer, *Les écrits esséniens découverts près de la mer Morte*, p. 24.
16. *Ancient Library*, p. 147.
17. Voir, par exemple, J. Deiss, *Herculaneum*, Malibu, non daté ; S. A. Jashemski, *Pompéi*, introduction de W. Jashemski, la Bibliothèque des Arts, 1965.
18. Voir J. W. B. Barns et autres, *Nag Hammadi Codices : Greek and Coptic Papyri from the Cartonnage of the Covers*, Nag Hammadi Studies, vol. 16, Leiden, 1981, pp. 2-11 ; et *supra*, chapitre 4.
19. Voir B. Porten, *The Archives of Elephantine*, Berkeley et Los Angeles, 1968. Sur les scribes des papyrus d'Eléphantine, voir *supra*, pp. 68-69, 116.
20. Voir E. Wilson, *The Scrolls from the Dead Sea*, New York, 1955, p. 46 ; *idem, The Dead Sea Scrolls*, New York, 1969, p. 47.
21. Voir C. T. Fritsch, *The Qumran Community : Its History and its Scrolls*, New York, 1956, p. 4.
22. J. A. Sanders, *The Psalms Scroll from Qumran Cave II*, Discoveries in the Judaean Desert of Jordan 4, Oxford, 1965, p. 63 (souligné par Sanders).
23. Cf., par exemple, E. Wilson, *op. cit.*, p. 45 : « Le monastère [des Esséniens], construit grossièrement de blocs de pierres grises, se trouve toujours, comme l'avait noté Pline, à une certaine distance de la rive... »

Chapitre 3

1947 : Les premières découvertes

1. Les publications et traductions fondamentales des manuscrits examinés dans ce chapitre sont : Règle de la communauté : M. Burrows éd., *The Dead Sea Scrolls of St Mark's Monastery* II, New Haven, 1951 ; traduction anglaise : W. H. Brownlee, *The Dead Sea Manual of Discipline, Translation and Notes*, BASOR, Supplementary Studies n° 10-12, 1951 ; P. Wernberg-Møller, *The Manual of Discipline, Translated and Annotated with an Introduction*, Leiden, 1957. Apocryphe de la Genèse : J. A. Fitzmyer, *The Genesis Apocryphon of Qumran Cave 1*, Rome, 1971. Rouleau de la guerre : Y. Yadin, *The Scroll of the War of the Sons of Light against the Sons of Darkness*, Oxford, 1962 ; E. Lohse, éd. et trad., *Die Texte aus Qumran*, Munich, 1964, pp. 180 sqq. Alliance de Damas : Solomon Schechter, *Fragments of a Zadokite Work - Documents of Jewish Sectaries* I, Cambridge, 1910 ; Ch. Rabin, *The Zadokite Documents*, Oxford, 1954 ; 2ᵉ éd., Oxford, 1958. Commentaire d'Habaquq : M. Burrows, éd., *The Dead Sea Scrolls of St. Mark's Monastery* I, New Haven, 1950. Règle Messianique : D. Barthélemy et J. Milik, *Qumran Cave 1*. Discoveries in the Judaean Desert 1, Oxford, 1955, pp. 108-111. Sur les Hodayot et la poésie des Juifs de la période intertestamentaire révélés par les textes de Qumran, voir pp. 161-163, 259-260.

2. Les acquisitions de Sukenik : voir Y. Yadin, *The Message of the Scrolls*, New York, 1952, pp. 15-52 ; son exposé sur les Esséniens : voir E. Sukenik, *Megillot Genuzot*, Jérusalem, 1948, p. 16.

3. L'exposé de Dupont-Sommer : *Les écrits esséniens découverts près de la mer Morte*, Payot, 1960, p. 79, pp. 119-120. Celui de Yadin : *The Message of the Scrolls*, New York, 1958, p. 174. Cross : *The Ancient Library of Qumran and the Essenes*, New York, 1958, pp. 71 et suiv. Cf., par exemple, Dupont-Sommer, *Les écrits esséniens découverts près de la mer Morte*, p. 79 ; et G. Vermes, *The Dead Sea Scrolls - Qumran in Perspective*, Cleveland, 1978, pp. 96-97.

4. J. M. Allegro, *Qumran Cave 4, I (4Q158-4Q186)*, Discoveries in the Judaean Desert 5, Oxford, 1968, pp. 11-30.

5. Voir en particulier L. Ginzberg, *Eine unbekannte jüdische Sekte*, New York, 1922. Trad. anglaise : *An Unknown Jewish Sect*, New York, 1976.

6. R. de Vaux, *Archaeology and the Dead Sea Scrolls*, Londres, 1973, pp. 112-113 ; A. Jaubert, « Le pays de Damas », *Revue Biblique* 65, 1958, pp. 214-248 ; R. North, « The Damascus of Qumran Geography », *Palestine Exploration Quarterly* 87, 1955, pp. 34-48 ; F. M. Cross, *Ancient Library*, pp. 59 et suiv. ; M. Burrows, *Lumières nouvelles sur les manuscrits de la mer Morte*, Robert Laffont, 1959, p. 275. C. Fritsch avait auparavant suggéré que l'émigration s'était produite de Qumran même vers Damas sous le règne d'Hérode (*The Qumran Com-*

munity : Its History and its Scrolls, New York, 1956), mais, comme de Vaux le fit alors remarquer *(Archaeology, op. cit.,* p. 112), « cette solution est exclue par certaines considération internes et par la paléographie ».

7. F. M. Cross, « The Early History of the Qumran Community », *New Directions in Biblical Archaeology,* David Noel Freedman et Jonas C. Greenfield, éd., Garden City, N.Y., 1971, p. 77 (souligné par moi).

Chapitre 4

Jérusalem : la thèse qumrano-essénienne reconsidérée

1. Voir D. Barthélemy, O. P. et J. T. Milik, *Qumran Cave 1.* Discoveries in the Judaean Desert 1, Oxford, 1955. Sur la poésie préservée dans les rouleaux, voir *supra,* pp. 161-163, 259-260.

2. *Ibid.,* p. 45 : « ... la bibliothèque de la communauté essénienne ».

3. *Ibid.,* pp. 102-107.

4. Milik, *Qumran Cave 1,* p.103, note 2.

5. Voir M. Wise, « Accidents and Accidence : A Scribal View of Linguistic Dating of the Aramaic Scrolls from Qumran », *'Abr-Nahrain Supplement 3,* 1992, p. 143. Sur les manuscrits d'Eléphantine, voir *supra,* p. 68-69, 116. Sur le nombre de scribes qui écrivirent les papyrus subsistants, voir l'étude de B. Porten, *Archives from Elephantine,* Berkeley, 1968, pp. 192-194.

6. Baillet et autres, *Les « Petites Grottes » de Qumrân.* Textes. Discoveries in the Judaean Desert 3, Oxford, 1962, p. 85 (exposé de Baillet).

7. Cf. *ibid.,* p. 100, qualifié par les éditeurs de « texte de la secte ».

8. Voir la description des textes parue dans l'ouvrage de J. T. Milik, *Dix ans de découvertes dans le désert de Juda,* Paris, 1957, pp. 23-39 ; F. M. Cross, *The Ancient Library of Qumran and Modern Biblical Studies,* Londres, 1958, pp. 9-38, 52-145 ; éd. révisée, New York, 1961, pp. 30-47, 70-106.

9. Sur les *mezouzot* en général, voir *Jewish Encyclopaedia,* 8, New York et Londres, 1904, pp. 531-532, et 10, New York et Londres, 1905, pp. 21-28.

10. Cf. « Lettre à Aristée », vers 159, éd. R. H. Charles, *The Apocrypha and Pseudepigrapha of the Old Testament,* 2, Oxford, 1913, p.109.

11. Cf. Josèphe, *Antiquités judaïques,* 4.213, trad. J. Weill, éd. Leroux.

12. Voir D. Barthélemy, *Qumran Cave 1.* Discoveries in the Judaean Desert 1, Oxford, 1955, pp. 72-76, planche 14, fig. 10 (1Q13) ; K. G. Kuhn, « Phylakterien aus Höhle 4 von Qumran », *Abhandlungen der Heidelberger Akademie der Wissenschaften (Philosophische-Historische Klasse 1,* Heidelberg, 1957) (4Qa-d) ; M. Baillet, Discoveries in the Judaean Desert 3, Oxford, 1962, pp. 149 sqq., planches 32-33 ; fig. 8-11 (groupes 1-4 ;

8Q3) ; Y. Yadin, *Tefillin from Qumran-XQ Phyl 1-4*, Jérusalem, 1969 ; J. T. Milik , dans R. de Vaux et J. T. Milik, *Qumran Grotte 4, II.i. Archéologie... et ii. Tefillin, Mezuzot et Targums*, DJD 6, Oxford, 1977, pp. 33-85 et planches 4-27 (21 phylactères, 7 *mezouzot*).

13. Cf. J. T. Milik, dans R. de Vaux et J. T. Milik, *Qumran Grotte 4, II.i. Archéologie... et ii. Tefillin, Mezuzot et Targums*, DJD 6, Oxford, 1977, pp. 34 sqq.

14. Cf. Milik, *ibid.*, p. 39. Les passages de ces derniers phylactères ne contiennent que Ex 13.1-10 et 11-16, et Dt 6.4-9 et 11.13-21.

15. Milik, *ibid.*, p. 39.

16. Milik, *ibid.*, p. 47.

17. Voir P. Kahle, *The Cairo Genizah*, 2ᵉ éd., p. 242 ; et E. Sukenik, *Megillot genuzot*, 1948, p. 15.

18. Kahle, *ibid.*, p. 241, notes 2 et 3, et p. 242.

19. Voir de Vaux, *Revue biblique* 56 , 1949, p. 236.

20. Voir H. H. Rowley, *The Zadokite Fragments and the Dead Sea Scrolls*, 1952, p. 49, note 6.

21. O. Eissfeldt, *Theologische Literaturzeitung* 74, 1949, cols. 597-600, *apud* O. Braun, *Oriens Christianus* 1, 1901, pp. 138-152 ; voir en particulier p. 304 et suiv. Cf. G. R. Driver, *The Hebrew Scrolls from the Neighbourhood of Jericho and the Dead Sea*, Oxford, 1951, pp. 25-26.

22. Voir note précédente.

23. Voir le résumé des efforts, dans H. H. Rowley, *The Zadokite Fragments and the DSS*, p. 22, note 4.

24. Voir Y. Yadin, *The Message of the Scrolls*, New York, 1962, pp. 76 sqq. (souligné par moi).

25. Thomas Kuhn, *The Structure of Scientific Revolutions*, Chicago, 1ʳᵉ éd., 1962 et 2ᵉ éd., 1970 ; Alexander Kohn, *False Prophets*, New York, 1986.

26. Voir James R. Robinson, *The Facsimile Edition of the Nag Hammadi Codices : Introduction* (encart séparé dans l'édition de fac-similés, Codex VI : Leiden, 1972), p. 4, et références aux publications de Jean Doresse et autres présentés, note 13 ; J. W. B. Barns, éd. Martin Krause, *Essays on the Nag Hammadi Codices in Honour of Pahor Labib*, Leiden, 1975, p. 17 ; J. W. B. Barns, G. M. Browne et J. C. Shelton, *Nag Hammadi Codices ; Greek and Coptic Papyri from the Cartonnage of the Covers*, Leiden, 1981, p. 5 (par Shelton).

27. Cf. Barns, *Essays on the Nag Hammadi Codices in Honour of Pahor Labib*, p. 17.

28. *Ibid.*, p.13 (souligné par moi). Sur Saint Pacôme et ses monastères, voir « Cénobite » dans le Glossaire.

29. R. de Vaux, *Archaeology*, p. 104 (souligné par moi). Voir aussi Shelton, *Nag Hammadi Codices... Cartonnage*, p. 2.

30. Shelton, *ibid.*, pp. 2, 5 et 11.

31. Jean Doresse, *Les Livres secrets des gnostiques d'Egypte*, Editions du Rocher, 1984, pp. 1, 281, 282 et 284.

32. Voir T. Säve-Söderberg, « Gnostic and Canonical Gospel Traditions », éd. U. Bianchi, *The Origins of Gnosticism : Colloquium of Messina 13-18 April 1966*, Leiden, 1970, pp. 552-562 ; cf., *ibid.*, pp. 552-553.
33. *Ibid.*, p. 553 ; la traduction est celle des *Livres secrets* de Doresse, p. 166.
34. Voir Säve-Söderberg, *op. cit.*, p. 553 ; et cf. J Barns, éd. M. Krause, *Essays on the Nag Hammadi Papyri*, p. 16.

Chapitre 5

Le *Rouleau de cuivre*, les manuscrits de Massada et le siège de Jérusalem

1. Kuhn, *Revue biblique* 61, 1954, pp. 193-205.
2. On peut trouver des citations de la correspondance d'Allegro de l'époque dans M. Baigent et R. Leigh, *La Bible confisquée : enquête sur le détournement des manuscrits de la mer Morte*, Plon, 1992, pp. 65 sqq.
3. Voir en particulier Baigent et Leigh, *ibid.*, pp. 65-85. Les auteurs ne mentionnent pas le livre notoirement antisémite d'Allegro, *The Chosen People*, Garden City, N.Y., 1972.
4. Toutes les citations proviennent de J. M. Allegro, *The Dead Sea Scrolls*, Penguin Books, 1956, pp. 183-184.
5. Voir A. Dupont-Sommer, *Les écrits esséniens découverts près de la mer Morte*, p. 398.
6. *Ibid.*, p. 397, 400.
7. Voir, par exemple, *The Times* de Londres, 1ᵉʳ juin 1956, p. 12.
8. Baigent et Leigh, *op. cit.*, pp. 74-75.
9. Voir Chaim Rabin, *The Jewish Chronicle*, juin 1956 ; et K.G. Kuhn, *Theologische Literaturzeitung* 81, 1956, cols. 541-546.
10. Voir Baigent et Leigh, *op. cit.*, pp. 74 sqq.
11. F. M. Cross, *Ancient Library of Qumran and the Essenes*, p. 18, note 29.
12. A. Dupont-Sommer, *Les écrits esséniens découverts près de la mer Morte*, p. 437 (souligné par moi).
13. *Ibid.*, p. 395.
14. Voir Milik, *Revue Biblique* 66, 1959, pp. 321-357 ; Dupont-Sommer, *Les écrits esséniens découverts près de la mer Morte*, p. 398.
15. *Les écrits esséniens découverts près de la mer Morte*, p. 393 et suiv.
16. *Ibid.*, p. 401 ; Josèphe, *Guerre des Juifs*, 6.387-391, trad. R. Harmand, tome VI, éd. Leroux.
17. *Guerre des Juifs*, 6.432, éd. Leroux, tome VI.
18. R. de Vaux, *Archaeology and the Dead Sea Scrolls*, pp. 108-109.

19. J. Allegro, *The Treasure of the Copper Scroll*, Londres, 1960 ; J. T. Milik, « Le Rouleau de cuivre provenant de la grotte 3Q (3Q15) », M. Baillet et autres, *Les « Petites Grottes » de Qumrân : Textes*, Discoveries in the Judaean Desert of Jordan 3, Oxford, 1962, pp. 211-302, 314-317, et *Planches*, Oxford, 1962, planches xliii-lxxi. Un volume en hébreu sur les rouleaux, basé essentiellement sur la transcription d'Allegro, parut par la suite : B. Z. Lurie, *Megillat hanehoshet*, Jérusalem, 1963.

20. Voir en particulier A. Wolters, « Apocalyptic and the Copper Scroll », *Journal of Near Eastern Studies* 49, 1990, pp. 145-154, et les nombreuses sources qu'il cite.

21. Voir R. de Vaux, *Revue biblique*, 1961, pp. 146-147 ; et Milik, « Rouleau de cuivre », p. 299.

22. Voir l'étude d'A. Wolters, « Apocalyptic and the Copper Scrolls », *op. cit.* ; *idem*, « History and the Copper Scroll », éd. M. Wise, N.Golb et autres, *Methods of Investigation of the Dead Sea Scrolls and the Khirbet Qumran Site*, Annals of the New York Academy of Sciences, vol. 722, New York, 1994, pp. 285-298.

23. Ed. Milik, p. 298.

24. *Rouleau de cuivre*, col. 8, ligne 3. Le terme hébreu *sefer* (plur., *sefarim* ou *sefarin*) désignait d'abord un rouleau, mais lorsque le codex apparut (c'est-à-dire des feuilles liées ensemble pour former un livre, dans le sens moderne du mot), on utilisa le même terme hébreu pour le désigner.

25. Voir *Rouleau de cuivre*, colonnes 5.7 ; 11.1, 4, 11, 15. Allegro lut cette expression comme étant *btkn 'sln*, ce qui n'a pas de sens (Milik fit la même erreur) ; finalement G. Sarfati aboutit au déchiffrement correct *ktbn 'sln*, « les [ou leurs] écrits sont à leurs côtés » (c'est-à-dire à côté des trésors décrits auparavant).

26. Voir M. Avi-Yonah, N. Avigad et autres, « The Archaeological Survey and Excavation of Masada, 1955-1956 », *Israel Exploration Journal* 8, 1957, pp. 1-60.

27. Voir G. Adam Smith, *The Historical Geography of the Holy Land*, Londres, 1894, pp. 512-513.

28. Josèphe, *Guerre des Juifs*, 4. 399-405, 516.

29. Siège et prise d'Herodium : Josèphe, *Guerre des Juifs*, 7.163 ; de Machéronte, *ibid.*, 7.164-209 ; de la forêt de Jardes, *ibid.*, 7.210-215.

30. Voir Josèphe, *Guerre des Juifs*, 7.270-406, trad. R. Harmand, tome VI, éd. Leroux ; et cf. le précieux résumé historique de M. Avi-Yonah et autres, *Israel Exploration Jounal* 7, 1957, pp. 1-8.

31. G. A. Smith, *Historical Geography*, p. 514.

32. J. Strugnell, « The Angelic Liturgy at Qumran », *Vetus Testamentum Supplementae* 7, 1960, pp. 318 sqq.

33. Voir A. Jaubert, *La Date de la Cène*, J. Gabalda et Cie, 1957 ; S. Talmon, « The Calendar of the Convenanters of the Judaean Desert », éd. C. Rabin, et Y. Yadin, *Aspects of the Dead Sea Scrolls (Scripta Hierosolymitana* 4, Jérusalem, 1958), pp. 162-199.

34. Josèphe, *Guerre des Juifs*, 2.567 (dans 3.11, Jean participe à l'expédition contre Ascalon).
35. Y. Yadin, *The Excavation of Masada, 1963-64*, 1965, pp. 107-108.
36. *Ibid.*, p. 174.
37. *Ibid.*, p. 173 et suiv.
38. Cf. Josèphe, *Guerre des Juifs*, 4.398 sqq., trad. R. Harmand, tome VI, éd. Leroux. Sur le moment approximatif de sa prise, voir *Guerre des Juifs*, 2.408, tome V, éd. Leroux.
39. Voir Cecil Roth, « Qumran and Masada : A Final Clarification Regarding the Dead Sea Sect », *Revue de Qumran* 5, 1964-66, pp. 81-87.
40. E. Wilson, *The Dead Sea Scrolls : 1947-1969*, New York, 1969, p. 210 et suiv.
41. C. Newsom et Y. Yadin, « The Masada Fragment of the Qumran Songs of the Sabbath Sacrifice », *Israel Exploration Journal* 34, 1984, p. 77. Sur les souffrances des Esséniens sous la domination des Romains, voir Josèphe, *Guerre des Juifs*, 2.152-153.
42. C. Newsom, *Songs of the Sabbath Sacrifice : A Critical Edition*, Atlanta, 1985.
43. Massada fragment 1, éd. Newsom, pp. 168-169.
44. Massada fragment 2 et fragment 4Q qui le chevauche partiellement, éd. Newsom, p. 172.
45. *Songs*, 4Q405, éd. Newsom, p. 303.
46. C. Newsom, *Songs*, p. 74, note 11.
47. Voir *American Scholar* 58, printemps 1989, pp. 201-202.
48. Voir *Biblica* 69, 1988, pp.138-146 ; et mes observations dans *American Scholar*, printemps 1989, pp. 201-202.
49. C. Newsom, « "Sectually Explicit" Literature from Qumran », éd. W. Propp et autres, *The Hebrew Bible and its Interpreters*, Winona Lake, Ind., 1990, pp. 180-182.
50. Yadin, *Excavation of Masada*, pp. 103-110.
51. *Ibid.*, p. 107.
52. Wilson, *The Dead Sea Scrolls*, p. 210.
53. Voir Siegfried Wagner, *Die Essener in der wissenschaftlichen Diskussion, vom Ausgang des 18. bis zum Beginn des 20. Jahrhunderts. Eine wissenschaftliche Studie*, Berlin, 1960 ; = *Beihefte zur Zeitschrift für die alttestamentliche Wissenschaft* 79, particulièrement chapitre 1 ; G. Vermes et M. D. Goodman, *The Essenes According to Classical Sources*, Bibliography, « Pre-Qumran Literature », Sheffield, 1989, p. 101 ; *Encyclopaedia of Religion and Ethics*, 5, New York, 1920, p. 401, note bibliographique.
54. Josèphe, *Guerre des Juifs*, 4.120, trad. R. Harmand, tome VI, éd. Leroux.
55. *Ibid.*, 4.121-128, tome VI, éd. Leroux.
56. *Ibid.*, 7.215, trad. R. Harmand, tome VI, éd. Leroux.
57. *Ibid.*, 5.347, et aussi 5.331 sqq.
58. *Ibid.*, 5.496-497, tome VI (souligné par moi).

59. *Ibid.*, 2.427, tome V.

60. Durant les années qui suivirent, on publia des textes, des *ostraca* et des pièces de monnaie de Massada dans les ouvrages suivants : Y. Yadin, *The Ben Sira Scroll from Masada*, Jérusalem, 1965 ; C. Newsom et Y. Yadin, « The Masada Fragment of the Qumran 'Songs of the Sabbath Sacrifice',» *Israel Exploration Journal* 34, 1984, pp. 77-78 ; Sh. Talmon, « Fragments of the Hebrew Texts from Masada » (hébreu), *Yadin Memorial Volume* = *Eretz Israel* 10, Jérusalem, 1990, pp. 278-286 ; Sh. Talmon, « Fragment de Massada d'un apocryphe du Livre de Josué » (hébreu), *Chaim Rabin Festschrift*, éd. M. Goshen-Gottstein et autres, Jérusalem, 1992, pp. 147-157 ; éd. J. Aviram, G. Foerster et E. Netzer, *Masada 1 – The Yigael Yadin Excavations 1963-1965 : Final Reports* ; Y. Yadin et J. Naveh, « The Aramaic and Hebrew Ostraca and Jar Inscriptions » ; Y. Meshorer, « The Coins of Masada », Jérusalem, 1989 ; H. M. Cotton et J. Geiger, avec la contribution de J. D. Thomas, « The Latin and Greek Documents », Jérusalem, 1989.

Chapitre 6

Les origines des rouleaux : la thèse de Rengstorf et les réponses du père de Vaux et d'Edmund Wilson

1. Voir J. Allegro, en collaboration avec A. A. Anderson, *Qumran Cave 4, I (4Q158-4Q186)*, Discoveries in the Judaean Desert of Jordan, 5, Oxford, 1968. Pour la publication de la grotte 11 de 1965, voir *supra*, p. 428, note 22.

2. K. H. Rengstorf, *Hirbet Qumran und die Bibliothek vom Toten Meer*, Studia Delitzschiana 5, 1960 ; *idem*, *Hirbet Qumran and the Problem of the Dead Sea Caves*, Leiden, 1963.

3. Rengstorf, *Hirbet Qumran*, 1963, p. 22.

4. Voir H. Bardtke, *Theologische Literaturzeitung* 87, 1962, pp. 820-823 ; *Theologische Rundschau* 33, 1968, pp. 101-105 ; K. H. Rengstorf, éd. S. Wagner, *Bibel und Qumran. Beziehungen zwischen Bibel- und Qumranwissenschaft. Hans Bardtke zum 22.9.1966*, Berlin, 1968, pp. 156-176.

5. R. de Vaux, *Archaeology*, p. 106.

6. Cf. R. H. Charles, *The Apocrypha and Pseudepigrapha of the Old Testament* I, Oxford, 1913, p. 134.

7. Voir *Talmud de Babylone*, Ketubbot 106a. A propos de Nahum le Scribe (en hébreu, *lablar*), voir *Mishnah, Peah* 2.6.

8. Josèphe, *Antiquités*, 5.61, comparer 3.38 et 4.303.

9. Rengstorf, *Hirbet Qumran and the Problem of the Dead Sea Caves*, pp. 19-21.

10. Lettre de K. H. Rengstorf à M. Klinghardt, datée du 14 mars 1992.

11. E. Wilson, *The Dead Sea Scrolls : 1947-1969*, New York, 1969, p. 171.
12. *Ibid.*, p. 171.
13. *Ibid.*, p. 173.
14. Sur les écrits intertestamentaires, voir aussi *Interpreter's Dictionary of the Bible* : « Apocrypha », vol. 1, pp. 161-166.
15. Sur les livres propres aux Esséniens, voir Josèphe, *Guerre des Juifs*, 2.142 : « [L'Essénien] jure encore... de conserver avec le même respect les livres de la secte et les noms des anges. »
16. E. Wilson, *Upstate : Records and Recollections of Northern New York*, New York, 1971.
17. E. Wilson, *The Fifties*, New York, 1986, p. 253.
18. Cf. N. Golb, *Toledoth hayehudim be'ir rouen bimé habenayim*, Tel Aviv, 1976.
19. *Ibid.*, p. 231.
20. *Paris-Normandie*, 2 septembre 1976. Au sujet des rapports qui suivirent, voir N. Golb, *Proceedings of the American Academy for Jewish Research* 48, 1981, p. 100, note 1.
21. Ce texte, ainsi que toute la documentation relative aux négociations, font partie d'un dossier conservé à la Direction de l'Architecture au Palais Royal.
22. Voir, B. Blumenkranz, « Un ensemble synagogal à Rouen : 1096-1116 », *Académie des Inscriptions et Belles Lettres - Comptes rendus*, nov./déc. 1976, pp. 663-687 ; *idem, Art et Archéologie des Juifs en France médiévale*, Toulouse, 1980, pp. 276-303 ; et ma réponse dans *Les Juifs de Rouen au Moyen Age*, Rouen, 1985, pp. 21-30, ainsi que les discussions antérieures citées dans cet ouvrage.

Chapitre 7

Le *Rouleau du Temple*, les *Actes de la Torah et le Péan en l'honneur d'Alexandre Jannée* : le dilemme des qumranologues

1. Voir le *New York Times*, 23 oct. 1967.
2. Voir Y. Yadin, *Biblical Archaeology Review*, sept./oct. 1984, p. 36.
3. Y. Yadin, *Megillat hamiqdash*, 3 vol., Jérusalem, 1977 ; traduction anglaise : Y. Yadin, *The Temple Scroll*, 1 et 2, Jérusalem, 1983, et 3, Jérusalem, 1977. Vulgarisation : Y. Yadin, *Megillat hamiqdash*, Tel Aviv, 1990.
4. Voir, B. A. Levine, « A Further Look at the Mo'adim of the Temple Scroll », dans éd. L. Schiffman, *Archaeology and History in the Dead Sea Scrolls*, Sheffield, 1990, p. 65. Voir aussi B. A. Levine, « The Temple Scroll : Aspects of its Historical Provenance and Literary Character »,

Bulletin of the American Schools of Oriental Research 232, 1978, pp. 3-24.

5. Y.Yadin, *Megillat hamiqdash*, 3, p. 304 (ma traduction).
6. Voir *supra*, pp. 73-74.
7. Voir N. Golb, « The Problem of Origin and Identification of the Dead Sea Scrolls », *Proceedings of the American Philosophical Society* 124, fév. 1980, pp. 1-24.
8. Voir en particulier l'article de Z. Kapera dans *The Qumran Chronicle*, 3, n° 1-3, déc. 1993, pp. 19-23
9. Voir plus loin, notes 11 et 12.
10. *Biblical Archaeologist* 19, 1956, p. 92.
11. J. T. Milik, *Discoveries in the Judaean Wilderness* 3, p. 222.
12. J. T. Milik, *Dix Ans de découvertes*, p. 36.
13. F. M. Cross, « The Development of the Jewish Scripts », dans éd. G. E. Wright, *The Bible and the Ancient Near East. Essays in Honour of William Foxwell Albright*, Garden City, N.Y., 1961, pp. 133-202.
14. J. M. Baumgarten, *Journal of Jewish Studies* 31, 1980, pp. 162-163.
15. E. Qimron et J. Strugnell, « An Unpublished Halakhic Letter from Qumran », dans éd. J. Amitai, *Biblical Archaeology Today*, Jérusalem, 1985, pp. 400-407 ; voir l'article similaire, mais condensé, des mêmes auteurs, *Israel Museum Journal* 4, 1985, pp. 9-12.
16. Qimron et Strugnell, *ibid.*, p. 400 (souligné par moi).
17. *Ibid.*, p. 406.
18. Voir J. Kraemer, dans éd. A. Hyman, *Maimonidean Studies*, New York, 1991, p. 81.
19. Voir Qimron et Strugnell, *op. cit.*, p. 400.
20. Voir E. Qimron, *The Hebrew of the Dead Sea Scrolls*, Atlanta, 1986, pp. 9, 24, 26, 31, 48, 58, 59 et *passim*.
21. Voir *Biblical Archaeologist* 48, juin 1985, pp. 68-82 ; *The Sciences* 27, mai/juin 1987, pp. 294-312 ; *The American Scholar* 58, printemps 1989, pp. 177-207.
22. *American Scholar*, *ibid.*, pp. 203-206.
23. Voir Z. J. Kapera, *Qumran Cave 4 and MMT - Special Report*, Cracovie, 1991, pp. 61-62.
24. L. Schiffman, dans éd. G. Brooke, *Temple Scroll Studies*, Sheffield, 1989, p. 245.
25. *Ibid.*, p. 244. Publications antérieures de Schiffman : *The Halakhah at Qumran*, Leiden, 1975 ; *Sectarian Law in the Dead Sea Scrolls : Courts, Testimony and the Penal Code*, Chico, Calif., 1983.
26. Qimron et Strugnell, « Unpublished Halakhic Letter », p. 402.
27. Schiffman, *op. cit.*, p. 239.
28. *Ibid.*, p. 245.
29. *Ibid.*, p. 245.
30. Points de suspension entre crochets = trous dans le manuscrit.

31. Voir, par exemple, *Jewish Encyclopaedia*, 9, New York et Londres, 1905, pp. 661 sqq.

32. *Guerre des Juifs*, 2.165-166.

33. Voir L. Ginzberg, *The Legends of the Jews*, 4, Philadelphie, 1954, pp. 81-121, et 6, Philadelphie, 1959, pp. 245-276 ; ainsi que les sources citées dans cet ouvrage.

34. Josèphe, *Antiquités judaïques*, 18.14-15, éd. Leroux.

35. Josèphe, *Guerre des Juifs*, 2.162-164 ; on en trouve une plus longue description dans *Antiquités judaïques*, 18.12-15.

36. *Guerre des Juifs*, 2.165-166 ; cf. *Antiquités judaïques*, 18.

37. Voir Marc 12.18-27 ; Matthieu 22.23 ; Luc 20.27 ; Actes 23.8.

38. *Guerre des Juifs*, 2.154-155.

39. Voir *Jewish Encyclopeadia*, 5, New York et Londres, 1903, pp. 209-218 ; 10, 1905, pp. 382-385.

40. *Tosephta*, Kelim I, 1.8.

41. *Ibid.*, I, 1,12 ; *Sifre*, Naso.

42. *Mishnah*, Berakhot 1.1.

43. Voir *Mishnah*, Parah 3.7. ; *Tosephta*, Parah 5.4 ; Maïmonides, *Mishneh Torah*, Parah 1.13-14.

44. Voir Schiffman, *op. cit.*, p. 251 ; Sussman, *Tarbiz* 59, 1989-1990, pp. 28.

45. Schiffman, *op. cit.*, p. 251.

46. Voir Sussman, « Recherches sur l'histoire de la halakhah et des rouleaux du désert de Juda » (hébreu), *Tarbiz* 59, 1989-1990 , pp. 20, 21, 24 et *passim* (ma traduction).

47. Josèphe, *Antiquités judaïques*, 18.23-24.

48. *Ibid.*, 13.297.

49. J. Sussman, *op. cit.*, pp. 48-57.

50. L. Schiffman, « The New Halakhic Letter (4QMMT) and the Origins of the Dead Sea Sect », *Biblical Archaeologist* 53, juin 1990, pp. 64-73.

51. Schiffman, *ibid.*, p. 71, note 1.

52. *Ibid.*, p. 64 (souligné par moi).

53. H. Stegemann, « The Literary Composition of the Temple Scroll and its Status at Qumran », G. Brooke, *Temple Scroll Studies*, p.131.

54. Schiffman, « New Halakhic Letter », p. 65.

55. *Ibid.*, p. 66.

56. *Ibid.*, p. 66.

57. *Ibid.*, p. 67.

58. *Ibid.*, p. 68, col.1, comparer avec p. 67, col. 2 et 3.

59. *Ibid.*, p. 68.

60. L'*Alliance de Damas*, folio 1, lignes 9-11.

61. Voir Schiffman, *op. cit.*, pp. 69-71.

62. Schiffman, « The Significance of the Scrolls », *Bible Review* 6, n° 5, oct. 1990, pp. 18-27, 52.

63. Au milieu de 1994, parut le nouveau livre de Schiffman, *Reclaiming the Dead Sea Scrolls*, Philadelphie, 1994, dans lequel l'auteur reprend et amplifie ses propositions contradictoires.
64. Voir J. Strugnell, « 4Q MMT and Its Contributions to Qumran Studies : The State of the Question », dans éd. E. Ulrich et J. VanderKam, *The Community of the Renewed Covenant - The Notre Dame Symposium on the Dead Sea Scrolls*, South Bend, Ind., 1994.
65. E. Qimron, J. Strugnell et al., *Qumran Cave 4. V. Miqsat Ma'ase Ha-Torah*, Clarendon Press, Oxford, 1994, 235 pp. + 8 planches.
66. Voir E. Tov, « The Orthography and Language of the Hebrew Scrolls Found at Qumran and the Origins of These Scrolls », *Textus* 13, 1986, pp. 31-57.
67. Tov, *ibid.*, p. 47.
68. Lettre du professeur Tov à l'intention de l'auteur, datée du 17 janv. 1993.
69. Voir Josèphe, *Guerre des Juifs*, 1.97 ; *Antiquités judaïques* 13.380-381.
70. Voir Esther et Hanan Eshel, et Ada Yardeni, « Un rouleau de Qumran comprenant une partie du Psaume 154 ainsi qu'une prière pour le roi Jonathan et son royaume » (hébreu), *Tarbiz* 60, 1991, pp. 296-327.
71. *Ibid.*, pp. 316-317.
72. *Ibid.*, 317 (souligné par moi).
73. *Ibid.*, p. 317 (souligné par moi).
74. Voir *Proceedings of the American Philosophical Society* 124, n° 1, 1980, p. 11.
75. Voir *Journal of Jewish Studies*, printemps 1992, pp. 114, 123, 125.

Chapitre 8

Les rouleaux, le judaïsme et le christianisme

1. Ed. et trad. J. A. Sanders, *The Psalms Scroll of Qumran Cave 11*. Discoveries in the Judaean Desert of Jordan 4, Oxford, 1965.
2. Cf. C. Newsom, *Songs of the Sabbath Sacrifice : A Critical Edition*, Atlanta, 1985.
3. Ed. D. Barthélemy et J. T. Milik, *Qumran Cave 1*. Discoveries in the Judaean Desert 1, Oxford, 1955, pp. 130-134, 136-143.
4. Parmi ceux-ci se trouve l'ensemble de psaumes désignés par les codes suivants : 4QPs^a, 4QPs^f, 4Q510 et 4Q511. Voir aussi les textes publiés par Allegro, Discoveries in the Judaean Desert 5, pp. 67-77, et par Baillet, Discoveries in the Judaean Desert 7, pp. 73-286 (environ quinze compositions). Les textes liturgiques et les cantiques découverts dans les « petites grottes » comprennent un texte de la grotte 3 (Baillet, Milik et de Vaux, Discoveries in the Judaean Desert 3, p. 98), et deux textes de la grotte 6 (*ibid.*, pp. 131, 133-135).

5. Ed. et trad. E. M. Schuller, *Non-Canonical Psalms from Qumran - A Pseudepigraphical Collection*, Atlanta, 1986 ; ces textes sont classés sous les références 4Q380 et 4Q381.

6. Voir Patrick W. Skehan et autres, *Qumran Cave IV. Palaeo-Hebrew and Greek Biblical Manuscripts*. Discoveries in the Judaean Desert 9, Oxford, 1992. En ce qui concerne les autres fragments grecs trouvés dans la grotte 7 de Qumran, voir *supra* p. 120.

7. Voir éds. Ayala Sussman et Ruth Peled, *Scrolls from the Dead Sea : an exhibition of scrolls and archaeological artifacts from the collections of the Israel Antiquities Authority*, Washington, DC, 1993, pp. 72-75. Le passage publié est extrait d'un texte plus long que M. Wise avait précédemment publié en entier, avec sa traduction en anglais, dans Eisenman et Wise, *Les Manuscrits de la mer Morte révélés*, pp. 129-133, tandis que Wacholder et Abegg publièrent ce passage dans *A Preliminary Edition of the Dead Sea Scrolls*, vol. I, pp. 68-69.

8. Voir, en particulier, la discussion de Michael Wise, *Thunder in Gemini*, Sheffield, 1994, pp. 186-239 (chapitre sur un calendrier annalistique de la grotte 4).

9. Ed. M. Burrows, *The Dead Sea Scrolls of St. Mark's Monastery*, 2, New Haven, Conn., 1951.

10. Barthélemy et Milik, *Qumran Cave I*, pp. 107-118.

11. *Ibid.*, pp. 118-130.

12. J. T. Milik, « Milki-sedeq et Milki-resaʿ dans les anciens écrits juifs et chrétiens », *JJS 23*, 1972, p. 136.

13. Cf. J. Baumgarten, *Journal of Jewish Studies* 43, 1992, pp. 268-276.

14. Ed. et trad. S. Schechter, *Fragments of a Zadokite Work : Documents of Jewish Sectaries*, vol.1, Cambridge, 1910 ; éd. et trad. Ch. Rabin, *The Zadokite Documents*, Oxford, 1954 ; 2ᵉ éd., 1958.

15. M. Burrows, *The Dead Sea Scrolls of St. Mark's Monastery* 1, pp. 55-61.

16. J. M. Allegro (avec la collaboration de A.A. Anderson), *DJD V : Qumran Cave 4 : I (4Q158 - 4Q186)*, Oxford, 1968, pp. 11-30 ; 31-36 ; 37-42 ; 42-50 ; 51-53 ; 53-57 ; 57-60.

17. *Ibid.*, pp. 53-57 et 57-60.

18. L'essai le plus méthodique d'étude des allusions historiques de ces textes reste celui de J. Amousin, « The Reflection of Historical Events of the First Century B.C. in Qumran Commentaries (4Q161 ; 4Q169 ; 4Q166) », *Hebrew Union College Annual* 48, 1977, pp. 123-152. Sur les différents groupes baptistes, voir Josèphe, *Autobiographie*, trad. A. Pelletier, Les Belles Lettres, 1959 (Bannus) ; *idem, Antiquités judaïques*, 18.116-119, trad. G. Mathieu et L. Hermann, tome IV (Jean le Baptiste) ; et, pour une vue d'ensemble, Joseph Thomas, *Le Mouvement baptiste en Palestine et en Syrie (150 av. J.-C.-300 ap. J.-C.)*, Gembloux, 1935. Le texte des « Fils de l'aube » est le 4Q298, publié par Eisenman et Wise, *Les manuscrits de la mer Morte révélés*, pp. 198-199.

19. Y. Yadin, *Megillat hamiqdash*, vol. 1-3, Jérusalem, 1977 ; *The Temple Scroll : The Hidden Law of the Dead Sea Sect*, Londres, 1985 ; Michael O. Wise, *A Critical Study of the Temple Scroll from Cave 11*, Chicago, 1990.

20. Voir « Enoch, (Ethiopic) Book of », éd. J. Hastings, *Dictionary of the Bible*, 1, Edimbourg, 1898, pp. 705-708 (article de R. H. Charles) ; J. T. Milik, *The Books of Enoch. Aramaic Fragments of Qumran Cave 4*, Oxford, 1976.

21. Barthélemy et Milik, *Qumran Cave I*, pp. 82-107, 152.

22. Voir éd. N. Avigad et Y. Yadin, *The Genesis Apocryphon*, Jérusalem, 1956 ; J. A. Fitzmyer, *The Genesis Apocryphon of Qumran Cave 1*, Rome, 1971 ; éd. J. P. M. van der Ploeg, A. S. van der Woude et B. Jongeling, *Le Targum de Job de la Grotte 11 de Qumran*, Leiden, 1971 ; M. Baillet, J. T. Milik et R. de Vaux, *Les « Petites Grottes » de Qumrân. Discoveries in the Judaean Desert of Jordan 3*, Oxford, 1962, pp. 77-89, 96-98, 99, 116-28.

23. Voir Eisenman et Wise, *Les Manuscrits de mer Morte révélés*, dans lequel cinquante textes sont entièrement publiés. (Contrairement aux transcriptions et aux traductions, les *interprétations* qui précèdent chacun de ces textes sont essentiellement le travail du Dr Eisenman.) Pour les Béatitudes, voir aussi Benedict V. Viviano, « Beatitudes Found among Dead Sea Scrolls », *Biblical Archaeology Review*, nov./déc. 1992, pp. 53 sqq.

24. Voir aussi, Ex. 34.20 ; Nom. 18.15-17.

25. Voir *Tosephta*, Yadaim 2.16, éd. Zuckermandel, p.683 : « Maître Yossi, le fils de la femme de Damas affirma : j'étais avec les premiers anciens quand ils vinrent (= transférèrent leur académie) de Jamnia à Lydda. Un jour, je trouvai Maître Eléazar assis dans l'échoppe d'un boulanger de Lydda. Il dit, "Qu'avez vous appris de nouveau à l'université ?" Je lui répondis, "Mais nous sommes *vos* élèves, et c'est à votre source que nous nous abreuvons !" Il me répliqua, "Néanmoins, quoi de neuf ?" Sur ce je l'informai *des lois et des réponses à opposer aux sectaires* [que nous avions étudiées]... » (Cependant certains auteurs interprètent ce passage de la façon suivante : « ... et des réponses selon le calcul des opinions », lisant *minyan*, « calcul » au lieu de *minin*, « hérétiques ».)

26. A propos des Juifs de Palestine après 135, voir en particulier M. Avi-Yonah, *The Jews Under Roman and Byzantine Rule*, Jérusalem, 1984, p. 61.

27. Sur la littérature des *Hekhalot*, voir *Jewish Encyclopaedia* 6, New York, 1906, pp. 332-333.

28. Parmi les nombreux ouvrages sur ce sujet, on peut consulter : *The Scrolls and the New Testament*, éd. K. Stendahl, New York, 1957 ; J. Carmignac, *Docteur de Justice et Jésus-Christ*, éditions de l'Orante,1957 ; M. Black, *The Scrolls and Christian Origins*, New York, 1961 ; N. S. Fujita, *A Crack in the Jar : What Ancient Jewish Documents Tell us about the New Testament*, New York, 1986 ; *Jesus and the Dead Sea Scrolls*, éd. James

Charlesworth, Garden City, N.Y., 1992. Dans ce dernier ouvrage, Charlesworth propose une synthèse commode des similitudes et des divergences entre les enseignements des manuscrits et ceux du Nouveau Testament, intitulée « The Dead Sea Scrolls and the Historical Jesus », pp. 1-74. Le lecteur doit cependant garder à l'esprit que Charlesworth considère le corpus de Qumran comme émanant d'un groupe particulièrement insulaire d'Esséniens, et voit donc dans les parallèles existant entre les deux ensembles littéraires la preuve de liens directs entre les Esséniens et le christianisme ancien.

29. Voir K. G. Kuhn, « The Lord's Supper and the Communal Meal at Qumran », dans K. Stendahl, *The Scrolls and the New Testament, op. cit.*, pp. 65-93 ; M. Black, « Qumran Baptismal Rites and the Sacred Meals », *The Scrolls and Christian Origins, op. cit.*, pp. 91-117.

30. Cf. Matthieu 26.26-29, Marc 14.22-25, et Luc 21.4-23.

31. Voir Actes 2.38, 8.36-37, 10.47-48.

32. Voir, par exemple, M. Black, « Qumran Baptismal Rites », *op. cit.*

33. R. Eisenman et M. Wise, *Les Manuscrits de la mer Morte révélés*, pp. 283 sqq.

35. 34. Pour une première discussion de cette similarité, voir Sherman Johnson, « The Dead Sea Manual of Discipline and the Jerusalem Church of Acts », dans K. Stendahl, *The Scrolls and the New Testament, op. cit.*, pp. 129-142.

36. Sur les Therapeutae, voir Philon, *De vita contemplativa*, traité 29, paragraphe 11, et sur les Esséniens, *Quod omnis probus liber sit*, paragraphes 131 à 136.

37. Dans la Bible hébraïque, le terme est souvent utilisé au génitif, par exemple, « Ton Esprit saint », « son Esprit saint », mais jamais à l'état absolu comme titre.

37. Pour un ensemble d'études sur les parallèles entre la littérature johannique et les manuscrits, voir *John and the Dead Sea Scrolls*, éd. J. Charlesworth, New York, 1990.

38. Le terme *raz*, « mystère », apparaît dans plusieurs rouleaux, dont la *Règle*, les *Hodayot* (le *Rouleau de l'action de grâce*), le *Pesher d'Habaquq*, et le *Rouleau de la guerre*. Au sujet de l'usage fréquent du terme *mysterion*, « mystère », dans le Nouveau Testament et dans les textes grecs en général, voir, par exemple, *A Dictionary of the Bible*, 3, éd. J. Hastings, Edimbourg, 1927, pp. 465-469 (article de A. Stewart).

39. Pour une discussion accessible sur l'interprétation biblique dans les textes de Qumran, un sujet qui a été abondamment traité, voir F. F. Bruce, *Biblical Exegesis in the Qumran Texts*, Grand Rapids, Mich., 1959.

40. Sur la description par Josèphe de la rigidité de l'interprétation des écritures bibliques chez les Sadducéens, voir *supra*, p. 240.

41. Pour une plus ample discussion, voir J. Fitzmyer, « A Feature of Qumran Angelology and the Angels of I Cor. 11.10 », *New Testament Studies* 4, 1957-58, pp. 48-58.

42. Voir aussi la façon excellente dont K. G. Kuhn traite le sujet, « New Light on Temptation, Sin, and Flesh in the New Testament », dans éd. K. Stendahl, *The Scrolls and the New Testament*, pp. 94-113.
43. Pour les références dans le Nouveau Testament à ce sujet, voir surtout Mt 7.13-14 ; Rm 1.28-32, 3.10-18. Cf. l'*Alliance de Damas*, en particulier les col. 1-8.
44. Cf., en particulier, l'*Alliance de Damas*, 5.6-7, 6.11-19. Dans le Nouveau Testament, voir Mt 21.1-2, 23-27 ; Ac 7.48-50.
45. Voir Mt 26.61, Mc 14.57-58.
46. Voir Lc 22.19-20, Ep 1.7-8, Co 1.19-20, He 2.17-18, et de nombreux autres passages.
47. 4Q285, communément appelé le texte du « Chef messianique », publié sous une forme préliminaire dans Eisenman et Wise, *Les Manuscrits de la mer Morte révélés*, pp. 16 sqq., et par G. Vermes dans le catalogue de l'exposition américaine des manuscrits, *Scrolls from the Dead Sea*, 1993, p. 82.
48. Le titre de « Prince de la Congrégation » est utilisé dans le *Rouleau de la guerre* et dans la *Règle messianique*, ainsi que dans l'*Alliance de Damas* (7.20), le *Pesher d'Isaïe* (4Q161 A.2) et dans le texte du style du *Rouleau de la guerre* récemment publié, 4Q285, Eisenman et Wise, *Les Manuscrits de la mer Morte révélés*, p. 21.
49. Cette idée est formulée explicitement dans plusieurs passages du Nouveau Testament. Voir, par exemple, 1 P 4.12-19 ; Ro 12.17-21 ; Mt 5.39-47.
50. Le texte de Massada ne commence qu'au chapitre 39 (petits fragments) et n'inclut donc pas le passage en question.
51. Voir Eisenman et Wise, *Les Manuscrits de la mer Morte révélés*, pp. 73-75. Voir également John Collins, « A Pre-Christian "Son of God" Among the Dead Sea Scrolls », *Bible Review*, juin 1993, pp. 34-39 ; et Emile Puech, « Fragment d'une apocalypse en araméen (4Q246 = pseudo-Dan^b) et le royaume de Dieu », *Revue biblique* 99, 1992, pp. 98-131.
52. Voir Eisenman et Wise, *Les Manuscrits de la mer Morte révélés*, pp. 10-15. L'image messianique semble davantage apparentée à celle des textes apocalyptiques comme 1 Hénoch qu'à celle du *Rouleau de la guerre* ou des *pesharim*.
53. Voir Michael O. Wise et James D. Tabor, « The Messiah at Qumran », *Biblical Archaeology Review*, nov./déc. 1992, pp. 60-63. (Ma traduction du texte est basée sur l'édition de Wise, mais diffère quelque peu de celle de Wise et Tabor, *ibid.*, p. 62.)
54. Pour le texte, voir A. S. van der Woude, « Melchizedek als himmlische Erlösergestalt in den neugefunden eschatologischen Midraschim aus Qumran-Höhle XI », *Oudtestamentische Studiën* 15, éd. P. A. H. de Boer, Leiden, 1965, pp. 345-373. Voir aussi M. de Jonge et A. S. van der Woude, « 11Q Melchizedek and the New Testament », *New Testament Studies* 12, 1966, pp. 301-326 ; J. T. Milik, « Milki-sedek et Milki-resa'

dans les anciens écrits juifs et chrétiens », *Journal of Jewish Studies* 23, 1972, pp. 95-144.

55. Voir *supra*, p. 441, note 28.
56. Voir K. Berger, *Qumran und Jesus. Wahrheit unter Verschluss ?*, Stuttgart, 1993, pp. 129-133.

Chapitre 9

Le parcours des idées nouvelles

1. H. E. Del Medico, *L'énigme des manuscrits de la mer Morte*, Paris, 1957 ; voir aussi du même auteur *Le Mythe des Esséniens*, Paris, 1958.
2. Voir *New York Times*, 29 avril 1980 ; *International Herald Tribune*, 7 mai 1980 ; *Scientific American*, juin, 1980, p. 85.
3. Voir Claude Aziza, « Les manuscrits de la mer Morte : une hypothèse non conformiste », *L'Histoire*, n° 79, juin, 1985, pp. 81-83. (Sur le « panqumranisme », voir mes observations antérieures dans *Proceedings of the American Philosophical Society*, 1980, p. 9.)
4. N. Golb, « Les manuscrits de la mer Morte - une nouvelle approche du problème de leur origine », *Annales - Economies, Sociétés, Civilisations*, n° 5, 1985, pp. 61-88.
5. *La Bible. Ecrits intertestamentaires*, Paris, 1987, « éditée par A. Dupont-Sommer et M. Philonenko, avec de nombreux collaborateurs, une introduction générale de M. Philonenko et A. Caquot, une bibliographie générale et un index ». (Dupont-Sommer était déjà décédé lorsque l'ouvrage fut publié.)
6. G. Vermes, *The Dead Sea Scrolls in English Translation*, Londres et New York, 1987.
7. *Ibid.*, p. 308.
8. Voir *Etudes* 367, n° 1-2, juil./août 1987, pp. 122-124.
9. Cf. *Le Monde*, 25 déc. 1987, section « Le Monde des Livres », p. 13 (article de Jean-Louis Schlegel).
10. Voir *Annales* 42, n° 6, nov./déc. 1987, pp. 1305-1312, et ma réponse, *ibid.*, pp. 1313-1319. Laperrousaz a fort opportunément joint à sa réponse une liste de ses écrits touchant à Qumran, *ibid.*, p. 1312.
11. Cf. Laperrousaz, *ibid.*, p. 1306.
12. Voir plus haut, note 10.
13. Voir en particulier la critique de E. R. Dodds, *Les Grecs et l'irrationnel*, éd. Montaigne, 1965, pp. 147 sqq., Flammarion, 1995.
14. *Annales, op. cit.*, p. 1319.
15. Ernest-Marie Laperrousaz, « L'établissement de Qumran près de la mer Morte : forteresse ou couvent ? », *Eretz-Israel* 20, 1989, pp. 118-123.
16. Laperrousaz, *ibid.*, p. 120.

17. Cf., par exemple, F. Garcia Martinez et A. S. van der Woude, *Revue de Qumran* 56, avril 1990, p. 528 : « Bien que le khirbeh eût été bâti comme une forteresse au VIIIe siècle av. J.-C. et transformé en poste militaire par les Romains après la destruction, le site, *durant ces deux siècles d'occupation sectaire*, ne peut être qualifié de forteresse militaire » (souligné par moi).
18. S. Talmon, « Fragment d'un rouleau pseudépigraphique du livre de Josué provenant de Massada » (en hébreu), *Shai lehayyim rabin*, Jérusalem, 1991, pp. 147-157.
19. *Ibid.*, p. 147.
20. *Ibid.*, p. 150.
21. Carol Newsom, « The "Psalms of Joshua" from Qumran Cave 4 », *Journal of Jewish Studies* 39 1988, pp. 56-73.
22. Newsom, *ibid.*, p. 59.
23. Newsom, « "Sectually Explicit" Literature from Qumran », éd. W. Propp et autres, *The Hebrew Bible and its Interpreters*, Winona Lake, Ind., 1990, pp. 167-187 ; cf. *ibid.*, p. 172.
24. *Ibid.*, pp. 179 sqq.
25. *Ibid.*, pp. 170.
26. Talmon, « Fragment », pp. 156-157.
27. *Ibid.*, p. 157.
28. Voir Newsom, « "Sectually Explicit" Literature », p. 184.
29. *Ibid.*, p. 171.
30. *Ibid.*, pp. 177 et 185 (souligné par moi).
31. *Ibid.*, pp. 172 et suiv.
32. *Ibid.*, p. 174, référence à H. Jauss, *Toward an Aesthetic of Reception. Theory and History of Literature* **2**, Minneapolis, 1982.
33. Robert Alter, « How Important are the Dead Sea Scrolls ? » *Commentary*, fév. 1992, pp. 34-41.
34. *Ibid.*, p. 34.
35. *Ibid.*, p. 38.
36. Cf. *American Scholar*, 58, n° 2, printemps 1989, p. 184.
37. M. Stern, éd. S. Safrai et M. Stern, *The Jewish People in the First Century*, I, Assen, 1974, p. 216.
38. *Commentary*, fév. 1992, p. 41.
39. *Ibid.*
40. *Ibid.*, p. 39.
41. *Ibid.*, pp. 39, 40.
42. Voir, par exemple, *Mishnah* Yadaim 3.5 ; Eduyot 5.3.
43. *Commentary*, fév. 1992, p.39 (souligné par moi).
44. S. Talmon, *The World of Qumran from Within*, Jérusalem et Leiden, 1989, p.25.
45. Voir, en particulier, E. P. Sanders, *Paul, the Law, and the Jewish People*, Philadelphie, 1983 ; *idem, Jesus and Judaism*, Philadelphie, 1985.

Chapitre 10

Les jeux de pouvoir et l'effondrement
du monopole des rouleaux

1. Voir G. Vermes, *The Dead Sea Scrolls in English*, 3ᵉ éd., Londres et New York, 1987, p. xii.
2. Voir en particulier l'article de J. N. Wilford, *New York Times*, 21 nov. 1989, section « Science Times ».
3. Voir Ph. Alexander et G. Vermes, *The Qumran Chronicle*, 2, nᵒ 3, 1993, pp. 153-154.
4. Voir l'article de Ron Grossman dans le *Chicago Tribune*, 11 nov. 1991 : au cours de l'interview, le Dr Ulrich, le rédacteur en chef américain, admet que « certains chercheurs bibliques américains bénéficient de fonds du Centre d'Oxford », mais il refuse de révéler leurs noms .
5. Voir l'exposé d'Alexander et de Vermes, *The Qumran Chronicle*, 1993, p. 155.
6. Voir *Chicago Tribune, op. cit.*
7. Voir *The Qumran Chronicle* 2, nᵒ 1, déc. 1992, p. 14-15.
8. Voir P. Alexander et G. Vermes, *The Qumran Chronicle* 2, nᵒ 3, p. 155.
9. Voir *Biblical Archaeology Review*, nov./déc. 1989, p. 56.
10. Voir *Allgemeiner Journal*, 20 sept. 1991.
11. Voir *New York Times*, 5 sept. 1991, et B. Z. Wacholder et M. G. Abegg, *A Preliminary Edition of the Unpublished Dead Sea Scrolls*, vol. 1, Washington, D.C., 1991.
12. *New York Times*, 22 sept. 1991.
13. En ce qui concerne la lettre d'Ulrich, voir sa reproduction dans l'avant-propos écrit par Shanks, dans R. H. Eisenman et J. M. Robinson, *A Facsimile Edition of the Dead Sea Scrolls*, 1, Washington, DC, 1991, p. xlii. Sur les raisons qui motivèrent la décision de Moffett, voir *Chicago Tribune*, 22 sept. 1991 ; *Pasadena Star-News*, 25 sept. 1991. Cf. la déclaration de Moffett à ce sujet, faite à la réunion de la Society of Biblical Literature de 1991 et contenue dans la transcription (non publiée) de la séance sur la libération de l'accès aux rouleaux, p. 11
14. Voir *New York Times*, 23 sept.1991.
15. Voir note 13 plus haut ; *New York Times*, 20 nov. 1991.
16. Voir, par exemple, *New York Times*, 27 nov. 1991.
17. Voir *New York Times*, 27 nov. 1991 ; *Los Angeles Times*, 28 nov. 1991 ; *Chicago Tribune*, 29 nov. 1991.
18. *New York Times, ibid.* ; *Chicago Tribune*, 29 nov. 1991.
19. Voir *The Comprehensive Aramaic Lexicon Newsletter*, nᵒ 9, fév. 1992, pp. 1 et 5. Kaufman se trompe en disant que la décision de la bibliothèque Huntington de permettre le libre accès aux textes est due à l'influence du rédacteur en chef de la *Biblical Archaeology Review*. Les circonstances dans lesquelles cette décision fut prise sont décrites *supra*, pp. 332-340.

20. Voir G. Vermes, *Journal of Jewish Studies*, printemps 1992, p. 84. (Le Dr Vermes est le rédacteur en chef de cette revue.)
21. *The Higher (The Times Higher Education Supplement)*, 8 nov. 1991.
22. Voir N. Golb, *The Qumran Chronicle* 2, nº 1, déc. 1992, pp. 3-25 ; et Ph. Alexander et G. Vermes, *ibid*. 2, nº 3, juin 1993, p. 156.
23. Voir *Chicago Tribune*, 10 juil. 1992.
24. George Bonani, Magen Broshi, Israel Carmi, Susan Ivy, John Strugnell, et Willy Wölfli, « Radiocarbon Dating of the Dead Sea Scrolls », *'Atiqot* 20, juil. 1991, pp. 27-31.
25. *'Atiqot* 20, juil. 1991, pp. 27-32. La déclaration citée se trouve en haut de la première page de l'article, telle qu'elle fut envoyée en fac-similé à diverses équipes en Europe et en Amérique.
26. Voir *Journal of Jewish Studies*, printemps 1982, pp. 101-136.
27. Lettre de E. Tov à mon intention, datée du 9 déc. 1992.
28. *Religious Studies News* 7, nº 1, janv.1992, p. 4. (Cette revue périodique est publiée par l'American Academy of Religion et par la Society of Biblical Literature, à l'intention de leurs membres ; elle a un tirage de 14 000 exemplaires par numéro.)
29. Transcription de la réunion de la SBL, pp. 3-4.
30. *Ibid.*, p. 2.
31. *Ibid.*, p. 6.
32. *Ibid.*, p. 6.
33. *Ibid.*, p. 8-9.
34. *Ibid.*, p. 11.
35. Voir Julius Guttman, *Die Philosophie des Judentums*, Munich, 1939, p. 39.

Bibliographie sélective

I. Etudes générales sur les manuscrits de la mer Morte

Allegro, John Marco. *The Dead Sea Scrolls*. Hammondsworth: 1956.

———. *The Dead Sea Scrolls and the Christian Myth*. Newton Abbot: 1979.

Baigent, Michael, et Richard Leigh. *La Bible confisquée. Enquête sur le détournement des manuscrits de la mer Morte*. Paris: 1992.

Berger, Klaus. *Qumran und Jesus. Wahreit unter Verschluss?* Stuttgart: 1993.

Black, Matthew. *The Scrolls and Christian Origins*. Londres: 1961.

Bruce, F.F. *Second Thought on the Dead Sea Scrolls*. Londres: 1956.

Burrows, Millar. *Les Manuscrits de la mer Morte*. Paris: 1957.

———. *More Light on the Dead Sea Scrolls*. New York: 1958.

Cross, Frank Moore. *The Ancient Library of Qumran and Modern Biblical Studies*. Deuxième éd. Grand Rapids, Mich.: 1980.

Delcor, M. « Littérature essénienne », in *Supplément au Dictionnaire de la Bible* 9 (1979), col. 828-960.

Del Medico, H. E. L'Enigme des manuscrits de la mer Morte. Paris: 1957.

———. *Le Mythe des Esséniens*. Paris: 1958.

Driver, Godfrey Rolles. *The Judaean Scrolls*. Oxford: 1965.

Dupont-Sommer, André. *Les Ecrits esséniens découverts près de la mer Morte*. Paris: 1960.

———. *Aperçus préliminaires sur les manuscrits de la mer Morte*. Paris: 1950.

———. *Nouveaux aperçus sur les manuscrits de la mer Morte*. Paris: 1953.

Dupont-Sommer, André, et M. Philonenko (éd.) *La Bible. Ecrits intertestamentaires*. Paris: 1987.

Eisenman, Robert H., et Michael O. Wise. *The Dead Sea Scrolls Uncovered*. Shaftesbury, G.B. et Rockport, Mass.: 1992.

Fritsch, C. T. *The Qumran Community: Its History and its Scrolls*. New York: 1956.

Fujita, N. S. *A Crack in the Jar: What Ancient Jewish Documents Tell Us about the New Testament*. New York: 1986.

Gaster, Theodore H. *The Dead Sea Scriptures in English Translation*. Garden City, N.Y.: 1956.

Ginzberg, Louis. *An Unknown Jewish Sect*. New York: 1976.

Klinghardt, Matthias. « Qumran Nowhere? A Symposium on the Origin of the Dead Sea Scrolls and the Khirbet Qumran Site (Graz, Autriche, 17-18 oct. 1992). » *The Qumran Chronicle 2,* no. 1 (Déc. 1992), pp. 31-37.

Knibb, Michael A. *The Qumran Community*. Cambridge: 1987.

Laperrousaz, E.-M. *Qoumran. Les Manuscrits de la mer Morte* (« Que sais-je? », no.953). Cinquième éd., Paris: 1978.

Milik, Josef T. *Dix ans de découvertes dans le désert de Juda.* Paris: 1957.

Rabin, Chaim. *The Zadokite Documents.* Oxford: 1954. Deuxième éd. Oxford: 1958.

Rengstorf, Karl-Heinrich. *Hirbet Qumran und die Bibliothek vom Toten Meer.* Studia Delitzschiana 5. Stuttgart: 1960.

———. *Hirbet Qumran and the Problem of the Dead Sea Caves.* Leyde: 1963.

Roth, Cecil. *The Historical Background of the Dead Sea Scrolls.* New York: 1959.

Sanders, E. P. *Paul, the Law and the Jewish People.* Philadelphie: 1983.

———. *Jesus and Judaism.* Philadelphie: 1985.

Shanks, Hershel (éd.). *Understanding the Dead Sea Scrolls.* Washington, D.C.: 1992.

Sussman, Ayala, et Ruth Peled (éd.). *Scrolls from the Dead Sea: An Exhibition of Scrolls and Archaeological Artifacts from the Collections of the Israel Antiquities Authority.* Washington, D.C.: 1993.

Talmon, Shemaryahu. *The World of Qumran from Within.* Jérusalem et Leyde: 1989.

Vermes, Geza. *Les Manuscrits du désert de Juda.* Tournai: 1953.

———. *Discovery in the Desert.* New York, 1956.

———. *The Dead Sea Scrolls: Qumran in Perspective.* Londres: 1977.

———. *The Dead Sea Scrolls in English.* Troisième éd. Sheffield: 1987.

———. et M. D. Goodman. *The Essenes According to the Classical Sources.* Sheffield: 1989.

Wacholder, Ben Zion. *The Dawn of Qumran: The Sectarian Torah and the Teacher of Righteousness.* Cincinnati: 1983.

Yadin, Yigael. *The Message of the Scrolls.* Londres: 1957.

II. Archéologie de Khirbet Qumran et du désert de Juda

Allegro, John Marco. *Search in the Desert.* Garden City, N.Y.: 1964.

Avi-Yonah, Michael, N. Avigad, *et al.* « The Archaeological Survey and Excavation of Masada, 1955-1956. » *Israel Exploration Journal 7* (1957), pp. 1-60.

Bar-Adon, Pesah. « Another Settlement of the Judaean Desert Sect at Ein Ghuweir on the Dead Sea. *Eretz Israel* 10 (1971), pp. 72-89.

Clermont-Ganneau, Charles S. *Archaeological Researches in Palestine during the Years 1873-1874. 2.* Londres: 1896.

Davies, Philip R. « How Not to Do Archaeology. The Story of Qumran. » *Biblical Archaeologist* (Déc. 1988), pp. 203-207.

——. *Qumran*. Guildford: 1982.

Donceel-Voûte, Pauline H. E. « 'Coenaculum' — La salle à l'étage du Locus 30 à Khirbet Qumran sur la mer Morte. » *Banquets de l'Orient (Res Orientales* 4, 1992), pp. 61-84.

Haas, N., et H. Nathan. « Anthropological Survey of Human Skeletal Remains from Qumran. » *Revue de Qumran 6* (1968), pp. 345-353.

Harding, G. Lankester. « Khirbet Qumran and Wady Murabba'at. » *Palestine Exploration Quarterly* 84 (1952), pp. 104-109.

Hirschfeld, Yizhar. « Khirbet Qumran-Hasmonean Desert Fortress and Herodian Estate Manor in the Kingdom of Judaea. » *Journal of Near Eastern Studies 57* (1998), n° 3.

Ilan, S., et D. Amit. « The Water System of Qumran » (hébreu). *Teba wa'ares* 24 (1982), pp. 118-122.

Kapera, Z. J. « Khirbet Qumran No More a Monastic Settlement. » *The Qumran Chronicle* 2, no. 2 (Février 1993), pp. 73-84.

Laperrousaz, Ernest-Marie. « L'établissement de Qoumran près de la mer Morte: Forteresse ou Couvent ? »*Eretz-Israel* 20 (1989) (= Y. Yadin Memorial Volume), pp. 118-123.

——. *Qoumran, l'établissement essénien des bords de la mer Morte: histoire et archéologie du site*. Paris: 1976.

Loffreda, Stanislao. *La ceramica di Macheronte et dell'Herodion (90 A.C.-135 A.C.)*. Jérusalem: 1996.

Metzger, B. M. « The Furniture of the Scriptorium at Qumran. » *Revue de Qumran* 1 (1959), pp. 509–515.

Vaux, Roland de. *L'Archéologie et les manuscrits de la mer Morte*. Londres: 1961.

Wood, B. G. « To Dip or to Sprinkle? The Qumran Cisterns in Perspective. » *Bulletin of the American Schools of Oriental Research 256* (1984), pp. 45-60.

III. Etudes spécialisées et éditions de texte.
(DJD = Discoveries in the Judaean Desert).

Allegro, John Marco. *Qumran Cave 4, I (4Q158-Q186). DJD 5*. Oxford: 1968.

——. *The Treasure of the Copper Scroll*. Londres: 1960.

Amousin, J. « The Reflection of Historical Events of the First Century B.C. in Qumran Commentaries (4Q 161; 4Q 169; 4Q 166) ». *Hebrew Union College Annual 48* (1977), pp. 123-152.

Avigad, Nahum. « The Palaeography of the Dead Sea Scrolls and Related Documents. » In Ch. Rabin et Y. Yadin, éd. *Aspects of the Dead Sea Scrolls (= Scripta Hierosolymitana IV)*. Jérusalem: 1958, pp. 56-87.

——. et Y. Yadin, éd. *The Genesis Apocryphon*. Jérusalem: 1956.

Aziza, Claude. « Les manuscrits de la mer Morte: une hypothèse non-conformiste. » *L'Histoire 79* (Juin 1985), pp. 81-83.

Baillet, M., J. T. Milik, et Roland de Vaux. *Les « Petites Grottes » de Qumran. DJD 3*. Oxford: 1962.

——. *Qumran Grotte 4, III (4Q482-4Q520). DJD 7*. Oxford: 1982.

——. et J. T. Milik. *Qumran Cave 1. DJD 1*. Oxford: 1955.

Beall, T. S. *Josephus' Description of the Essenes Illustrated by the Dead Sea Scrolls*. Cambridge: 1988.

Benoit, P., J. T. Milik, R. de Vaux, *et al. Les Grottes de Murabba'at. 1. Texte et 2. Planches. DJD 2*. Oxford: 1961.

Brooke, George (éd.). *Temple Scroll Studies*. Sheffield: 1989.

Brownlee, W. H. *The Dead Sea Manual of Discipline, Translation and Notes*. Bulletin of the American Schools of Oriental Research, Supplementary Studies, nos. 10-12, 1951.

Bruce, F. F. *Biblical Exegesis in the Qumran Texts*. Grand Rapids, Mich.: 1959.

Burrows, Millar (éd.). *The Dead Sea Scrolls of St. Mark's Monastery*. 2 fascicules. New Haven, Conn.: 1951.

Cansdale, Lena. « The Qumran Scrolls: A 2,000 Year Old Apple of Discord. » In *Ancient History: Resources for Teachers. 21,* n° 2. Macquarie University: 1991, pp. 98-99.

Caquot, A. « La Secte de Qoumran et le Temple (Essai de synthèse). » *Revue d'histoire et de philosophie religieuses* 72 (1992), pp. 3-14.

——. « Le Rouleau du Temple de Qoumran ». *Etudes théologiques et religieuses* 53 (1978), pp. 443-500.

Carmignac, J. « L'utilité ou l'inutilité des sacrifices sanglants dans la Règle de la Communauté de Qumran », *Revue biblique* 63 (1956), pp. 524-532.

Carmignac, J. *Christ and the Teacher of Righteousness*. Baltimore: 1962.

Cerfaux, L. « Le baptême des Esséniens », in *Recherches de science religieuse* 29 (1929), pp. 248-265.

Charlesworth, James, (éd.). « The Dead Sea Scrolls and the Historical Jesus. » In *Jesus and the Dead Sea Scrolls*. Garden City, N.Y.: 1992, pp. 1-74.

——. (éd.). *John and the Dead Sea Scrolls*. New York: 1990.

Collins, John J. « A Pre-Christian 'Son of God' Among the Dead Sea Scrolls. » *Bible Review* (Juin 1993), pp. 34-39.

Cross, Frank Moore. « The Development of the Jewish Scripts. » In G. E. Wright, (éd.). *The Bible and the Ancient Near East. Essays in Honor of William Foxwell Albright.* Garden City, N.Y.: 1961, pp. 133-202.

——. et E. Eshel, « Ostraca from Khirbet Qumran. » *Israel Exploration Journal* 47 (1997), pp. 17-28.

Cryer, F.H. « The Qumram Conveyance: a Reply to F.M. Cross and E. Eshel. » *Scandinavian Journal of Old Testament Studies 11* (1997), pp. 232-240.

Davies, Philip R. « Sadducees in the Dead Sea Scrolls? » In Z. J. Kapera, (éd.). *Qumran Cave Four—Special Report.* Cracovie: 1991, pp. 85-94.

Delcor, M. « Cinq nouveaux psaumes esséniens? » *Revue de Qumran* 1, no. 1 (1958), pp. 85-102.

——. *Les hymnes de Qumran (Hodayot).* Paris: 1962.

de Jonge, M., et A. S. van der Woude. « 11Q Melchizedek and the New Testament. » *New Testament Studies 12* (1966), pp. 301-326.

Eisenman, Robert H., et J. M. Robinson. *A Facsimile Edition of the Dead Sea Scrolls.* 2 vol. Washington, D.C.: 1991.

Eshel, Esther, Hanan Eshel, et Ada Yardeni. « A Scroll from Qumran which Includes Part of Psalm 154 and a Prayer for King Jonathan and his Kingdom (hébreu). » *Tarbiz 60* (1991), pp. 296-327.

Fitzmyer, J. A. *The Genesis Apocryphon of Qumran Cave 1.* Rome: 1971.

——. « A Feature of Qumran Angelology and the Angels of I Cor. 11.10. » *New Testament Studies* 4 (1957-58), pp. 48-58.

——. « Scroll Origins: An Exchange on the Qumran Hypothesis. » *Christian Century* 110, (24 mars 1993), pp. 32-332.

Garcia Martinez, F. « Qumran Origins and Early History: A Groningen Hypothesis. » *Folia Orientalia* 25 (1988), pp. 113-136.

——. et A. S. van der Woude. « A 'Groningen' Hypothesis of Qumran Origins and Early History. » *Revue de Qumran* 14, no. 56 (Avril 1960), pp. 521-541.

Golb, Norman. « The Problem of Origin and Identification of the Dead Sea Scrolls. » *Proceedings of the American Philosophical Society* 124 (février 1980), pp. 1-24.

——. « Les Manuscrits de la mer Morte—une nouvelle approche du problème de leur origine. » *Annales—Economies, Sociétés, Civilisations* 40, no. 5 (1985), pp. 1133-1149.

——. « Who Hid the Dead Sea Scrolls? » *Biblical Archaeologist* 48 (1985), pp. 68-82.

——. « Who Wrote the Dead Sea Scrolls? » *The Sciences,* 27, no. 3 (1987), pp. 40-49.

——. « Réponse à la 'Note' de E.-M. Laperrousaz, » *Annales ESC* 42, no. 6 (1987), pp. 1313-1320.

——. « The Dead Sea Scrolls. A New Perspective. » *The American Scholar* 58, no. 2 (printemps 1989), pp. 177-207.

——. « The Dead Sea Scrolls: An Exchange (Réponse à John Trevor). » *The American Scholar* 58, no 4 (automne 1989), pp. 628-632.

——. « Khirbet Qumran and the Manuscripts of the Judean Wilderness: Observations on the Logic of their Investigation, » *Journal of Near Eastern Studies* 49 (1990), pp. 103-114.

——. « The Qumran-Essene Hypothesis: a Fiction of Scholarship. » *Christian Century* 109, n° 36 (9 déc. 1992), pp. 1138-1143.

——. « The Dead Sea Scrolls and the Ethics of Museology. » *Aspen Institute Quarterly* 6, no. 2 (printemps 1994), pp. 79-98.

Johnson, Sherman. « The Dead Sea Manual of Discipline and the Jerusalem Church of Acts. In Krister Stendahl. (éd.), *The Scrolls and the New Testament*. New York: 1957, pp. 129-142.

Klinghardt, Matthias. « The Manual of Discipline in Light of Statutes of Hellenistic Associations. » In M. Wise, N. Golb *et al.*, *Methods of Investigation of the Dead Sea Scrolls and the Khirbet Qumran Site* (New York, 1994), 251-270.

Kuhn, K. G. « Phylakterien aus Höhle 4 von Qumran. » In *Abhandlungen der Heidelberger Akademie der Wissenschaften*. Philosophische-Historische Klasse 1. Heidelberg: 1957.

——. « New Light on Temptation, Sin, and Flesh in the New Testament. » In Krister Stendahl (éd.). *The Scrolls and the New Testament*. New York: 1957, pp. 9-113.

——. « The Lord's Supper and the Communal Meal at Qumran. » In Krister Stendahl (éd.). *The Scrolls and the New Testament*. New York: 1957, pp. 65-93.

Laperrousaz, Ernest-Marie. « Note sur l'origine des manuscrits de la mer Morte. » *Annales ESC* 42, no. 6 (1987), pp. 1305-1312.

Levine, Baruch A. « The Temple Scroll: Aspects of its Historical Provenance and Literary Character. » *Bulletin of the American Schools of Oriental Research 232* (1978), pp. 3-24.

——. « A Further Look at the *Mo'adim* of the *Temple Scroll*. » In Lawrence H. Schiffman (éd.), *Archaeology and History in the Dead Sea Scrolls. The New York University Conference in Memory of Yigael Yadin*. Sheffield: 1990, pp. 53-66.

Lohse, Edward. *Die Texte aus Qumran*. Munich: 1964.

Milik, J. T. « Le Rouleau de Cuivre provenant de la grotte 3Q (3Q 15). Commentaire et texte. » In M. Baillet *et al. Les 'Petites Grottes' de Qumran. Textes et Planches. DJD 3*. Oxford: 1962, pp. 211-317 *(Textes)* et xliii-lxxi (Planches).

——. *The Books of Enoch. Aramaic Fragments of Qumran Cave 4*. Oxford: 1976.

——. « Milki-sedeq et Milki-resa' dans les anciens écrits juifs et chrétiens. » *Journal of Jewish Studies 23* (1972), pp. 95-144.

Newsom, Carol E. *Songs of the Sabbath Sacrifice: A Critical Edition*. Atlanta: 1985.

——. « The "Psalms of Joshua" from Qumran Cave 4. » *Journal of Jewish Studies 39* (1988), pp. 56-73.

——. « "Sectually Explicit" Literature from Qumran. » In W. Propp, B. Halpern, et D. N. Freedman (éds.), *The Hebrew Bible and its Interpreters*. Winona Lake, Ind.: 1990, pp. 167-187.

——. et Y. Yadin. « The Masada Fragment of the Qumran 'Songs of the Sabbath Sacrifice.' »*Israel Exploration Journal 34 (* 1984), pp. 77-78.

Newton, M. *The Concept of Purity at Qumran and in the Letters of Paul*. Cambridge : 1985.

Philonenko, M. « L'origine essénienne des cinq psaumes syriaques de David. » *Semitica 9 (1959)*, pp. 35-48.

Pouilly, J. *La Règle de la Communauté de Qumran, son évolution littéraire*. Paris : 1976.

Puech, Emile. « Fragment d'une apocalypse en araméen (4Q246 = pseudoDan[b]) et le 'Royaume de Dieu. »' *Revue Biblique 99* (1992), pp. 98-131.

——. *La Croyance des Esséniens en la vie future: immortalité, résurrection, vie éternelle?* 1 et 2. Paris: 1993.

Qimron, Elisha. *The Hebrew of the Dead Sea Scrolls*. Atlanta: 1986.

——. et J. Strugnell. « An Unpublished Halakhic Letter from Qumran. » In Janet Amitai (éd.). *Biblical Archaeology Today*. Proceedings of the International Congress on Biblical Archaeology. Jérusalem: 1985, pp. 400-407.

——. et J. Strugnell *et al*. Qumran Cave 4.V. *Miqsat ma'asé hatorah, DJD* 10. Oxford: 1994.

Roth, Cecil. « Qumran and Masada: A Final Clarification Regarding the Dead Sea Sect. » *Revue de Qumran 5* (1964-66), pp. 81 -87.

Rothstein, David. *From Bible to Murabba'at. Studies in the Literary, Textual and Scribal Features of Phylacteries and Mezuzot in Ancient Israel and Early Judaism* (Thèse de Doctorat, Université de Californie à Los Angeles, 1992). University Microfilms, Ann Arbor, Mich.: 1993.

Sanders, J. A. *The Psalms Scroll from Qumran Cave 11 (11QPs^a). DJD 4*. Oxford: 1965.

——. « Two Non-Canonical Psalms in 11QPs. » *Zeitschrift fur die alttestamentliche Wissenschaft 76* (1964), pp. 64-76.

——. *The Dead Sea Psalms Scroll*. Ithaca, N.Y.: 1967.

Schechter, Solomon. *Fragments of a Zadokite Work—Documents of Jewish Sectaries 1*. Cambridge: 1910.

Schiffman, Lawrence. « The Temple Scroll and the Systems of Jewish Law in the Second Temple Period, » in G. Brooke. (éd.), *Temple Scroll Studies*. Sheffield: 1989, pp. 239-255.

——. « The New Halakhic Letter (4QMMT) and the Origins of the Dead Sea Sect. » *Biblical Archaeologist 53* (juin 1990), pp. 64-73.

Schmidt, Francis. *La Pensée du Temple. De Jérusalem à Qoumran*. Paris : 1994.

Schuller, Eileen M. *Non-Canonical Psalms from Qumran—A Pseudepigraphical Collection*. Atlanta: 1986.

Skehan, Patrick W., Eugene Ulrich, et Judith E. Sanderson. *Qumran Cave 4: IV. Palaeo-Hebrew and Greek Biblical Manuscripts. DJD 9*. Oxford: 1992.

Stegemann, Hartmut. « Some Aspects of Eschatology in Texts from the Qumran Community and in the Teachings of Jesus. » In Janet Amitai (éd). *Biblical Archaeology Today*. Proceedings of the International Congress on Biblical Archaeology. Jérusalem: 1985.

Stendahl, K. (éd.) *The Scrolls and the New Testament*. New York: 1957.

Strugnell, John. « The Angelic Liturgy at Qumran. » *Vetus Testamentum Supplementae 7*. Leyde: 1960, pp. 318-345.

Talmon, Shemaryahu. « The Calendar of the Covenanters of the Judean Desert. » In C. Rabin et Y. Yadin. (éd.) *Aspects of the Dead Sea Scrolls (Scripta Hierosolymitana 4)*. Jérusalem: 1958, pp. 162-199.

——. « A Fragment from a Pseudepigraphic Scroll to the Book of Joshua from Masada » (hébreu). In M. Goshen-Gottstein, Sh. Morag, et S. Kogut (éd.), *Shai lehayyim rabin*. Jérusalem: 1991, pp. 147-157.

Tov, Emanuel. « The Orthography and Language of the Hebrew Scrolls Found at Qumran and the Origins of These Scrolls. » *Textus 13* (1986), pp. 31-57.

——. *Textual Criticism of the Hebrew Bible*. Minneapolis, Minn. et Assen: 1992.

——. *The Greek Minor Prophets Scroll from Nahal Hever (8HevXIIgr). DJD 8*. Oxford: 1990.

Vaux, Roland de et J. T. Milik. *Qumran Grotte 4, II. DJD 6*. Oxford: 1977.

Viviano, Benedict V. « Beatitudes Found among Dead Sea Scrolls. » *Biblical Archaeology Review 18*, no. 6 (Nov./Déc. 1992), pp. 53-55, 66.

Wacholder, Ben Zion, et M. G. Abegg. *A Preliminary Edition of the Unpublished Dead Sea Scrolls.* Vol. 1, Washington, D.C.: 1991. Vol. 2, Washington, D.C.: 1993.

Weinfeld, Moshe. *The Organizational Pattern and the Penal Code of the Qumran Sect.* Fribourg et Gottingen: 1986.

——. « Traces of the Qedusha Yoser and the Pesuqe de-Zimra in the Qumran Scrolls and Ben Sira (hébreu).»*Tarbiz 45* (1975-76), pp. 15-26.

Wernberg-Møller, P. *The Manual of Discipline, Traduit et annoté avec une introduction.* Leyde: 1957.

Wise, Michael O. *A Critical Study of the Temple Scroll from Cave 11.* Chicago: 1990.

——. *Thunder in Gemini and Other Essays on the History, Language and Literature of Second Temple Palestine.* Sheffield: 1994.

——. et James D. Tabor. « The Messiah at Qumran.» *Biblical Archaeology Review* (Nov./Déc. 1992), pp. 6-63.

——. et Norman Golb, John Collins, et Dennis Pardee (éd.), *Methods of Investigation of the Dead Sea Scrolls and the Khirbet Qumran Site.* Annals of the New York Academy of Sciences, 722. New York: 1994.

Wolters, Al. « Apocalyptic and the Copper Scroll.» *Journal of Near Eastern Studies 49* (Avril 1990), pp. 145-154.

Woude, A. S van der. *Die messianischen Vorstellungen der Gemeinde von Qumran.* Assen: 1957.

——. « Melchizedek als himmlische Erlasergestalt in den neugefunden eschatologischen Midraschim aus Qumran-Hohle XI.» In P. A. de Boer (éd). *Oudtestamentische Studien 15.* Leyde: 1965, pp. 345-373.

Yadin, Yigael. *The Ben Sira Scroll from Masada.* Jérusalem: 1965.

——. *The Scroll of the War of the Sons of Light against the Sons of Darkness.* Oxford: 1962.

——. *Tefillin from Qumran—XQ Phyl 1-4.* Jérusalem: 1969.

——. *The Temple Scroll,* Vol. 1 and 2, Jérusalem: 1983. Vol. 3, Jérusalem: 1977.

——. *The Temple Scroll: The Hidden Law of the Dead Sea Sect.* Londres: 1985.

Yardeni, A., « A Draft of a Deed on an Ostracon from Khirbet Qumran.» *Israel Exploration Journal* 47 (1997), pp. 233-237.

IV. Autres manuscrits et études de texte, éditions, et traductions

Ashtor (Strauss), Eli. *History of the Jews in Egypt and Syria Under the Rule of the Mamlukes.* 1 et 2, Jérusalem: 1944-51; 3, Jérusalem: 1970.

Blass, Friedrich. *Palaeographie, Buchwesen, und Handschriften-kunde.* Munich: 1892.

Charles, R. H. (éd.). *The Apocrypha and Pseudepigrapha of the Old Testament.* 2 vol. Oxford: 1913.

Charlesworth, James. *The Old Testament Pseudepigrapha. 1.* Garden City, N.Y.: 1983. 2. Garden City, N.Y.: 1985.

Colson, F. H., G. H. Whitaker, et R. Marcus (édition et traduction). *Philo.* 12 vols. Loeb Classical Library. Cambridge, Mass.

Cowley, Arthur (éd. et trad.). *Aramaic Papyri of the Fifth Century B.C.* Oxford: 1923.

Deiss, Joseph. *Herculaneum: Italy's Buried Treasure.* New York: 1966.

Doresse, Jean. *Les Livres secrets des gnostiques d'Egypte.* Paris: 1958.

Gigante, Marcello. *La Bibliothèque de Philodème et l'épicurisme romaine.* Paris: 1987.

Goitein, S. D. *A Mediterranean Society.* 5 vol. Berkeley et Los Angeles: 1967-87.

Golb, Norman. *Les Juifs de Rouen au Moyen Age. Portrait d'une culture oubliée.* Rouen: 1985.

———. « New Light on the Persecution of French Jews at the Time of the First Crusade.» *Proceedings of the American Academy for Jewish Research* 24 (1966), pp. 1-63.

———. et O. Pritsak. *Khazarian Hebrew Documents of the Tenth Century.* Ithaca et Londres: 1982.

Grant, Michael. *Cities of Vesuvius: Pompeii and Herculaneum.* New York: 1976.

Kahle, Paul. *The Cairo Genizah.* Première éd., Londres: 1947; Deuxième éd., Oxford: 1959.

Lewis, Naphtali, Yigael Yadin, et Jonas C. Greenfield (éd.). *The Documents from the Bar Kokhba Period in the Cave of Letters.* Jérusalem: 1989.

Mann, Jacob. *The Jews in Egypt and Palestine under the Fatimid Caliphs.* 2 vol. Oxford: 1920, 1922.

Pagels, Elaine. *The Gnostic Gospels.* New York: 1979.

Parsons, P. J., et J. R. Rea (éd.). *The Oxyrhynchus Papyri.* 79 vols. Londres: 1898-1991.

Porten, Bezalel. *The Archives from Elephantine.* Berkeley et Los Angeles: 1968.

———. et Ada Yardeni. *Select Aramaic Papyri from Ancient Egypt.* Rolling Hills Estates, Calif.: 1986.

Rackham, H., W. H. S. Jones, et D. E. Eichholz (éd. et trad.). *Pliny: Natural History.* 10 vol. Loeb Classical Library. Cambridge, Mass.

Reinach, T. *Oeuvres complètes de Flavius Josèphe traduits en français sous la direction de Théodore Reinach,* vol. 1-7. Paris : 1900-1932.

Robinson, James M. (éd.). *The Nag Hammadi Library in English.* San Francisco: 1977.

——. (éd.). *The Coptic Gnostic Library.* J. Robinson, Martin Krause, et Frederik Wisse (éd.), *Nag Hammadi Studies.* Leyde: 1975-91.

Stiennon, Jacques. *Paléographie du Moyen Age.* 2ème ed. Paris: 1991.

Thackeray, Henry St. John, Ralph Marcus, Allen Wikgren, et Louis H. Feldman (éd. et trad.). *Josephus.* 9 vol. Loeb Classical Library. Cambridge, Mass.: 1926-65.

Youtie, Herbert Chayyim. *The Textual Criticism of Documentary Papyri — Prolegomena.* Londres: 1958.

Zilliachus, Henrik, *et al. Fifty Oxyrhynchus Papyri.* Helsinki: 1979.

V. Histoire, géographie, et méthodologie scientifique

Avi-Yonah, Michael. *Map of Roman Palestine.* Deuxième éd. Jérusalem: 1940.

——. *The Jews Under Roman and Byzantine Rule.* Jérusalem: 1984.

Bickerman, Elias. *The Jews in the Greek Age.* Cambridge, Mass.: 1988.

Bonsirven, J. *Le Judaïsme palestinien au temps de Jésus-Christ. Sa théologie.* 2 vol., Paris: 1935.

Cohen, Shaye J. D. *Josephus in Galilee and Rome—His Vita and Development as a Historian.* Leyde: 1979.

——. *From the Maccabees to the Mishnah.* Philadelphie: 1987.

Cullman, Otto. *Christ et le temps.* Neuchâtel et Paris : 1966.

Davies, W. D., et L. Finkelstein (éds.). *Cambridge History of Judaism.* Vol. 2: *The Hellenistic Age.* Cambridge: 1989.

Dexinger, Ferdinand, et Reinhard Pummer (éd.). *Die Samaritaner.* Darmstadt: 1992.

Goodman, Martin. *The Ruling Class of Judaea - The Origins of the Jewish Revolt against Rome, A.D. 66-70.* Cambridge : 1987

Hadas-Lebel, M. *Jérusalem contre Rome.* Paris: 1990.

Hengel, Martin. *Judaism and Hellenism.* 2 vol. Philadelphie: 1974.

Jaubert, A. *La Notion d'alliance dans le judaïsme aux abords de l'ère chrétienne.* Paris: 1963

Jeremias, J. *Jérusalem au temps de Jésus. Recherches d'histoire économique et sociale pour la période néo-testamentaire.* Paris: 1967.

Klinghardt, Matthias. *Gemeinschaftsmahl und Mahlgemeinschaft. Soziologie und Liturgie frühchristlicher Mahlfeiern.* Tübingen et Bâle: 1996.

Kohn, Alexander. *False Prophets.* Oxford et New York: 1986.

Kuhn, Thomas S. *The Structure of Scientific Revolutions.* Deuxième éd. Chicago: 1970.

Lagrange, M.-J. *Le Judaïsme avant Jésus-Christ*. Paris: 1931.

Le Moyne, J. *Les Sadducéens*. Paris : 1972.

Loisy, A. *La Naissance du christianisme*. Paris : 1933.

Meyers, E. M. et J.F. Strange. *Les Rabbins et les premiers chrétiens. Archéologie et histoire*. Paris : 1984.

Momigliano. Arnaldo. *Problèmes d'historiographie ancienne et moderne*. Paris : 1983.

Price, Jonathan J. *Jerusalem under Siege: The Collapse of the Jewish State, 6-70 C.E.* Leyde : 1992.

Renan, E. *Histoire du peuple d'Israel*, tome 5. Paris : 1893.

Rugerson, J. *Atlas of the Bible*. New York: 1985.

Safrai, S., et M. Stern (éd.). *The Jewish People in the First Century*. 2 vol. Assen: 1974.

Samaran, Ch. (éd.). *L'Histoire et ses méthodes*. Paris: 1961.

Sanders, E. P. *Paul, the Law, and the Jewish People*. Philadelphie: 1983.

Schaefer, Peter. *Histoire des Juifs dans l'Antiquité*. Paris: 1989.

Schürer, Emile. *A History of the Jewish People in the Age of Jesus Christ*. Remis à jour par Fergus Millar et Geza Vermes. 4 vol. Edimbourg: 1973-87.

Smith, G. Adam. *The Historical Geography of the Holy Land*. Londres: 1894.

Will, E. et C. Orrieux. *Ioudaismos-Hellenismos. Essai sur le judaïsme judéen à l'époque hellénistique*. Nancy : 1986.

Yadin, Yigael. *Masada, Herod's Fortress and the Zealots' Last Stand*. Londres: 1966.

——. *Bar-Kokhba*. Londres et Jérusalem: 1971.

Remerciements

Etant donné le caractère profondément indissociable qu'ont pris la recherche et la politique des études qumraniennes, et la façon dont mes propres travaux ont été affectés par cette situation, on ne peut pas dire que ce fut un livre facile à écrire. J'ai toutefois bénéficié de l'aide de nombreux amis, collègues et étudiants, ainsi que de celle de ma proche famille. Je dois tout d'abord à mon fils aîné, le Dr Joel Golb, l'idée de développer une critique de la qumranologie dans un livre. Chercheur et éditeur, il a pris des initiatives essentielles et a été le premier à entrer en rapport avec les éditeurs de l'édition originale. Il s'est ensuite chargé de superviser l'édition du manuscrit américain et a proposé des critiques minutieuses à toutes les phases du travail. Sa perspicacité, son sens de la logique et de la mesure se sont avérés indispensables.

En ce qui concerne l'édition française du livre, c'est surtout grâce à M. Ivan Nabokov, M. Gilles Hertzog, et Mme Sylvie Audoly, de la Librairie Plon, que l'ouvrage a pu paraître sous l'imprimatur de cette vénérable institution. Je remercie également les traductrices du texte américain, Mlle Sonya Kronlund et Mme Lorraine Champromis, pour avoir su surmonter les nombreuses difficultés qu'engendre un style d'écriture dont la précision exige une grande rigueur.

Lors de plusieurs séjours prolongés à l'Ecole Normale Supérieure à Paris, mon second fils, le Dr Raphael Golb, a recueilli pour moi de précieuses informations, avec une attention infaillible pour le détail. Il a joué un rôle vital pour faire avancer la publication de plusieurs de mes études sur les rouleaux, particulièrement en France. Des éléments de ces études, le plus souvent modifiées et développées, apparaissent dans certains chapitres de ce livre. Qui plus est, à la fois francophone et chercheur d'exception, c'est lui qui a pris en main le texte de cette édition française ; pendant une période de plusieurs mois de travail intensif, il l'a refaçonné et amélioré afin que l'ouvrage soit intéressant et, nous l'espérons, significatif pour le lecteur français qui s'intéresse à ses racines humanistes et spirituelles. Il a bénéficié de la collaboration constante de Françoise Desbareau, à Paris, dont le travail minutieux de relecture et de correction de chaque partie du texte a été un appui précieux. En outre, Mme Janine Mahuzier, de la Librairie Plon, a apporté de nombreuses corrections importantes à chaque page du manuscrit. Je tiens aussi à remercier MM. David Baird et Eric R. Touya, qui m'ont beaucoup aidé à Chicago pendant les dernières étapes de remaniement de la version française.

Au cours des nombreuses années que j'ai passées à l'Université de Chicago, j'ai bénéficié de la collaboration d'un grand nombre de collègues érudits aux talents variés, au département de Civilisation et de Langues du Proche-Orient et à l'Oriental Institute. Tout comme de nombreux étudiants remarquables, de premier cycle ou de doctorat, ils m'ont appris quantité de choses sur les objectifs et les valeurs de la recherche. Je remercie particulièrement le professeur William Sumner, directeur de l'Oriental Institute entre 1989 et 1997, pour son aide et ses encouragements. Sous sa direction, l'Institut a patronné, avec la New York Academy of Sciences, la Conférence Internationale sur les rouleaux, qui s'est tenue juste un an après que les textes furent rendus accessibles au monde de la recherche.

Mon collègue dans le domaine des études historiques et philologiques, le professeur Michael Wise, maintenant de Northwestern College à St. Paul, a apporté d'innombrables contributions importantes à la recherche sur les rouleaux et leur contexte culturel et historique. Je lui suis reconnaissant de ses commentaires incisifs sur de nombreux passages de ce travail, qui m'ont été fort précieux au moment où j'écrivais cet ouvrage. Pendant une période de deux ans, Anthony Tomasino, à la fois notre étudiant et assistant de recherche, nous a prodigué sans compter son temps et son savoir. Ses connaissances sur le christianisme ancien et l'histoire intertestamentaire des Juifs apparaissent dans plusieurs des chapitres qui suivent.

Au cours des années, j'ai bénéficié dans mes recherches sur les rouleaux et d'autres questions historiques, de l'aide précieuse de deux bourses d'études offertes par la John Simon Guggenheim Memorial Foundation, et d'autres subventions de recherche accordées par la Lucius Littauer Foundation, l'American Philosophical

Society et le National Endowment for the Humanities. Je remercie aussi de tout cœur l'administration de l'Université de Chicago de m'avoir accordé un congé de recherche supplémentaire qui m'a permis d'achever le manuscrit de ce livre en me dégageant de mes autres responsabilités universitaires. Une partie de mes recherches sur les textes de Qumran a été effectuée à l'Université de Cambridge où, pendant de nombreuses années, j'ai bénéficié d'une grande hospitalité et du statut de membre permanent de Clare Hall qui me fut accordé par ses Présidents et ses Amis.

Il va sans dire que je n'aurais pu écrire ce livre sans les voyages fréquents que j'ai faits en Israël, pour des périodes d'étude plus ou moins longues. Parmi les nombreux amis et collègues qui y ont encouragé mes recherches, je voudrais d'abord nommer Menahem Banitt, Yehoshua Blau, Israel Eph'al, Michael Klein, Shelomo Morag, Ya'acov Shavit et Joel Kraemer, qui depuis est devenu mon collègue à l'Université de Chicago.

Enfin, bien qu'elle n'ait pas directement pris part à l'écriture de ce texte, ma fille Judy a toujours été une profonde source d'inspiration et d'amour qui m'a accompagné tout au long de ce projet. Et ma femme Ruth, par sa grâce et son sens de la beauté, a su transformer tous les moments difficiles que j'ai pu traverser au cours de ce travail, en des moments chaleureux et amicaux. Je lui suis profondément reconnaissant des encouragements inconditionnels qu'elle m'a prodigués et ce, compte tenu notamment de son propre travail et de ses responsabilités.

Index des noms de personnes

Index des thèmes

Table des planches

Table des cartes

Cartes : Peggy Sanders, d'après des documents de l'auteur.

Table des matières

Achevé d'imprimer sur presse Cameron
par **Bussière Camedan Imprimeries**
à Saint-Amand-Montrond (Cher)
pour le compte de la Librairie Plon

Achevé d'imprimer en avril 1998.

N° d'édition : 12931. — N° d'impression : 982032/4.
Dépôt légal : avril 1998.
Imprimé en France